Die Welt der Wikinger

*Arnulf Krause* ist promovierter Germanist, Sachbuchautor und Experte für germanische Heldensagen und die Dichtungen der Edda. Er ist Lehrbeauftragter der Rheinischen Friedrich-Wilhelms-Universität Bonn. Bei Campus erschien von ihm bislang *Die Geschichte der Germanen* (2002) und *Die Welt der Kelten* (2004).

Arnulf Krause

# Die Welt der Wikinger

Campus Verlag
Frankfurt/New York

ISBN 978-3-593-37783-4

# Inhalt

ANHANG

EXKURSE

# Vorwort

Wikinger – dieses Wort weckt Bilder von Drachenbooten in tiefen Fjorden und auf stürmischer See, von wagemutigen Männern mit rauen Sitten, von Waffenklang und reichen Schätzen. Damit verbinden sich Abenteuerlust und Beutegier, Fernweh und Skrupellosigkeit ohne moralische Schranken. Die Wikinger gelten als die letzten Heiden des Nordens, die Odin, Thor und zahlreiche andere Gottheiten anbeteten. Ihr viel zitierter Schicksalsglaube sah sie als Schlachttote in Walhall einziehen, dem Kriegerparadies Odins, wo ihnen Walküren den Met ausschenkten. Doch selbst dort fanden die Wikinger keine ewige Ruhe, sondern bereiteten sich auf die letzte Schlacht am Ende aller Zeiten vor: In der Götterdämmerung würden sie gegen die dämonischen Mächte der Finsternis ins Feld ziehen und mit ihren Göttern untergehen ...

Dergestalt genießen die Männer aus Nordeuropa Berühmtheit und anscheinend unsterblichen Ruhm fast ein Jahrtausend nach ihrer Zeit. Mit den ihnen zugesprochenen Schlagworten wie Ehre, Mut, Rache, Runen, *Edda* und Sagas sowie den sagenhaften Drachenbooten bedienen sie romantische Gefühle, fantastische Geschichten und esoterische Bedürfnisse. Vor 1945 vereinnahmte man in Deutschland die Skandinavier sogar als historische Blutsverwandte, gewissermaßen als vorbildgebende Zierde des Germanentums.

Hinter solchen Gespinsten aus Mythen, Klischees und Ideologien verbirgt sich ein Volk des frühen Mittelalters: die Vorfahren der Dänen und Schweden, der Norweger, Isländer und Färöer. Was es von ihnen nach bestem Wissen zu berichten gibt, entlarvt nicht alles Gesagte als falsch, entpuppt die Wikinger aber doch als ganz anders!

In die Annalen der Jahrhunderte von 793 bis 1066 trugen sie sich als beutegierige Piraten ein, denen Menschenleben wenig galten. Von Irland bis nach Italien und vom Ebro bis zur Elbe verbreiteten ihre

Schiffe Angst und Schrecken. Klöster, Handelsplätze, ganze Städte ließen sie in Flammen aufgehen. Für das Reich der Franken, aus dem Deutschland und Frankreich hervorgingen, symbolisierte ein Ereignis am sinnfälligsten die Schmach jener Überfälle und Raubzüge: Die Männer aus dem Norden entweihten die ehrwürdige Aachener Pfalzkapelle Karls des Großen als Pferdestall.

Aber solche Schreckensmeldungen sind nur ein Teil der historischen Wahrheit um die sagenumwobenen Wikinger. In Wirklichkeit nutzten die Nordleute vom Rande Europas als gute Pragmatiker schlicht die Gelegenheiten, die sich ihnen boten. So machten sie aus dem frühen Mittelalter ihr Zeitalter – das der Wikinger. Sie waren die Global Player ihrer Epoche.

Dabei entwickelten sie eine Dynamik, die ihresgleichen suchte. Obwohl die Skandinavier daheim in bescheidenen Bauerngesellschaften lebten, bestimmten sie die Geschicke Europas entscheidend mit. Die Wikinger waren nicht die Herren der Welt und begründeten keine Imperien; gleichwohl hinterließen sie Spuren bis in die Gegenwart – von Amerika bis Russland. Um Beute und Gewinn zu machen, um ertragreiche Landwirtschaft zu betreiben und Macht zu erringen, schlüpften sie in die verschiedensten Rollen: Als Bauern und Fischer kolonisierten sie Island und die anderen Inseln des Nordatlantiks; als Entdecker kamen sie nach Grönland und Kanada; als Piraten terrorisierten sie Europa; als Söldner kämpften sie in England, an der Seine und am Bosporus; als Händler erschlossen sie neue Routen, die sie tief nach Russland und bis Bagdad führten; als Krieger und Politiker errangen sie zeitweilig den englischen Königsthron, begründeten die nordfranzösische Normandie (das »Land der Nordmänner«) und waren maßgeblich an den Gründungen der frühen russischen Staaten von Nowgorod und Kiew beteiligt.

Die Wikinger erwiesen sich als ausgesprochene Realisten, die zur Erreichung ihrer Ziele alle Möglichkeiten ausschöpften und eine erstaunliche Flexibilität an den Tag legten. Sie arbeiteten als Bauern und Fischer, aber auch als Händler, Seeräuber und Söldner. Mancher Skandinavier des frühen Mittelalters vereinte sämtliche Rollen in einer Person – um den zumeist kargen Lebensumständen des Nordens zu entkommen und Profit zu machen. Noch immer gibt der Boden Nordeuropas und ehemaliger Wikingergebiete Schätze preis, die von den wie auch immer erworbenen Reichtümern zeugen: Tausende von Silbermünzen aus vieler Herren Länder, Schmuckstücke, ehemalige Kirchenschätze und vieles mehr.

So trugen die Wikinger zum Wandel der Welt vor 1 000 Jahren
bei – und veränderten sich selbst. Entgegen dem Klischee vom traditi-
onsverbundenen nordgermanischen Krieger und Anhänger Odins
setzten sie sich auch in ihren Heimatländern mannigfaltigen Einflüssen aus. Aus allen Himmelsrichtungen strömten Waren, Reisende,
Ideen und Glaubensvorstellungen dorthin. Die Skandinavier standen
für fast drei Jahrhunderte im Brennpunkt der Weltgeschichte und
wurden zu einem Versuchsfeld der Kulturen. Schließlich waren sie
in ihrer Zeit den größten Veränderungen ausgesetzt: Die modernen
Nationen Nordeuropas entwickelten sich, ihre Sprachen veränderten
sich, ihre Menschen nahmen das Christentum an, Städte wurden gegründet ...

Und damit wurden die Pragmatiker der Macht und des Gewinns
letztendlich selbst Geschichte, denn fortan hatten sich die nun herrschenden christlichen Könige und Gesellschaften der Wikinger den
Glaubensbrüdern des Abendlandes anzupassen. Was blieb, war die
Erinnerung an jene Zeit, als ein an sich unspektakuläres Bauernvolk
auszog, in der Welt berühmt und berüchtigt zu werden. Bei aller
aufgrund wissenschaftlicher Erkenntnisse gebotenen Nüchternheit
verbinden sich Geschichte und Abenteuer selten so intensiv wie in
der Zeit der Wikinger. Das vorliegende Buch trägt dem Rechnung:
Ohne zu dämonisieren oder zu idealisieren, bietet es ein vielfarbiges
Kaleidoskop der Welt der Wikinger mit all ihren bunten wie düsteren
Farben.

# 1. Die Wikinger

## Ein Volk im Brennpunkt der Geschichte

### Zwischen Verdammung und Vergötterung

Vor 1100 und mehr Jahren erklang in Europa ein vielstimmiges und endloses Klagen über jene abgrundtief bösen und verruchten Seeräuber, die allesamt heidnische Götter anbeteten und aus der unheimlichen Nebelwelt des Nordens kamen. Wie Dämonen und gleichsam vom Teufel entsandt, brachen sie auf ihren Drachenbooten über die Gläubigen herein. Ein die furchtbaren Ereignisse niederschreibender Mönch aus dem heutigen Frankreich gab das Geschehen wie folgt wieder: Die Zahl ihrer Schiffe wachse immer weiter, und der schier endlose Strom der Räuber schwelle ohne Unterlass an. Überall würden die Christen massakriert, seien sie Opfer von Brandschatzungen und Plünderungen. Sie verschonten nichts auf ihrem Wege und stießen nirgends auf Widerstand. Städte wie Bordeaux, Limoges und Toulouse rissen sie an sich; Tours und Orléans machten sie dem Erdboden gleich. Eine Flotte von unzähligen Schiffen fahre die Seine aufwärts, und überall wachse das Böse. Rouen, Paris, Chartres und zahlreiche andere Städte fielen ihnen zum Opfer. Derart führten sich die Wikinger in die abendländische Geschichte ein – zumindest nach den Aufzeichnungen der Geistlichen, die in Frankreich, Deutschland und auf den Britischen Inseln die Vorkommnisse eines jeden Jahres zu Pergament brachten. Wer in jenen Chroniken nachliest, kann sich nur schwerlich erklären, warum sich die Wikinger heute solch großer Beliebtheit erfreuen. Hat das verflossene Jahrtausend die Gräuel der Skandinavier vergessen lassen?

In Wahrheit hatte das Bild von ihnen seit jeher viele Facetten. Denn die frommen Brüder aus dem Frankenreich hatten gewiss Recht mit den geschilderten Untaten der Männer aus dem Norden. Aber sie kleideten ihre Berichte in apokalyptisch anmutende Formulierungen, denen die Wikinger bei allem bösartigen Willen nicht hätten genügen können. Solche Kriegermassen standen ihnen nicht zur Verfügung; überhaupt scheinen sie nicht grausamer gewesen zu sein als englische oder fränkische Kämpfer. Allerdings hingen sie einem heidnischen Glauben an und kannten deshalb keine Skrupel, christliche Klöster auszuplündern. Darum wurden sie dämonisiert. Nur nebenbei liest man in den alten Handschriften, dass nordeuropäische Häuptlinge an den fränkischen Höfen ein und aus gingen, dass sie für die Könige Waffendienste übernahmen und schon frühzeitig das Christentum kennen lernten – ohne sich jedoch schnell damit anfreunden zu können.

So blieben die Wikinger einerseits als grausame Mordbrenner verrufen. Andererseits aber pflegen die Skandinavier das Bild ihrer Vorfahren als das eines patenten und im Kern friedliebenden Volkes, dessen Menschen als Bauern, Händler und Handwerker arbeiteten. Mit ihren genialen Schiffen hätten die Nordmänner nicht nur Klöster überfallen (was nicht bestritten wird), sondern vor allem neue Länder entdeckt und die Wirtschaftsbeziehungen zwischen den Völkern vorangetrieben.

Ein weiterer, romantischer Blick auf das Zeitalter machte aus den Wikingern tapfere und ehrenvolle Krieger, die dem Fernweh und der Abenteuerlust frönten. Später sah man insbesondere in Deutschland die Nordgermanen als Stammverwandte, unterstellte ihnen einen blondhaarigen und blauäugigen Habitus und stilisierte sie zu vermeintlichen Parade-Ariern. Die modernen Europäer schließlich entdecken die Wikinger als weltoffene skandinavische Ahnen, die auf Rasse, Kultur und Religion keinen besonderen Wert legten. Denn überall machten sie Anleihen bei anderen Völkern und ihre Handelsplätze entwickelten sich zu regelrechten multikulturellen Treffpunkten.

Der Meinungen über die Wikinger gibt es also viele: die letzten traditionstreuen Heiden oder innovative Agnostiker und Fastchristen; die Frau in Ehren haltende und strenge Sitten pflegende Raubeine oder Freunde deftiger Gelage, auf denen man sich mit Sklavinnen wahren Massenorgien hingab; Migranten auf der Flucht vor Hunger und Elend oder potenziell kriminelle Kaufleute, getrieben von der unstillbaren Gier nach Reichtümern; Stammeskämpfer mit strengem Ehrenkodex oder pfiffige Piraten, die ebenbürtigen Gegnern gern aus dem Weg gingen. Zwischen derartigen Widersprüchen bewegen sich die Charakterisierungen. Wir wollen im Folgenden versuchen, der historischen Wahrheit auf die Spur zu kommen.

## Wikinger, Normannen, Waräger

Für Verwirrung sorgen bereits die Namen, die den Skandinaviern im Laufe der Jahrhunderte gegeben wurden. Die bekanntesten sind die der Wikinger, Normannen und Waräger. Üblicherweise bezeichnet man heute die nordgermanischen Völker des frühen Mittelalters insgesamt als Wikinger. Zwischen 793 und 1066 – so die vereinfachenden historischen Stichdaten – wanderten einzelne Gruppen oder ganze Bevölkerungsteile in alle Himmelsrichtungen: Dänen und Norweger zog es auf die Britischen Inseln, ins Frankenreich und zu den Inseln im Nordatlantik; die Schweden überquerten die Ostsee nach Finnland und in die Baltischen Länder sowie in viele Gebiete Osteuropas, nach Polen, Weißrussland, Russland und in die Ukraine. Zeitweilig stießen sie über das Schwarze Meer, die Wolga und das Kaspische Meer bis ins heutige Istanbul, nach Bagdad und zum Kaukasus vor. Von Island aus erschlossen sie Grönland und die kanadischen Küsten.

Obwohl die Skandinavier jener Zeit in keinem einheitlichen Reich lebten, verband sie eine Fülle von Gemeinsamkeiten zu einer zusammengehörigen Kultur: Sie konnten sich in ihrer altnordischen Sprache, die dem heutigen Isländisch ähnlich war, untereinander verständigen. Sie benutzten die Runenschrift und glaubten mehrheitlich an die alten germanischen Götter wie Odin und Thor. Ihre Häuser und Lebensweisen ähnelten einander wie ihre Kleidermoden und Kunststile. Dies alles rechtfertigt es, in der erwähnten Bedeutung von ihnen als Wikingern zu sprechen.

Sie selbst allerdings hätten dies als ehrenrührig empfunden und abgelehnt. Den Grund dafür enthüllte im 11. Jahrhundert der Gelehrte Adam von Bremen in einem Bericht über Dänemark: »Hier gibt es viel Gold, das von Piraten zusammengeraubt worden ist. Diese Seeräuber, die bei ihnen Wikinger, bei uns aber Eschenleute heißen, leisten dem Dänenkönig Tribut, damit sie Beutezüge ... unternehmen dürfen. Doch es kommt vor, dass sie die gewährte Freiheit gegen die Feinde oft gegen die eigenen Leute missbrauchen. Sie kennen keinerlei Treue gegeneinander, und ohne Erbarmen verkauft einer den anderen, wenn er ihn gefangen hat, als unfreien Knecht an einen Freund oder Barbaren.«

Für die Skandinavier waren nämlich alle »Wikinger« Piraten, vor denen sie selbst sich ebenso wenig sicher fühlten wie die Franken oder Engländer. Wenn damals ein dänischer oder norwegischer Bauer sagte, er gehe über den Sommer auf Wiking, hieß das, er unternahm einen Raubzug. Dieser führte meistens nach England oder an die

Küsten des Frankenreiches, richtete sich manchmal aber auch gegen skandinavische Nachbarn. Woher das Wort stammt, ist ungewiss. Es lässt sich unter anderem auf die Bezeichnung eines Handelsplatzes (*Wik*), auf das altnordische Wort für eine Bucht (*vík*) oder auf den südnorwegischen Landschaftsnamen *Viken* zurückführen. Seine Bedeutung aber war klar: Ein Wikinger war ein Seeräuber. Erst das romantische 19. Jahrhundert verklärte ihn zum tapferen Helden und sorgte letztlich dafür, dass man mittlerweile alle Skandinavier zwischen 800 und 1100 Wikinger nennt.

Die Chronikschreiber verwendeten eine Fülle anderer Namen für die skandinavischen Plünderer: Heiden, Barbaren, Piraten und Eschenmänner, was sich wahrscheinlich auf das Holz ihrer Bögen oder ihrer Schiffe bezog. Ebenso bezeichnete man sie nach ihrer Herkunft als Dänen und als Nordmänner (*nortmanni* oder *normanni*). Daher stammt der Name der Normannen, womit heute nur noch jene Skandinavier gemeint sind, die sich seit 911 in der nordfranzösischen Normandie niederließen und dort schnell romanisiert wurden.

Die in Osteuropa vordringenden Schweden nannte man Waräger, »die durch Eide Verpflichteten«, die auch der legendären Warägergarde am Hof von Konstantinopel ihren Namen gaben. Ein anderer Name hat weit reichende Folgen bis in die Gegenwart: Unter den Slawen verbreitete sich die Bezeichnung »Rus« für die Schweden, was mit deren finnischem Namen *Ruotsi* (»Ruderer«) zusammenhing. Mit der Slawisierung schwedischstämmiger Herrscher übertrug sich die Bezeichnung auf deren überwiegend slawisches Reich und dessen Bevölkerung. Heute sprechen wir von den »Russen«, ohne dass die Bedeutung des Wortes noch etwas mit den Skandinaviern zu tun hätte.

Der verwirrenden Vielzahl ihrer Namen entspricht das vielfältige Auftreten der Wikinger in ganz Europa, aber eines hatten sie alle gemein: Sie verließen ihre Heimat – vorübergehend oder für immer.

## Warum und wohin reisten die Wikinger?

Zwischen dem ausgehenden 8. Jahrhundert und der Mitte des 11. Jahrhunderts verbreiteten sich die Wikinger auf ganz unterschiedliche Art und Weise. Es begann offensichtlich mit Piratenfahrten gegen die britischen und fränkischen Küsten, die im Laufe der Jahrzehnte immer größere Ausmaße annahmen. Dann überwinterten die

Nordmänner in den überfallenen Ländern und eigneten sich vor allem in England Land an, um dorthin mit Sack und Pack auszuwandern. In der späten Wikingerzeit unternahmen die dänischen Könige regelrechte Kriegszüge nach England, dessen Thron sie vorübergehend eroberten. Auf Island, den Färöer und Grönland siedelten sie sich friedlich an, weil es dort menschenleer war. Zugleich reisten skandinavische Händler in vieler Herren Länder und kamen bis nach Konstantinopel und Bagdad.

Wie ist zu erklären, dass ein »barbarisches« Volk vom Rande Europas derart erfolgreich expandierte und sich vorübergehend ein Einflussgebiet schuf, das vom Polarkreis bis zum Bosporus reichte?

Auch wenn es eine alles berücksichtigende Antwort darauf nicht gibt, lässt sich doch feststellen, was diese beispiellose Ausdehnung ermöglichte: Die Erfindung und Entwicklung der legendären Drachenboote kam gerade zur rechten Zeit. Diese Schiffe verschafften den Wikingern eine Schnelligkeit und Beweglichkeit, wie sie ansonsten in Europa unbekannt waren. Mit dem Drachenboot stachen sie in See, um mit reicher Beute zurückzukehren. Oder sie verstauten ihre gesamte Habe einschließlich des Viehs darin, um sich neues Land zum Siedeln zu suchen.

Außerdem war das Europa des frühen Mittelalters eine Welt im Wandel – eine Welt auf der Suche nach ihrer Zukunft. Die tonangebenden karolingischen Herrscher nahmen sich das vor Jahrhunderten untergegangene Römische Reich zum Vorbild, dessen Glanz sie mit der christlichen Religion zu verknüpfen suchten. Dies gelang am eindringlichsten Karl dem Großen, der 800 ein neues westliches Kaisertum ins Leben rief. Bis heute erinnern die Relikte seiner Aachener Pfalz an den »Vater Europas«. Doch nach dem Tod des Kaisers 814 klafften im Fränkischen Reich Anspruch und Wirklichkeit weit auseinander: Obwohl man an den Höfen und Pfalzen eine beachtliche Pracht entfaltete und manches Kloster reiche Schätze sein Eigen nannte, erwies sich das Reich der Karolinger insgesamt als Wildnis zwischen Atlantik und Elbe mit verstreut liegenden Siedlungsinseln. Alle Küsten des großen Reiches waren nicht zu verteidigen. In diese »Sicherheitslücke« stießen die Wikinger mit ihren schnellen Schiffen; denn die fränkischen (und englischen) Reichtümer schienen ihnen äußerst verlockend.

In Skandinavien herrschten damals Verhältnisse, wie sie schon Jahrhunderte früher unter den südlichen Germanenstämmen üblich gewesen waren. Der Stammesadel hielt die Macht in Händen und suchte sich Reichtümer zu verschaffen, um damit das Ansehen zu steigern. Seine zahlreichen Söhne sahen sich in erster Linie als Krieger und wollten sich im Kampf beweisen. Und den meisten Ruhm ernteten sie, indem sie reiche Beute machten. Auch andere Skandinavier, Bauern wie Händler, hatten keine Probleme damit, Nachbarn zu überfallen und auszuplündern. Dergleichen Verhaltensweisen gehörten zu den uralten Gepflogenheiten traditioneller Stammesgesellschaften. Hinzu kam, dass die Nordgermanen nicht im Überfluss lebten. Die überwiegende Bevölkerungsmehrheit der Bauern war den Unbilden der rauen Natur ausgeliefert. Darum hielt man sich seit jeher bereit, in besonders schlimmen Zeiten sein Heim aufzugeben und in eine neue Heimat aufzubrechen. Man wusste von Stämmen und Völkern, die in grauer Vorzeit oder doch vor vielen Generationen diesen Weg gegangen waren: Goten, Angeln, Sachsen. Innenpolitische Rivalitäten und Kämpfe in Dänemark und Norwegen komplettierten die Vielzahl an Gründen für das Expansionsstreben der Wikinger. Lohnende Ziele mit geringer Gegenwehr, schnelle Schiffe und arme Heimatländer ergaben also die Mischung, die zur mehr als 250 Jahre dauernden Ausbreitung der Wikinger führte.

## Mobil, flexibel, dynamisch: Die nordische Erfolgsformel

Diese verhielten sich beileibe nicht wie schwerfällige Stammeskrieger, die an feste Rituale gebunden waren. Ganz im Gegenteil: Die Wikinger erwiesen sich als ausgesprochene Pragmatiker. Bekanntlich symbolisierten dies ihre Schiffe wie nichts anderes. Auf ihnen durchpflügten sie die Meere und befuhren die Flüsse, manchmal transportierten sie die Boote sogar über Land. Aber wenn es sich als notwendig erwies, das Transportmittel zu wechseln, wurden aus den Seekriegern sehr schnell berittene Kämpfer. Dies mussten beispielsweise die Engländer feststellen, als die Dänen Pferde raubten und auf ihnen über die alten Römerstraßen dahingaloppierten.

Die Wikinger traten in Scharen auf, die einige Dutzend bis mehrere Hundert Männer umfassten und selten den Umfang ganzer Heere von einigen Tausend Kriegern annahmen. Je häufiger diese bewaffneten und zu allem entschlossenen Gruppen auf den Britischen Inseln und im Frankenreich in Erscheinung traten, umso mehr nahmen sie an den dortigen innenpolitischen Auseinandersetzungen teil. Die Skandinavier gingen Koalitionen mit den Herrschenden ein, wobei sie sich als Söldner verdingten und auch nicht davor zurückschreckten, sich gegenseitig zu bekämpfen. Man wog die gewinnversprechendsten Optionen ab: Plünderung und Beute, Erpressung, Lösegeld, Tribut, Bezahlung mit Silbermünzen oder Land. Dafür kämpfte man vom Schiff, zu Pferd und zu Fuß, offen und hinterhältig, auf dem Schlachtfeld, mit einer Belagerung oder indem man sich verschanzte und abwartete. Alles schien möglich.

Doch mehr noch: Man weiß von erstaunlich vielfältigen Wikingerviten. Da bewirtschaftete einer seinen Hof in Norwegen, ging sommers auf die Wikingfahrt und trieb »nebenbei« noch Handel. Auch die hauptberuflichen Händler griffen bei Bedarf zu den Waffen und traten als Krieger auf. Da viele von ihnen dem weit verbreiteten und lukrativen Geschäft des Sklavenhandels nachgingen, verschafften sie sich durch Überfälle den Nachschub der »Ware« Mensch. Indem sie kurzfristig zu Piraten mutierten, erwehrten sie sich missliebiger Konkurrenten, deren Handelsplätze sie kurzerhand plünderten und in Brand setzten. So mutmaßten es zumindest die erfolgreichen friesischen Kaufleute, deren Ort Dorestad beim heutigen niederländischen Utrecht so lange überfallen wurde, bis sie ihn aufgaben.

Auf diese Art und Weise passten sich die Wikinger den Notwendigkeiten ihrer Umgebung an und suchten auf sie zu ihren Gunsten einzuwirken – sei es mit Mitteln der Gewalt, konsequent friedlich oder in einem vielschichtigen Wechsel beider Positionen. Oberste Maxime war stets der Gewinn, was sich insbesondere in jenen immensen Schätzen und Münzen ausdrückte, die sie in die skandinavische Heimat schafften. Die Häuptlinge und Großbauern sicherten damit ihre Macht, denn mit Reichtum zog man die Gefolgschaft der Krieger an, die für Loyalität und Waffendienst beschenkt werden wollten. Symbolhaft drückt sich dies in der Sage vom Schatz der Nibelungen aus, die im Norden als Niflungar weithin bekannt waren. Deren Rheingold verkörperte die Macht der Schätze. Man verschaffte sie sich mittels der Erfolgsformel von Mobilität, Flexibilität und einer Dynamik, die für eine ganze Epoche ihren Opfern das Fürchten lehrte.

## Die Zeit der Wikinger: 793 bis 1066

Zu Recht bezeichnet man das Vierteljahrtausend zwischen 793 und 1066 als Wikingerzeit; denn damals besaßen die Skandinavier einen

Einfluss wie niemals zuvor und nie mehr danach. Das frühe Mittelalter bot ihnen die Voraussetzungen und Möglichkeiten dafür.

Jene Epoche stellte eine Zeit des Wandels dar, in der das Abendland zwischen Antike und Christentum seinen Weg ging. Das Ende des Römischen Reiches und der Zusammenbruch der einheitlichen Mittelmeerwelt führten zu einer Machtverlagerung nordwärts. Das Ewige Rom zehrte vom großen Erbe und bot als Sitz Petri zwar ein religiöses, aber kein politisches Zentrum mehr. Das lag nun jenseits der Alpen und fand in der Aachener Pfalz Karls des Großen seinen bedeutendsten Ausdruck.

Etwas für die Wikinger ungleich Wichtigeres kam hinzu: Mit dem Vordringen der muslimischen Araber, deren Reiche sich von Spanien über die nordafrikanische Küste bis nach Syrien erstreckten, waren die alten Handelsrouten gestört, wenn nicht vollends unterbrochen. Die christlichen Länder Europas und das Oströmische Reich von Byzanz suchten sich neue Wege im Norden. Sie fanden sie an Nord- und Ostsee, die über Landrouten und die großen Flüsse zu erreichen waren. Damit strömte nun ein Teil des Warenflusses in unmittelbarer Nähe Skandinaviens. Was dessen Bewohner schon seit Jahrhunderten in Maßen betrieben hatten, Überfälle und Handel, entwickelte sich unter den neuen Bedingungen zum großen Geschäft – und machte die Mächtigen Nordeuropas reich.

Gleichzeitig übten sie jenseits ihrer Grenzen erheblichen Einfluss aus: in England und Irland, im auseinander brechenden Frankenreich des Festlandes und unter den zahllosen überwiegend slawischen Stämmen Osteuropas. Nirgendwo in diesen Gebieten stießen die Wikinger auf einen machtvollen Gegner, der sie auf Dauer mit konzentrierten Kräften in die Schranken gewiesen hätte. Das Gegenteil war der Fall: Engländer, Iren, Waliser und Schotten, Franken und die slawischen Stämme bekriegten sich alle mehr oder weniger untereinander. Sie boten damit den Nordmännern die Gelegenheit, sich einzumischen und daraus Gewinn zu ziehen. Stießen sie dagegen auf einen starken Gegner wie die spanischen Mauren, mussten sie sich recht schnell zurückziehen.

Andernorts gründeten die Wikinger Städte (wie in Irland und Osteuropa), regierten eigene mehr oder wenige selbstständige Reiche (wie in Dublin, York und der Normandie), übernahmen die Krone fremder Länder (in England), wirkten zumindest an der Entstehung einer künftigen Großmacht mit (in Russland) und kolonisierten neu entdeckte Gebiete (Island und Grönland). Als Händler gründeten sie

Handelsplätze und fanden neue Routen. Und nebenbei entdeckten sie auch noch Amerika, obwohl diese Tat letztlich folgenlos blieb. Die Wikinger des frühen Mittelalters erweisen sich als ein erstaunliches Phänomen, das weit über ihre Zeit hinausreichte. Sie verfügten über kein gemeinsames Reich, bildeten auch kein Kartell – doch ihre Welt reichte um das Jahr 1000 vom nordamerikanischen Neufundland bis in die Steppen Innerasiens und von Grönland bis ans Mittelmeer. Kein Volk ihrer Zeit verfügte über ähnlich weite Horizonte.

## Ein Volk im Übergang

Die Skandinavier wirkten mit am Wandel Europas, aber den größten Veränderungen waren sie selbst unterworfen. Sie waren ein Volk mit einer Kultur im Übergang, das sich von den ererbten Traditionen seiner zahlreichen Stämme und kleinen Königreiche zu den großen christlichen Nationen Nordeuropas entwickelte.

Grundlegende sprachliche Veränderungen machen diesen Prozess deutlich: Zwar verwendeten die Nordgermanen zu Beginn der Wikingerzeit im Großen und Ganzen eine noch allen verständliche Sprache, doch setzte damals schon deren Aufteilung in Dänisch und Schwedisch sowie Norwegisch, Isländisch und Färöisch ein. Dies verlief anscheinend parallel mit der Entstehung der skandinavischen Nationen, die gegen Ende des 11. Jahrhundert mit Ausnahme Islands alle von Königen beherrscht wurden. Die Monarchen fühlten sich dem Abendland verpflichtet und wollten es den deutschen, französischen und englischen Herrschern gleichtun. Sie gründeten Städte und erbauten Kirchen, führten Abgaben und Steuern ein und schufen einen Einheitsstaat. Die skandinavischen Nationen wurden ein Teil des christlichen Europa.

Zweifellos stellte die Annahme des Christentums die entscheidendste Veränderung der Wikingerzeit dar. Mit der neuen Religion breiteten sich Kirchen, Klöster, Bücher und das lateinische Alphabet im Norden aus. Bis dahin waren die Nordleute trotz des vorherrschenden traditionellen Glaubens an Odin und die anderen Götter ein Volk zwischen den Religionen und Kulturen. Die Wikinger mochten den christlichen Sendboten feindlich, skeptisch oder gleichgültig gegenüberstehen – bewusst oder unmerklich flossen deren Vorstellungen in ihre heidnische Religion mit ein. So gilt das berühmte Eddalied der *Völuspa* mitnichten als urheidnisches Gedicht, sondern als Zeugnis jener Übergangsphase. Selbst die verbreiteten heidnischen Amulette mit dem Thorshammer entstanden wohl erst als Reaktion auf das christliche Kreuz. Letztendlich führte die Wikingerzeit aus einer breiten Palette von Glaubensvorstellungen, die sich untereinander tolerierten, zum Sieg des Christentums.

Aber die Skandinavier jener Zeit waren zahlreichen fremden Einflüssen ausgesetzt, deren Bedeutung im Einzelnen gar nicht mehr feststellbar ist. Jedenfalls erschöpften sie sich nicht im Christentum und in der Pracht fränkischer Hofkultur, die nordeuropäische Adlige zu imitieren versuchten. In Birka und anderen Teilen Schwedens übernahm man beispielsweise die Kleidermoden der Steppenvölker und Araber. Oder man erzählte sich in den Herrenhallen des Nordens Geschichten, die bereits in den Karawansereien Innerasiens erklungen waren. Die Wikinger vereinten in ihrer weiten Welt eine Fülle unzähliger Übernahmen, denen sie eine eigene Form gaben.

Andererseits waren sie als Einwanderer in einem fremden Land rasch bereit, auf ihre alte Identität zu verzichten und die ihrer neuen Heimat anzunehmen. Anders ist es nicht erklärbar, dass sie sich unter den Engländern und Iren, in der französischen Normandie und unter den Slawen Russlands in wenigen Generationen vollständig assimilierten und von den Einheimischen kaum noch zu unterscheiden waren.

## Was nach 1 000 Jahren blieb

Beachtenswert ist, was die Nordleute nach mehr als einem Jahrtausend an Spuren und Nachwirkungen hinterlassen haben. Dass sie in Buch und Film zu den beliebtesten historischen Figuren und Stoffen gehören, ist dabei genauso offenkundig wie jene Popularität, die sich in Wikingermärkten und -festen ausdrückt.

In Skandinavien gelten die bis heute existierenden Nationen als ein Produkt der Wikingerzeit, deren Hinterlassenschaft sich in vielen archäologischen Funden manifestiert. Darüber hinaus verweisen zahlreiche Ortsnamen nicht nur in Nordeuropa, sondern auch auf den Britischen Inseln und in der Normandie auf ihre Herkunft aus der Zeit der Wikinger. Wo sie keine derartigen Spuren hinterlassen haben, erinnern Ausstellungen an jene Seeräuber, denen man Wagemut und Abenteuerlust nachsagt.

In Kanada und den USA greift man gern auf das Erbe der Nordgermanen zurück, seitdem deren Relikte in Neufundland wissenschaftlich weitgehend unumstritten sind. Auf diese Weise erfährt die Geschichte der (europäischen) Einwanderer eine Erweiterung um 500 Jahre.

In Russland besinnt man sich ebenso der Frühgeschichte der Nation und des skandinavischen Einflusses darauf. Seit der Zeit der Zarin Katharina der Großen im 18. Jahrhundert tobte dort ein regelrechter Gelehrtenstreit darüber, welche Bedeutung die Wikinger für die Bildung des ersten russischen Staates gehabt hätten. Die Meinungen reichten von der rigorosen Leugnung des Einflusses bis zu deren Charakterisierung als vermeintliche germanische Staatsschöpfer. Damit wurde der Streit der Wissenschaftler zu einem Politikum, in dem nationale, ideologische und rassistische Argumente den Ausschlag gaben. Mittlerweile scheint dies alles überwunden zu sein, sodass die Nordleute des frühen Mittelalters eine sachliche Würdigung erfahren.

## Die Wahrheit über die Wikinger

Die historische Wahrheit erweist sich als vielschichtig. Entgegen zahlreicher Klischees von mörderischen Räuberbanden, raffgierigen Händlern oder den letzten heidnischen Germanen zeigen sich die Nordleute als flexibles Volk mit einer erstaunlich offenen Kultur. Diese vereinte das germanische Erbe mit dem christlichen Abendland, um sich letztlich für dieses und für Europa zu entscheiden. Aber die Zeit der Wikinger bot kein ständiges Entweder-oder. Immerhin vergingen mehr als 200 Jahre, bis sich das Christentum durchsetzte. In der Zwischenzeit stellten die Skandinavier einen Brennpunkt vieler Einflüsse und unterschiedlicher Kulturen dar.

Wer vermag zu entscheiden, was ererbt, was fremd, was eigenständig war? Die Wikinger schufen sich aus den fremden und den eigenen Elementen eine bemerkenswerte Kultur, die sich in ihren Schiffen, ihrer Kunst, in der Dichtung und in den Mythen ausdrückt. Deren Zeugnisse sind ihr großes Vermächtnis – hervorgebracht von den Völkern Nordeuropas, die für 250 Jahre Geschichte schrieben.

# 2. Krieger, Gold und Mythen

Skandinavien vor und während der Wikingerzeit

## Vom Ende der Welt

»Die Stämme der Schweden leben im Ozean, und sie verfügen außer über Männer und Waffen auch über starke Flotten. Die Form ihrer Boote zeichnet sich dadurch aus, dass beide Enden einen Bug haben und dadurch eine Seite stets zum Landen bereit ist. Sie benutzen weder Segel noch befestigen sie die Ruder reihenweise an den Schiffswänden ... Bei den Schweden wird Reichtum hoch angesehen, und deshalb herrscht ein Einziger ohne jede Einschränkung mit un-

### Das Wikingerschiff

Die Wikinger wären ohne ihre legendären und gefürchteten Schiffe undenkbar gewesen. Mit ihnen segelten sie über das offene Meer, landeten problemlos an jeder Küste, befuhren größere und kleinere Flüsse; und wenn es die Situation erforderte, zogen sie ihre Drachenboote auf Holzstämmen sogar über Land. An Leichtigkeit und Schnelligkeit suchten sie ihresgleichen, den schwerfälligen Schiffen der Franken und Engländer waren sie weit überlegen.

Die eleganten Langschiffe aus den norwegischen Grabfunden von Oseberg und Gokstad prägen das heutige Bild der von den Skalden so genannten Wellenpferde. Das erste entstand mit seinen kunstvollen Verzierungen um 820, maß 21 Meter Länge, 5 Meter in der Breite und 1,4 in der Höhe und diente wahrscheinlich als königliche Yacht. Das zweite baute man ungefähr 80 Jahre später aus Eichenholz und verlängerte daran die Länge des Osebergschiffes auf über 23 Meter und die Höhe auf zwei Meter. Außerdem gehörte

widerruflichem Recht auf Gehorsam. Die Waffen sind dort nicht frei im Gebrauch, wie sonst bei den Germanen, sondern verschlossen und unter der Aufsicht von Sklaven. Denn überraschende feindliche Überfälle verhindert das Meer; außerdem neigen bewaffnete Scharen im Frieden leicht zu Ausschreitungen. Und es gilt tatsächlich als Gebot der königlichen Sicherheit, dass kein Adliger oder Freigeborener und auch kein Freigelassener die Waffen bei sich habe.

Nördlich der Schweden erstreckt sich noch ein Meer, das träge und fast unbewegt ist. Dass es den Erdkreis ringsum begrenzt und umschließt, ist deshalb glaubwürdig, weil der letzte Schein der sinkenden Sonne bis zu ihrem Wiederaufgang anhält. Er ist noch so hell, dass er die Sterne überstrahlt ... Dort liegt – und diese Kunde ist wahr – das Ende der Welt.«

Dies und vieles mehr wusste der römische Historiker Tacitus um das Jahr 100 nach Chr. in seiner *Germania* vom Norden Europas zu berichten. Das auf Lateinisch Suionen genannte Volk gab seinen Namen an die Schweden weiter, die in ihm ferne Vorfahren sehen. Ansonsten boten die Nachrichten des Römers eine bemerkenswerte Mischung aus realen Fakten und Fantasie. Immerhin hatte er vom Phänomen des Mittsommers gehört, das die Nächte taghell macht,

zum Gokstadschiff ein Mast von zwölf Metern Höhe für das Segel, während 16 Ruderriemen eine Fortbewegung bei Flaute erlaubten. Dieses zweite Boot vom Oslofjord wies erhebliche Verbesserungen auf und galt als seetüchtig.

Ein moderner Nachbau schaffte 1893 die fast 5000 Kilometer vom norwegischen Bergen nach Neufundland und weiter bis Chicago in immerhin 27 Tagen. Auf einer ähnlichen Route dürften die Nordleute bis zur isländischen Südküste etwa sieben Tage benötigt haben. Diese Zahlen verdeutlichen, wie effizient die Wikinger das Meer zu befahren wussten, auch wenn sie nichts von den zahlreichen Katastrophen auf hoher See erzählen. Wer sich hinaus auf den Atlantik begab, gedachte der Ran, der Frau des Meergottes Ägir, die auf dem Grund des Meeres über das Totenreich der Ertrunkenen herrschte.

Trotz solcher Unwägbarkeiten erwies sich die Entwicklung des Wikingerschiffes als unvergleichliche Erfolgsgeschichte. Dabei verwendeten die Skandinavier ganz unterschiedliche Schiffstypen, je

und er wusste, dass die Skandinavier noch keine Segel verwendeten. Damit sollten sie sich viele Jahrhunderte Zeit lassen, um schließlich mit ihren perfekten Segelschiffen zu den besten Seefahrern ihrer Zeit zu werden.

Die Menschen der Antike stellten sich die Erde als Scheibe vor, demnach musste so weit im Norden der furchteinflößende Rand nahe sein. Diese Vorstellung ließ die Römer und Griechen an den Gestaden des Mittelmeeres schaudern, vermuteten sie doch in jenen fernen Regionen schreckliche Ungeheuer und rätselumwitterte Länder und Völkerschaften. Für dies alles stand seit alters her der Name der sagenhaften Insel Thule, die man erst viel später mit Island gleichsetzte.

Die Schweden und andere Stämme vom Rande der Welt ließen die Mittelmeerländer nicht kalt; denn seit Jahrhunderten brachen ihre Scharen immer wieder in den Süden ein: Land suchend, plündernd und für Griechen wie Römer eine große Bedrohung darstellend. Zu ihnen zählte man in der Antike die Kelten, später die Kimbern und

nachdem, ob diese als Kriegsschiffe gedacht waren, um Frachten zu befördern oder auf der Hochsee zu bestehen. Ihnen allen war jedoch ein gewisses Grundschema eigen, aus dem sich das einzige große Segel hervorhob. Man befestigte es an der Rahe und zog dann diese Querstange am Mast empor. Und obwohl man erst in den Jahrhunderten vor der Wikingerzeit das Segel zu nutzen gelernt hatte, entwickelten es wenige Generationen zu einem entscheidenden Teil des Schiffs.

Anderes kam hinzu: Den Kiel hielt man möglichst flach und ließ ihn an Bug und Heck spitz auslaufen. Der hohe Vorder- und Achtersteven, also Anfang und Ende des Schiffes, waren annähernd gleich. Dadurch konnte man selbst an flachen Stränden problemlos landen. Neben Kiel und Steven bildeten diverse Rippen und Querbalken das Gerippe, um das der Rumpf in Klinkerbauweise gezimmert wurde: Die einzelnen sich überlappenden Planken nagelte man mit Tausenden Eisennieten zusammen und dichtete das Ganze mit Tierhaar ab. Zusammen mit dem Rahmen des Rumpfes erwies sich diese Bauweise als elastisch und stabil zugleich.

Der Mast wurde über einen Verstärkungsbalken am Kiel befestigt, wodurch er starkem Sturm standhielt. Gleichzeitig ließ er sich

Teutonen und schließlich die germanischen Stämme der Völkerwanderungszeit. Und über die Goten, deren Heimat tatsächlich in Schweden lag, seufzte 400 Jahre nach Tacitus der Geschichtsschreiber Jordanes, Skandinavien sei wahrlich ein Völkerschoß.

Die Vorstellung, dass aus den nordeuropäischen Ländern unaufhörlich ganze Völkerscharen in den Süden kämen, war natürlich maßlos übertrieben. Zwar nahmen einige Wanderungen dort ihren Anfang, aber erst in Ost- und Mitteleuropa erhielten diese Stämme immensen Zulauf und wurden für Rom zur Bedrohung.

Während das Römische Reich seine Blütezeit erlebte und schließlich in der Völkerwanderungszeit zusammenbrach, erlebte Skandinavien eine ruhigere Entwicklung. Von Invasionen römischer Legionäre blieb man verschont, Kriege und bewaffnete Auseinandersetzungen beruhten zumeist auf internen Stammeskämpfen. Die nordgermanischen Völker siedelten überwiegend als Bauern und Fischer zwischen dem grünen, an Inseln reichen Dänemark, den tiefen Fjorden Norwegens und den undurchdringlichen Wäldern und Gebirgen Schwedens.

jedoch umlegen. Steuern konnte man die bis zu 30 Meter langen Schiffe mithilfe eines massiven Ruders, das achtern an der Steuerbordseite, also hinten rechts, angebracht war. Metallstandarten und die furchterregenden Drachenhäupter am Vordersteven komplettierten das Äußere der berühmten Wikingerschiffe. Näherte man sich der heimatlichen Küste, wurden die Drachen- oder auch anderen Tiergestalten entfernt, um die heimischen Landesgeister nicht zu vertreiben.

Wie sie sich auf einem derartigen Dreki (»Drachen«) auf hoher See orientierten, ist bis heute das Geheimnis der Wikinger geblieben. Wahrscheinlich trugen mehrere Faktoren zur richtigen Navigation bei – insbesondere reiche Erfahrungen mit den natürlichen Gegebenheiten des Meeres und der Wetterbedingungen, wozu das Wissen um die Meeresströmungen und die vorherrschenden Windrichtungen gehörte. Außerdem orientierten sie sich möglichst lange an Landmarken, beobachteten die Gestirne und deuteten die Seevögel als frühe Boten einer Küste. Weitere Hilfen verschafften das Lot und die Verwendung einer so genannten Peilscheibe. All dies und das technische »Know-how« des Schiffbaus machten die Wikinger im frühen Mittelalter zu den meisterlichsten Seefahrern ihrer Zeit.

An Staaten und Städten gab es nichts, was sich mit der urbanen Zivilisation der Mittelmeervölker messen konnte.

Der Reichtum des Imperium Romanum drang mit dessen Händlern und Soldaten bis zum Rhein und nach England vor. Er lockte die Skandinavier an, deren Häuptlinge an den Schätzen und der Pracht des Südens Gefallen fanden. Vielen Bauern schien es zudem verlockend, durch Auswanderung den Naturgewalten und Hungersnöten zu entkommen. Doch die meisten von ihnen blieben zu Hause und suchten anderweitigen Kontakt. Sie handelten mit dem begehrten Bernstein oder verdingten sich als Söldner in römischen Diensten. Als das Imperium zusammenbrach und an seine Stelle schwächere Germanenreiche traten, unternahm man schon einmal den einen oder anderen Raubzug, etwa in das Gebiet der heutigen Niederlande.

Damals kam es zu einem Informationsdefizit des Südens gegenüber dem Norden: Während die Römer und ihre Nachfolger sich oftmals ein märchenhaft unrealistisches Bild von den Skandinaviern machten, wussten diese recht gut über Rom Bescheid. Römische Luxuswaren gelangten nach Nordeuropa, viele Häuptlinge und Stammesadlige imitierten den prächtigen Lebensstil. Ihre geldlose Gesellschaft schuf sich nach dem Vorbild der Römermünzen Goldscheiben, und schon recht früh kannte man die Runenschrift, die Germanen nach norditalienischen Alphabeten entwickelt hatten.

So gingen die Jahrhunderte der Spätantike und des frühen Mittelalters nicht spurlos am Rand der damals bekannten Welt vorüber. Die Mehrzahl der Menschen des Nordens blieb ihrer angestammten Heimat treu und lebte nach den herkömmlichen Traditionen. Und doch sah man weit über den eigenen Horizont hinaus, formte eine ganz eigene Kultur. Auch wenn man nur wenige konkrete Ereignisse jener Zeit zwischen 500 und 800 nach Christus kennt – das Streben nach Gold, die Verherrlichung des Kriegerlebens und die Mythen um die Götter spielten eine herausragende Rolle. Den unspektakulärsten Part übernahmen jedoch die Händler aus Skandinavien und anderen Teilen der Welt, die Waren beförderten und viele Länder miteinander verbanden.

## Götter und Gold

Ein Blick auf Europa um das Jahr 500 zeigt vom Atlantik bis nach Westdeutschland hinein das fränkische Reich der Merowinger, das

Die dänische Stadt Århus in der Wikingerzeit: ein durch Erdwall und Palisade geschützter Handelsplatz, dessen Hafen von zahlreichen Schiffen angefahren wird. Die Siedlung war ein bedeutender Verkehrs-knotenpunkt.

sich unter Chlodwig und dessen Nachfolgern zum Erben Roms entwickelte. Skandinavien kannte noch keine großen Reiche und wurde von seiner überwältigenden Natur geprägt. Die Menschen mussten den Mooren und Wäldern mühsam das Land abgewinnen, auf dem sie Getreide anbauten und Vieh hielten. Aus ihren vom bäuerlichen Leben bestimmten Siedlungsgebieten hoben sich allerdings Orte heraus: Häuptlingssitze, in denen zugleich den Göttern geopfert wurde und wo sich Handwerker und Händler zusammenfanden. Derartige Zentren in der Wildnis entstanden überall im Norden verstreut: in Jütland und auf den dänischen Inseln, an den Fjorden Norwegens bis hinauf zu den Lofoten, in der Umgebung der heutigen schwedischen Hauptstadt Stockholm am Mälarsee und in Uppland.

Einer der bedeutendsten dieser Orte lag in Gudme auf der dänischen Insel Fünen, nur wenige Kilometer von der Küste des Großen Belt entfernt. Umgeben von Wäldern, Ackerland und einem See lebten dort mehrere hundert Menschen in einer Siedlung, die an die fünfzig Höfe umfasste – und damit für skandinavische Verhältnisse eine beachtliche Größe aufwies. Ihre Bewohner arbeiteten vor allem als Handwerker; zum Beispiel stellten Schmiede Waffen, Geräte und

Schmuck her. Inmitten der üblichen Häuser aus Holz und Flechtwerk erhob sich ein fast fünfzig Meter langes Gebäude. Hier residierte ein Häuptling, der seine Gefolgsleute und Krieger um sich versammelte. Seine »Königshalle« muss berühmt und viel bewundert gewesen sein: Sie stand über mehrere Generationen, während gewöhnliche Häuser kurzlebig waren.

Der Häuptling von Gudme verdankte seine Macht nicht nur den Kriegern, sondern auch der Kontrolle über den Handel. An der nahen Küste erstreckte sich eine kleine Ufersiedlung, in der die Bewohner über große Boote verfügten. Mit ihnen erreichten sie Seeland nebst den anderen dänischen Inseln und das Festland von Jütland bis nach Schweden. Von dort und aus anderen Regionen kamen Händler mit Bernstein und Fellen, aus dem Süden trafen Luxusartikel ein, zum Beispiel fränkische Gläser. Der Herrscher folgte einem uralten Muster, das sich auch später in der Wikingerzeit findet: Er bot dem Handel einen sicheren Ort und kassierte dafür Zölle und andere Abgaben.

Gudme galt jedoch auch noch anderen Reisenden als Ziel: Pilgern, die den Göttern opfern wollten. Dafür war der Ort wahrscheinlich weit und breit berühmt und davon kündet sein Name, der »Götterheim« bedeutet. Bis heute haben sich Ortsnamen in der Umgebung erhalten, die von der Heiligkeit künden: Götterberg, Orte des Heiligtums und des Opfers. Männer und Frauen wandelten von der Küste gleichsam auf einem Prozessionsweg zu den Heiligtümern und Opferplätzen. Sie gaben ihren Göttern am liebsten Gold, dessen Reste gefunden wurden. Archäologische Ausgrabungen erbrachten Funde von insgesamt zehn Kilogramm. Solche Weihegaben waren den Menschen in Dänemark und anderen Teilen Skandinaviens so wichtig, dass Goldschmiede kleine Kunstwerke für sie schufen: Die so genannten Brakteaten – dünne Scheiben mit eingeprägten Götterdarstellungen – hatten römische Kaisermedaillons zum Vorbild. Winzige Figürchen aus Goldblech gaben mythische Szenen wieder. Vermutlich wurde mit diesen Opfern der Gott Odin angerufen. Daran erinnert der Name Odenses, der Hauptstadt Fünens, die Gudmes Nachfolge antrat: »Odins Heiligtum«.

Spätere Generationen verehrten jene Epoche als Goldzeitalter, als Vorzeit der Mythen und Heldenkämpfe, als Vergangenheit eines sagenhaften Reichtums. In der Tat verfügten die Häuptlinge über beachtliche Schätze und pflegten einen für ihre Verhältnisse luxuriösen Lebensstil. Davon künden Häuptlingshallen, Opferplätze und Handelssiedlungen. Aber die Nordeuropäer mussten sich auch vor

Überfällen schützen. Das belegen starke Festungen, die etwa auf der schwedischen Insel Öland errichtet wurden.

## Die Grabhügel von Uppsala und Schwedens sagenhafte Könige

Mehr als 600 Kilometer Luftlinie und dementsprechend viele Tagesreisen von Gudme entfernt lag bei Uppsala nördlich Stockholms das Zentrum der Svear, von denen Tacitus als Suionen berichtete. Auch dort im so genannten Alt-Uppsala bildeten zahlreiche Gebäude mit imposanten Herrscherhallen und Opferplätzen eine Siedlung, wo sogar noch 500 Jahre später Menschenopfer dargebracht wurden – kurz bevor die Schweden zum Christentum konvertierten. Hier erhob sich die legendäre Residenz der Ynglinge, des mächtigen Königsgeschlechts der Schweden, die später auch über Norwegen herrschen sollten. Noch immer künden drei große Grabhügel, die sich aus der Ebene Upplands erheben, vom Ruhm dieser Dynastie. In ihnen wurden im 6. Jahrhundert drei Könige namens Aun, Egil und Adils bestattet, nachdem man ihre Leichname mit reichen Beigaben vorher verbrannt hatte. Dazu gehörten Helme, Schilde, Trinkhörner und edle Schmuckstücke aus Rom und dem Fränkischen Reich.

Von der bewegten Geschichte der Ynglinge erzählt eine im hohen Mittelalter auf Island niedergeschriebene Saga, die aus alten Gedichten und Erzählungen schöpfte. Wenn auch viel hinzugedichtet wurde, so scheint diese *Ynglinga saga* doch im Kern historische Ereignisse und Personen zu enthalten. Ihr zufolge verantworteten die Könige persönlich das Wohl und Wehe ihres Volkes. So herrschte unter der Regierung des Königs Domaldi in Schweden eine große Hungersnot. Um die Götter gnädig zu stimmen, wurde ihnen in Uppsala ein Blutopfer gebracht: Im ersten Herbst opferte man Ochsen, doch die Not hielt an. Im nächsten Jahr versuchte man die Ernteerträge durch Menschenopfer zu einem Besseren zu führen; auch das blieb erfolglos. Im dritten Herbst kamen die Svear in großer Zahl in Uppsala zusammen. Ihre mächtigsten Häuptlinge berieten sich und kamen zu dem Schluss, dass König Domaldi die Schuld an der Not trage. Alle meinten, er selbst müsse den Opfertod erleiden, damit sie endlich ein gutes Jahr mit reichen Ernten bekämen. Daraufhin ergriffen sie den König, töteten ihn und besprengten mit seinem Blut den Opferaltar.

Die Herrschaftzeit der Ynglinge war eine gewalttätige Epoche: Wenn die Könige keine Kriegszüge nach Finnland oder Dänemark unternahmen, befehdeten sie sich in der eigenen Sippe und schlugen so manche Schlacht in der Ebene des Fyrisflusses in der unmittelbaren Nachbarschaft ihrer Residenz. So mancher König fiel der Gewalt zum Opfer, wurde von seinen Feinden kurzerhand aufgehängt oder erlitt ein ähnliches Schicksal wie eben jenes halbe Dutzend Kleinkönige, die ein Yngling zu einem Gelage in eine Festhalle einlud: Er ließ seine Gäste darin verbrennen, um sich ihrer Reiche zu bemächtigen.

Von ähnlichen Ereignissen künden die Geschichten der drei Herrscher in den Grabhügeln: König Aun regierte über viele Jahrzehnte, ohne dass ihm herausragende kriegerische Ambitionen nachgesagt wurden. Gern habe er in Frieden im Lande gesessen und sich vor allem durch seine reiche Opfertätigkeit ausgezeichnet. Immer wieder seien es aber dänische Könige gewesen, die in Schlachten siegreich blieben und Aun mehrmals vom Thron vertrieben.

Sein Sohn und Nachfolger Egil musste sich gegen Scharen von Marodeuren wehren, die ihn oftmals in die Flucht schlugen und sein ganzes Reich terrorisierten. Schließlich floh er nach Seeland zum dänischen König und erbat militärische Hilfe, für die er bezahlen wollte. Daraufhin erhielt er die besten Krieger, die mit den Aufständischen kurzen Prozess machten. Egil selbst schätzte die Jagd und fand ein dementsprechendes Ende: Ein in die Wälder geflüchteter wild gewordener Stier nahm den Herrscher auf die Hörner. Sein Sohn wiederum brach die guten Beziehungen zu den Dänen ab und unternahm einen Heer- und Plünderungszug ins Nachbarland, wo er starb.

Dessen Nachfolger Adils überfiel angeblich das Land der Sachsen fern im Süden. Von dort brachte er sich die schöne und kluge Yrsa mit, die er an einen kampfstärkeren Dänenkönig verlor. Der zeugte mit ihr den nordischen Sagenhelden Hrolf Krake, während Adils später durch einen Sturz vom Pferd den Tod fand.

So mischte die Saga Historie und Fantasie, ohne völlig unhistorisch zu werden. Denn zweifellos gab es in jener Epoche heftige Auseinandersetzungen zwischen den Svear und den Dänen. Darüber hinaus kämpften die Ynglinge die südschwedischen Gauten nieder, begannen mit der Einigung Schwedens und gaben als Sieger dem Land ihren Namen.

Die mittelschwedische Landschaft Uppland blieb in den folgenden Jahrhunderten ein Mittelpunkt von Macht und Reichtum. Davon zeugen die prächtigen Häuptlingsgräber von Vendel und Valsgärde, deren Tote man nicht mehr verbrannte, sondern in Schiffen bestattete. Einen Leichnam hatte man in einem acht Meter langen Boot auf Federkissen gebettet und mit herrlichen Beigaben ausgerüstet: Helm, Schild und Schwerter, Werkzeug und Essensutensilien nebst einem Bronzekessel sowie Gläsern, zwei Pferde, ein Rind und ein Hund.

Gräber dieser Art spiegelten den Lebensstil einer wohlhabenden Adelsschicht wider. Eine wichtige Quelle des Reichtums lag auf einer Insel im benachbarten Mälarsee: auf Helgö, der »heiligen Insel«, wo man den Göttern opferte und in einer unscheinbaren Siedlung seinen Geschäften nachging. Die Insel bildete mit ihren Handwerksstätten ein Handelszentrum des Nordens. Dorthin kamen Kaufleute von überall her und brachten ihre Waren mit. Wie vormals im dänischen Gudme wachte über das Treiben eine Häuptlingssippe, die ihren Anteil der Gewinne einstrich.

## *Beowulf* – Engländer erzählen sich skandinavische Heldengeschichten

Wenig ist von den Geschehnissen im Nordeuropa des frühen Mittelalters bekannt. Dieses wenige verbirgt sich zudem in sagenhaften Erzählungen, die Mönche später niederschrieben. Von dem gewaltigen Heldenepos um *Beowulf* ist eine Handschrift erhalten. Englische Geistliche zeichneten die Geschichte in ihrer Muttersprache auf – und das, obwohl sie sich einzig und allein in Skandinavien zwischen Dänen und Schweden abspielt. Zwar entstammen Beowulfs Kämpfe dem Reich der Sage; er, dessen Name Bienenwolf bedeutet und eine Bärenbezeichnung ist, ringt mit schrecklichen Moortrollen und einem Feuer speienden Drachen. Ansonsten aber vermittelt das Epos ein anschauliches Bild nordgermanischen Kriegerlebens im 6. Jahrhundert.

Damals ließ sich der Dänenkönig Hrodgar in Lejre auf der Insel Seeland eine mächtige hölzerne Halle erbauen, das höchste und größte Gebäude weit und breit. Geschmückt war sie mit Hirschgeweihen, denen sie den Namen Heorot (»Hirschhalle«) verdankte. Dort umgab sich der Herrscher mit seinen Gefolgsleuten und Kriegern, die ihn als freigebigen Herrn schätzten und mit ihm prächtige Gelage feierten, bei denen die Methörner kreisten. Dorthin kommt Beowulf,

der Neffe des südschwedischen Gautenkönigs. Mit seinen Gefährten schreitet er über eine mit Steinen gepflasterte Straße zur großen
Königshalle, vor der sie ihre Schilde und Waffen unter Bewachung
ablegen. Ein Abgesandter des Königs fragt nach ihrer Begehr und
da Beowulf wohlbekannt ist, werden sie eingelassen. In Helm und
glänzender Brünne tritt Beowulf vor den Hochsitz des Königs: »Heil
sei dir, Hrodgar! Ich bin Hygelacs Verwandter und Gefolgsmann.
In meiner Jugend habe ich viele Waffentaten vollbracht.« Bald saßen
sie auf den Bänken und bekamen Bier eingeschenkt, während ein
Skop – ein Lobdichter – von den Taten der Vorfahren sang. Dazu erklang eine Harfe. Später verteilte König Hrodgar reiche Geschenke
und ließ kostbaren Wein ausschenken.

Die Szenerie verherrlicht das Leben und Treiben in den großen
Königshallen Skandinaviens. Die Häuptlinge huldigten mit ihren
Getreuen einem Lebensstil, dessen Ideale kriegerische Ruhmestaten
und Gold waren. In mancher Geschichte, die beim lärmenden Treiben die Runde machte, hatte der Held dieses Gold einem Drachen
geraubt. In der historischen Realität erwarb man es durch Handel
und Raubzüge. Wenn ein Adliger starb, bestattete man ihn unter
einem aufgeschütteten Hügel, wie er aus Uppsala bekannt ist. Das
*Beowulf*-Epos liefert eine eindringliche Schilderung von der Bestattung des greisen Helden, der als König des Gautenvolkes den Tod
fand:

Die Krieger errichteten ihrem toten König einen hohen Scheiterhaufen, den sie mit Helmen, Schilden und glänzenden Brünnen
behängten. In dessen Mitte legten sie klagend den Toten. Dann
begannen die Gefolgsleute ein großes Feuer zu entfachen. Schwarz
stieg der Rauch empor, begleitet von den Wehklagen – bis der Brand
alles verzehrt hatte. Ein altes Klageweib der Gauten sang mit gebun-
denem Haar ein Klagelied auf Beowulfs Tod. Sie fürchte sich vor
einer schlimmen Zukunft, sang sie, vor vielen gefallenen Kriegern,
feindlichen Heerscharen, Verfolgung und Gefangenschaft. Dann
begannen die Gauten ein hohes und breites Grab zu errichten, in
zehn Tagen schütteten sie einen Grabhügel auf. Sie umgaben die
darin geborgenen Brandreste mit einem würdigen Wall. In den Hügel brachten sie Gold und viele Kleinodien. Als dieser geschlossen
war, umritten ihn zwölf edle Krieger der Gauten. Auch sie sangen
ein Klagelied um den toten König, priesen seine Tapferkeit und sein
mächtiges Werk.

Es wirkt wie eine Ironie der Geschichte, dass mit den Engländern ausgerechnet jenes Volk eine skandinavische Heldensage pflegte und überlieferte, das Jahrhunderte später am meisten unter den Wikingern zu leiden hatte. Aber zwischen den Britischen Inseln und Skandinavien, insbesondere Dänemark, bestanden enge Beziehungen, seit von dort um 450 die Stämme der Angeln und Sachsen in England (dem »Land der Angeln«) eingewandert waren. Zwischen beiden Ufern der Nordsee wurde eifrig Handel getrieben, etliche Häuptlingssippen waren miteinander verschwägert. Erst die fortschreitende Christianisierung der Angelsachsen sorgte für eine gewisse Entfremdung von den weiterhin heidnischen Verwandten in Nordeuropa.

Wie weit die Engländer noch zwischen beiden Religionen standen, veranschaulicht das Schiffsgrab von Sutton Hoo im ostenglischen Suffolk. Man errichtete es höchstwahrscheinlich anlässlich des Todes von König Raedwald um 627. Obwohl das Königshaus kurz vorher den christlichen Glauben angenommen hatte, folgte man einem heidnischen Brauch: Das Boot enthielt eine Fülle prächtiger Grabbeigaben wie Helm, Schild und Schwert, englischen Goldschmuck, fränkische Münzen sowie eine byzantinische Schale. Bewaffnung und Ausstattung des Kriegers zeigen deutliche skandinavische Einflüsse und stammen wahrscheinlich aus dem Reich der Svear.

## Die Dänen und ihr Reich

Wo sich der Sage nach die legendäre Hirschhalle Heorot erhob, in Lejre, entstand die Residenz der Skjöldunge, des ersten namentlich bekannten dänischen Königsgeschlechts. Unweit des Roskildefjords auf der dänischen Hauptinsel Seeland gelegen, zeichnete sich dieser zentrale Ort durch große Grabhügel, Handwerksstätten und Herrscherhallen aus – ganz ähnlich der Beschreibung im *Beowulf*. Ihren Königen war es frühzeitig gelungen, große Teile des Landes zu kontrollieren und die Häuptlinge und Sippenchefs für sich zu gewinnen. Die Macht von Lejre reichte so weit, dass man in diesem Land der Gehöfte, Dörfer und bescheidenen Siedlungen sogar eine gewisse Infrastruktur schaffen konnte: Wege für Ochsenkarren wurden angelegt und Kanäle ausgehoben.

Außerdem mobilisierten die Dänenherrscher viele Kräfte, um an der südlichen Grenze ihres Reiches einen starken Verteidigungswall zu errichten. Dort, wo in Schleswig die Landenge zwischen Nord-

und Ostsee am engsten ist, entstand das so genannte Danewerk, ein System von Erdwällen, Palisaden und Gräben. An ihm baute man über Jahrhunderte, seine Spuren sind heute noch in der Landschaft zu erkennen. Das Danewerk erinnert daran, dass Dänemark nicht nur ein Heimatland der gefürchteten Wikingerschiffe war, sondern dass man sich auch selbst vor Angriffen zu fürchten hatte. Im Süden gingen diese vor allem von slawischen Stämmen aus, die – obwohl heidnischen Glaubens – des Öfteren Bündnisse mit dem christlichen Frankenreich schlossen.

Der Staat der Merowinger und Karolinger hielt in der Nachbarschaft der Dänen die meiste Macht in Händen; deshalb hütete man sich vor deren Heeren, bewunderte aber zugleich die kostbare Hofhaltung der fränkischen Herrscher. Ihnen versuchten die Skjöldunge nachzueifern. Darum intensivierten sie den Handel und brachten die Kaufleute möglichst unter ihre Kontrolle: Schon um 700 wurde an der Nordseeküste der Handelsplatz Ribe gegründet; ein Jahrhundert später sollte Haithabu an der Ostseeseite folgen.

Die Franken waren bestrebt, unter ihren heidnischen Nachbarn das Christentum und mit den Missionaren und Bischöfen auch ihre Macht zu verbreiten. Die Dänen lernten schon recht früh die fremdartige Religion kennen, der sich südlich von ihnen außer den Slawen und den Sachsen alle übrigen Germanen angeschlossen hatten. Um das Jahr 700 weilte der Missionar Willibrord am Hofe eines dänischen Königs. Der aber zeigte sich abweisend gegenüber dem Christentum, gleichwohl gab er dem Missionar dreißig Jungen mit, die im christlichen Glauben erzogen werden sollten. Ob sie jemals nach Dänemark zurückkehrten, ist nicht bekannt – gefruchtet hat es jedenfalls nichts. Denn, so die Chronik des Thietmar von Merseburg, die Dänen begingen noch mehr als 200 Jahre später in Lejre heidnische Opferfeiern. Dort kämen sie alle im Januar zusammen und brächten ihren Göttern 99 Menschen und ebenso viele Pferde, Hunde und Hähne als blutiges Opfer dar. Sie hielten es für gewiss, dass diese Opfer ihnen bei den Unterirdischen gute Dienste leisten würden.

Seit der Regierungszeit Karls des Großen (768–814) unterhielten die dänischen Könige und andere Adlige recht enge Beziehungen zum Fränkischen Reich. Mit der Eroberung und Christianisierung des Sachsenstammes war es zum unmittelbaren Nachbarn Dänemarks geworden. Dessen Delegationen am fränkischen Hof waren daher ebenso wenig eine Seltenheit wie Diplomaten aus Aachen im Land der Dänen.

## Der Apostel des Nordens im Land der Wikinger

Im Gefolge von Diplomaten und Händlern kamen verstärkt christliche Missionare in den Norden. Deren berühmtester Vertreter war der aus Gallien stammende Mönch Ansgar, der auf Weisung Kaiser Ludwigs des Frommen 829 in den schwedischen Handelsort Birka reiste. Der Missionar hatte schon Erfahrungen bei dänischen Heiden gesammelt und machte sich deshalb nicht unvorbereitet auf den Weg. Aber mitten in der Ostsee erlebte er am eigenen Leibe, wie unsicher die Zeiten waren. Nach den Worten seines Biografen Rimbert wurde sein Schiff von Piraten überfallen: »Auf halber Strecke begegneten ihnen Raubwikinger. Die Händler auf ihrem Schiff verteidigten sich mannhaft und anfangs auch erfolgreich; beim zweiten Angriff jedoch wurden sie von den Angreifern völlig überwältigt und mussten ihnen mit den Schiffen all ihre mitgeführte Habe überlassen; kaum konnten sie selbst entrinnen und sich an Land retten. Auch die königlichen Geschenke, die sie überbringen sollten, und all ihr Eigentum gingen dabei verloren bis auf Kleinigkeiten, die sie zufällig beim Sprung ins Wasser bei sich hatten und mitnahmen. Unter anderem büßten sie durch die Räuber etwa 40 Bücher ein, die für den Gottesdienst zusammengebracht worden waren.«

Doch Ansgar dachte offensichtlich nicht daran klein beizugeben und setzte seinen Weg zu Fuß und mit Booten fort, bis er und seine Begleiter die Insel Birka im Mälarsee erreichten. Dort empfing sie der die Handelssiedlung kontrollierende Häuptling freundlich. Nachdem er sich mit seinen Ratgebern beraten hatte, erlaubte er dem Missionar, die Botschaft Christi zu verkünden. Etliche Heiden, berichtet Rimbert, zeigten sich interessiert an der neuen Lehre; außerdem sollen im Land der Schweden zahlreiche christliche Sklaven gelebt haben, »die froh waren, endlich wieder der heiligen Sakramente teilhaftig zu werden.« Sogar der Vorsteher Birkas, der zweifelsohne zu den Mächtigen gehörte, ließ sich taufen und errichtete auf seinem Grundstück eine kleine Kapelle.

Als Ansgar nach anderthalb Jahren ins Frankenreich zurückkehrte, konnte er mit Genugtuung den Erfolg seiner Mission vermelden – was ihm später den Ehrentitel »Apostel des Nordens« einbrachte. Und schon nach seiner Rückkehr konnte er sich verschiedener Ehrungen erfreuen. Er empfing nicht nur die Weihe zum Bischof des neu gegründeten Stützpunktes Hamburg, sondern reiste auch nach Rom. Dort erteilte ihm der Papst den Auftrag, alle Völkerschaften des

Nordens, Nordgermanen wie Slawen, für den christlichen Glauben zu gewinnen. Aber wenn der Heilige Vater und die fränkischen Herrscher glaubten, dass ihnen der Norden sicher sei, so irrten sie sich.

Ansgar selbst musste dies, wie wir in Kapitel 4 noch sehen werden, an seinem Bischofssitz Hamburg erfahren, der 845 von Wikingern geplündert und in Brand gesteckt wurde. Was er aus Birka erfuhr, verhieß ebenfalls nichts Gutes: Eine aufgebrachte Menge hatte das Haus des dortigen Bischofs überfallen, dessen Neffen erschlagen und die Christen davongejagt. Der so genannte König des Gebietes am Mälarsee beteuerte angeblich, er habe mit diesen Ausschreitungen nichts zu tun und verurteile sie. Spielte er ein falsches Spiel? Wollte er sich die Franken gewogen halten und gleichzeitig die heidnischen Traditionalisten beruhigen? Oder erkannte er, dass er mit Hilfe des straff organisierten Christentums seine Macht festigen könnte?

Bischof Ansgar in Norddeutschland schickte jedenfalls einen hartgesottenen Einsiedler gen Norden, um die in Birka verbliebenen Christen moralisch zu stärken und ihnen den Besuch des Gottesdienstes zu ermöglichen. Dennoch vernahm er weiterhin Besorgnis erregende Nachrichten. Erfolgreicher gestaltete sich offenbar Ansgars Werben um den dänischen König Horik, den er sich mit Geschenken und Gefälligkeiten zu verpflichten suchte. Nach Rimbert durfte sich der Bischof immerhin zu den engsten Ratgebern des Herrschers zählen, der es jedem freistellte, Christ zu werden. Dies zahlte sich insofern aus, als nun mehr christliche Kaufleute in den Handelsort Haithabu kamen, wo »der Handel gedieh«.

Diese ermutigende Entwicklung mochte Ansgar mit dazu veranlasst haben, nach mehr als zwanzig Jahren ein zweites Mal nach Birka zu reisen – was für einen Mann seines Alters eine gehörige Strapaze darstellte. Dieses Mal erhielt er die Unterstützung des ostfränkischen Königs Ludwigs des Deutschen; außerdem begleitete ihn ein Gesandter des dänischen Königs. Nach etwa 20-tägiger Seefahrt erreichte er Birka, dessen König und Volk er in »tiefem Irrglauben« fand. Ein Prediger behauptete, an der Versammlung der alten Götter teilgenommen zu haben. Deren Botschaft lautete, sie hätten dem Land lange reiche Ernten und Frieden beschert. Aber nun hätten die Opfer nachgelassen, da die Menschen sich offenbar an den Christengott hielten. Die Menschen fühlten sich zutiefst verunsichert. Das Christentum hatte beileibe noch nicht so fest Fuß gefasst, dass man den gewohnten Landesgöttern ohne Zweifel entsagen mochte. In der

Mitte des 9. Jahrhunderts entschied sich die große Mehrheit für den ererbten Glauben und gegen die neue Religion.

Bischof Ansgar wurde von Wohlgesonnenen in Birka gewarnt. Doch der Missionar fand beim Herrscher zumindest ein offenes Ohr und erhielt die Zusage, von ihm nicht bekämpft zu werden. Allerdings könne selbst er als König nichts verfügen, solange nicht die Götter per Los befragt worden seien und das Volk auf dem Thing darüber entschieden habe. Er sei jedoch bereit, für die Tolerierung der Christen zu sprechen.

Zunächst beratschlagte sich der König mit den Großen, die in einem Losorakel den Willen der Götter erkunden wollten. Als sie auf einem freien Platz die Lose warfen, fielen diese zugunsten Ansgars und des christlichen Glaubens. Als letzte Hürde stand nun noch die Versammlung des Thing an, wo darüber ein Beschluss gefasst werden musste: Dort ließ der König dem Brauch gemäß das Volk durch einen Sprecher von Ansgars Missionierungswunsch unterrichten. Es entbrannte eine heftige Diskussion, in der sich schließlich ein alter Mann erhob und das Wort ergriff: Er sprach von denen, die schon längst etwa in Dorestad die Taufe empfangen hätten. Aber mittlerweile sei die Fahrt dorthin wegen der räuberischen Überfälle immer gefährlicher geworden. Warum sollte man da die Priester nicht zu sich rufen. Und wenn die eigenen Götter einem einmal nicht gewogen seien, dann sei es doch gut, die Gnade des Christengottes zu genießen, der immer und überall denen helfe, die ihn anriefen.

Durch dieses pragmatische Argument ließ sich die Volksversammlung überzeugen und erklärte sich mit der Zulassung christlicher Priester einverstanden. Ansgar ließ nun mit Unterstützung des Königs Geistliche nach Schweden kommen, wo erste Kirchen errichtet wurden. Allerdings konnten sich der Missionar und die Christen nur für kurze Zeit über diesen Erfolg freuen. Die Häuptlingsherrscher verfügten nicht über genügend Macht, mit den alten Traditionen zu brechen. Und sogar im sicher geglaubten Dänemark kam es zu Thronkämpfen, aus denen die Gegner des Christentums als Sieger hervorgingen.

Letztlich blieben darum Ansgars Missionierungsversuche eine Episode, in der sich die wenigen Christen nicht durchzusetzen vermochten. Zu groß angelegten Verfolgungen der Christen kam es dennoch nicht. Solange sie die heidnischen Traditionen nicht angriffen und privat ihrem Glauben anhingen, ließ man sie in Ruhe. So lebten die Skandinavier der Wikingerzeit in ihren Heimatländern mit Christen zusammen. Odin, Thor und die anderen nordischen Gottheiten bekamen ganz allmählich die Konkurrenz des Christengottes zu spüren. Über 200 Jahre koexistierten beide Religion zumeist friedlich nebeneinander, und die heidnischen Nordgermanen übernahmen fast unbemerkt die eine oder andere Vorstellung der neuen Religion. In Birka bestattete man so manchen Toten mit dem Kreuz als Symbol seines christlichen Glaubens.

## Ein Maure am dänischen Königshof

Aber in Dänemark empfing man auch exotischere Reisende, so im Jahre 845 den Mauren al-Ghazal, der als Gesandter des Emirs von Córdoba in den fernen Norden reiste. Zu jener Zeit machten die berüchtigten Wikingerflotten schon große Teile Europas unsicher. Einige von ihnen waren ein Jahr zuvor bis an die Küsten der Iberischen Halbinsel vorgestoßen, wo sie im muslimisch-arabischen Omajjadenreich Plünderungszüge unternommen hatten. Den spanischen Mauren war offensichtlich zu Ohren gekommen, wo die Heimat dieser

### Die Götterwelt der Wikinger

Die heidnischen Skandinavier kannten eine Vielzahl göttlicher und anderer überiridischer Wesen. Von ihnen versprachen sie sich Hilfe, weshalb sie die Götter mit reichlichen Opfern günstig zu stimmen suchten. Der Unterstützung bedurften sie nicht nur gegen die Unbilden der Natur und gegen Unglücksfälle, sondern auch gegen die Bedrohung durch dämonische Mächte, die am Rande der Welt in Eis und Kälte lauerten.

Als Hauptgötter galten Odin, Thor und Freyr, wobei die beiden ersten den südlicheren Germanenstämmen des Festlandes als Wodan und Donar bekannt waren. Von Odin machten sich die Wikinger ein sehr vielschichtiges Bild: Er stand allen anderen vor und genoss als Kriegsgott die besondere Verehrung der Krieger, deren Gefallene er in Walhall bewirtete. Als Herr über die Toten und Beherrscher von Zauber und Magie stand er im Ruf des Geheimnisvollen, Dunklen und Furchterregenden. Um das Wissen der Runen zu erlangen, hing er wie ein Schamane neun Nächte kopfüber »am

Heiden zu suchen sei, und so machte sich al-Ghazal im Auftrag seines Herrn auf den gefährlichen Weg.

Sein Reisebericht entfaltet ein aufschlussreiches Bild, wobei dem kultivierten Araber einige Beobachtungen höchst barbarisch vorkamen. Per Schiff fuhr al-Ghazal auf dem Seeweg nach Norden, der ihn nach Dänemark führte. Dieses Reich erstreckte sich über eine große und zahlreiche kleine Inseln und habe auch Anteil am Festland. Dort gäbe es überall reichlich Flüsse und Gärten, wo unzählige Wikinger lebten. Sie seien Heiden gewesen, aber mittlerweile überwiegend Christen geworden. Trotzdem gebe es noch auf einzelnen Inseln Heiden, die nach wie vor ihre »schändlichen Rituale« pflegten.

Am Hofe des Königs Horik ließ dieser dem Gesandten und seinen Leuten eine schöne Herberge anweisen und schickte ihnen Boten entgegen, die sie höflich empfingen. Viel Volk strömte herbei, um die exotische Delegation zu bestaunen. Dann brachte man sie sehr zuvorkommend unter und ließ ihnen einen Ruhetag, bevor der Dänenkönig dem maurischen Gesandten eine Audienz gewährte. Al-Ghazal scheint seinen Reisebericht stark geschönt zu haben. Demnach trat er im Lande der Nordleute wie eine schimmernde arabische

windigen Baum«. Aber der Gott der Gehängten – so eine seiner zahlreichen Umschreibungen und Namen – wurde auch als Spender des mythischen Skaldenmets von den Wikingerpoeten gepriesen.

Schien Odin rätselhaft und irgendwie unnahbar, so war sein Sohn Thor in vielem das Gegenteil: Er galt den Menschen als Gott des Donners, wegen seiner Beziehungen zu Wetter, Wind und Regen verehrten ihn insbesondere die Bauern. Sie erzählten sich allenthalben, wie Thor mit seinem zauberkräftigen Hammer Mjöllnir Jagd auf die bösartigen Riesen machte.

Weniger spektakulär, aber umso wichtiger war die Bedeutung des Freyr, denn er wurde als Fruchtbarkeitsgott angesehen, dem man um »reiche Ernte und Frieden« Opfer darbrachte. Die skandinavischen Schmiede stellten Statuetten her, die den Gott mit einem erigierten Phallus zeigen – was als Zeichen der Fruchtbarkeit galt. Und die Schweden verehrten ausdrücklich Freyrs Tier, den Eber.

Neben diesen drei umfassten die Götterfamilien der Asen und Wanen zahlreiche Mitglieder wie Odins Gemahlin Frigg und Freyrs Schwester Freyja, die als Liebesgöttin besondere Wertschätzung

Heldenfigur auf. Angeblich handelte er vor der Audienz aus, dass er sich vor dem Herrscher nicht niederzuwerfen brauche und dass ihm und seinen Gefolgsleuten nichts abverlangt würde, was gegen ihre Sitten verstoße. An der Königshalle angelangt, musste der Maure dann feststellen, dass ein niedriger Eingang ihn zu einer starken Verbeugung zwang. Darum setzte er sich und rutschte auf diese Weise zur Tür hinein – was unter den Wikingern für erhebliche Verwunderung und Erheiterung gesorgt haben dürfte (wenn die Geschichte denn stimmt).

Glaubhaft klingt die prächtige Erscheinung des Königs, der seine Gäste auf dem Hochsitz reich geschmückt und mit Waffen versehen empfing. Al-Ghazal wurde später nicht müde zu betonen, dass ihm als Vertreter einer hohen Kultur dies überhaupt nicht imponiert habe. Im Folgenden übermittelte der Gesandte über seinen Dolmetscher die Grüße seines Herrn und übergab dem Wikinger ein offizielles Schreiben, das diesem vorgelesen und übersetzt wurde. Horik fand die Handschrift mit den kunstvollen arabischen Schriftzeichen sehr schön, bewunderte sie ausführlich und nahm sie an sich. Darüber hinaus brachte ihm die maurische Delegation reiche Geschenke – Truhen gefüllt mit kostbaren Gewändern und Gefäßen. Während des

genoss, aber auch gegensätzliche Gestalten: Balder, Sohn Odins und der Frigg, hielten die Wikinger für den besten, klügsten, strahlendsten und wohltätigsten aller Asen, dessen Urteilssprüche jedoch nur wenig Bestand hatten. Der ebenso listige wie heimtückische Loki zeugte gleich mehrere Ungeheuer und wurde den Göttern zum Verhängnis. Er hatte Balders Tod zu verantworten, denn der Mistelzweig, den er dem blinden Hödr in die Hand gab, verwandelte sich im Flug in einen Pfeil und tötete dessen Bruder. Und bei der Ragnarök, dem Weltuntergang, kämpft Loki schließlich gegen die anderen Götter.

Die Mythenwelt der Wikinger wurde darüber hinaus von einer Vielzahl überirdischer Wesen bevölkert, von denen man nur wenig weiß. Die Alben und Disen galten als götterähnlich. Die Nornen waren Schicksalsfrauen, die den Menschen das Leben bestimmten. Die Zwerge lokalisierte man unter Bergen und in Felsen, wo sie der Schmiedekunst und manch anderem Handwerk nachgingen. Ihnen wurde nicht nur die Herstellung von Thors Hammer nachgesagt, sondern auch prächtiger Kleinodien, die die übrigen Götter trugen.

weiteren Aufenthaltes kam es zu intensiven Gesprächen mit den führenden Männern des Königreichs, die der Eloquenz des Arabers angeblich nicht gewachsen waren; genauso wenig wie die besten Krieger im Bogenschießen!

Als al-Ghazal (»die Gazelle«) ins Land der Nordleute reiste, soll er beinahe fünfzig und ergraut gewesen sein, zugleich aber immer noch ein stattlicher und schöner Mann. Dies scheint auch die Frau des Dänenkönigs so gesehen zu haben, da der Maure sich rühmt, mit ihr eine Romanze oder sogar mehr gehabt zu haben. Jedenfalls beschied ihn die offensichtlich neugierige Herrscherin zu sich und ließ sich heftig umschmeicheln. Al-Ghazal betrachtete sie bewundernd und rühmte ihre Schönheit und Klugheit. Tagtäglich hielt er sich in ihrem Hause auf, sodass ihn seine Gefährten warnten. Doch die Königin versicherte dem Muslim, bei ihnen kenne man keine Eifersucht und eine Frau habe durchaus ihre Freiheiten: Sie bleibe bei ihrem Mann, solange sie dazu Lust habe, und trenne sich von ihm, wenn sie ihn überhabe. Der kultivierte Maure verfasste ihr zu Ehren sogar ein Gedicht, in dem er die schöne Wikingerin als unvergleichliche Sonne der Schönheit besang. Nach einem Aufenthalt von mehr als anderthalb Jahren kehrte er nach Spanien zurück.

Zahllose dämonische Wesen stellten für Götter wie Menschen eine ständige Bedrohung dar. Das galt in erster Linie für das uralte Geschlecht der Riesen, die als Reifriesen von dem eisgeborenen Ymir abstammten. Sie alle einschließlich der Trolle hausten im Gebirge im so genannten Utgard, der Außenwelt.

Denn nach dem isländischen Gelehrten Snorri hatten die Wikinger genaue Vorstellungen von ihrem Kosmos. Die prächtigen Höfe der Asen und Wanen lagen in Asgard (»Hof der Asen«), das die Regenbogenbrücke Bifröst mit Midgard (»Hof in der Mitte«) verband, der Welt der Menschen. Um sie herum erstreckte sich Utgard, eine unwirtliche Welt aus Eis und Kälte. Nicht nur die Riesen bedrohten von dort aus die Menschenwelt. Die schlimmste Gefahr drohte den Wikingern durch die Kinder des Loki: die riesige Midgardschlange und der furchteinflößenden Fenriswolf, den die Götter nur vorübergehend gefesselt halten konnten. Alle bösen Mächte würden bei der Ragnarök über die Welt hereinbrechen und sie zerstören – so wie es die *Völuspa*, die *Weissagung der Seherin* in der *Edda* schildert.

## Die mächtige Dame vom Oslofjord

Wenn man in der ersten Hälfte des 9. Jahrhunderts von Dänemark aus nordwärts den Skagerrak überquerte, traf man in der Landschaft Vestvold am Oslofjord auf das bedeutendste Machtzentrum Norwegens. Dort, in dessen südöstlichem Teil, hatten sich die Ynglinge aus Uppsala ein weiteres Gebiet erobert. Damit beherrschten sie nur eine kleine Region des sich bis zum Nordkap hinziehenden Landes, die aber den skandinavischen Zentren am nächsten lag. Dementsprechend entstanden im südlichen Norwegen Handelsplätze wie etwa Kaupang im Einflussbereich der Ynglinge. Diese waren bestrebt, ihre Macht so weit wie möglich auszudehnen. Dabei war die Eheschließung mit Häuptlingstöchtern ein Teil ihrer politischen Strategie.

Die hochmittelalterliche *Ynglinga saga* erzählt, einer der mächtigen Herrscher vom Oslofjord habe ein Auge auf die Tochter eines benachbarten Kleinkönigs geworfen und um diese Asa geworben. Als ihr Vater eine Heirat ablehnte, rüstete der Yngling ein Heer und griff mit seinen Schiffen dessen Reich an, das sich im Südwesten etwa vom heutigen Kristiansand ins Landesinnere erstreckte. Bei den Kämpfen

Bei all den lauernden Gefahren mutet es fast verwunderlich an, mit welchem Wagemut sich die skandinavischen Drachenboote hinaus aufs offene und unbekannte Meer wagten. Entweder nahmen die Nordmänner ihre Mythen selbst nicht ganz ernst oder sie vertrauten der Stärke der Götter und der Macht ihrer Magie. Eine Geschichte jedenfalls schätzte man besonders. Sie erzählte von dem wagemutigen Versuch Thors, mit einem Boot aufs Meer hinauszufahren und die Midgardschlange zu fangen. Fast wäre es ihm gelungen, denn das Untier hing schon an der Angel – da verlor sein feiger Begleiter, ein Riese, die Nerven und kappte die Schnur. Aber so mancher Wikinger versuchte es seinem Gott wahrscheinlich gleichzutun und den Unbilden des Ozean nebst dessen Ungeheuern zu trotzen.

Die Nordleute pflegten von Island bis zur Wolga recht ähnliche Vorstellungen von der Götterwelt und deren Mythen. Allerdings existierte kein übergreifender Götterkult mit einem Netz von Tempeln und Priestern, die man so überhaupt nicht kannte. Das große

fiel der Häuptling mit seinem Sohn, worauf Asa gleichsam als Beute mit dem Sieger ziehen musste. Sie wurde seine Frau und gebar ihm einen Sohn, der den Namen Halfdan erhielt.

Die Schmach und den Tod ihrer Verwandten soll sie nicht vergessen haben: Ihr Mann, der König der Ynglinge, fiel eines Nachts einem Mordanschlag zum Opfer, als ihn ein Speer durchbohrte. Der Täter wurde sofort erschlagen; am nächsten Morgen erkannte man ihn als den Diener der Königin. Ihr geschah kein Leid, und sie kehrte mit ihrem Sohn in ihre Heimat nach Südwestnorwegen zurück. Als Halfdan, genannt der Schwarze, volljährig wurde, forderte er von seinem in Vestfold regierenden Stiefbruder seinen Erbteil an der Herrschaft. Dieser scheint ihm ohne kriegerische Auseinandersetzungen gewährt worden zu sein, sodass er an den Oslofjord zog, um den Thron zu besteigen. Seine Mutter reiste mit ihm und verbrachte ihre letzten Jahre in der Residenz der Ynglinge.

Als sie um 850 starb, setzte man sie in einem prächtigen Grab bei, das in ganz Skandinavien seinesgleichen suchte. Denn wahrscheinlich ist es ihre Begräbnisstätte, die man mehr als 1 000 Jahre später entdeckte und die als Schiffsgrab von Oseberg in die Geschichte der Archäologie einging.

Zentrum in Alt-Uppsala stellte eine Ausnahme dar; ansonsten führte man die Opferfeiern zumeist von Hof zu Hof in den gewöhnlichen Hallenhäusern durch. Als religiöse Führer und Leiter der Kulte fungierten die Goden, die insbesondere auf Island die Häuptlingsmacht innehatten. Sie leiteten die Rituale, bei denen Menschenopfer wohl selten vorkamen. Üblich waren kleine Weihegaben für die Gottheiten und ausgedehnte Opfer von Speisen und Getränken. Auf den Feiern wurden Pferde und Eber geschlachtet; den heiligen Met weihte man nicht nur den Überirdischen, sondern die Weltlichen sprachen ihm selbst gern zu. Auf diese Weise kam es zu den berüchtigten Gelagen der Wikinger, die ihren Höhepunkt im Julfest fanden. Anlässlich dieses heidnischen Vorgängers von Weihnachten begingen die Skandinavier zum Jahreswechsel das Mittwinteropfer, um für das nächste Jahr gute Ernten zu erbitten. Außerdem wollte man sich in dieser dunklen Jahreszeit des Beistands der Götter vergewissern; denn gerade in ihren Nächten fürchtete man die Untoten und die Dämonen.

In der Wikingerzeit gehörte ein beachtlicher Aufwand dazu, um in der flachen Grasebene an einem kleinen Fluss einen immerhin sechs Meter hohen Hügel aufzuschütten. Damit schuf man in Oseberg eine markante Landmarke, wobei dieser Ortsname ursprünglich sogar »Berg der Asa« bedeutet haben könnte. Zahlreiche Männer waren damals über etliche Monate damit beschäftigt, den Platz für das Grab zu bereiten: Sie gruben eine Vertiefung, in die sie ein mit prächtiger Holzschnitzerei verziertes Schiff zogen. Dieses heute berühmteste Wikingerschiff – knapp 22 Meter lang und fünf Meter breit – wurde einige Jahrzehnte vorher gebaut. Wahrscheinlich fand es als eine Art königlicher Yacht in den küstennahen Gewässern Verwendung, ohne je auf große Fahrt über die Nordsee gegangen zu sein.

Am Mast errichtete man eine hölzerne Grabkammer, in die zwei Frauenleichen gebettet wurden – Königin Asa und eine Dienerin, die ihre Herrin ins Jenseits begleiten musste. Außerdem gab man der Dame vom Oslofjord an die 15 getötete Pferde mit ins Grab, dazu Hunde und Ochsen. Die Grabbeigaben, zumeist aus Holz, waren von exquisiter Qualität, darunter unvergleichliche Meisterwerke der Holzschnitzkunst: ein vierrädriger Wagen und vier Schlitten, Möbelstücke wie Betten, ein Stuhl, Truhen und Kisten, aufwändige Textilien wie ein Wandteppich, mehrere Webstühle, Küchengerät, Essgeschirr, Handwerkszeug und vieles mehr.

Als das Schiff mit den Toten für die Jenseitsreise gerüstet war, wurde es in sinnfälliger Symbolik mit einem Tau an einem großen Stein befestigt, während man einige Riemen in den Ruderlöchern ließ. Das gesamte Grabensemble versah man mit einer Lehmpackung, ehe die Männer das Schiff mit Steinen beschwerten, die insgesamt 70 Tonnen wogen. Dann schütteten sie mit Erde den Grabhügel auf, bis er einen Durchmesser von 44 Metern und die Höhe von sechs Metern erreichte. Welche Rituale am Grab der Königin vollzogen wurden, ist ungewiss. Doch schriftliche Zeugnisse wie der *Beowulf* lassen darauf schließen, dass auch hier Frauen Klagelieder sangen und das Erbe Asas feierlich gewürdigt wurde.

Im Land beiderseits des Oslofjords kündeten die Schiffsgräber von Macht und Reichtum der Ynglinge. Von ihnen sollte letztendlich die erste Einigung Norwegens ausgehen, die sich über viele Jahrzehnte hinzog und von vielen Schlachten und Kämpfen geprägt wurde. Der legendäre Reichsgründer wurde der Enkel Königin Asas: Harald Schönhaar.

## Harald Schönhaar, ein norwegischer Reichsgründer?

Nach den Erzählungen des isländischen Gelehrten Snorri Sturluson musste sich der junge Thronfolger Harald nach dem Tode seines Vaters erheblicher Anfeindungen und Angriffe erwehren. Denn die norwegischen Kleinkönige herrschten über ihre unabhängigen Reiche in den Fjorden und auf den Inseln sowie in den Tälern des Landesinneren. Ihnen war an einem mächtigen Herrscher im ohnehin reichen Vestfold nicht gelegen – im Gegenteil: Warum sollten sie sich nicht verbünden und die durch den Thronwechsel geschwächte Ynglinge-Dynastie endgültig beseitigen!

Der junge König zog gegen die widerspenstigen Landesfürsten zu Felde. Dabei soll Harald zu seinem poetischen Beinamen gekommen sein: Er wolle sich erst wieder das Haar scheren, wenn die Kämpfe vorüber und das Land geeint sei. So wurde aus ihm der norwegische König Harald Schönhaar. Abgesehen vom Sagenhaften dieser Anekdote galt das Haar den Germanen traditionellerweise als heilskräftig; diese Vorstellung dürfte auf Haralds Gelübde mit eingewirkt haben.

Der König sah sich von Feinden umzingelt und fand doch einen mächtigen Verbündeten. Es war der Jarl von Lade, in der Nähe Trondheims gelegen. Beide verbanden wohl weniger militärische als wirtschaftliche Interessen. Denn der Jarl kontrollierte den Pelzhandel Nordnorwegens und wusste, dass die für ihn wichtigsten Handelsplätze am Oslofjord lagen, also unter der Herrschaft der Ynglinge. Beseitigte man die unberechenbaren Kleinkönige, sicherte dies die Handelsrouten und schuf die Voraussetzungen für höhere Gewinne. Wie ergiebig die Ressourcen des Nordens waren, zeigte das große Gehöft von Borg auf den fernen Lofoten, dessen Herr sich eine über achtzig Meter lange Halle als Statussymbol errichten ließ.

Nach langen Kämpfen gelang es den Verbündeten, die Feinde niederzuringen. Gegen Ende des 9. Jahrhunderts fand in der Nähe Stavangers die Entscheidungsschlacht statt: »König Harald bot ein großes Heer auf und zog eine Flotte zusammen; aus allen Landesteilen rief er sie zu sich. Er fuhr von Trondheim aus und steuerte südwärts immer an der Küste entlang. Er hatte in Erfahrung gebracht, dass in Agdir, Rogaland und Hördaland ein großes Heer zusammengezogen wurde und dass weit umher weiter gesammelt wurde, aus dem oberen Land und im Osten aus der Vik. Da waren viele mächtige Männer zusammengekommen und wollten das Land gegen König Harald verteidigen. Er fuhr mit seinem Heer von Norden heran, und er selbst hatte ein großes Schiff, das er mit seiner Gefolgschaft bemannt hatte. Vorn am Steven waren Thorolf Kveld-Ulfsson, Bard der Weiße und die Söhne Berdlu-Karis, Ölvir Hnufa und Eyvind Lambi. Dahinter standen die zwölf Berserker des Königs.

Zum Zusammentreffen kam es in Rogaland im Süden, im Hafrsfjord; es war der gewaltigste Kampf, den König Harald zu bestehen hatte. In beiden Heeren gab es große Verluste. Der König führte sein Schiff ganz nach vorn, und dort entbrannte der heftigste Kampf. Aber der König gewann den Sieg. Dort fiel Thorir Haklang, der König von Agdir, und Kjötvi der Reiche floh mit seiner ganzen Mannschaft, die noch kampffähig war, bis auf jene, die sich nach der Schlacht ergaben. Als das Heer des Königs gemustert wurde, waren viele gefallen und stark verwundet ... Da ließ der König seinen Männern die Wunden verbinden und dankte ihnen für ihre Tapferkeit und gab ihnen Geschenke. Er lobte die besonders, die ihm dies wert erschienen, und er versprach ihnen, ihr Ansehen zu mehren.«

Auf diese Weise belohnte König Harald diejenigen, die auf seiner Seite standen. Wer nun unterlegen war und sich immer noch nicht loyal zum Herrscher verhielt, dem blieb nichts anderes übrig, als das Land zu verlassen. So mancher Häuptling soll nach dieser Schlacht in das neu entdeckte Island ausgewandert sein, während andere in den Wikingerreichen der Britischen Inseln ihr Glück suchten. Aber letztlich erlangte Harald auch als Alleinherrscher nicht die völlige Kontrolle über Norwegen, genauso wenig wie andere skandinavische Könige in ihren Reichen. Dafür waren die Länder einfach zu groß und unerschlossen und die Kontrollmöglichkeiten einer zentralen Herrschaft zu gering.

Im 10. Jahrhundert sollten Haralds zahlreiche Söhne und mögliche Nachfolger – ihm wurden bis zu zwanzig männliche Nachkommen nachgesagt – Norwegen zum Verhängnis werden. Unter ihnen brachen schwere Kämpfe aus, die das Land vorübergehend in diverse Teile sprengten.

# 3. Von Piraten und Händlern zu Kolonisten und Königen

## Die Wikinger auf den Britischen Inseln

### Lindisfarne: Privater Raubzug oder Zeitenwende?

Im Frühsommer des Jahres 793 machten sich mehrere Dutzend Männer auf den Weg zu ihren Schiffen – irgendwo im westlichen Skandinavien, an der norwegischen oder dänischen Küste. Ihre Boote waren von ähnlicher Bauart wie das dreißig Jahre jüngere berühmte Osebergschiff: elegant geschnitten, leicht und mit geringem Tiefgang, mit einem Mast für ein großes Segel und Ruderplätzen versehen. Die Wikinger trugen kein martialisches Äußeres zur Schau; sie trugen die übliche Alltagskleidung und hatten allenfalls Lederjacken und -kappen dabei. Aber sie waren bewaffnet: mit Speeren, Schwertern, Äxten und Ähnlichem. Ihr Ziel war die nordenglische Küste.

Nichts ist von dieser Fahrt überliefert, ihre Teilnehmer haben keine Nachrichten hinterlassen. Aber man weiß, dass sie aus Skandinavien kamen, dass sie nach England fuhren und dass sie dort ein christliches Kloster ausplündern wollten. Wahrscheinlich verdienten die meisten von ihnen ihren ziemlich kargen Lebensunterhalt als Bauern und Fischer. Vielleicht zählten zu ihnen junge Männer, die ihre kämpferischen Tugenden beweisen wollten und die wie die anderen auf reiche Beute aus waren.

Moderne Vorstellungen von einer zivilen Gesellschaft, deren Menschen human miteinander umgehen, waren diesen Skandinaviern fremd. Dagegen gehörte es zu ihrer traditionellen Vorstellung von Männlichkeit, dass ein freier Mann auch ein Krieger war. Moralische Skrupel hegten sie kaum – genauso wenig übrigens wie viele Christen jener Zeit, denen Nächstenliebe und Barmherzigkeit wenig bedeuteten. Außerdem existierte in Nordeuropa noch kein Staat, der die Plünderungszüge seiner Bürger unterbunden hätte. Dazu hatten damals weder die Ynglinge am Oslofjord noch die Skjöldunge auf Seeland die Macht.

Skandinavien war, wie oben geschildert, nicht aus der Welt des frühen Mittelalters; man registrierte die Geschehnisse im Süden und Westen und hatte zahlreiche Informanten, insbesondere Händler, die weit herumkamen. Durch sie wussten die heidnischen Nordgermanen von den reichen Tempeln des Christengottes, die so gut wie ungeschützt von dessen Dienern bewohnt wurden. Eines dieser Klöster lag gewissermaßen vor ihrer Haustür und war in kurzer Zeit mit den Schiffen zu erreichen: Lindisfarne auf Holy Island vor der Küste Northumberlands.

Die Türme und Dächer der »Heiligen Insel« sahen die Wikinger am Horizont auftauchen, als sie der Wind über die See getragen hatte. Kurz vor der Küste holten sie das Segel ein und ruderten mit ihren Drachenbooten unmittelbar auf den langen Sandstrand zu. Der Rest erwies sich für die hoch motivierten Kämpfer als ein Kinderspiel. Sie sahen das Kloster ungeschützt und ahnungslos vor sich liegen. Ihre Taktik war darum denkbar einfach: Schlachtschreie rufend und Waffen schwingend stürmten sie los und machten im Kampfrausch alles nieder, was ihnen in die Quere kam.

Es wurde gebrandschatzt und geplündert, vor allem die kostbaren Schätze im christlichen Tempel, bei denen man mit Gold und Silber nicht gespart hatte. Alles rissen die Eindringlinge heraus und trugen es zu ihren Schiffen. Die Wikinger hinterließen ein Feld der Verwüstung. Berauscht vom Sieg und den klösterlichen Weinvorräten trieben sie mit den überlebenden Mönchen und Bewohnern der Insel ihr brutales Spiel. Nahmen sie Sklaven mit sich? Wurden sie ihrer schon bald überdrüssig und warfen sie diese ins Meer? Die unheimlichen Schiffe verschwanden so schnell über dem Meer, wie sie von dort aufgetaucht waren. Lindisfarne bot ein Bild der Verwüstung: brennende Häuser, überall Tote, stöhnende Verletzte und Verstümmelte, herumirrende und klagende Menschen.

Wie die Skandinavier mit ihrer Beute heimkehrten und wie sie mit ihrem Raubzug prahlten, kann man sich vorstellen – aber kein Zeugnis erzählt davon. In England und im Frankenreich Karls des Großen machte hingegen die Schreckensnachricht die Runde: Das altehrwürdige Kloster von Lindisfarne und die Kirche des Heiligen Cuthbert waren von Heiden auf schlimmste Weise entweiht und geschändet worden. Schon bald erfuhr im fernen Aachen der gelehrte Alkuin davon, der aus dem nordenglischen York stammte und Lindisfarne gut kannte.

Den weithin berühmten Leiter der Hofakademie Karls des Großen erschütterte die Nachricht aus der Heimat so sehr, dass er dem König Aethelred mehrere Briefe schrieb. Darin betont er das Ungeheuerliche dieses Ereignisses: Noch nie hätte es solch einen Schrecken in Britannien gegeben; bisher sei es für unmöglich gehalten worden, dass ein derartiger Überfall von der See her unternommen werden könnte. Das Lamento des Geistlichen gipfelte in dem Ausruf: »Siehe, die Kirche St. Cuthberts ist bespritzt mit dem Blut der Priester Gottes, beraubt all ihres Schmuckes. Der ehrwürdigste Ort Britanniens wurde Heiden zur Beute gegeben.« Doch gibt er auch zu bedenken, ob diese Untat nicht als göttliche Strafe für die Sünden des englischen Volkes zu verstehen seien: Unzucht, Räuberei, Ehebruch und Blutschande, aber auch luxuriöse Kleidung und modischer Haarschnitt. Und hatte es nicht vorher eine Fülle unheilvoller Vorzeichen gegeben?

Dem schlossen sich die Mönche an, die in der *Angelsächsischen Chronik* die wichtigsten Ereignisse eines jeden Jahres aufzeichneten, so auch zum Jahre des Herrn 793: »In diesem Jahr erschienen schreckliche Vorzeichen über Northumbrien und versetzten die Einwohner in Angst und Schrecken: Es gab nie zuvor gesehene zuckende Blitze und man sah Feuer speiende Drachen durch die Lüfte fliegen. Darauf folgte eine große Hungersnot und etwas später in diesem Jahr, am achten Tag des Juni, zerstörte das Wüten der Heiden Gottes Kirche zu Lindisfarne mit Raub und Totschlag.«

Mit solchen Worten wurde der 8. Juni 793 zu einer Zeitenwende, eine Einschätzung, der sich die modernen Historiker anschließen, indem sie an jenem Tag die Wikingerzeit beginnen lassen. In der Tat berichten die Chroniken von keinem vergleichbaren Ereignis, das diesem vorausging. Zwar gab es den einen oder anderen Überfall, Räubereien zu Wasser und zu Lande waren nichts Ungewöhnliches. Aber die Besonderheit des Raubzuges von 793 drückte sich neben der frevelhaften Kirchenschändung in der Art des Überfalls aus: Engländer und Franken fuhren mit den bei ihnen üblichen Schiffen vorsichtig die Küsten entlang, von Landmarke zu Landmarke und das offene Meer scheuend. Die Drachenboote der Wikinger waren jedoch offensichtlich quer über die Nordsee »herangeschossen«, hatten mit einer nie gesehenen Geschwindigkeit am Strand von Lindisfarne angelandet und waren nach dem Überfall entsprechend schnell wieder über das Meer verschwunden.

Den Zeitgenossen mutete diese Schnelligkeit unheimlich, ja geradezu dämonisch an. Folgerichtig sahen sie die heidnischen Piraten als

Ausgeburt der Hölle und wie Alkuin als Menetekel für Schlimmeres. Damit schätzten sie die Situation durchaus realistisch ein; denn mittels ihres rasanten Aufkreuzens vom Meer her hatten die Nordleute künftig einen Überraschungsvorteil auf ihrer Seite. Die langen Küsten Englands und des europäischen Festlandes konnten nicht geschützt werden. Sie waren den Angriffen von der See hilflos ausgeliefert.

## Die Wikinger und der Machtkampf der Angelsachsen

Bis es zu einer Invasion der Nordmänner kam, sollte noch ein halbes Jahrhundert verstreichen. In den Jahren nach 793 überfielen sie nach dem Muster von Lindisfarne das eine oder andere Kloster, wo sie große Schäden anrichteten – so auf der schottischen Hebrideninsel Iona. Damit bewiesen die Wikinger, dass letztlich kein Küstenort auf den gesamten Britischen Inseln vor ihnen sicher war. Aber auch ihnen konnte ein Überfall misslingen. Ein Kloster in Northumberland leistete anscheinend genug bewaffneten Widerstand, um den Angriff abzuwehren. Dabei fand nicht nur einer der Anführer den Tod, sondern die auf den Schiffen flüchtenden Nordleute erlitten bei stürmischer See noch vor der Küste Schiffbruch. Mit denen, die sich halb ertrunken an Land retteten, machten die Angelsachsen kurzen Prozess.

Vorerst spielten die Männer aus Skandinavien also noch keine entscheidende Rolle in England; sie waren eine Gefahr, mit der man immer rechnen musste. Ansonsten beschäftigten die Menschen mehr die innenpolitischen Verhältnisse. Denn die Britischen Inseln stellten ein Gebiet großer politischer Zersplitterung dar. In Irland, Schottland, Wales und Cornwall sowie auf den Inseln der Irischen See herrschte eine Vielzahl keltischer Stämme. Das heutige England besiedelten die Angelsachsen, die um 800 in sage und schreibe sieben Königreichen lebten, deren Herrscher sich zeitweise blutig bekämpften. Dementsprechend war das Land alles andere als eine Insel der Seligen, die außer Wikingerüberfällen nur Frieden kannte.

Der König von Northumbrien wurde an seinem eigenen Hof ermordet. Und wenige Jahre nach dem Lindisfarne-Desaster fiel der König des damals mächtigsten mittelenglischen Reiches Mercien im südenglischen Kent ein und zog plündernd im Land umher. Seinen Rivalen, den Herrscher von Kent, ließ er gefesselt mitschleppen und befahl, ihm die Augen auszustechen und die Hände abzuschlagen. So ging es viele Jahre hin und her, wobei sich die Regenten von Northumbrien (um York und in Nordengland), Mercien (zwischen Wales und der Nordseeküste) und zunehmend Wessex (im Südwesten mit der Residenz Winchester) in der Führungsrolle abwechselten. Die kleineren östlichen Gebiete von Kent, Sussex, Essex und Ostanglien vermochten dem Machtstreben der drei Großen nichts entgegenzusetzen.

Schließlich gelang es König Egbert von Wessex, der einige Jahre im Exil am Hofe Karls des Großen verbracht hatte, die Gegner niederzuringen und sich um 825 zum alleinigen Herrscher Englands zu erklären. Zehn Jahre später musste er gegen Ende seines Lebens erleben, wie dänische Wikinger mit bis dahin unbekannter Wucht in England einfielen. Damit begann 835 für England die eigentliche Wikingerzeit, in der zunächst Gruppen und später ganze Heere aus Dänemark angriffen. Sie wurden zu einem entscheidenden Faktor der englischen Geschichte im frühen Mittelalter.

Im Jahre 835 wurde König Egbert gemeldet, dass eine Wikingerflotte von 35 Schiffen vor der Küste Cornwalls aufgetaucht sei. Und er musste die Erfahrung machen, dass sich diese Dänen nicht einfach auf alles stürzten, was sie an Land sichteten. In diesem Fall kam es zu Verhandlungen zwischen den Kelten Cornwalls und den Nordmännern. Erstere fürchteten, ihre Unabhängigkeit an das erstarkte Wessex zu verlieren, und waren daher König Egbert nicht wohl gesonnen. Den dänischen Kriegern lag anscheinend an Verbündeten, die ihnen bei einem Sieg reiche Beute zusicherten. Dennoch gelang es Egbert, das keltisch-skandinavische Heer zu besiegen. Doch die Wikinger lernten aus diesem Präzedenzfall: Sich in innenpolitische Auseinandersetzungen einzumischen und gegebenenfalls dafür bezahlen zu lassen, konnte noch ergiebiger sein, als Klöster zu brandschatzen – wobei sie in England und im Frankenreich keine von beiden Möglichkeiten prinzipiell ausschlossen!

Andere Wikingerverbände eroberten die an der Themsemündung gelegene Insel Sheppey und bauten diese zu einem Stützpunkt aus, da sie von dort noch einfacher ihre Raubzüge unternehmen konnten. Seitdem erschienen Jahr für Jahr in den Sommermonaten Wikingerflotten vor den südenglischen Küsten, die nicht davor zurückschreckten, die Themse hinaufzufahren und London anzugreifen. Zunehmend übten die Kriegerscharen aus Dänemark Druck auf Wessex und die ihm untergeordneten angelsächsischen Gebiete aus. Wenn die derart geplagten Engländer sich zumindest auf den Winter als

Verschnaufpause zwischen den Attacken freuten, wurde auch diese Hoffnung getrübt: 851 überwinterten Wikingertruppen erstmals auf Sheppey und der Themse-Insel Thanet. Für dieselbe Zeit berichtet die *Angelsächsische Chronik* von angeblich 350 Wikingerschiffen, die in der Themsemündung auftauchten und deren Krieger London und Canterbury plünderten.

Nur selten stellte sich den Wikingern ernsthafter Widerstand entgegen, bald dominierten sie zusehends das Land. Trotz zahlreicher Kriege galt England als ein reiches Land, dessen Klöster für ihre Schätze berühmt und dessen Wiesen als saftig und fruchtbar bekannt waren. Darum lenkte es im Laufe der Zeit nicht nur die begehrlichen Blicke der Piraten und Beutemacher auf sich, sondern schien auch Häuptlingen und Bauern als Siedlungsgebiet lohnenswert zu sein.

## Das große Heer: Wikinger siedeln sich in England an

Was immer sich konkret in der Mitte des 9. Jahrhunderts in Dänemark abspielte, ist unbekannt. Diverse Auseinandersetzungen um den Königsthron, Kämpfe der Adligen gegeneinander, nicht enden wollende kleinere und größere Unruhen jenseits des Danewerks: Das alles mag viele Menschen veranlasst haben, an eine Auswanderung nach England zu denken. Immerhin hatten ja auch in einer fernen Vergangenheit die Angelsachsen selbst diesen Weg aus Jütland gewählt. Schließlich versammelten einige führende Männer ein Heer um sich, dessen Ziel es war, Teile Englands für eine Besiedlung zu erobern.

So tauchten im Jahre 865 an der ostenglischen Küste eine große Zahl von Drachenbooten am Horizont auf, deren Krieger von den Chronisten als »großes Heer« bezeichnet wurden. In der Tat hatte man solch eine Bündelung von Nordmännern noch nie zuvor gesehen: schätzungsweise 2 000 bis 3 000 Männer. Sie standen unter dem Oberbefehl der Brüder Ivar und Halfdan, Söhne des legendären Wikingerhelden Ragnar Lodenhose. Die für frühmittelalterliche Verhältnisse große Anzahl von Kämpfern war so gefährlich, weil sie offensichtlich unter einem gemeinsamen Kommando standen – dem der Ragnarssöhne. Das machte sie zu einem Instrument, mit dessen Hilfe große Teile Englands kontrolliert und terrorisiert werden konnten.

Das folgende Vierteljahrhundert, in dem dieses große Heer durch England zog, war nicht nur von Überfällen und brutalen Auseinandersetzungen, sondern auch von Friedensschlüssen und Bündnissen geprägt. Den Anfang machten 865 die Ostanglier in den Gebieten um die heutigen Städte Ipswich und Norwich. Sie verzichteten auf Widerstand gegen die dänischen Kriegerscharen – weil sie nicht genügend Bewaffnete aufstellen konnten oder möglicherweise auch, weil sie sich von den Eindringlingen Unterstützung gegen das mächtige Wessex versprachen. Mit Hilfe der Ostanglier wechselten die Wikinger ihre Transportmittel: Sie erhielten Pferde, auf denen sie über die alten Straßen vorstießen, die einst die Römer angelegt hatten, um ihrer Provinz Britannien ein effizientes Wegenetz zu geben.

Nun galoppierten die Wikinger auf ihnen dahin und folgten den Strecken der früheren Besatzer zu den alten Römerstädten und damit ins Herz Englands. Schon im folgenden Jahr besetzten sie die northumbrische Hauptstadt York, ohne auf nennenswerten Widerstand zu stoßen. Denn dort stritten zwei Thronaspiranten um die Macht und misstrauten sich anscheinend so sehr, dass sie sich nicht gegen die Feinde zu verbünden vermochten. Erst im nächsten Frühjahr entschlossen sie sich zum gemeinsamen Widerstand, mittlerweile aber hatten sich die Dänen in York verschanzt, wo ihnen die alten römischen Stadtmauern Schutz boten. Sie konnten die Männer der northumbrischen Könige verzweifelt dagegen anrennen lassen, um im rechten Augenblick einen Ausfall zu wagen. Der Kampf um York endete, so die Chronisten, mit einem furchtbaren Desaster für die Angelsachsen: Unter den zahllosen Gefallenen befanden sich auch die beiden Könige.

Damit blieb die alte Römerstadt York in der Hand der Wikinger, die von dort aus zu etlichen Feldzügen aufbrachen. Zuerst stürmten sie das Königreich Mercien und eroberten Nottingham. Und so ging es weiter: Immer mehr Städte und Landstriche fielen in dänische Hand, oft wahrscheinlich mit der Hilfe angelsächsischer Verbündeter. Nach mehr als fünf Jahren griff das große Heer die einzig verbliebene selbstständige Macht in England an: das Königreich Wessex, das sich südlich der Themse von Kent im Osten bis Cornwall im Westen erstreckte. Das restliche Land hielten die Wikinger mit einer Anzahl von Garnisonen und den schnell operierenden berittenen Kämpfern in Schach.

Einen Einblick in das Leben der Invasoren zeigt das Lager von Repton südwestlich Nottinghams, dessen Reste freigelegt werden konnten. Dort hatten sich im Winter 873/74 die Dänen mit Frauen und Kindern verschanzt. Sie errichteten das Lager, indem sie geschickt die Vorteile

des Geländes nutzten: Die Seite zum Fluss Trent war durch ein Steil-
ufer geschützt. Auf den übrigen drei Seiten schütteten die Nordleute einen Wall auf und sicherten diesen zusätzlich durch einen Graben. Das
Gebäude einer Kirche nutzten sie als Bestandteil der Befestigung – was
die christlichen Angelsachsen besonders geschmerzt haben muss.

In deren Augen mag die Strafe Gottes auf dem Fuße gefolgt sein: In
der Wikingerkolonie brach eine Epidemie aus, durch die viele Menschen das Leben verloren, wie ein Massengrab außerhalb des Erd-
walls belegt. In seiner Nähe bestattete man auch einen Krieger nach
heidnischer Art, dem ein Schlag gegen die Hüfte den Tod gebracht
hatte. Unter einem Hügel aus Steinen bettete man ihn mit zahlreichen
Beigaben. Sein Schwert mit der Scheide und zwei Messer zeichneten
ihn als Kämpfer aus. Um den Hals ließ man dem Toten ein Band mit
einem Thorshammer, dem Glück verheißenden Symbol des nordgermanischen Donnergottes. Zusätzlich sollte ein Beutel mit den Hau-
ern eines Wildebers und den Knochen einer Dohle als Amulett dem
Lebendem wie dem Toten Glück verheißen und Schaden abwehren.

Solche Einzelschicksale standen hinter dem Vormarsch der Wikingerheere. Ihnen folgten schon bald Einwanderer mit ihren Familien,
die angelsächsische Bauern oftmals von ihren Höfen vertrieben und
sich deren Land aneigneten. Innerhalb weniger Jahrzehnte waren aus
plündernden Seeräubern große schlagkräftige Heere und siedelnde
Bauern geworden. In vielen Teilen Englands stellten die Wikinger
eine kleine, aber tonangebende Minderheit.

## Alfred der Große organisiert den englischen Widerstand

Macht und Landhunger der dänischen Invasoren schienen noch
längst nicht gesättigt zu sein. Um 870 griffen sie Wessex an, wo mittlerweile der 23-jährige Alfred den Thron bestiegen hatte. Die Krieger
des jüngsten und einzig überlebenden Königssohns lieferten den Wikingern eine Reihe von Schlachten mit großen Verlusten auf beiden
Seiten. Aber immerhin konnte verhindert werden, dass Wessex in dänische Hand fiel. Und Alfred verschaffte sich eine mehrjährige Verschnaufpause, indem er mit dem Feind einen Friedensvertrag schloss,
der im Großen und Ganzen auch eingehalten wurde.

Wie wenig jedoch letztlich darauf zu geben war, bewies der Jahres-
anfang 878, wenige Tage nach dem Weihnachtsfest: Als die meisten

westsächsischen Soldaten zu Hause den Mittwinter feierten, und selbst der König nur seine engeren Gefolgsmänner um sich scharte, griff ein dänisches Heer unter dem Anführer Guthrum an. Mit einem Überraschungscoup besetzte er Chippenham, östlich von Bristol, und machte den befestigten Ort zum Mittelpunkt der Invasion. In den folgenden Wochen und Monaten wurde das letzte angelsächsische Königreich von den Wikingertruppen regelrecht überrannt – den Menschen blieb nur die Flucht oder die Unterwerfung. Der skandinavische Triumph wäre perfekt gewesen, hätte man König Alfred gestellt – lebend oder tot.

Doch Alfred hatte fliehen können und sich mit einem kleinen Heer in die nur schwer zugängliche Moorlandschaft Somersets zurückgezogen. Von dieser beschwerlichen Zeit berichtet eine mittelalterliche Biografie des Königs: »Damals führte König Alfred mit wenigen adligen Gefolgsleuten, einigen Kriegern und Vasallen ein gefährliches Leben voller Bedrängnis in den Wäldern und Sümpfen von Somerset. Er verfügte nicht einmal über das Lebensnotwendige, außer dem, was er offen oder gar durch Diebstahl gewann – durch Überfälle auf die Heiden und sogar auf Christen, die sich der heidnischen Herrschaft unterworfen hatten.«

In jener Zeit, als der Thron schon für immer verloren schien, führte der einstige Herrscher von Wessex gewissermaßen das Leben eines Guerillachefs. Aber er richtete sich nicht dauerhaft darauf ein, sondern organisierte den Gegenschlag. Schon wenige Tage nach Ostern konnte er einen ersten Erfolg verbuchen: Seine Männer errichteten bei Athelney eine Befestigung, die vorerst zum Mittelpunkt des Widerstandes wurde und wo die Bewohner Somersets zusammenkamen. Die *Angelsächsische Chronik* schildert, wie der König zum Gegenschlag überging: In der siebten Woche nach Ostern sei er zu einem Ort namens Egberts Stein – östlich von Selwood – geritten. Dort habe er zahlreiche Menschen getroffen: Bewohner von Somerset, Wiltshire und einem Teil Hampshires, die sich freuten, ihn zu sehen. Mit einem großen Heer zog Alfred nordwärts gegen das Hauptlager der Dänen in Chippenham. Schon vorher stießen sie bei Edington auf die Wikinger. Dazu der Chronist: »Dort kämpfte er gegen das ganze Heer der Dänen und schlug es in die Flucht. Er verfolgte es bis zur Festung und blieb dort 14 Tage.«

Nach dieser Belagerung gab der König der Nordmänner, Guthrum, auf und ersuchte um Frieden. Dies entsprach keiner bedingungslosen Kapitulation, dafür waren seine Krieger noch zu stark. Aber Guthrum erkannte, dass zum jetzigen Zeitpunkt Wessex nicht zu halten war und man sich mit König Alfred arrangieren musste. Deshalb stimmte er dessen Bedingungen zu: Die Dänen hatten den Angelsachsen Geiseln zu stellen – eine übliche Methode zur Einhaltung von Verträgen. Außerdem sollten sie Alfreds Reich verlassen, Guthrum sollte sich taufen lassen und seines heidnischen Glaubens entsagen. »Drei Wochen später kam König Guthrum mit seinen 30 bedeutendsten Heerführern nach Aller, das nahe Athelney liegt, und der König war dort sein Taufzeuge. Seine Ölung fand in Wedmore statt. Und er war zwölf Tage beim König und ehrte ihn und seine Gefährten sehr mit Geschenken.« Der Dänenherrscher Guthrum nahm den angelsächsischen Taufnamen Aethelstan an, um seinen Religionswechsel deutlich zu machen.

Allerdings gingen die Wikinger mit der christlichen Taufe grundsätzlich recht ungezwungen um und sahen oftmals im Gekreuzigten nicht mehr als einen zusätzlichen Gott ihres Vielgötterglaubens. Auch war es nahezu unmöglich, die Krieger auf einen länger währenden Friedensschluss einzuschwören. Doch trotz solcher Einschränkungen hatte König Alfred bei Edington einen wichtigen Sieg errungen, der dem großen Heer der Dänen erstmals die Grenzen zeigte. In den

## Die Krieger und ihre Waffen

Die Berichte der angelsächsischen und fränkischen Chroniken über die verheerenden Wikingerüberfälle erwecken den Eindruck, die Nordmänner seien mit einer martialischen Kriegsmaschinerie aufgetreten: schwerstbewaffnet und gepanzert in einer unbesiegbaren Kriegerfront, der die Gegner hoffnungslos unterlegen waren. Dieses Klischee erweist sich als ebenso langlebig wie das von den Hörnerhelmen, die alle Wikinger getragen hätten.

Kein Däne oder Norweger wäre auf die Idee gekommen, eine derartige Kopfbedeckung aufzusetzen. Es ist fraglich, ob sie überhaupt Hörnerhelme kannten. Denn erst die falsche Zuordnung archäologischer Funde rief dieses unrichtige Wikingerbild ins Leben. Behörnte Helme verwendeten die Menschen der Bronzezeit – 2000 Jahre vor der Zeit der skandinavischen Expansion. Ebenso trugen sie die Vorfahren der Wikinger in der so genannten Vendelzeit. Aber damals dienten sie nur zu kultischen Zwecken und wurden wahrscheinlich niemals im Kampf getragen.

folgenden Jahren erwies sich der westsächsische Herrscher als bedeutender Organisator seines Reichs, der die Voraussetzungen schuf, künftigen Angriffen begegnen zu können.

Alfred reformierte die Heeresordnung insofern, als ein Teil der Krieger ständig kampfbereit blieb. Weiterhin ließ er eine Flotte bauen, die den die See beherrschenden Wikingern schon dort Paroli bieten sollte. Als Drittes schuf er ein Netz stark befestigter Plätze, die als Verwaltungszentren dienten, in denen man aber auch in Sicherheit Handel treiben und wo die Bevölkerung bei Gefahr Schutz suchen konnte. Der König, der mehrere Jahre seiner Kindheit und Jugend in Rom verbracht hatte, zeichnete sich durch seine hohe Bildung aus und war an kulturellen Belangen sehr interessiert. Er selbst soll lateinische Werke in die angelsächsische Sprache übersetzt haben. Aus diesen Gründen nannte man den Herrscher von Wessex später den Großen und sah ihn als bedeutenden englischen König an. Er selbst bezeichnete sich bereits als »König der Engländer«.

Immerhin gelang es ihm, London zurückzuerobern, seine Truppen weiter nordwärts marschieren zu lassen und neue Attacken der Nordmänner abzuwehren. Als Alfred der Große 899 starb, erstreckte sich seine Herrschaft über Südengland und die westliche Mitte des

Die Krieger, die Lindisfarne sowie andere Klöster und Handelsplätze überfielen, traten hingegen in einem recht zivilen Äußeren auf: Viele trugen lediglich ihre einheitliche Bekleidung aus langer Hose und kittelartigem Hemd, das ein Gürtel zusammenraffte. Der eine oder andere suchte sich durch eine lederne Jacke und eine Lederkappe vor feindlichen Hieben zu schützen. Die wenigsten konnten sich ein knielanges Kettenhemd oder einen Metallhelm leisten – das waren in der Regel die Häuptlinge und reiche Vertreter der Adelsschicht. Sie zogen gegebenenfalls mit einem schmucklosen konischen Helm mit oder ohne Nasenschutz in den Kampf. Bislang wurde nur ein einziger aufwändigerer Helm dieser Art gefunden, der zusätzlich mit einer Augenumrandung versehen war.

Stattdessen dienten vor allem Schilde der Verteidigung. Die Wikinger verwendeten solche in kreisrunder Form, von einem knappen Meter Durchmesser und aus Holz gefertigt. Aus Eisen bestanden lediglich der so genannte Schildbuckel in der Mitte, der die Hand schützte, und ein Randbeschlag. Manche dieser Schilde bemalte man

Landes – bis auf die Höhe des heutigen Manchester. Der Osten hingegen gehörte den Dänen, von denen immer mehr ins Land strömten. England war also zweigeteilt – mehr hatte der erste »König der Engländer« nicht zu erreichen vermocht. Aber er schuf die Grundlagen für die angelsächsische Rückeroberung, die bald nach seinem Tod begann.

## Das Land dänischen Rechts: Dänemark in England

Die Nachfolger Alfreds des Großen eroberten kein Land, aus dem sie die Invasoren einfach hätten vertreiben können. Damals hatten nämlich schon Tausende dänischer Siedler in England Fuß gefasst und dort eine neue Heimat gefunden.

Bekanntlich waren viele von ihnen dem großen skandinavischen Heer gefolgt. Im Jahr 876 verteilte zum ersten Mal ein Anführer Land an seine verdienten Krieger, die es unter den Pflug nahmen und die Äcker bestellten. Zehn Jahre später wurde England unter König Alfred und dem Dänenherrscher Guthrum offiziell aufgeteilt. Die

mit grellbunten Farben oder stellte darauf sogar ganze Szenen aus der Mythologie und Heldensage dar. Ein derart prächtiges Objekt wurde nicht selten von den Skalden besungen – so wie Schwerter und Äxte.

Während der einfache Bauernkämpfer sich mit Speer und Beil bewaffnete, stellte das Schwert die bedeutendste Waffe des Kriegers dar. Als zweischneidiges Langschwert konnte es bis zu einem Meter lang sein und zwei Kilogramm wiegen. Die Qualität und Schärfe seiner Klinge, der kunstvoll verzierte Griff und eine hölzerne und teilweise mit Metall verkleidete Scheide machten ein Schwert zu einem ausgesprochenen Statussymbol. Sagenhaften Heldenschwertern sprach man geradezu magische Eigenschaften zu. In der Wikingerzeit konnte damit allenfalls die langstielige Streitaxt konkurrieren, deren seltene Prunkstücke reich verziert waren.

Folgende Waffen rundeten das Arsenal der Nordleute ab: kurze Schwerter und Messer, bis zu drei Meter lange Lanzen sowie Pfeil und Bogen, der aus Eibenholz mit einer Länge von fast zwei Metern gefertigt wurde.

genaue Grenze verlief von der Themse bei London nordwärts, folgte dem Lauf einiger Flüsse und hielt sich schließlich in nordwestlicher Richtung an die alte Römerstraße, der so genannten Watling Street, bis sie die Irische See erreichte. Südlich und westlich davon erstreckte sich das Machtgebiet der Könige von Wessex, während der Osten und Norden Englands dänisch war und später als Danelag (englisch *Danelaw*) bezeichnet wurde, als Land, in dem das dänische Recht herrschte.

Die Familien von jenseits der Nordsee siedelten sich in zahlreichen Landstrichen an: in Ostanglien, im östlichen Teil des alten Königreichs Mercien und in Northumberland, wo York so etwas wie die Wikingerhauptstadt wurde. Die Dänen und andere Skandinavier lebten nicht nur als Bauern auf Gehöften und in Dörfern, sie wohnten auch in ursprünglich englischen Städten, in denen sie ein Handwerk ausübten oder als Kaufleute Handel trieben. Dazu zählten in Mittelengland Lincoln, Nottingham, Derby, Leicester und Stamford, im Osten Norwich und Ipswich.

Wenngleich dieses große Gebiet unter dänischer Herrschaft stand, stellten die Angelsachsen insgesamt die überwiegende Bevölkerungsmehrheit. Zweifelsohne fühlte sich diese vor allem in den Anfangs-

Aber sämtliche dieser Waffen begründeten keine Überlegenheit der Skandinavier; ein gut gerüsteter fränkischer Elitekrieger erwies sich als besser ausgestattet. Bezeichnenderweise suchten die Wikinger stets, in den Besitz fränkischer Schwertklingen zu kommen, die als die besten ihrer Zeit galten. Und obwohl die Karolingerherrscher seit Karl dem Großen ein regelrechtes Waffenexportverbot erließen, gelangten die scharfen und elastischen Klingen aus dem Rheinland immer wieder in den Norden, wo man sie mit einheimischen Griffen und anderem Zubehör versah.

Bekanntlich wussten sich die Wikinger mithilfe ihrer Überraschungstaktik entscheidende Vorteile zu verschaffen. Bei Plünderungsfahrten mit oftmals weniger als 100 Männern sondierte man vorab das Feld, wo und wann reiche Beute winkte, ohne energischen Widerstand erwarten zu müssen. Mit ihren Drachenbooten und notfalls auf geraubten Pferden erwiesen sich die Nordleute zu Wasser wie zu Lande als schnell und flexibel. Wenn ein Rückzug unmöglich wurde, zog man sichere Befestigungsanlagen einer offenen Feldschlacht vor. Während ihrer Raubzüge durch West-

jahren von den fremden Einwanderern unterdrückt, und so mancher mag von seinem Hof und Land vertrieben worden sein oder musste den Eroberern zu Diensten stehen. Dennoch scheint man sich überraschend schnell arrangiert zu haben. Dazu trug wesentlich die skandinavische Bereitschaft bei, sich der angelsächsischen Kultur anzupassen und den christlichen Glauben zu übernehmen. Außerdem übten die Dänen offensichtlich keine Gewaltherrschaft aus und viele aus dem Strom der Neuankömmlinge erschlossen sich unbebautes Land.

Trotz manchen Krieges und mancher blutigen Schlacht – die sich früher die Angelsachsen untereinander geliefert hatten – lebten die Menschen unterschiedlicher Herkunft überwiegend friedlich zusammen. Die diversen Könige, Häuptlinge und kleineren Anführer hielten sich ohnehin nicht an »nationale« Zuordnungen. Deshalb koalierten nicht selten Wikinger mit Angelsachsen gegen Wikinger oder englische Konkurrenten suchten Hilfe bei den Nordmännern.

Schon in den ersten Jahrzehnten des 10. Jahrhunderts fielen viele Gebiete des Danelag wieder unter die Herrschaft des Königs von Wessex. Aber so wie König Aethelstan dachten sie überhaupt nicht daran, die Skandinavier zu vertreiben. Ganz im Gegenteil. Aethels-

europa zeigten sich die Wikinger als pragmatische Taktierer, die sich keinen traditionellen Kampfregeln verpflichtet fühlten. Kam es zu heftigeren Kämpfen, folgte man dem schlichten Grundsatz Mann gegen Mann.

Die großen Kriegszüge, die vor allem die dänischen Könige gegen England unternahmen, setzten hingegen eine größere Organisation voraus. Dabei konnten sich die Herrscher auf eine Art der Wehrpflicht berufen, die alle freien Männer betraf. Dementsprechend hatten die Häuptlinge und Jarle ganze Schiffe nebst Mannschaft, Ausrüstung und Verpflegung zu stellen. Von der Masse solcher Kämpfer hob sich die Gefolgschaft der Krieger ab, die ihren Herrn umgab und mit einer so genannten Schildburg schützte.

Die Normannen, die 1066 unter Führung Wilhelm des Eroberers Englands Herrschaft an sich rissen, hatten im Übrigen auch als Krieger wenig mit den eigentlichen Wikingern gemein. Sie stellten zumeist Berufskrieger dar, deren Ausrüstung mit langem Kettenhemd und Nasalhelm die Regel war. Sie bedienten sich auch keiner Rundschilde mehr, sondern schützten sich mit langen Schilden, die nach

tan nannte sich sogar »König der Angelsachsen und der Dänen« und nicht wenige skandinavische Adlige weilten an seinem Hof, wo er unter anderem den Sohn des norwegischen Königs Harald Schönhaar nach dem christlichen Glauben erziehen ließ.

## Wikinger und Kelten

Der Überfall auf Lindisfarne im Juni 793 öffnete den skandinavischen Seeräubern den Blick dafür, wie leicht sie auf den Britischen Inseln zu Reichtum kommen konnten. Außer in den Süden Englands zog es die Wikinger an die zerklüfteten schottischen Küsten und deren vorgelagerte Inseln. Hatten sie diese mit den Drachenbooten umrundet, stießen sie am Rande des großen Ozeans auf die Grüne Insel, auf Irland. Dort, jenseits von England, lag die Welt der Kelten und der ihnen nahe stehenden Stämme, denen man gern eine Aura des Geheimnisvollen zuschreibt. Die Wikinger sahen es hingegen ganz pragmatisch: Die Länder waren in eine Vielzahl von Reiche und Herrschaften zersplittert, denen es unmöglich schien, ein großes gemeinsames Heer

unten spitz zuliefen. Deshalb gelten die Kämpfer aus der Normandie weniger als letzte Wikinger denn als erste Ritter.

Im Skandinavien des frühen Mittelalters genoss der Krieger hohes Ansehen, was sich unter anderem in der erst damals entstandenen Vorstellung des Kriegerparadieses Walhall ausdrückte. Sie verherrlichte das Bild der Fürstenhalle, wo die Gefolgschaft adliger und auserlesener Kämpfer ihrem Herrn Gesellschaft leistete.

Außerdem kannte man während der Wikingerzeit noch eine ganz andere Kriegervorstellung als die des pragmatischen risikoscheuen Plünderers: Die so genannten Berserker (»Bärenhäute«) galten als entfesselte Kämpfer, die in Bären- oder Wolfsfellen in die Schlacht stürmten, furchterregend herumbrüllten und vor Wut in ihre Schilde bissen. Ihnen sprach man Unverwundbarkeit zu und verband sie mit uralten magischen Vorstellungen. Die ekstatischen Kämpfer brachten sich – möglicherweise mit Rauschmitteln – in einen Trancezustand, der sie zu unberechenbaren und rücksichtslosen Kampfmaschinen machte. Darum bedienten sich skandinavische Könige ihrer gern als Elitetruppen.

aufzustellen. Da zudem eine reiche Beute lockte, entschlossen sie sich zum Angriff.

Irland war seit mehr als 1 000 Jahren von Invasionen verschont geblieben. Auf der Insel kannte man weder Städte noch große Dörfer oder feste Straßen. Der überwiegende Teil der Bevölkerung lebte auf befestigten Gehöften. Die Kelten orientierten sich an ihren clanartigen Großfamilien und ihrem Stamm; das ganze Land bestand aus bis zu 150 kleinen Königreichen, die sich aufs Heftigste gegenseitig befehdeten. Obwohl man fünf große Provinzen kannte und dem Ideal eines gesamtirischen Hochkönigs nachstrebte, war das Land zutiefst zerstritten – was sich üblicherweise in gegenseitigen Viehdiebstählen zeigte.

Vor mehr als 300 Jahren hatten sich die Iren allerdings vom Heiligen Patrick, dem »Apostel Irlands«, zum Christentum bekehren lassen. Die neue Religion erbaute keine gewaltigen Kirchen, sondern gründete eine Vielzahl von Klöstern. Diese entwickelten sich zu den eigentlichen Zentren der Insel, in denen fromme und gelehrte Mönche dem Gebet und der Arbeit nachgingen – indem sie unter anderem prächtige und weithin berühmte Handschriften schufen. In den kleinen Klostersiedlungen fanden auch Markttage statt, und die dort tätigen Handwerker wurden für ihre Künste gerühmt, etwa für ihre unübertroffenen Goldschmiedearbeiten.

Diese Verhältnisse mussten die Wikingerschiffe unaufhaltsam anziehen. Also überfielen die Nordmänner 795 das Kloster von Iona, einer kleinen Hebrideninsel nahe der schottischen Küste. Dessen Mönchsgemeinde galt als hervorragender Mittelpunkt der irischen Kirche, von dort waren Brüder nach Schottland, England und ins Frankenreich aufgebrochen, um neue Klöster zu gründen und neben dem Glauben auch Gelehrsamkeit zu vermitteln. Im ganzen christlichen Abendland schätzte man sie außerordentlich, selbst in der berühmten Hofschule Karls des Großen zu Aachen traf man auf die klugen Männer von der Grünen Insel.

Dort erfuhr man schon bald von der ungeheuerlichen Nachricht: Nach Lindisfarne war ein zweites ehrwürdiges Kloster geschändet und vernichtet worden, hatten heidnische Piraten reichem christlichem Leben ein Ende gesetzt! Den überlebenden Mönchen blieb nichts anderes übrig, als ihr Kloster aufzugeben und nach Irland zu fliehen. Aber auch auf der Insel konnten sie sich nicht mehr sicher fühlen. Immer häufiger steuerten die Wikingerschiffe Irland an, plünderten Klöster in Küstennähe und zunehmend auch im Landesinneren, das sie über die Flüsse erreichten. 839 fuhr eine Flotte von Drachenbooten im Norden der Insel den Fluss Bann hinauf, gelangte auf den Lough Neagh, Irlands größten Binnensee, und verbreitete Angst und Schrecken.

Immer mehr Krieger kamen aus Skandinavien, vor allem Norweger. Allerdings besetzten sie kein Land, um zu siedeln, wie die Dänen im englischen Danelag. Sie blieben an der Küste und bauten sich 841 an einer Stelle, die die Iren Duibhlinn (»Schwarzer Pfuhl«) nannten, einen geschützten Hafen für ihre Schiffe. Daraus entwickelte sich die irische Hauptstadt Dublin, die im frühen Mittelalter zu einem Zentrum der Wikinger der Britischen Inseln aufstieg – vergleichbar dem northumbrischen York. Dort siedelten sich skandinavische Handwerker und Händler an, die in einfachen hölzernen Häusern ihren Geschäften nachgingen. Durch sie wurde Dublin ein Mittelpunkt des weiten Handelsimperiums der Nordleute, das Beziehungen bis nach Konstantinopel und darüber hinaus pflegte.

Die Norweger gründeten die ersten Städte der irischen Geschichte, denn Dublin sollten noch andere Handelsstützpunkte mit Meerzugang folgen: Wexford, Waterford, Cork und Limerick. Mit ihnen waren die Wikinger um die Mitte des 9. Jahrhunderts auf Dauer in Irland präsent. Über 150 Jahre wurden sie ein Bestandteil der irischen Gesellschaft und beteiligten sich an deren Fehden und Kriegen um die Macht. Seitdem kämpften nicht nur die Iren miteinander, sondern sie verbündeten sich mit den Wikingergruppen, die sich ihrerseits gegenseitig angriffen. Die unüberschaubare Situation komplizierte sich noch, als Dänen aus England kamen und von Norwegern und Iren gemeinsam attackiert wurden. Die Kämpfe forderten auch unter den Nordleuten einen hohen Blutzoll. Ein spektakulärer Fall war der eines Wikingerführers, der 845 dem König von Tara in die Hände fiel und kurzerhand ertränkt wurde.

Schon wenige Jahrzehnte später bildete sich in Dublin ein norwegisches Wikingerreich, dessen Einfluss sich vielerorts in Irland zeigte und dessen Macht sich hinüber nach England erstreckte. Einer der Herrscher mit dem Namen Ivar der Knochenlose gab sich den anspruchsvollen Titel eines »Königs der Nordmänner in Irland und Britannien«. Auch wenn seine Nachkommen für einige Jahre von den Iren vertrieben wurden, kehrten sie doch zurück und herrschten bis ins 11. Jahrhundert über Dublin.

Am Karfreitag des Jahres 1014 kam es schließlich bei Clontarf in der Nähe Dublins zu einer Schlacht, die noch einmal die komplizierten Verhältnisse der Grünen Insel widerspiegelte. Brian Boru, König von Munster, erhob den Anspruch auf das irische Hochkönigtum und versuchte, diesen in einer langen Reihe von Kämpfen durchzusetzen. An jenem Tag vor dem Osterfest trafen sie alle aufeinander: irische Kämpfer und Krieger aus vielen Teilen der Wikingerwelt. Brian Boru führte ein breites Bündnis irischer Stämme an, die wiederum mit etlichen Wikingern verbündet waren, während sich der feindliche irische König von Leinster mit den Nordmännern von Dublin zusammengeschlossen hatte.

Überliefert ist, dass König Brian Boru es ablehnte, am heiligen Karfreitag das Schwert zu erheben. Er kniete in einem nahen Wäldchen nieder und versank im Gebet. Derweil tobte das Gemetzel Mann gegen Mann, bei dem es den Kriegern des Königs gelang, einen Rückzug vorzutäuschen und auf diese Weise die feindlichen Iren aus Leinster mitsamt ihren skandinavischen Verbündeten in eine Falle zu locken. Jarl Sigurd von den Orkney-Inseln sammelte die Wikinger und die restlichen Iren auf seiner Seite. Doch sie konnten den anstürmenden irischen Kämpfern nichts mehr entgegensetzen und flüchteten zu ihren Schiffen. Der Weg dorthin führte sie durch eben jenes Wäldchen, in dem der gottesfürchtige Brian Boru inmitten seines Gefolges kniete und betete. Diese Chance ließ sich ein Wikingerherrscher der Insel Man nicht entgehen – es war ein Leichtes, die Leibwache des irischen Hochkönigs zu töten und diesen zu erschlagen.

Die Iren verehrten Brian Boru als Heldenkönig, der die Wikinger vertrieben hatte. In der historischen Realität lebten die Nordleute jedoch weiter in ihren Siedlungen, gemeinsam mit den Iren, bis sie sich assimiliert hatten – wozu auch bei ihnen die Annahme des Christentums eine entscheidende Voraussetzung darstellte.

Viele Gebiete im Umfeld der Irischen See wurden dauerhaft von den Wikingern geprägt: die Insel Man, Teile Schottlands, die Hebriden. Die nördlich von Schottland gelegenen Shetland- und Orkney-Inseln gehörten bis ins 15. Jahrhundert zum Königreich Norwegen und pflegten ihr skandinavisches Erbe.

## Das Wikingerreich von York

Zwischen den Wikingermetropolen Dublin und York bestanden enge und mannigfaltige Beziehungen: Man trieb miteinander Handel, die führenden Familien schlossen untereinander Ehen, man ging gegenseitige Bündnisse ein und manchmal bekämpfte man sich, sodass beispielsweise die siegreiche Dubliner Dynastie vorübergehend in Northumberlands Hauptstadt die Macht ergriff. Die englischen Herrscher eroberten York zwar zurück – trotzdem prägte der skandinavische Einfluss weiterhin die Stadt.

Seit 866 hatten dänische Kriegerscharen den bedeutenden Mittelpunkt Nordenglands unter ihre Kontrolle gebracht. York zählte damals schon an die 800 Jahre; einstmals wurde es von den Römern gegründet und zum Zentrum ihrer Provinz aufgebaut. Von dieser großen Zeit kündeten nur noch Reste der Stadtmauer, deren größter Teil im Laufe der Jahrhunderte den Angelsachsen als Steinbruch gedient hatte.

Die anrückenden Wikinger erkannten sofort den Vorteil, den die alte Stadt bot: Sie erstreckte sich am Zusammenfluss der Flüsse Ouse und Foss, die per Schiff befahren werden konnten und somit eine Verbindung zur Nordsee herstellten. Außerdem verlief durch das Tal von York eine viel genutzte Überlandstraße von Süden in Richtung Schottland. Man kontrollierte also die Verkehrswege und bot sich den Händlern als Marktplatz an.

Die Wikingerkönige des Reiches von York wussten dies alles zu ihrem Vorteil zu nutzen. Sie sorgten für mehr Sicherheit vor Angriffen, indem sie die alten Stadtmauern um weitere Befestigungen ergänzten. Am Fluss errichteten sie einen großen Hafen mit Platz für zahlreiche Schiffe. Ihre Handwerker und Händler bebauten neue Straßenzüge mit lang gestrecken Häusern in Holz- und Flechtwerkbauweise. Darüber hinaus tolerierten sie frühzeitig den christlichen Glauben, der seinen offenkundigen Ausdruck in der Münsterkirche des Erzbischofs fand; so blieb York, das die Skandinavier Jorvik nannten, auf Dauer eine christliche Stadt.

Um das Jahr 1000, hebt ein Chronist hervor, war York die Hauptstadt des ganzen Volkes von Northumbrien: Vornehm sei sie gebaut und von starken Mauern umgeben, obwohl diese schon recht alt seien. York sei eine Stadt, die sich vortrefflich ernähre und vom Reichtum der von überallher, insbesondere der aus Dänemark anreisenden Kaufleute erheblich profitiere. Angeblich sollte sie mehr als 30000 Einwohner zählen – was fraglos übertrieben war. Aber selbst mit geschätzten 10000 Einwohnern suchte Jorvik in Skandinavien seinesgleichen und übertraf fast alle Städte auf den Britischen Inseln.

So betrat ein Besucher im 10. Jahrhundert eine europäische Metropole, in der quirliges Leben herrschte: In den schmalen Gassen des dicht bewohnten Handwerkerviertels bearbeitete man Leder und stellte Textilien her. Hornschnitzer schufen prächtige Elfenbeinkämme, die bei Skandinaviern beiderlei Geschlechts und wohl auch bei Angelsachsen begehrt waren. Aus zahlreichen Häusern hörte der Passant die Geräusche der für ihre herrlichen Schmuckstücke weithin berühmten Eisen-, Gold- und Silberschmiede. Es dürfte kaum ein Handwerk gegeben haben, dass in der Wikingerstadt nicht ausgeübt wurde.

Unten am Fluss legten Schiffe aus allen Himmelsrichtungen an: Skandinavier kamen aus Haithabu oder Schweden, manch einer hatte den gefahrvollen Weg von Island über den Nordatlantik zurückgelegt, andere mögen aus dem russischen Nowgorod angereist sein und etliche Händler hatten ihre Reise in den bedeutenden Märkten Frieslands angetreten. Ein buntes Völkergemisch kam in Jorvik zusammen: Dänen, Norweger, Angelsachsen, die alle ohnehin dort lebten, dazu Iren und andere Kelten, Schweden, Isländer, Franken, jüdische Händler, Friesen von den Nordseeküsten, wahrscheinlich der eine oder andere Slawe von der Ostsee, ab und zu sogar ein arabischer Reisender. Mit ihnen fanden viele Waren den Weg in die Stadt: Keramik und Wein aus Deutschland, norwegische Wetzsteine, Mahlsteine aus der Eifel oder byzantinische Seide, die für die reiche Oberschicht ein Prestigeprodukt darstellte.

Für die Bedeutung dieses großen Marktzentrums, das zu den wichtigsten der Wikingerwelt gehörte, war es im Großen und Ganzen gleichgültig, wer darüber herrschte – dänische, norwegische oder englische Herrscher interessierte alle gleichermaßen das Gedeihen der Geschäfte, das ihnen reiche Abgaben versprach. Gerade die Wikingerkönige orientierten sich an den europäischen Geschäftsgepflogenheiten, indem sie eigene Münzen prägen ließen – was in Skandinavien noch ungebräuchlich war. Welcher Reichtum in York herrschte, belegen Münzschätze, die von Archäologen gefunden wurden.

Heidnisches entdeckte ein Besucher der Stadt immer seltener – vielleicht einen Thorshammer, den man als Amulett um den Hals trug. Auffallender präsentierten sich die christlichen Kirchen, von denen es um das Jahr 1000 an die zehn gegeben haben soll und deren Glocken die Gläubigen zum Gottesdienst riefen. An ihnen zeigte sich deutlich der Einfluss der englischen Könige und Geistlichen, die immer mehr nordgermanische Heiden zum Christentum bekehrten. Andere hingen vorerst noch der alten Religion an, manche Angehörige skandinavischer Königssippen und Häuptlingsfamilien wollten sich damit eine größere Unabhängigkeit bewahren. Und solange sie keine Christen waren, konnten sie mit ihren Heeren ohne Skrupel in christliche Gebiete einfallen und dort brandschatzen.

Erik Blutaxt, Sohn und Nachfolger des norwegischen Königs Harald Schönhaar, war einer jener Wikinger. Bei den Häuptlingen und freien Männern der Thingversammlungen machte er sich mit seinem tyrannischen Wesen derart unbeliebt, dass er den Thron aufgeben und das Land verlassen musste. Nach den Erzählungen isländischer Sagas segelte er mit seinem Heer zu den Orkney-Inseln, wo er zusätzliche Krieger an Bord nahm. Dann heerte er nach bekannter Wikinger-tradition in Schottland und Nordengland. Der englische König griff daraufhin zu einer Methode, mit deren Hilfe marodierende Nord-männer des Öfteren ruhig gestellt werden konnten: Er schickte einen Gesandten zu Erik, der ihm Land anbot. Der norwegische Königssohn sollte Northumberland mit der Stadt Jorvik bekommen, dafür Frieden halten und das Land gegen Dänen und andere Wikingerscharen ver-teidigen. Dem stimmte Erik zu. Zudem ließ er sich samt seiner Familie und dem ganzen Heer taufen und nahm den christlichen Glauben an.

Doch auch danach genoss er den Ruf eines tatendurstigen Anfüh-rers, der ein großes Kriegergefolge um sich scharte. Viele Norweger und später noch eine große Zahl von Freunden weilten an seinem Hof in York. Sie alle aber konnte er in seinem Reich nicht beschäftigen und mit Geschenken zufrieden stellen. Daher zog er mit ihnen im Sommer stets aus und plünderte in vielen Gegenden der Britischen Inseln: in Schottland und auf den Hebriden, in Irland und Wales, was ihm etlichen Reichtum eintrug. Schließlich erschien ihm die Herrschaft über Nordengland zu gering: Erik Blutaxt schmiedete mit zahlreichen Wikingerführern ein Bündnis gegen den englischen Kö-nig. Es kam zu einer Schlacht, in der Erik den Tod fand – fünf weitere Könige der Nordmänner fielen mit ihm.

Mit dem Fall des norwegischen Herrschers von York im Jahre 954 endete die Herrschaft von Skandinaviern über die Metropole Nord-englands. Unter den nachfolgenden englischen Königen hielt die Blü-tezeit der Wikingerstadt weiter an.

## Der Krieg aller gegen alle oder: Die Rückeroberung

Mit dem Ende des Wikingerreiches von York fand die angelsächsi-sche Rückeroberung ihren erfolgreichen Abschluss und bescherte ganz England für mehrere Jahrzehnte eine Phase relativer Ruhe. Dieser waren sechzig Jahre erbitterter Auseinandersetzungen vorausgegangen, an denen sich zeitweilig alle Völkerschaften der Britischen Inseln beteiligten: Angelsachsen, diverse Wikingergruppen und die zahlreichen Keltenvölker.

Noch Alfred der Große musste in seinen letzten Lebensjahren erleben, wie Verbände des berüchtigten großen Dänenheeres aus dem Frankenreich zurückkehrten und sofort wieder plündernd durch Südengland zogen. Doch dieses Mal war man vorbereitet und die weitsichtige Politik des Königs von Wessex zeigte ihre Wirkung. Alfred hatte weithin befestigte Orte anlegen lassen, die so genannten *burhs*, hinter deren Verschanzungen die Bevölkerung ausharren konnte. Von dort unternahmen die angelsächsischen Krieger gezielte Angriffe gegen die Wikinger. Deren Scharen stellten fest, dass sie kaum noch auf das Überraschungsmoment bauen konnten und dass ihnen mehr und mehr Widerstand geleistet wurde. Nach herben Verlusten und immer weniger Beute zogen sie sich ins ostenglische Danelag zurück. Dort favorisierten sie das ruhigere Bauerndasein vor der mittlerweile riskanten Kriegertätigkeit, vorerst jedenfalls.

Dann begann um 900 die Zeit der angelsächsischen Rückeroberung, in der die skandinavische Bevölkerung ihrerseits Angriffen und Plünderungen ausgesetzt war. Gleichzeitig festigten die Nachfolger Alfreds des Großen ihre Macht in Mercien, dem letzten verbliebenen halbwegs unabhängigen angelsächsischen Königreich außer Wessex. Auch Mittelengland wurde jetzt mit einem Netz von Befestigungen überzogen. Derart geschützt überschritten die vereinten englischen Heere immer häufiger die Grenze zum Danelag. Die Dänen schlugen mit einem konzentrierten Angriff zurück, erlitten aber eine katastrophale Niederlage.

In jenen Jahren schien ein Kampf aller gegen alle ausgebrochen zu sein: nicht nur, dass die Engländer die Wikinger im Danelag angriffen und diese sich wehrten. Die Norweger aus Dublin griffen die nordenglischen Dänen an, und ebenso versuchten walisische Kelten die Gunst der Stunde zu nutzen – um nur einige Kontrahenten zu nennen. Doch trotz solcher chaotischer Verhältnisse stand letztlich der König von Wessex als Sieger fest: Nach 20 Jahren blieb lediglich der Norden um York als unabhängiges Wikingerreich bestehen. Die großen dänischen Gebiete in Ostanglien und Mittelengland weit über den Fluss Trent hinaus standen unter englischer Kontrolle.

In den folgenden Jahrzehnten kam es zu Kämpfen zwischen den

englischen Herrschern und den Königen von York, wobei aber selbst die Verheiratung einer Prinzessin von Wessex mit einem Wikinger-führer möglich war. Was immer der Bindung an die englische Krone diente, wurde unternommen. Und wenn verwandtschaftliche Beziehungen nicht halfen, griff man eben wieder zum Schwert. Mit dem Tod Erik Blutaxts fiel York recht unspektakulär an die englische Krone. Wenige Jahre später nannte sich dann der Wessex-Herrscher Edgar »König der Engländer«.

## Die Mutter aller Schlachten

Aus den Jahren der nicht enden wollenden gegenseitigen Heerzüge und Kämpfe blieb eine Schlacht in Erinnerung, deren sagenhafter Ruhm sogar noch Jahrhunderte später im fernen Island bekannt war. In diesem schaurigen Gemetzel bei einem Ort namens Brunanburh – das Wissen um seine geografische Lage ist verloren gegangen – standen sich 937 Engländer und eine große Allianz von Skandinaviern und Kelten gegenüber. Aethelstan, damals König von Wessex, behauptete sich auf dem Schlachtfeld und errang einen überwältigenden Sieg, den ein irischer Annalenschreiber wie folgt kommentierte: »Niemals zuvor wurde auf dieser Insel, wie uns Bücher und Heilige von früher berichten, ein Heer so vollständig niedergemacht.« Die geistlichen Verfasser der *Angelsächsischen Chronik* unterbrachen sogar ihre ansonsten eher nüchternen Aufzeichnungen und besangen den Sieg der Engländer in einem Gedicht: »König Aethelstan, der Herr der Krieger, der Ringschenker der Männer, und ebenso sein Bruder, der Edle Edmund, gewannen unsterblichen Ruhm mit den Schneiden der Schwerter bei Brunanburh. Sie spalteten den Schildwall, zerhieben die Kampfschilde mit den geschmiedeten Klingen, Edwards Nachkommen ...«

Hinter derartigen ruhmvollen Sagen und Legenden verbarg sich die militärische Intervention Aethelstans, der das Wikingerreich von York endgültig unter seine Herrschaft zwingen wollte. Den dort residierenden Herrscher aus der norwegischen Dynastie von Dublin vertrieb er mitsamt seiner Familie, die nach Irland und Schottland flüchtete. Einer ihrer Abkömmlinge heiratete die Tochter des schottischen Königs und festigte auf diese Weise die engen Beziehungen zwischen Skandinaviern und Kelten. Um den Norden zu sichern, griff Aethelstan Schottland an – und sah sich dem erwähnten breiten Bündnis gegenüber: König Konstantin von Schottland und Olaf von Dublin befehligten eine bunte Heerschar aus Norwegern, Schotten und Walisern.

Das Heer der Angelsachsen hatte sich wohl vorsorglich durch Wikingersöldner verstärkt. Nach den Aufzeichnungen der hochmittelalterlichen *Egils saga* gehörten dazu auch Isländer unter Führung der Brüder Thorolf und Egil. Der Sagaschreiber hat deren Bedeutung recht patriotisch stark übertrieben, die englischen Quellen erwähnen sie dagegen überhaupt nicht. Wie groß auch immer der Anteil der isländischen Brüder am Sieg König Aethelstans gewesen sein mag – die Saga vermittelt ein literarisch reich ausgemaltes, aber nicht unglaubwürdiges Bild der Geschehnisse.

Sie erzählt, wie der König von Wessex das Heer um sich sammelte und die Brüder Thorolf und Egil davon erfuhren. Denen erschien die Aussicht auf große Beute äußerst verlockend, deshalb suchten sie mit ihrer Kriegergefolgschaft König Aethelstan auf und boten ihm ihre Dienste an. Aber da sie noch Heiden waren, forderte sie der König als guter Christ auf, die so genannte Primsegnung anzunehmen. Das war eine verbreitete Sitte bei Händlern und unter Männern, die bei Christen in Dienst traten. Denn diejenigen, die diese Art der Vortaufe erhalten hatten, konnten mit Christen genauso wie mit Heiden frei verkehren, behielten aber den Glauben, der ihnen selbst am meisten gefiel. Die Brüder fügten sich der Bitte des Königs.

Mittlerweile zog der gegnerische Schottenkönig ein großes Heer zusammen und marschierte südwärts nach England. Als Erste stellten sich ihm zwei Jarle entgegen, die Aethelstan zur Verwaltung Jorviks eingesetzt hatte, doch sie erlitten eine bittere Niederlage. Daraufhin wurde ganz Northumbrien mit York unterworfen. Der englische König zog den Schotten möglichst schnell entgegen, um eine Entscheidungsschlacht zu suchen. Auf dem Weg nach Norden jedoch erreichten ihn schlechte Nachrichten: Viele Männer waren zu den Siegern übergelaufen und hatten deren Heer erheblich verstärkt. Aethelstans Kriegern bot sich in ihrer Unterzahl keine Chance. Deshalb reiste der König auf Anraten seiner Ratgeber zurück in den Süden, um neue Kontingente auszuheben. Das kleine Heer im Norden ließ er unter dem Oberbefehl Thorolfs und Egils zurück – zumindest gemäß der isländischen Saga.

Wie es Brauch war, schickten diese Gesandte zum Schottenkönig, die ihm einen Ort für die Schlacht vorschlugen. Bis dahin sollte nicht

mehr geplündert werden und dem Sieger fiel die Herrschaft über England zu. Die Parteien schlugen auf der Vinheide ihre Lager auf – so
nannten die Isländer den Schlachtort Brunanburh. Die Engländer und
ihre Verbündeten zelteten zwischen einem Wald und einem Fluss, und
da sie so erschreckend wenige waren, wandten sie angeblich eine alte
Kriegslist an: Sie errichteten ein großes Heerlager und täuschten vor,
jedes Zelt sei voller Krieger. Da die ganze Anlage einen unüberschaubaren Anblick bot, fielen die Unterhändler des Schottenkönigs auf
den Trick herein. Zudem verwickelten Thorolf und Egil die Feinde
in Verhandlungen über Tributzahlungen, falls diese nach Schottland
zurückkehrten. So vergingen etliche Tage, bis König Aethelstan mit
seinem Heer eingetroffen war. Da erkannten die Feinde die List und
machten sich kampfbereit.

Zwei Anführer des Schottenkönigs rüsteten ihr Heer und zogen
noch in der Nacht auf die Heide. Als es hell wurde, sahen Thorolfs
Wächter den Feind anrücken. Sie bliesen das Kampfsignal, worauf
die Männer Waffen und Rüstungen anlegten und sich in zwei Abteilungen aufstellten. Die eine befehligte Jarl Alfgeir, vor dem das Feldzeichen getragen wurde. Thorolfs und Egils Truppe war erheblich
kleiner.

Die Brüder schützten sich mit großen Schilden und Helmen, am
Gürtel trugen sie Schwerter, die sie »Lang« und »Natter« nannten. In
der Hand hielten sie Speere mit dem bezeichnenden Namen »Brün-
nenbohrer«. Dann wurde das Feldzeichen erhoben und der Abteilung,
die nur aus Nordmännern im Dienst König Aethelstans bestand, vo-
rangetragen. Thorolfs und Egils Mannen stellten sich am Wald auf,
während Jarl Alfgeirs Leute am Fluss entlangzogen. Die nächsten
Abteilungen des Feindes sahen, dass ein Überraschungsangriff nicht
mehr möglich war. Sie stellten sich ebenfalls auf, erhoben ihre Feldzeichen und griffen die Engländer heftig an. Jarl Alfgeir musste bald
zurückweichen und flüchtete schließlich mit einigen Getreuen.

Jetzt waren die Wikingersöldner auf sich allein gestellt – und der
Schottenkönig wandte sich mit verstärkten Truppen gegen die Nordmänner. Thorolf befahl seinen Kriegern, ihm zu folgen und dicht
zu stehen. Er ordnete den Vormarsch am Wald entlang an, damit
sie gegen die Übermacht zumindest von einer Seite geschützt waren.
Dort gab es einen harten Kampf. Egil griff erbittert an, viele Feinde
fielen. Thorolf geriet so außer sich, dass er sich den Schild auf den
Rücken warf und den Speer mit beiden Händen fasste. Derart ungeschützt stürmte er vorwärts und hieb und stach nach allen Seiten.

Da sprangen die Feinde nach links und rechts, trotzdem erschlug er viele. So kämpfte er sich den Weg frei bis zum feindlichen Jarl Hring. Er erschlug den Träger von dessen Feldzeichen und zerhieb dessen Schaft. Dann stieß er dem Jarl den Speer in die Brust, durch Rüstung und Rumpf, bis er hinten bei den Schultern wieder herausdrang. Angeblich hob er den Jarl aufgespießt über seinen Kopf und stieß den Speerschaft in die Erde. Der Jarl starb auf dem Speer, dieses Ende beobachteten Freund und Feind.

Der berserkerhafte Thorolf hielt nicht inne, sondern zog sein Schwert und hieb nach beiden Seiten; da drangen auch seine Männer vor, töteten viele Waliser und Schotten und schlugen die anderen in die Flucht. Beim Feind brach Panik aus, alles war in Auflösung begriffen. Als es Abend wurde, kehrten Thorolf und Egil zu ihrem Feldlager zurück und trafen dort König Aethelstan mit seinem verstärkten Heer. Der Herrscher dankte den Isländern für ihren Sieg und gewährte ihnen seine Freundschaft.

Am nächsten Morgen ging der Kampf gegen das schottische Hauptheer weiter. Aethelstan stellte seine eigene Truppe an den vordersten Platz. Dort sollten die tapfersten Krieger kämpfen, und Egil sollte sie anführen. Thorolfs Gruppe sollte sich der lockeren Verbände des Feindes annehmen.

Dann gingen die Männer zu ihren Abteilungen und die Feldzeichen wurden aufgerichtet. Der König zog mit seinen Kriegern über die ganze Ebene bis zum Fluss; Thorolf zog oben an den Wald. Daraufhin stellte auch der Schottenkönig sein Heer auf und ordnete es in zwei Abteilungen. Seine eigene Schar führte er gegen Aethelstan. Die zweite feindliche Schar wandte sich gegen Thorolfs Gruppe. Die Heere gingen aufeinander los, es gab einen harten Kampf. Thorolf stürmte voran und ließ sein Feldzeichen am Wald entlangtragen, denn er wollte die Feinde an deren ungeschützter Seite treffen. Seine eigenen Männer hielten ihre Schilde vor sich, auf der rechten Seite diente ihnen wieder der Wald als Schutz. Thorolf stürmte ungestüm mit wenigen Männern voran. Da erwies sich der Schutz des Waldes als ungenügend, denn auf einmal drangen Feinde unter Jarl Adils Führung aus der Deckung des Waldes. Sofort erkannten sie Thorolf und warfen viele Speere auf ihn, die ihn durchbohrten. Seine Schar sammelte sich um das Feldzeichen und leistete erbittert Widerstand. Aber die Schotten ließen ihr Sieggeschrei hören, denn sie hatten den Anführer getötet.

Egil glaubte vom Tode seines Bruders Thorolf zu wissen und stürmte seine Krieger wild anfeuernd zu der bedrängten Gruppe. Als Vorderster kämpfte er an der Spitze, mit seinem Schwert »Natter« in der Hand. Nach allen Seiten schlagend und viele Feinde tötend, drang er vor. Niemand konnte Egil aufhalten, bis er schließlich auf Jarl Adils stieß und ihn mit wenigen Hieben erschlug. Als die Feinde den Fall des eigenen Anführers sahen, ergriffen sie die Flucht. Egils Männer setzten ihnen nach und machten viele gnadenlos nieder. Dann griffen sie die offene Flanke des Schottenkönigs an und lösten auch dort Panik aus. Das Heer des Königs löste sich zusehends auf. Als dies Aethelstan wahrnahm, ließ auch er seine Männer heftig attackieren. Da fielen der Schottenkönig und der größte Teil seines Heeres, und alle, die zu fliehen versuchten, wurden erschlagen. König Aethelstan errang auf der Vinheide einen überwältigenden Sieg.

## Friedenszeiten und eine angloskandinavische Kultur

Derartige erbitterte Kämpfe und Kriege könnten darüber hinwegtäuschen, dass die alteingesessenen Angelsachsen und die eingewanderten Dänen »normalerweise« durchaus friedlich nebeneinander lebten. Höchstoffiziell drückte sich dies in der Tolerierung der siegreichen englischen Könige aus. Insofern die Skandinavier loyale Untertanen waren, genossen sie sogar gewisse Sonderrechte.

Aber auch zwischen den einzelnen Bevölkerungsteilen entwickelten sich engere Beziehungen, was viele Mischehen bezeugen. Die Voraussetzung dafür war die Annahme des Christentums, wobei sich die Nordgermanen in ihrer Mehrzahl als sehr offen erwiesen. So verwischten sich im Laufe eines Jahrhunderts allmählich die Grenzen zwischen Angelsachsen und Dänen. Man siedelte gemeinsam und nicht wenige skandinavische Edelleute gehörten zur Gefolgschaft des englischen Königs.

In der angelsächsischen Gesellschaft entwickelte sich im Gebiet des Danelag, also in Teilen Nord- und Ostenglands, sogar eine besondere angloskandinavische Kultur. Die Dänen hinterließen in vielen Gebieten ihre bis heute sichtbaren Spuren in den Ortsnamen, die auf -by und -thorpe enden. Außerdem gingen in die englische Sprache eine Fülle skandinavischer Wörter ein, wie law (»Gesetz«), window (»Fenster«), sky (»Himmel«) oder take (»nehmen«). Das vorchristliche Erbe der Wikinger und ihr Darstellungsstil prägten im 10. Jahrhundert die angelsächsische Kunst. So zeigt das Steinkreuz von Gosforth neben christlichen Szenen Motive des Ragnarök, des heidnischen Weltuntergangs, und die prächtigen Buchmalereien zieren die verschlungenen Ornamente, für die die Wikingerkunst berühmt war.

# 4. »Bald brennen die Herzen dieses gierigen Volkes nach dem Empfang des Geldes«

## Die Wikinger umzingeln Europa

### Das Frankenreich und die Piraten aus dem Norden

Im Gegensatz zu den machtpolitisch zersplitterten Britischen Inseln erlebte das Reich der Franken um das Jahr 800 den Höhepunkt seiner Geschichte. Den karolingischen Herrscher Karl krönte der Papst in Rom zum Imperator, zum Kaiser. Damit folgte dieser den Traditionen des ruhmreichen Römischen Imperiums und erkannte den Anspruch des Kaisers in Konstantinopel, dessen einziger legitimer Nachfolger zu sein, nicht mehr an. Karls Frankenreich sollte die Wiedergeburt des Imperium Romanum sein, seine Lieblingsresidenz Aachen wollte er zum zweiten Rom ausbauen. Bis heute erinnert daran das Oktogon seiner Pfalzkapelle, die als Teil des Aachener Domes 1200 Jahre überdauert hat. Sie birgt den authentischen Thron des Kaisers, der dessen Herrschaftsanspruch auf das Abendland symbolisierte. Karl der Große, der von 768 bis 814 regierte, wurde bereits von Zeitgenossen als *Pater Europae* bezeichnet, als »Vater Europas«.

Karls Reich erstreckte sich über Romanen und Germanen, über unzählige Stämme und Völkerschaften zwischen Nordsee und Mittelmeer, von der Donau bis zum Atlantik. Der fränkische König und spätere Kaiser regierte zumeist als ausgesprochener Kriegsherrscher – er unterwarf die germanisch-stämmigen Langobarden in Norditalien, setzte den unbotmäßigen Herzog der Baiern ab und kämpfte über drei Jahrzehnte mit den heidnischen Sachsen, die im heutigen Westfalen und in Niedersachsen lebten. Wenige Jahre nach seiner Kaiserkrönung 800 brach deren letzter Widerstand zusammen, das Sachsenland wurde Teil des Fränkischen Reiches. Seine Bewohner mussten den alten Göttern abschwören. Das Land wurde zusehends durch Kirchen, Klöster und kaiserliche Pfalzen erschlossen und kontrolliert. Dem gläubigen Christen Karl galt die Missionierung der

Heiden als tiefstes Anliegen und er schreckte nicht davor zurück, das Christentum mit Feuer und Schwert zu verbreiten.

Mit der Unterwerfung der Sachsen gelangten Karls Soldaten bis über die Elbe hinaus nach Schleswig-Holstein und näherten sich somit der dänischen Grenze, die das Danewerk schützte. In Aachen wusste man sehr wohl von diesem noch heidnischen nordgermanischen Volk, wie Karls Vertrauter und späterer Biograf Einhard als Zeitzeuge verdeutlicht. Nach seinen Worten bekam der Sachsenherzog Widukind, Karls bedeutendster Gegenspieler, des Öfteren dort Asyl gewährt. Andererseits tauchten mit der fortschreitenden Eroberung Norddeutschlands durch die Franken immer häufiger dänische Gesandte in von Karl abgehaltenen Versammlungen auf. Aber was bedeuteten diese unzivilisierten Heiden schon einem Herrscher, der mit dem Kalifen Harun al-Raschid von Bagdad Botschaften und Geschenke austauschte und sich anschickte, dem Kaiser von Konstantinopel Konkurrenz zu machen!

Die dänischen Häuptlinge sahen dies naturgemäß anders. Zu Zeiten Karls hatte sich unter ihnen ein Godfrid als König etabliert. Er erkannte zweifellos die Gefahr, die vom fränkischen Expansionsstreben ausging – der sächsische Flüchtling Widukind war ihm kein Unbekannter. Doch wie viele skandinavische Herrscher vor ihm nahm er sich das mächtige Königtum der Franken zum Vorbild; gerade Karls Audienzen in den prächtigen neu erbauten Pfalzen kündeten von Macht und Reichtum. Gern hätte es ihm der Däne gleichgetan, zumal er südlich des Danewerks Land und Einfluss zu gewinnen suchte. In Schleswig-Holstein und dem westlichen Mecklenburg siedelten damals Teile der Sachsen neben den Slawenstämmen der Wilzen und Abodriten. Die Franken zeigten ihre Präsenz, indem sie die Letztgenannten zu ihren Verbündeten machten – wobei sie deren Heidentum anscheinend nicht weiter störte.

## Kaiser Karl richtet sein Auge auf Dänemark

Im Jahre 808 unternahm König Godfrid einen Kriegszug gegen die Abodriten, wodurch er deren fränkische Schutzmacht eindeutig provozierte. Prompt entsandte Kaiser Karl seinen Sohn mit starken Verbänden von Franken und Sachsen an die Elbe. Die Dänen verheerten unterdessen das Land der Abodriten, wo Godfrid einen Häuptling vertrieb und einen anderen an den Galgen hängen ließ. Viele Slawen mussten sich zu Abgaben bereit erklären. Trotz dieser Erfolge kehrte Godfrid mit seinen Kriegern nach Dänemark zurück, weil das Heer erhebliche Verluste erlitten hatte und er den Tod seines Sohnes beklagen musste. Derweil setzten die frankosächsischen Truppen über die Elbe und heerten bei einigen kleineren Stämmen, die sich König Godfrid angeschlossen hatten. Gegen das größere Slawenvolk der Wilzen scheinen sie allerdings nichts unternommen zu haben, obwohl diese als enge Verbündete der Dänen galten.

Bevor der dänische König den Rückzug antrat, fällte er eine zukunftsträchtige Entscheidung. In der Nähe des heutigen Wismar ließ er einen an der Küste gelegenen Handelsplatz namens Reric in Schutt und Asche legen. Die Kaufleute nötigte er, ihn per Schiff nach dem Hafen Sliesthorp (Schleswig) zu begleiten und sich dort niederzulassen. Dies sollte die Geburtsstunde Haithabus werden – eines der bedeutendsten Handelsorte Nordeuropas. Der Dänenkönig wusste natürlich, dass die Kontrolle über einen derartigen Platz ihm reiche Abgaben bescherte, somit seinen Reichtum und seine Macht stärkte. Um den Ort vor den feindlichen Abodriten und ihren fränkischen Schutzherren abzuschotten, ließ er den alten Befestigungswall des Danewerk verstärken.

Doch offensichtlich bestand Godfrid nicht auf einem Konfrontationskurs: Er nutzte die weit herumreisenden Kaufleute, um Kaiser Karl eine Botschaft zu übermitteln: Er habe gehört, der Kaiser zürne ihm wegen seines Angriffs auf die Abodriten. Aber der Bruch des Friedens sei von diesen ausgegangen, und er sei bereit, sich gegen die erhobenen Vorwürfe zu rechtfertigen. Darum schlug er eine Konferenz an der Grenze seines Reiches vor, auf der dänische und fränkische Edle das Problem besprechen und klären sollten. Karl stimmte zu, und so kam es irgendwo in Schleswig zu einem Gespräch, das, gemäß der Worte des Chronisten, wie folgt verlief: »Man sprach von beiden Seiten viel hin und her und machte viele Vorschläge, ging aber am Ende völlig unverrichteter Dinge auseinander.«

Erfolglosen diplomatischen Verhandlungen wurden Tatsachen gegenübergestellt: Der Abodritenherrscher griff die benachbarten Wilzen, die dänischen Verbündeten, an, bei denen er brandschatzen und plündern ließ – und das mit der Unterstützung starker sächsischer Verbände. Da dies mutmaßlich mit Wissen der fränkischen Führung geschah, die ja die Sachsen kontrollierte, scheint man ein Zeichen der Stärke haben setzen wollen. Karl hielt offensichtlich nichts von den moderaten Tönen des Dänenkönigs. Er gründete nördlich der Elbe die Stadt Itzehoe und stationierte dort eine fränkische Besatzung.

Kaiser Karl misstraute dem Dänenherrscher und plante in seiner Aachener Pfalz einen Feldzug gegen ihn. Da erhielt er 810 die überraschende Nachricht, dass eine Flotte von 200 Schiffen voll von Nordmännern in Friesland gelandet sei. Diese Dänen hätten alle friesischen Inseln verwüstet und stünden bereits auf dem Festland, wo sie die Friesen in drei Schlachten besiegten. Dann hätten sie den Unterworfenen eine Steuer auferlegt und schon 100 Pfund Silber eingestrichen. Der Dänenkönig befinde sich aber zu Hause in seinem Reich. Karl soll über diesen Angriff derart erzürnt gewesen sein, dass er sich trotz seines hohen Alters persönlich auf den Weg machte, um seine Flotte zu inspizieren und jenseits des Rheins das Heer zu mustern. Mit diesem zog er an den Zusammenfluss von Weser und Aller südöstlich des heutigen Bremen, ließ dort ein Lager errichten und wartete auf Nachrichten aus dem Norden. Was führte der Dänenkönig im Schilde, der angeblich damit prahlte, er fürchte sich nicht vor einer offenen Feldschlacht mit den Franken? Stand die feindliche Flotte überhaupt unter seinem Befehl?

Da überstürzten sich förmlich die Ereignisse: Dem Kaiser wurde gemeldet, die Wikingerflotte habe Friesland verlassen; es lägen verlässliche Nachrichten vor, dass König Godfrid von seiner eigenen Leibwache ermordet worden sei. Karl kehrte nach Aachen zurück, um wichtige Delegationen aus Konstantinopel und Córdoba zu empfangen. Außerdem signalisierte ihm schon bald der Nachfolger Godfrids Friedensbereitschaft. Dieser Frieden wurde offiziell an der Eider beschworen. Der neue Dänenkönig schickte Gesandte zu Karl, die ihm Geschenke überreichten und dem Kaiser die friedfertige Gesinnung ihres Herrn versicherten.

In den letzten Lebensjahren des großen Karolingerherrschers hörte man wenig von den unberechenbaren Heiden im Norden. Deren ehrgeiziger König Godfrid hatte sich offensichtlich übernommen – »größenwahnsinnig« nennen ihn die fränkischen Chronisten – und war der innerdänischen Opposition zum Opfer gefallen. Die Häuptlinge und Kleinkönige Jütlands und der benachbarten Inseln wollten ihre Unabhängigkeit wahren. Bis aus Dänemark auf Dauer ein einheitliches Reich wurde, sollten noch anderthalb Jahrhunde vergehen.

Aber das änderte bekanntlich nichts an der Gefahr, die von jenen Regionen ausging. Bereits während der Regierungszeit Karls des Großen machten Schiffe der Nordmänner die fränkischen Küsten unsicher. Sie konnten dies wagen, weil das Frankenreich außer dem Anspruch eines neuen Roms nur wenig mit dem Imperium Romanum gemein hatte. In dem riesigen Gebiet verloren sich die Menschen in wenigen Städten, Pfalzen und Klöstern, die meisten lebten zerstreut in Dörfern und Gehöften. Großflächig konnte das Reich militärisch nicht geschützt werden. Vor Überraschungsangriffen wie im englischen Lindisfarne war man besonders an den langen Küsten nie gefeit.

Deshalb berichten die Chroniken erstmals für 799 von einem Überfall an der französischen Atlantikküste – er sollte nicht der einzige bleiben. Karl sah sich schließlich gezwungen, gegen die Attacken der Dänen eine Kriegsflotte auszurüsten und entsprechende Schiffe zu bauen. In allen Häfen und an den Flussmündungen sorgte er dafür, dass Wachtposten eingerichtet wurden, um weitere Überraschungsangriffe zu verhindern.

## Beliebte Ziele im zerfallenden Frankenreich: Handelsorte und Klöster

Nach dem Tod Karls des Großen 814 vergingen zwanzig Jahre, in denen Wikingerattacken auf das Frankenreich die Ausnahme blieben. Der größte Überfall ging 820 von 13 Schiffen aus, die an der Küste Flanderns landeten. Die Dänen stürmten an Land, brannten einige ärmliche Hütten nieder und raubten das Vieh. Dann wurden sie von den Männern eines bewaffneten Strandschutzes zurückgeschlagen und suchten auf ihren Booten das Weite. Anschließend fuhren sie die französische Küste entlang, wo sie vorübergehend die Seinemündung und die Atlantikküste unsicher machten.

In den folgenden Jahren und Jahrzehnten beschäftigten sich die Machthaber des Frankenreiches überwiegend mit sich selbst. Karls Sohn und Thronerbe Ludwig der Fromme bemühte sich, das riesige Reich als Einheit zu bewahren. Daher verfügte er eine Thronfolgeregelung, die seinen ältesten Sohn Lothar als Nachfolger vorsah, während die beiden jüngeren Brüder über Teilreiche herrschen sollten. Kaiser Ludwig selbst verstieß dagegen, als er für den Sohn aus einer zweiten Ehe ein zusätzliches Teilreich schuf. Die drei älteren Brüder sträubten sich gegen diesen Bruch. Damit begann 830 eine Zeit regelrechter Bürgerkriege, mit denen nach einigen Jahrzehnten erbitterter Kämpfe die Einheit des Frankenreichs zerbrach.

Rekonstruktion eines Langhauses, das der Dänenkönig Harald Blauzahn um 980 in seinen Ringburgen erbauen ließ. 16 Häuser dieser Art wurden innerhalb eines Walls errichtet; jedes war um die 30 Meter lang.

Kaiser Ludwig erlitt die bitterste Schmach, als er hinnehmen musste, wie beim elsässischen Colmar sein Heer zu den Gegnern überlief und man ihn absetzte. Obwohl er den Thron erneut besteigen durfte, war seine Macht dahin. Wenige Jahre nach seinem Tod teilten die überlebenden Brüder 843 im Vertrag von Verdun das Reich Karls des Großen unter sich auf: Karl der Kahle erhielt das Westfränkische Reich (woraus sich Frankreich entwickelte), Ludwig der Deutsche herrschte über das Ostfrankenreich (das spätere Deutschland), und Lothar

## Das Alltagsleben der Wikinger

In ihren skandinavischen Heimatländern und den Kolonien im nördlichen Atlantik boten die Siedlungen der Wikinger einen unspektakulären Anblick. Von Schleswig-Holstein bis nach Grönland kannte man weder größere Städte noch Steinhäuser. Die Menschen lebten meistens auf Gehöften und in kleinen Dörfern, und selbst die Handelszentren wie Haithabu und Birka hatten selten mehr als 1000 Einwohner.

Bei allen Unterschieden in der weiten Welt der Wikinger folgten ihre Wohnhäuser doch einem bestimmten Grundtyp: Das war bei Arm und Reich das rechteckige, einstöckige Langhaus, das je nach Land aus unterschiedlichen Materialien errichtet wurde. Die Dänen verwendeten Flechtwerk und verputzten es mit Lehm. Die Dachbalken deckten sie mit Stroh, das mit Weidenruten verschnürt und befestigt wurde. Die Norweger und Schweden kannten zudem Blockhäuser aus Holz, deren Dächer mit Birkenrinde und Torf abgedeckt

erhielt das so genannte Mittelreich (woran der Name Lothringens erinnert), das sich von der Nordsee bis zum Mittelmeer erstreckte und später zwischen den West- und Ostfranken aufgeteilt wurde. Diese drei Herrscher und ihre Nachkommen schlossen unter- und gegeneinander Bündnisse, befehdeten sich aber auch bis aufs Blut. Zudem traten immer häufiger die Adligen der unterschiedlichen Landesteile auf den Plan, um für eigene Machtinteressen zu streiten.

Ein Haus in Haithabu: Am Herdfeuer kochte und aß man, dort ging die Hausfrau ihren Arbeiten nach; im Umfeld des Feuers befanden sich auch die Schlafplätze.

Lang anhaltende und unüberschaubare Auseinandersetzungen und Kriege waren die Folge, die an die damaligen Verhältnisse auf den Britischen Inseln erinnern.

wurden. Die Isländer machten bei der Baumarmut ihrer Heimat aus der Not eine Tugend und bauten sich auf einem Steinfundament meterdicke Wände aus Grassoden. Für die Dachkonstruktion und die sie stützenden zwei Pfostenreihen griff man im Nordatlantik auf Treibholz oder aus Norwegen herangeschaffte Baumstämme zurück. Das Dach selbst wurde mit Rasenziegeln belegt. Dergleichen Langhäuser hatten ganz verschiedene Ausmaße: In Haithabu erstreckten sich viele Gebäude über 15 Meter, auf Island baute man in der Regel bis zu zwanzig Metern, bei einer Breite von sechs Metern. Rekordverdächtig war das Haus des norwegischen Häuptlings von Borg auf den Lofoten: Es maß sage und schreibe 81 Meter!

Trotz solcher Ausmaße boten die Langhäuser der Wikinger nur geringen Komfort. Üblicherweise unterteilte man sie in eine Wohnhalle, Viehställe, Arbeitsräume und Vorratskammern. Sämtliche Fußböden bestanden aus gestampfter Erde. Auf den Gehöften fanden sich außerdem mehrere kleinere Nebenbauten wie Ställe

Darum bedurfte es nicht der Wikingerüberfälle, um den Menschen des auseinander brechenden Frankenreichs Mord und Totschlag zu bringen. Die Chroniken entwarfen ein Schreckensszenario des fränkischen Bürgerkrieges: Da wurde geplündert und gebrandschatzt, da wurden die Besiegten haufenweise geköpft, gehängt und brutal verstümmelt. Ein Zeitzeuge berichtet, wie sogar die Christenmenschen mit ihren Gotteshäusern verfuhren: »Das Heer aber tat nichts als plündern, brennen und Menschen gefangen fortführen, und selbst die Kirchen und Altäre Gottes blieben von ihrer Gier und Frechheit nicht verschont.«

Derartige Verhältnisse boten zynischerweise den dänischen Wikingern ein ideales Operationsfeld: Die Opfer waren untereinander zutiefst zerstritten und so sehr mit ihren gegenseitigen Kämpfen beschäftigt, dass sie keine starke gemeinsame Abwehr aufbauen konnten. Zumeist blieb es in der Hand einzelner Herrscher oder gar regionaler Grafen oder Bischöfe, gegen die räuberischen Eindringlinge aus dem Norden vorzugehen.

und Scheunen, Vorrats- und Badehäuser, daneben Gebäude für das Gesinde und Webstuben für die Frauen.

Die große Halle stand im Mittelpunkt des alltäglichen Lebens, dort fanden auch die zahlreichen Feste statt. In ihrer Mitte brannte ein langes Herdfeuer, das für Licht und Wärme sorgte und als Kochstelle diente. Entlang der holzverkleideten Wände erstreckten sich Holzpodeste, auf denen man nicht nur saß, sondern auch des Nachts mit Decken und Fellen schlief. Eine Dachöffnung, das so genannte Windauge (windauga), diente als Rauchabzug. Die Hallen glichen meist dunklen und verräucherten Höhlen, auch wenn man zusätzliche Lichtquellen wie Talglichter und Tranlampen aus Stein kannte. Nur reichere Familien konnten sich Möbel und Wohnaccessoires wie Truhen, Stühle, Betten und Teppiche an den Wänden leisten.

Die Frau des Hauses verfügte über allerlei Holzgefäße, Bottiche, Schalen und Tassen, hinzu kamen einheimische Behältnisse aus Speckstein und Keramik sowie – bei den reichsten Skandinaviern – fränkische Gläser. Ein Kessel aus Eisenblech brodelte am offenen Herdfeuer.

Die überwiegende Mehrheit der Nordgermanen lebte von den Erträgen der Landwirtschaft – häufig mehr schlecht als recht, denn

## Dorestad und die Folgen

Die fränkischen Teilreiche boten lohnende Ziele mit reicher Beute. Geradezu symbolisch dafür steht der Handelsplatz Dorestad in der Nähe der heutigen niederländischen Stadt Utrecht. Seit den Merowingern hatte sich dort im Land der geschäftstüchtigen Friesen ein internationales Marktzentrum entwickelt, das verkehrsgünstig im Rheinmündungsgebiet lag und auf den Wasserstraßen bequem zu erreichen war. Besonders in den Monaten von April bis Oktober kamen hier Kaufleute und Reisende aus vieler Herren Länder zusammen. In den Wintermonaten arbeiteten zahlreiche Handwerker in ihren Werkstätten an Produkten, die sie dann in den Marktmonaten anboten. In Dorestad kam seit langem sehr viel Reichtum zusammen, der sich um 800 in einer beachtlich hohen Einwohnerzahl von angeblich 2 500 Menschen ausdrückte. Selbstverständlich waren auch die karolingischen Bürgerkriegsparteien an florierenden Geschäften interessiert, solange sie Abgaben für die eigenen Taschen erbrachten.

unergiebige Böden, Sturmfluten, Unwetter und auf Island die Vulkanausbrüche sorgten für immer wiederkehrende Notzeiten. Darum konnten die Bauern froh sein, wenn es für den eigenen Bedarf reichte. Wo es möglich war, baute man Roggen, Hafer und Gerste an; außerdem züchtete man vor allem Rinder, Schafe und Schweine. Darüber hinaus wurde Fischfang betrieben, und an Land sammelte man, was die Natur bot, so Vogeleier und Beeren.

In guten Jahren durften die Menschen mit einem recht vielfältigen Nahrungsangebot rechnen: Es bestand je nach Landstrich aus Fleisch und Fisch wie Hering und Kabeljau. Dazu kam Wild und auf Island ab und an Walfleisch. Außerdem bereicherten Getreidebrei, Brot, Milch, Käse und Butter sowie als Gemüse Erbsen, Lauch, Zwiebeln und Kohlrabi das Speiseprogramm. Aus der Natur kamen Beeren, Obst und Honig auf den Tisch. Aus Schalen und Trinkhörnern sprach man dem Gerstenbier und dem aus gegorenem Honig gewonnenen Met zu. Den aus dem Rheinland importierten Wein konnten sich wiederum nur die Reichsten leisten.

Die Kleidung der Wikinger war ähnlich unspektakulär wie ihre Lebensweise. Die Männer trugen eine langbeinige Hose, ein leinenes Unterhemd und darüber einen Kittel, den kostspielige Sti-

Das Handelszentrum Dorestad befürchtete deshalb keine Angriffe; hier machte man gute Geschäfte zu jedermanns Nutzen.

Umso so größer war der Schock, als im Jahre 834 eine Flotte dänischer Schiffe ungehindert den Hafen der Stadt anlief. Warum sollte man die Nordmänner fürchten? Nicht selten kamen sie bisher aus Dänemark und Schweden, um sich rege am Handel zu beteiligen. Doch dieses Mal war alles anders: Die Schiffe aus Skandinavien waren voll von Kriegern, die schreiend an Land sprangen und durch die Gassen stürmten. Dabei töteten sie viele Bewohner während der Arbeit, andere schleppten sie als Gefangene mit sich. Sie verwüsteten große Teile Dorestads, was ihnen wert schien, nahmen sie mit sich.

Der Überfall war nur der Anfang: In jeder Marktsaison steuerten die Wikinger fortan Dorestad an, töteten, plünderten und hinterließen einen Ort der Zerstörung. Es spricht für die große Bedeutung dieser Siedlung in den Niederlanden, dass man sie immer wieder aufbaute und den Handel erneut eröffnete. Eine Möglichkeit, sich zu schützen, sah man offensichtlich nicht. Die fränkischen Herrscher

ckereien oder gar Seide zieren konnten. Ein Gürtel hielt das Ganze zusammen. Bei Bedarf kamen Umhänge, Pelze und Hüte hinzu. Die wenigsten hatten Stiefel; üblich waren hingegen dünne Lederschuhe, über denen man die Hosenbeine mit Wickelgamaschen raffte. Die so entstehenden Pluderhosen folgten orientalischen Modevorbildern, denn der weitgereiste und wohlhabende Wikinger zeigte gern seine Internationalität. Je bunter und auffälliger seine Kleidung war, umso mehr verwies sie auf eine exotische Herkunft.

Die Frauen zogen sich über ein langes Unterhemd einen Trägerrock an, den an den Schultern meistens die allseits beliebten ovalen Fibeln, Gewandspangen, zusammenhielten. Außerdem trugen sie einen Umhang um die Schultern, den eine weitere Fibel über der Brust schloss. Vor der Kälte schützten sie sich durch Pelze. Als Kopfbedeckungen verwendeten sie Stirnbänder und Tücher. Beide Geschlechter schmückten sich gern: mit Fibeln, die den Umhang zusammenhielten, aber auch mit verschiedenen Ringen und Halsketten.

Entgegen der Kommentare mancher arabischer Reisender spricht vieles dafür, dass die Wikinger an Sauberkeit und einer gepflegten Erscheinung interessiert waren. Das verdeutlicht der Gebrauch von Badehäusern, Waschbecken, Kämmen und Scheren. Danach legten

standen dem Ganzen hilflos gegenüber. Erst nach nahezu drei Jahrzehnten häufiger Saisonüberfälle gaben die Menschen Dorestad auf.

Bis heute ist ungeklärt, ob die Überfälle tatsächlich reine See-
räuberaktionen waren oder ob nicht auch dänische Könige dahinter-
standen. Jedenfalls schickte König Horik, der spätere Gastgeber des
Mauren al-Ghazal, Gesandte an den Hof des damals noch herrschenden Ludwig des Frommen. Sie übermittelten seine Beteuerungen, er
habe mit den Überfällen auf Dorestad nichts zu tun. Etwas später
teilte er dem Kaiser mit, er habe die Anführer der Piraten festnehmen
und hinrichten lassen. Dafür fordere er Friesland und das Land der
Abodriten. Aber selbst dem vom Krieg gegen die eigenen Söhne arg
gebeutelten Ludwig war eine solche Forderung zu unverschämt; er
lehnte sie barsch ab. Wenn jemand in Dänemark Dorestad als möglichen Konkurrenten des aufstrebenden Haithabu beseitigen wollte, so
gelang ihm dies letztendlich. Es ist also durchaus möglich, dass sich
hinter den Überfällen der heidnischen Seeräuber das Kalkül einer raf-
finierten Wirtschaftspolitik verbarg.

die Männer viel Wert darauf, ihr langes Haar und die Bärte gepflegt
zu halten.

Den Lebensrythmus bestimmte die Natur; dementsprechend
galten die Sommer- und die Wintersonnenwende (das Julfest)
sowie das Erntedank als die wichtigsten Feste. Außerdem feierte
man Hochzeiten, gedachte der Toten und fand sich regelmäßig zu
Trinkgelagen zusammen, die zumeist in der Halle eines mächtigen
Häuptlings stattfanden. Dieser residierte in seinem Hochsitz und
versammelte seine wichtigsten Gefolgsleute und zahlreiche Gäste
um sich. Sie saßen auf den Bänken entlang des Herdfeuers und bedienten sich von vor ihnen stehenden Tischen. Dem Essen sprach
man kräftig mit Messern und Fingern zu. Und mancher darauf
folgende Umtrunk endete mit einem Wetttrinken größeren Aus-
maßes. Wer noch dazu in der Lage war, konnte den Skaldenliedern,
Rätseln und allerlei Geschichten lauschen oder sich mit Brettspielen
vergnügen. Draußen veranstaltete man Ringkämpfe und Wettläufe.
Ob die Wikingergelage in Norwegen oder auf Island indes in solch
wüsten Orgien endeten, wie sie Ibn Fadlan von der Wolga beschrieb,
ist zweifelhaft. Dabei scheint es sich doch eher um den Umgang von
Händlern mit ihren Sklavinnen gehandelt zu haben.

Wie Dorestad unter den Marktplätzen geplündert wurde, erging es unter den Mönchsgemeinschaften dem Kloster St. Philibert auf der südlich der Loiremündung gelegenen Insel Noirmoutier. Bereits 799 hatten die Wikinger den Ort angegriffen, auch später blieb er selten von Piratenzügen verschont. Nach zwanzig Jahren hatten die Mönche genug: In den Sommermonaten wollten sie nicht mehr bangend den Horizont nach Drachenbooten absuchen. Darum zogen sie sich vorübergehend aufs Festland zurück. Und schließlich gaben sie ihr Inselkloster endgültig auf.

Die Orte, die Sicherheit vor den Wikingern boten, wurden in den fränkischen Teilreichen immer seltener. Seit 834, als die Plünderungen Dorestads begannen, griffen die Dänen immer häufiger und dreister Ziele auf dem Festland an. Anfangs galten ihre Attacken nur küstennahen Zielen wie Noirmoutier und Dorestad. Dann fuhren die Drachenboote die großen Flüsse hinauf: die Seine und die Loire, die Maas und den Rhein. Seit der Mitte des 9. Jahrhunderts blieben sie über den Winter im Land, wo sie sich verschanzten und jederzeit außer mit ihren Schiffen auch Raubzüge zu Fuß und zu Pferd unternahmen. Immer öfter begnügten sie sich nicht mit Überfällen und Plünderungen, sondern forderten von der geplagten Bevölkerung Tribute und Lösegelder für Gefangene. Als einer der spektakulärsten Fälle galt die Gefangennahme des Abtes von St. Denis bei Paris, für dessen Leben 858 686 Pfund Gold und 3 250 Pfund Silber gezahlt wurden

Das 9. Jahrhundert stand ganz im Zeichen der Wikingerüberfälle, auch wenn die Dänen auf dem Festland keine Könige stürzten oder Land besiedelten. Mit ihren brandschatzenden Scharen und ihren zu Söldnerdiensten bereiten Heeren wurden sie zu einem Teil der karolingischen Innenpolitik. An den fränkischen Küsten von der Nordsee bis an den Atlantischen Ozean und an den Ufern der großen Ströme samt ihrer Nebenflüsse war kaum ein Ort vor ihnen sicher. Die Liste der überfallenen Städte ist lang: Hamburg, Nimwegen, Köln und Aachen, Rouen an der Seinemündung, Amiens, Paris, Chartres, Orléans an der Loire, Tours, Nantes ...

## Die Wikinger auf Seine, Loire und Elbe

Um 845 erreichten die Aktivitäten der Wikinger einen ersten traurigen Höhepunkt: Damals befuhren zwei getrennte Flottenverbände die

Seine und die Loire und heerten somit vor allem im westfränkischen Reich Karls des Kahlen. 843 kam es in Nantes unweit der Loiremündung zu einem regelrechten Gemetzel. Die Nordleute stürmten die Stadt, als dort ein großer Markt stattfand. In der Kathedrale schlugen sie den Bischof und etliche Geistliche tot, auch in den Straßen der Stadt waren unzählige Opfer zu beklagen. Die Piraten kehrten beutebeladen zu der nahen Insel Noirmoutier zurück, die sie mittlerweile zu ihrem Stützpunkt gemacht hatten.

Auf der Seine operierten die Wikinger nicht minder erfolgreich. Zwei Jahre nach dem brutalen Überfall auf Nantes fuhren sie unter ihrem Anführer Ragnar mit 120 Schiffen den Fluss bis Paris hinauf, wobei sie widerstandslos die Ufer verwüsteten. König Karl der Kahle hatte zwar ein Heer aufgestellt, hielt aber offensichtlich einen siegreichen Kampf für aussichtslos. Deshalb schloss er mit den Eindringlingen Verträge und übergab ihnen 7000 Pfund Silber – derart abgefunden kehrten die Wikinger vorerst um, griffen aber um eine Erfahrung reicher fortan alle paar Jahre die wohlhabende und verlockende Seinestadt an.

Zweifelsohne attackierten sie zu jener Zeit bevorzugt das Westfrankenreich – aber der Osten wurde gleichfalls nicht verschont. Noch günstiger als die friesische Küste lag das damals junge Hamburg, das als Marktort und Sitz des Bischofs Ansgar gegründet worden war. Der »Apostel des Nordens« hatte bekanntlich schon Reisen nach Dänemark und Schweden hinter sich. Er wusste um die Gefährlichkeit von räubernden Wikingerbanden. Diese suchten 845 Hamburg heim:

Wie üblich tauchten die Piraten ganz unerwartet mit ihren Schiffen auf der Elbe auf und schlossen die Siedlung ein. Zuerst wollte Bischof Ansgar Burg und Marktort verteidigen, bis Hilfe käme. Aber die Heiden griffen an und hatten die Burg bereits umringt. Da dachte er nur noch daran, die heiligen Reliquien in Sicherheit zu bringen. Von den Einwohnern entkamen viele, einige wurden gefangen genommen, zahlreiche erschlagen. Schließlich wurde Hamburg geplündert und alles in Brand gesteckt; dann verschwanden die Wikinger wieder. Der Mönch Rimbert klagte: »Da wurde die kunstreiche Kirche und der prächtige Klosterbau von den Flammen verzehrt. Da ging mit zahlreichen anderen Büchern die unserem Vater vom erlauchtesten Kaiser geschenkte Prachtbibel im Feuer zugrunde. Alles, was Ansgar dort an Kirchengerät und anderen Vermögenswerten besessen hatte, wurde bei dem feindlichen Überfall durch Raub und Brand ebenfalls vernichtet.« Die entkommenen Klosterbrüder mussten sich mal hier, mal dort einen Unterschlupf suchen. Nach diesen Erfahrungen verlegte man den Bischofssitz ins sicherere Bremen.

Die karolingischen Herrscher und die Adligen versuchten das eine ums andere Mal der Wikingerplage Herr zu werden. Karl der Kahle ließ beispielsweise den bereits unter seinem Großvater eingerichteten Küstenschutz aktivieren und befahl außerdem, Flussbrücken wie die über die Seine zu befestigen. Derartige Verschanzungen, mit Kriegern besetzt, erschwerten es den Drachenbooten erheblich, weiterzufahren. Aber auch in dieser Situation zeigten die Nordleute ihre außergewöhnliche Flexibilität: Zum großen Erstaunen der Franken umgingen sie manche Brückensperre, indem sie ihre Schiffe auf Baumstämmen über Land rollten – dieselbe Methode wandten auch die schwedischen Wikinger in Russland an. Oder sie tauschten die Boote wie auf den Britischen Inseln gegen den Rücken erbeuteter Pferde ein.

Durch große Entscheidungsschlachten war den Eindringlingen nicht beizukommen, da sie meistens mit Schnelligkeit und einem Überraschungseffekt operierten. Und wenn dies misslang, verbarrikadierten sie sich in befestigten Lagern, aus denen man sie nicht ohne weiteres herauslocken konnte. Deshalb blieben den fränkischen Herrschern nicht selten nur die üblichen Alternativen, die Piraten mit hohen Tributen abzufinden, sie reich bezahlt zum Rückzug zu bringen oder die Wikingerscharen als Söldner zu mieten und ihnen die Abwehr ihrer Landsleute zu übertragen – worauf man sich allerdings auch nicht bedingungslos verlassen durfte.

Immerhin konnte man darauf hoffen, dass sich die Dänen in ihrer Heimat gegenseitig bekämpften und damit neutralisierten. So kam es im Jahre 854 in Dänemark offensichtlich zu einem Bürgerkrieg, der viele Tote forderte. Der bereits bekannte König Horik schien nicht mehr mit der unbedingten Loyalität der Häuptlinge und der adligen Oberschicht rechnen zu dürfen. Nach den wenigen Informationen, die zu den Franken drangen, erhob sich ein Neffe gegen den König und wollte nicht länger dessen Weisungen folgen. Denn er hatte als Seeräuber reiche Beute gemacht und genoss darum erheblichen Ruhm. Aus dieser Konfrontation zwischen König und – in den Augen der Krieger – heldenhaftem Wikinger entwickelte sich ein Krieg, der angeblich die ganze dänische Königssippe das Leben kostete – mit Ausnahme eines Knaben.

Gleichwohl waren die Hoffnungen darauf müßig, dass solche innenpolitischen Kämpfe die Angriffe auf Westeuropa beenden könnten.

Zahlreiche Banden machten weiterhin die Küsten und Landstriche Europas unsicher. Oftmals reichten schon einige Dutzend Männer, um die Menschen in ihren Dörfern und Klöstern heimzusuchen und ihnen ihre Reichtümer, wenn nicht gar das Leben zu nehmen.

## Dänen in Aachen, Franken in Dänemark

Die fränkischen Chronikschreiber, ausnahmslos Geistliche, entwarfen ein Zerrbild von den Wikingern, das diese als Heiden zu Sendboten der Hölle stilisierte. So sollte ein gläubiger Christ sie sehen, und die Schrecken ihrer brutalen Überfälle waren ohnehin allgegenwärtig. Aber dennoch: Es gab eine Fülle von friedlichen Kontakten und gegenseitigen Besuchen, man war recht gut über die Nordeuropäer informiert. Diplomatische Gesandtschaften weilten an den Herrscherhöfen, und so mancher Wikinger, der ernsthaft den christlichen Glauben angenommen hatte, gelobte dem fränkischen König Treue. Nicht selten übernahmen solche Nordleute Übersetzungs- und Verhandlungsaufgaben, wenn wieder einmal ein Wikingerheer einfiel. Im Übrigen lässt nichts darauf schließen, dass die Skandinavier ausgesprochen grausamer handelten als die karolingischen Bürgerkriegsparteien – ein Menschenleben zählte damals allgemein recht wenig! Die meist zutreffenden Gerüchte von heidnischen Opferzeremonien und die Anbetung der alten Götter galt jedoch den Christen als unzumutbar. Doch die Skandinavier lernten sich mit ihnen arrangieren und erwiesen sich auch in ihrer Religiosität als erstaunlich pragmatisch.

Das zeigte sich insbesondere, wenn dänische Adlige an den fränkischen Kaiserhof reisten. Einer der bekanntesten war ein Mann namens Harald, der nach 810 zusammen mit seinem Bruder in Dänemark die Nachfolge des ermordeten Königs Godfrid antrat. Die beiden suchten bekanntlich keine Konfrontation mit Karl dem Großen und boten Frieden an. Dafür erwarteten sie schon bald Unterstützung gegen die Söhne Godfrids. Viele Jahre zog sich dieser innerdänische Konflikt hin, Harald verlor das eine ums andere Mal seinen Thron, flüchtete zu den Franken und kehrte mit Unterstützung des Kaisers wieder zurück.

Seit den Zeiten Karls des Großen war es gang und gäbe, dass skandinavische Delegationen auf Reichstagen erschienen. Nicht selten gaben deren Teilnehmer vor, die Autorität des Kaisers anzuerkennen. Harald erschien einmal persönlich vor Ludwig dem Frommen und beklagte sich bitter über die Söhne Godfrids, die ihn aus Dänemark verdrängten. Der Kaiser soll daraufhin zwei Grafen losgeschickt haben, um den Fall zu untersuchen. Der Erfolg ihrer Mission darf angezweifelt werden: Wenn sie nicht ihr Leben verloren, wurde ihnen zumindest etwas vorgespielt. Die Heimat der Wikinger bot ein unübersichtliches Gewirr wechselnder Bündnisse und permanenter Kämpfe. Kein Franke vermochte dabei den Überblick zu behalten!

Ludwig der Fromme setzte jedenfalls auf den dänischen Adligen Harald, der mal auf dem Thron saß und mal landesflüchtig war. 826 bereitete er ihm einen Empfang in seiner Pfalz im rheinhessischen Ingelheim. Dort erschien Harald mit Frau und Kindern sowie einem großen Gefolge, das sich von der karolingischen Prachtentfaltung sehr beeindruckt zeigte. Der Kaiser erwartete die Dänen in seiner großen Thronhalle, deren hohe Steinwände farbenprächtig verziert waren. Dort schritten sie vor den Thron des Herrschers und konnten ihre Bewunderung wahrscheinlich kaum verbergen. Denn das Karolingerreich mochte seinen Zenit überschritten haben und nur ein schwacher Nachklang des Imperium Romanum sein – gegen seine königlichen Pfalzen und die monumentalen Kirchenbauten stellten selbst die längsten Königshallen Nordeuropas nur bescheidene Gebäude dar.

Hier in Ingelheim sahen die Dänen die höfische Gefolgschaft des Kaisers und den hohen Klerus in seinen herrlichen Gewändern. Man bediente sie mit glänzendem goldenem Tafelgeschirr und kredenzte ihnen edlen Wein. Danach zog die dänische Delegation ins nahe Mainz, wo in der Kirche St. Alban Harald mit Familie und Gefolge die christliche Taufe empfing. Wieder rief die Feierlichkeit des katholischen Ritus nebst der Pracht der Kirche und ihrer Geistlichen große Bewunderung hervor. Nachdem Harald Christ geworden war, schwor er dem Kaiser den Lehnseid und erhielt dafür einen Landstrich in Friesland. Dieser sollte ihm als Ausweichmöglichkeit dienen, falls er sich aus Dänemark zurückziehen musste – was bald geschah. Vorerst jedoch brach er mit reichen Geschenken Ludwigs auf, darunter Waffen und Pferde, und reiste über sein neues Land zurück nach Dänemark.

## Wikinger nach der Taufe: Christen?

Die fränkischen Herrscher versuchten mit diesem Vorgehen, dänische Adlige und Thronanwärter von sich abhängig zu machen; darum stellte die christliche Taufe nicht nur ein religiöses Anliegen dar, sondern sollte die Nordmänner in die Welt des Abendlandes einbinden. Auf Dauer war dem tatsächlich Erfolg beschieden, aber im 9. Jahrhundert besagte den meisten Dänen die Taufe wenig mehr als ein prächtiges Ereignis, das Begehrlichkeiten weckte.

Wie locker die Männer aus dem Norden mit der Annahme des Christentums umgingen, belegt eine von Zeitzeugen überlieferte Anekdote. Danach erfüllte die Wikinger so viel Ehrfurcht und Scheu vor dem fränkischen Kaiser, dass dieser Erbarmen zeigte und sie fragte, ob sie denn den Christenglauben annehmen wollten. Geradezu dienstbeflissen bejahten sie dies – was in Wirklichkeit beileibe keinen religiösen Gefühlen entsprang. Zum einen mochte es je nach Situation sinnvoll sein, sich mit dem Frankenherrscher gut zu stellen; zum anderen faszinierten sie eben die Pracht und der Reichtum des fränkischen Hofes.

Rückblickend schätzten die Chronisten die Dänen dementsprechend ein: Wegen der irdischen Vorteile – der üppigen kaiserlichen Gaben – seien sie scharenweise zu den Pfalzen gekommen. Von den Großen des Palastes seien sie wie an Kindesstatt aufgenommen worden und hätten darum auch reiche Geschenke erhalten: aus der kaiserlichen Kammer das weiße Taufkleid und von ihren edlen Taufpaten fränkische Kleidung, die aus kostbaren Gewändern, Waffen und Schmuck bestand. Danach sah man sie aus fränkischer Sicht nicht mehr als diplomatische Gesandte einer fremden Regierung, sondern als ergebene Vasallen, die sich am Ostersamstag zum Dienst beim Kaiser einzustellen pflegten.

Anscheinend führte man bei Hofe über die Täuflinge kein Buch und verlor darum den Überblick. So geschah es einmal, dass an die fünfzig dänische Edle kamen und sich bereitwillig mit Weihwasser begießen ließen. Für eine derartige Massentaufe hatte die Hofhaltung jedoch nicht genug an guten Leinenkleidern zur Verfügung, sodass man Hemdenstoff zerschneiden und als Taufgewand zusammennähen ließ. Dann war einer der älteren Täuflinge an der Reihe. Als man ihm eines dieser Taufhemden überwarf, betrachtete er es verwundert und wandte sich dann zornig an den Kaiser: Schon zwanzig Mal habe man ihn hier gebadet und ihm stets die besten und weißesten Kleider übergestreift, aber ein solcher Sack wie dieses Mal stehe keinem Krieger, sondern einem Schweinehirten zu. Müsste er sich nicht seiner Nacktheit schämen, würde er des Kaisers Taufgewand mitsamt dessen Christus gleich wieder abstreifen. Dem Chronisten blieb nur ein erschütterter Ausruf über dieses schändliche Glaubensverständnis: »Möchte man doch so etwas nur bei Heiden finden und nicht auch des Öfteren bei denen, die sich als Christen betrachten.«

Ein Däne namens Rorik nutzte die Rivalitäten unter den Karolingern zu seinen Gunsten: Um 850 hatte ihm der Herrscher des fränkischen Mittelreiches, König Lothar, den Handelsplatz Dorestad zum Lehen gegeben. Offensichtlich erhoffte sich dieser, dass die von ständigen Überfällen geplagte Siedlung durch einen Landsmann der Wikinger effizienter geschützt werden könnte. Dann bezichtigte man den verbündeten Skandinavier des Verrats – angeblich aufgrund einer Intrige. Rorik sah sich gezwungen, vor den Kriegern Lothars zu fliehen. Er suchte dessen Bruder Ludwig den Deutschen auf, den König der Ostfranken, und bot ihm seine Dienste an. Der Karolinger ließ sich von dem Dänen huldigen und wies ihm ein Asyl in Norddeutschland zu, im Land der Sachsen. Nach einiger Zeit nahm Rorik seine alte Profession wieder auf: Er besorgte sich Schiffe und ging auf Wikingerfahrt – wahrscheinlich sogar mit Wissen Ludwigs. Denn seine Überfälle und Plünderungen richteten sich auf die niederländische Küste, die zum Reich Lothars gehörte. Dabei setzte sich Rorik aufs Neue in Dorestad fest. Und Lothar, der den Wikinger einst des Verrats verdächtigt hatte, tolerierte ihn als Herrn über die Handelssiedlung: Rorik huldigte ihn dafür als seinen Lehnsherrn und erklärte sich bereit, ihm Abgaben zu zahlen und dänische Piraten abzuwehren.

Derartige wechselnde Bündnisse waren nichts Ungewöhnliches, weder unter den Franken noch unter den Wikingern. Darum heuerten fränkische Edle oftmals Skandinavier als Söldner an; sie nahmen dabei bewusst in Kauf, dass diese im Gebiet ihrer innenpolitischen Gegner auf Raubzüge gingen.

## Die große Fahrt ins Mittelmeer

Schon auf ihren ersten Plünderungsfahrten die fränkischen Küsten entlang hatten die Drachenboote der Wikinger bis an die französische Atlantikküste und ins Mündungsgebiet der Loire Angst und Schrecken verbreitet. Von dort war es nur noch ein kleiner Schritt, weiter nach Süden und Südwesten zu segeln. Jenseits des Golfes von Biscaya lockte die Iberische Halbinsel, in deren Norden sich mit Galicien und Asturien kleinere christliche Reiche behaupteten. Im Süden Spaniens hatten die Muslime insbesondere in Andalusien Fuß gefasst. Die aus Syrien stammende Dynastie der Omajjaden gründete das Emirat von Córdoba, dessen hoch entwickelte Zivilisation im damaligen Europa ihresgleichen suchte. Es war darum kaum verwunderlich, dass die Wikinger im Laufe der Zeit von den Reichtümern fern im Süden erfuhren: von Städten mit prächtigen Palästen und Moscheen, von Märkten, auf denen Waren aus aller Welt feilgeboten wurden, von überbordenden Schatzkammern und Kleinodien, die das Beutegut fränkischer Klöster weit in den Schatten stellten.

Das märchenhafte muslimische Spanien lockte die Wikingerscharen nicht in Massen an; dafür war die Fahrt zu weit und der zu erwartende Widerstand zu heftig. Einzelne abenteuerlustige Gruppen unter verwegenen Anführern versuchten gleichwohl ihr Glück. Ihre Plünderungszüge hinterließen keine greifbaren Spuren; doch arabische und fränkische Chronisten erwähnten ihre Fahrten, und selbst in Skandinavien hielten sich Erzählungen von jenen sagenhaften Expeditionen.

Im Jahre 844 wagten Wikingerschiffe erstmals die Fahrt entlang der spanischen Küsten. Sie plünderten in Asturien und Galicien, stießen aber bei den Christen auf erbitterten Widerstand; denn diese waren durch die Auseinandersetzungen mit den Muslimen den Kampf gewohnt. Die aussichtsreicheren Ziele lagen ohnehin im Süden. Darum fuhr die Flotte der Drachenboote hier und dort brandschatzend die Küsten auf und ab, bis sie schließlich nahe des heutigen Cadiz in die Mündung des Guadalquivir steuerte. Indem sie den Fluss hinauffuhren, bewegten sich die Wikinger gleichsam ins Herz des Omajjadenreiches – Richtung Córdoba. Dessen Emir, der mächtige Abd ar-Rahman II., mag über die Unverfrorenheit der Barbaren aus dem Norden verwundert gewesen sein. Immerhin eroberten sie Sevilla und hielten sich dort sechs Wochen, in denen sie das Umland verwüsteten.

Aber die Mauren Andalusiens konnte man nicht mit dem zerstrittenen Frankenreich vergleichen. Ihr Emir vermochte erheblich stärkere Truppenverbände zusammenzuziehen und gegen die Invasoren ins Feld zu führen. So gelang es, Kriegerscharen der Nordmänner zu schlagen und etliche von ihnen gefangen zu nehmen. An ihnen statuierte der Herr der Omajjaden ein Exempel, wie er mit solchen Feinden umzugehen gedachte: Einen Anführer ließ er hängen, die Köpfe von 200 Edlen schickte er als Zeichen seines Sieges ins benachbarte Marokko. Spätestens jetzt erkannten die Wikinger, dass sie es mit einem sehr gefährlichen Gegner zu tun hatten. Doch selbst in dieser äußerst bedrohlichen Situation bewiesen sie ihre gewohnte Kaltblütigkeit: Sie unterbreiteten dem Emir ein Angebot. Wenn er ihnen freien Abzug garantierte, würden sie zahlreiche maurische Gefangene unverletzt an ihn übergeben. Da dieser darauf einging, durften die Überlebenden die Rückfahrt antreten. Daheim erzählten sie von den ungeheuren Schätzen – aber auch von der Gefährlichkeit der maurischen Krieger. Und Emir Abd ar-Rahman sandte ein Jahr später seinen Diplomaten al-Ghazal nach Dänemark, von dessen Erlebnissen schon berichtet wurde.

Es sollten 15 Jahre bis zur nächsten vergleichbaren Wikingerfahrt vergehen, die nach Spanien führte – und weit darüber hinaus. Eine ganze Flotte unter dem Kommando von zwei berüchtigten Haudegen, Björn Eisenseite und Hastein, suchte nach England und dem Frankenreich nun das Gebiet um die Seinemündung heim. Doch dieses Mal stießen sie auf unerwarteten Widerstand; denn der westfränkische König Karl der Kahle hatte einen Dänen mit seinen Kriegern unter Vertrag genommen. Jener Weland sollte seine plündernden Landsleute abwehren. Dies gelang ihm so gut, dass sich Björn und Hastein entschlossen, abzuziehen und sich andere Opfer zu suchen.

Wahrscheinlich erinnerten sie sich an die Berichte der Expedition des Jahres 844 – und sollten die Mauren zu stark sein, so konnte man doch ins Mittelmeer fahren, wo ebenfalls reiche Städte lockten. Ob die beiden Wikingerführer von Anfang an vorhatten, bis nach Rom vorzudringen und die Heilige Stadt zu plündern, sei dahingestellt – jedenfalls erzählte man sich dies später.

Im Jahre 859 brachen sie mit 62 Schiffen Richtung Spanien auf und umsegelten dessen Küsten. Als sie jedoch in den Guadalquivir fahren wollten, stießen sie auf maurischen Widerstand. Die Muslime gingen mit ihren Schiffen zum Gegenangriff über, sodass die Wikinger schließlich die Flucht ergriffen. Sie durchquerten die Straße von Gibraltar und gelangten ins Mittelmeer, wo sie auf weniger geschützte Küsten stießen. Dort überfielen sie mehrere marokkanische Städte, in denen sie nicht nur Zerstörungen anrichteten, sondern auch Gefangene machten. Diese wurden entweder auf den internationalen Märkten als Sklaven verkauft oder gegen hohe Lösegelder freigepresst. Zu Letzteren zählten angeblich auch die Frauen aus dem Harem eines Emirs, der den Wikingern eine große Summe zahlte. Etliche Orte an der südspanischen Küste und auf den Balearen waren Ziel der Wikingerüberfalle, dann bezogen diese ein Winterlager im Rhonedelta in der Provence. Hier brandschatzten sie Städte wie Nîmes und Arles. Und die Bewohner des Fränkischen Reiches stellten mit Schrecken fest, dass die Nordmänner sogar vom Mittelmeer kommen konnten.

Spätestens während ihres Winterlagers entschlossen sich Björn Eisenseite und Hastein, ihre Schiffe gegen Italien zu lenken. Bekannt ist, dass sie dort den Arno befuhren und unter anderem Pisa überfielen. Später erzählte man sich, statt Rom hätten sie die kleine Stadt Luna geplündert – aufgrund einer Verwechslung, die wegen der bekannten, stets guten Ortskenntnisse der Wikinger wenig glaubwürdig ist. Die Rückreise erwies sich allerdings noch einmal als äußerst gefahrvoll, da bei Gibraltar eine große arabische Flotte die Drachenboote erwartete. Offensichtlich wollten die Mauren mit den Piraten aus dem Norden ein für alle Mal Schluss machen. Dem massiven Angriff hatten die Wikinger nicht viel entgegenzusetzen. Unter schweren Verlusten gelang ihnen nur knapp die Flucht.

Nach dreijähriger Fahrt erreichte nur noch ein Drittel der ursprünglich ausgelaufenen Flotte den Wikingerstützpunkt Noirmoutier an der Mündung der Loire. Nun war man wieder in Gewässern, in denen keine Gefahr drohte. Obwohl Björn und Hastein große Verluste erlitten hatten, brachten sie eine immense Beute mit, die sie unter ihren Männern verteilten. Deshalb galt ihre Fahrt den Skandinaviern als eine Heldentat, die geradezu unsterblichen Ruhm mit sich brachte. Noch Jahrhunderte später schrieben die Isländer Geschichten über die verwegene Wikingerfahrt ins Mittelmeer.

## Die Wikinger im Rheinland

Derweil gehörten die Wikingerüberfälle in Westeuropa zur traurigen Routine. Waren bis dahin überwiegend die Küsten und die Gebiete um Seine und Loire betroffen, traf es Anfang der achtziger Jahre des 9. Jahrhunderts auch das Rheinland. Wenige Jahre zuvor hatten die üblicherweise in fränkischen Gebieten umherziehenden Wikingerscharen Verstärkung aus England erhalten. Dort fand das berüchtigte große Heer kein ausreichendes Betätigungsfeld mehr, weil Alfred der Große sie sowohl militärisch als auch diplomatisch in Schach halten konnte.

Umso härter traf es nun die nahe gelegenen fränkischen Gebiete: Im Jahre 881 zogen Wikingerscharen durchs nördliche Frankreich, wo sie das Kloster Corbie und die Stadt Amiens überfielen. In Lothringen stellte sich ihnen der Bischof von Metz entgegen. Er missachtete die Gebote seines geistlichen Amtes und zog persönlich mit seinen Kriegern in den Kampf, aber auch das fruchtete nichts: Der Bischof fand mit vielen seiner Männer den Tod, der Rest suchte sein Heil in der Flucht. Der ostfränkische Herrscher Karl der Dicke führte daraufhin ein großes Heer gegen die Wikinger und gelangte bis vor deren Befestigung. Doch anstatt den Kampf zu suchen, ließ er sich auf Vermittlungsgespräche ein – wobei ihm die Chronisten schlichtweg Feigheit vorwarfen. Man einigte sich folgendermaßen: Der Anführer der Wikinger, ein König Godefrid, ließ sich mit allen seinen Männern taufen und erhielt Friesland als Lehen. Außerdem wurde Gisela, eine Enkelin des Mittelreich-Herrschers Lothar, mit ihm vermählt.

Mit dieser Lösung wurden längst nicht alle Wikinger zufriedengestellt. Andere erhielten mehrere 1 000 Pfund Silber und Gold, die aus dem Schatz des Heiligen Stephan zu Metz und von anderen Heiligen stammten. Wieder andere näherten sich mittlerweile der ehrwürdigen fränkischen – später französischen – Krönungsstadt Reims. Als der alte und kranke Bischof Hinkmar davon erfuhr, immerhin eine der bedeutendsten Persönlichkeiten des Westfrankenreiches, ließ er sich bei Nacht in einer Sänfte forttragen. Dabei brachte er die verehrten Gebeine des Heiligen Remigius und andere Schätze seiner Kirche in Sicherheit.

Im selben Jahr fuhr eine Wikingerflotte die Waal hinauf und legte bei der königlichen Pfalz Nimwegen an, um dort das Lager aufzuschlagen. Sie besetzten die offensichtlich gut befestigte Pfalz und verschanzten sich darin. Als der König davon erfuhr, ritt er mit einem Heer unverzüglich nach Nimwegen und begann die Wikinger zu belagern. Mehrere Tage kam es immer wieder zu Gefechten, doch wenn es brenzlig wurde, zogen sich die Skandinavier hinter die Mauern der Pfalz zurück.

Bei diesen Kämpfen nahmen die Nordleute einen jungen sächsischen Adligen gefangen – und sie bewiesen, dass ihnen Lösegeld wichtiger war als ein übereilter Totschlag: Sie ließen sich auf Gespräche mit dessen Mutter respektive deren Boten ein und schickten nach dem Empfang eines hohen Preises den Gefangenen unversehrt zurück. Dem König wurde die Belagerung schließlich zu aufwändig; er einigte sich mit den Wikingern dahingehend, dass er die Belagerung aufgab und sie sein Reich unverzüglich verließen. Daran hielten sie sich auch – nicht ohne zuvor die Pfalz mitsamt ihrer Befestigungen in Brand gesetzt zu haben.

Der noch 175 cm hohe Bildstein von Tjängvide auf Gotland zeigt ein Schiff und darüber eine Darstellung des Kriegerparadieses Walhall. Zu erkennen sind Krieger, Walküren, Odins achtbeiniges Pferd Sleipnir und die vieltorige „Halle der Gefallenen" (vgl. den Exkurs S. 236 ff.).

Waffenfunde der Wikingerzeit: Eisenschwerter, Axtblätter und Speerspitzen
überdauerten ein Jahrtausend. Der Helm aus dem norwegischen Häuptlingsgrab
von Gjermundbu ist mit seiner markanten Augenumrandung ein bisher einzig-
artiger Fund.

Mit diesem bronzenen Prägestempel aus
Torslunda auf Öland wurden im 6. Jahrhundert Schmuckbleche für Helme hergestellt.
Er zeigt zwei bewaffnete Krieger mit Ebern
als Helmzier. Diese Tiere galten als tapfer
und angriffswütig; die Wikinger bezeichneten deshalb ihre Häuptlinge als Eber.

Skandinavische Häuptlinge waren von der Pracht der aus Stein gebauten Kirchen und Paläste des Franken-reiches beeindruckt – hier die Thronhalle der Pfalz Ingelheim um 800. An ihren heimischen Höfen ver-suchten sie die karolingische Prachtentfaltung zu imitieren.

Ein Schatzfund aus Südschweden: Die Wikinger schätzten weniger die schöne Form als den Materialwert. Insbesondere verwendeten sie Silber auch als Zahlungsmittel. Münzen ließen die skandinavischen Könige erst um 1000 prägen.

Diesen filigranen silbernen Thorshammer aus Schonen konnte sich um 1000 nur ein reicher Häuptling leisten. Obwohl das Christentum schon 40 Jahre vorher unter den Dänen Fuß gefasst hatte, waren heidnische Symbole weiterhin en vogue.

Der Schatz von Fölhagen auf Gotland gehört zu den prächtigsten Schatzfunden. Gegen Ende des 10. Jahrhunderts deponierte ein Wikinger mehr als 3,7 Kilogramm Silber und etwas Gold in einer orientalischen Kupferflasche. Die auffallendsten Objekte sind Gesichtsmaskenanhänger.

Die wohlhabende Wikin-
gerin legte insbesondere
auf ihren Schmuck
Wert. Gold war am
begehrtesten, aber nicht
so gebräuchlich wie Silber
oder Bronze. Gewölbte ovale
Fibeln jeglichen Metalls erwiesen sich
als nordische Mode, die überall in der
Welt der Wikinger aufkam.

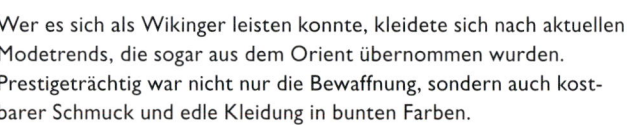

Wer es sich als Wikinger leisten konnte, kleidete sich nach aktuellen
Modetrends, die sogar aus dem Orient übernommen wurden.
Prestigeträchtig war nicht nur die Bewaffnung, sondern auch kost-
barer Schmuck und edle Kleidung in bunten Farben.

Das Vermächtnis der Wikingerzeit in Schwedens Erde: Unmengen arabischer Münzen. Dieser Schatzfund von der Insel Gotland enthält 100 arabische Silbermünzen, darunter Exemplare des legendären Kalifen Harun al-Raschid, der bis 809 in Bagdad herrschte.

Das in Südisland wiederaufgebaute Haupthaus des Hofes Stöng veranschaulicht die typische Bauweise auf der Insel: Auf Steinfundamenten schichtete man Grassoden, die auch das Dach deckten. Der Hof wurde nach der Wikingerzeit wegen Vulkanausbrüchen verlassen.

Dieses Bild könnte die Handelsstadt Birka im 10. Jahrhundert geboten haben. Die quirlige und wohlhabende Siedlung wurde zu Wasser und zu Lande von Befestigungen geschützt. Aber Gefahr drohte nicht nur durch Überfälle, sondern auch durch Brände, die sich schnell ausbreiteten.

Trotzdem hörte damit die Wikingerplage im Rhein-Maas-Gebiet keineswegs auf. Im November desselben Jahres setzten sich zwei Anführer mit einem großen Heer von Fuß- und Reiterkriegern in Elsloo an der Maas fest, wo sie nördlich von Maastricht geschützt den Winter verbringen und zugleich auf Raubzüge gehen konnten. Zuerst verwüsteten sie die Orte in der Nachbarschaft und brandschatzten Lüttich, Maastricht und Tongern. Dann zogen sie hinüber in den Kölner Raum und verheerten alles mit Mord, Raub und Brandsetzung, so auch die Städte Köln und Bonn. Anschließend legten sie die ehrwürdige Aachener Pfalz sowie die Klöster Kornelimünster, Malmedy und Stablo in Asche. Als besonders demütigend für die Franken erwies sich die Nachricht, die barbarischen Heiden aus dem Norden hätten in Aachen die viel bewunderte Pfalzkapelle Karls des Großen als Pferdestall benutzt.

Im Rheinland bewiesen die Wikinger erneut, dass sie nicht auf ihre Schiffe angewiesen waren. Auch hier stiegen sie aufs Pferd und nutzten die alten Römerstraßen, um die Eifel und die Ardennen mühelos zu überwinden. Eine schmerzliche Erfahrung für die Mönche des Eifelklosters Prüm, das als Hauskloster der Karolinger galt: Die fränkische Herrscherdynastie hatte den Ort mit reichen Schenkungen versehen und dafür gesorgt, dass seine Basilika als Goldene Kirche bezeichnet wurde. Lothar, der Enkel Karls des Großen und Herrscher des kurzlebigen Mittelreichs, hatte hier wenige Tage vor seinem Tod die Mönchskutte angelegt und war in Prüm bestattet worden. Was diesem bedeutenden Kloster geschah, schildert der Mönch und spätere Abt Regino von Prüm in seiner Chronik. Er war Augenzeuge, als 882 eine Wikingerschar unvermutet auftauchte:

Sie drangen auf einem Streifzug durch die Ardennen am Tag der Erscheinung des Herrn, also am 6. Januar, in das Kloster ein, in dem sie sich drei Tage aufhielten und die ganze Gegend ausplünderten. Daraufhin sammelte sich viel Fußvolk von den Äckern und Landgütern und rückte gegen die Nordmänner vor. Aber diese beherzten Männer hatten offensichtlich keine Krieger unter sich; sie waren kampfungewohnte Bauern. Dementsprechend bereiteten sie den Wikingern keine Probleme. Denn als diese ihre mangelnde Bewaffnung und die fehlende militärische Disziplin wahrnahmen, fielen sie mit Geschrei über sie her. Und sie metzelten die Franken derart nieder, »dass unvernünftiges Vieh und nicht Menschen geschlachtet zu werden schienen« – so der erschütternde Bericht Reginos. Danach kehrten sie mit Beute beladen ins Lager zurück. Als sie das Kloster endlich verließen, soll kein Mensch mehr gelebt haben, der die gelegten Feuer löschen konnte. So brannte das Kloster Prüm nieder.

Für die Chronisten waren die Geschehnisse in Prüm kein Einzelfall, sie zeichneten von jenen Jahren ein furchtbares Bild: »Die Nordmänner hörten nicht auf, das Christenvolk gefangen zu nehmen und zu töten, die Kirchen zu zerstören, die Mauern niederzureißen und die Dörfer in Brand zu setzen. Auf allen Straßen lagen die Leichen von Geistlichen, von adligen und anderen Laien, von Frauen, Jugendlichen und Säuglingen. Es gab keinen Weg und keinen Ort, wo nicht Tote lagen; und es war für jedermann eine Qual und ein Schmerz zu sehen, wie das christliche Volk bis zur Ausrottung der Verheerung preisgegeben war.«

## Der Kampf um Paris

Im Kampf gegen die allerorten anzutreffenden Wikinger entschied sich die Zukunft der Karolinger und ihrer Reiche. Im Jahre 885 schien noch einmal das geeinte Frankenreich Karls des Großen greifbar nahe zu sein. Denn Kaiser Karl III., auch der Dicke genannt, hatte als jüngster Sohn Ludwigs des Deutschen den ostfränkischen Thron bestiegen und wurde auch von den Großen des Westreiches als Herrscher anerkannt. Demzufolge war das ganze Reich der Franken in seiner Hand und er galt hoffnungsvoll als ein neuer Karl der Große – doch verspielte er alles und endete kümmerlich. Einen gewichtigen Anteil daran hatten die dänischen Wikinger, die er trotz starker militärischer Kräfte nicht bezwingen konnte.

Dabei fing es gar nicht übel an: Dem ostfränkischen Herzog Heinrich, einem engen Vertrauten Kaiser Karls, gelang es, den oben erwähnten Dänenherrscher Godefrid von Friesland mithilfe eines Verräters zu töten. Außerdem geriet der so genannte »Bastard Hugo« in seine Hände, ein Enkel des Mittelreich-Herrschers Lothar und damit als Angehöriger der Karolingersippe weitläufig mit Karl dem Dicken verwandt. Dieser Hugo war mit seinem Anteil an politischer Macht und Reichtum nicht einverstanden und hatte sich mit den Dänen verbündet – was bekanntlich kein Einzelfall war. Und immerhin hatte der Däne Godefrid dessen Schwester Gisela zur Frau genommen. Nun erhielt Hugo die grausame Quittung für seinen Verrat: Auf kaiserlichen Befehl wurde er geblendet und in ein Kloster abgeschoben.

Doch der Dänenheere zogen viele durchs Frankenreich und in dieser Zeit insbesondere durch Nordostfrankreich. Wie gewohnt brennend und plündernd fuhren sie die Seine hinauf und besiegten, wer sich ihnen in den Weg stellte. Darum verfiel man wieder auf die Taktik Karls des Kahlen, offene Schlachten zu meiden und stattdessen an der Seine und anderen Flüssen Befestigungen zu errichten. Mit deren Hilfe sollte den Wikingerschiffen ein Vordringen auf dem Wasser unmöglich gemacht werden. Auch Bischof Gauzlin von Paris ließ die Stadt befestigen. Die Seine-Metropole erstreckte sich damals mitten im Fluss auf der Insel der heutigen Île de la Cité, die durch die alten römischen Stadtmauern und jüngere Verschanzungen verhältnismäßig gut gewappnet war. Der Kirchenmann übernahm zusammen mit dem jungen Grafen Odo die Verteidigung von Stadt und Fluss. Eine ans rechte Seine-Ufer führende Brücke ließen sie durch den Bau eines Turmes sichern.

Das stark befestigte Paris lag wie ein Schlachtschiff im Fluss, an dem man nicht ohne weiteres vorbeifahren konnte. Natürlich lockten die kostbaren Schätze um die Reliquien des Heiligen Germanus (St. Germain) und der Heiligen Genoveva (St. Genevieve) – vor allem aber stellte die Stadt ein Hindernis auf dem Weg ins Landesinnere dar. Deshalb griffen sie die Nordmänner vehement an.

Zuerst attackierten sie den Turm, an dem noch gebaut wurde und der darum eine Schwachstelle zu bilden schien. Doch hielten die Verteidiger den ungestümen Angriffen stand und erst die einbrechende Nacht unterbrach die Kämpfe. Während die Dänen zu ihren Schiffen zurückgingen, nutzten Gauzlin und Odo die nächtliche Unterbrechung dafür, den Turm weiter auszubauen. Wie erfolgreich dies war, erfuhren die Wikinger bei ihren nächsten Angriffen: Selbst unter großen Verlusten gelang es ihnen nicht, die Befestigung einzunehmen, sodass sie schließlich unverrichteter Dinge weichen mussten.

Auf Seiten der Dänen dürfte man heftig beratschlagt haben, wie der unerwartet starke Widerstand zu überwinden sei oder ob man sich nicht lieber ans Meer oder zumindest in eigene befestigte Plätze zurückziehen sollte. Offenbar meldeten die gut informierten Kundschafter und Spione keine Gefahr durch heranrückende fränkische Truppen. Paris schien allein zu stehen – es war nur eine Frage der Zeit, bis es fiel! Mit solchen Argumenten entschieden sich die Wikinger für eine langfristige Belagerung, um die Einwohner mürbe zu machen. Die Nordleute errichteten am Seineufer eine Burg, in der sie ihrerseits geschützt waren und aus der sie ständige Angriffe vornehmen konnten. Im Laufe der nächsten Monate versuchten sie vieles: Belagerungsmaschinen wurden gebaut, die Stadt sollte in Brand gesetzt werden, einzelne Kommandotrupps sollten die Befestigungen durchbrechen. Doch es half alles nichts! Wo es zu Kämpfen kam, behaupteten sich die Franken erfolgreich.

Da schien im Februar 886 die Natur den Wikingern zu helfen. Die Seine führte ein derart starkes Hochwasser, dass sie eine Brücke mit sich riss. Der mit ihr verbundene Turm am Ufer hatte auf einmal keine Verbindung mehr mit der Île de la Cité, seine Mannschaft war allein den Angriffen ausgesetzt. Obwohl der Bischof des Nachts tapfere Krieger auf Booten hinübergeschickt hatte, konnte die Verstärkung keine Rettung bringen: Mit Sonnenaufgang stürmten die Dänen heran und umzingelten den Turm. Es entbrannte ein heftiger Kampf. Schließlich legten die Angreifer Feuer an das Tor des Turmes. Dem sich rasch ausbreitenden Brand hatten die Verteidiger nichts mehr entgegenzusetzen. Wer nicht an seinen Wunden starb oder in den Flammen umkam, der wurde gefangen genommen und »zur Schmach der Christenheit auf verschiedene Weise getötet und in den Fluss geworfen«. Der Bischof und seine Männer mussten dem Massaker von der Stadtmauer aus hilflos zusehen.

Bischof Gauzlin sah eine letzte Hoffnung darin, Boten zu Herzog Heinrich von Ostfranken zu schicken und den angesehenen und kampferprobten Mann zu bitten, der Stadt mit seinen Kämpfern zu Hilfe zu eilen. Die Annalenschreiber berichten, Heinrich sei zwar in der Tat gekommen, habe aber nichts gegen die Wikinger ausrichten können und sei wieder heimgekehrt. Das hört sich kläglich an und so fühlten sich auch die Verteidiger. Bischof Gauzlin sah keinen anderen Ausweg mehr, als mit den Dänen Frieden zu schließen und ihre Bedingungen zu akzeptieren.

## Die Heldentaten des Grafen Odo von Paris

Da änderte sich die Situation aufs Neue; der Bischof erkrankte schwer und starb. Die Dänen erfuhren angeblich noch vor der Pariser Bevölkerung vom Tod Gauzlins und riefen dies den Belagerten höhnisch zu. Offenbar war man nirgends vor ihren Spitzeln sicher! In der Stadt wirkte die Nachricht demoralisierend. Nun trug der junge Graf Odo die Verantwortung und er setzte den Kampf fort. Tag für Tag griffen die Dänen an; dazu gingen in der Stadt die Lebensmittel zur Neige. Die Lage war so hoffnungslos wie nie. Waren die Feinde in dieser Situation überhaupt noch zu Verhandlungen bereit? Gab es noch eine Rettung für Paris?

Da verließ Odo heimlich die Stadt, schlüpfte durch die Reihen der Belagerer und ritt zu den Großen des Reiches, um dringende Hilfe zu erbitten. Kaiser Karl sollten sie mitteilen, dass Paris nicht mehr lange zu halten sei, wenn nicht möglichst schnell Entsatz käme, der die Dänen besiege oder in die Fucht schlage. Nachdem der Graf die nötigen Gespräche geführt hatte, begab er sich auf den Rückweg, denn er wollte die Eingeschlossenen nicht im Stich lassen.

Wieder schien der Informationsdienst der Wikinger vorzüglich gearbeitet zu haben: Sie stellten sich ihm vorab in den Weg und versperrten ihm den Zugang zum befestigten Brückenkopf, über den Paris zu erreichen war. Odos Rückkehr gemahnt an die Szenen eines Heldenepos: »Er aber spornte sein Pferd und bahnte sich, rechts und links die Feinde niederhauend, den Weg in die Stadt und wandelte die Trauer des Volkes in Freude.« Derart schöpfte man noch einmal Mut und durchstand die Belagerung – lange konnte sie nicht mehr dauern, der Kaiser selbst würde Hilfe bringen.

Nach achtmonatiger Belagerung erschien endlich der erhoffte Beistand. Zwar kam nicht Kaiser Karl mit seinem starken Heer, aber er hatte Herzog Heinrich mit dessen Kriegern vorausgeschickt. Sofort machte dieser sich daran, das dänische Lager zu erkunden. Hierbei waren Informationen wichtig, wie man die Feinde angreifen und wo man am besten das eigene Lager errichten könne. Diese Arbeit wollte Heinrich offensichtlich keinen Kundschaftern überlassen – er selbst umritt das Lager mit einigen wenigen Kriegern seines Gefolges. Die Unvorsichtigkeit, so die Quellen, rächte sich furchtbar: Das Pferd des Herzogs stürzte in einen der Gräben, die die Wikinger angelegt hatten, und warf den Herzog zu Boden. Schon stürzten einige Dänen aus ihrer Verschanzung hervor, rannten zu dem noch hilflos Daliegenden und schlugen ihn kurzerhand tot. Nur dem beherzten Eingreifen eines fränkischen Grafen war es zu verdanken, dass der Leichnam geborgen werden konnte; seiner Waffen hatte man ihn schon beraubt.

Die Pariser reagierten erschüttert – schon wieder mussten sie eine Hoffnung aufgeben. Auch Kaiser Karl erfüllte tiefer Schmerz über den unglücklichen Fall des Herzogs. Nun musste er die Angelegenheit persönlich in die Hand nehmen – eine Gelegenheit, sich als würdiger Nachfolger des großen Karl zu erweisen und seinen Ruhm erringen.

Vor Paris standen vielleicht die alte Einheit und der vergangene Glanz des Frankenreichs auf dem Spiel. Aus Karl dem Dritten konnte ein neuer Karl der Große werden. Aber in diesem Herbst des Jahres 886 verspielte er alles und leitete sein eigenes trauriges Ende ein.

Der Kaiser nahte mit einem starken Heer, dessen Lager er auf dem Montmartre errichten ließ – nicht weit von den Verschanzungen der Dänen, was auf diese gehörigen Eindruck machte. Gegen diesen neuen Gegner dürften sie es schwer haben – auch unter ihren Kämpfern hatte die Belagerung einen hohen Blutzoll gefordert. Die Franken vermochten daher einen solchen militärischen Druck auszuüben, dass die Wikinger den Belagerungsring auf beiden Flussufern aufgaben und sich auf eines zurückzogen. Anschließend schickte der Kaiser Krieger nach Paris und löste die lange Belagerung. Dann geschah das für die endlich Befreiten Unfassbare: Obwohl Karl über genügend Truppen verfügte und den Dänen hätte zusetzen können, schickte er ihnen Gesandte mit einem Friedensangebot. Natürlich konnte er dies mit dem nahen Winter begründen – für ihn wäre es gleichwohl nicht nötig gewesen.

Was in den Verhandlungen zustande kam, verschlug dem Chronisten die Sprache und er nannte es einen »wahrhaft erbärmlichen Beschluss« – so sah es auch die Pariser Bevölkerung: Kaiser Karl erklärte sich trotz seiner militärischen Stärke zu einer Tributzahlung bereit, wenn die Wikinger abziehen würden. Außerdem ließ er sie ohne jegliche Behinderung ins Landesinnere nach Burgund ziehen. Dies bedeutete, dass die Wikinger dort den ganzen Winter über plündern konnten! Genauso kam es: Dänische Scharen unternahmen ungehindert weitere Überfälle in vielen Teilen des Landes.

Für Kaiser Karl den Dicken stellte dieses weniger als halbherzige Verhalten den Anfang seines Endes dar: Ohnehin immer zögerlich und mittlerweile auch schwer erkrankt, hielten ihn weder die Ost- noch die Westfranken für regierungsfähig. Die ostfränkischen Adligen im heutigen Deutschland fielen zuhauf von ihm ab und handelten seinen Neffen Arnulf, den Herzog von Kärnten, als neuen König des Ostreichs. Er wurde Nachfolger des unglücklichen Karl, der bald darauf von allen verlassen starb. Die Mehrheit der westfränkischen Adligen entschied sich für den heldenmütigen Grafen von Paris – Odo. Das Frankenreich war damit endgültig geteilt; aus seinen beiden Reichen sollten sich schließlich Frankreich und Deutschland entwickeln. Auch wenn sich Arnulf und Odo in Worms trafen und freundschaftlich voneinander schieden, ging man doch nicht gemeinsam gegen die Wikingerscharen vor. Der beherzte Odo errang so manchen Sieg, konnte sein Reich aber noch nicht auf Dauer von den Invasoren befreien.

## Die fränkischen Herrscher wehren sich

Die Kämpfe der Franken gegen die Wikinger bestanden keinesfalls aus einer Reihe endloser Niederlagen. Die Karolinger konnten den Dänen durchaus empfindliche Verluste zufügen. Einen derartigen Triumph erkämpfte sich 881 der westfränkische König Ludwig III., auch wenn er die weiteren Raubzüge der Eindringlinge damit nicht verhindern konnte.

Die Wikinger verwüsteten in jener Zeit das Land um Beauvais, nördlich von Paris. Sie hatten reiche Beute gemacht und befanden sich bereits auf dem Rückweg. Die fränkischen Kundschafter teilten dies ihrem jungen Herrscher mit, der sich ein Heer zum Kampf gegen die plündernden Scharen gerüstet hatte und sich nun schleunigst auf den Weg machte, um sie zur Schlacht zu stellen. Bei dem Hof Saucourt nahe der Sommemündung trafen sie am 3. August 881 aufeinander. Die Attacke der von Ludwig geführten Franken war so beherzt, dass die Nordmänner zurückwichen. Doch das schien dem westfränkischen König nicht Triumph genug: Er setzte ihnen nach und stellte sie unmittelbar am Ort Saucourt. An die 9000 Reiter soll er getötet haben. Wegen dieses ungewohnten Sieges schien unter den fränkischen Kämpfern Übermut auszubrechen und sie unterschätzten die sich noch wehrenden Wikinger. Diese erkannten sofort ihre Chance: Sie brachen überraschend aus der notdürftigen Verschanzung hervor und töteten 100 Franken, zahlreiche andere flüchteten. Allein Ludwig III. war der letztendliche Sieg zu verdanken. Er sprang vom Pferd, warf sich den Flüchtenden in den Weg und spornte sie erneut zum Kampf an. Daraufhin fiel der größte Teil der Dänen und die wenigen Überlebenden erzählten unter den Wikingern vom Kampfmut des fränkischen Königs.

Er selbst wurde in einem fränkischen Lied besungen: »Da nahm er Schild und Speer, mutig ritt er voran. Deutlich wollte er mit seinen Widersachern sprechen. Nach nicht allzu langer Zeit stieß er auf die Nordmänner. Er lobte Gott, nun soll er sehen, was er gewünscht hat. Der König ritt kühn voran, sang ein heiliges Lied und alle sangen gemeinsam: Kyrie eleison (Herr, erbarme dich). Der Gesang war verklungen, da tobte schon die Schlacht. Das Blut schien in den Wangen, froh kämpften die Franken. Jeder Krieger kämpfte, doch keiner so wie Ludwig, so mutig und kühn – das war ihm angeboren. Den einen durchschlug er, den anderen durchbohrte er. Er schenkte sogleich seinen Feinden bitteren Trank ein. Wehe immer über ihr Leben! Gottes Macht sei gepriesen: Ludwig wurde Sieger ...«

Der Sieg galt jedoch nur einem Heer der Nordmänner, viele andere wurden dadurch vorsichtiger, aber beileibe nicht zurückhaltender im Beutemachen. Der frühe Tod des Königs im folgenden Jahr verhinderte weitere Ruhmestaten und brachte letztlich Herrscher wie den zögerlichen Karl den Dicken auf den Thron, der den Sieg von Paris verspielte.

Zehn Jahre später hoffte der tatkräftigere König Odo, den Wikingern einen entscheidenden Schlag versetzen zu können. Sie hatten wie gewohnt Nordostfrankreich brandschatzend durchstreift, um dann hinüber an die Maas zu wechseln und schließlich über das heutige Belgien wieder zurückzukehren. Dort erfuhren sie, dass Odo ihnen mit seinem Heer entgegenzog. Darum kam er zwar in den Besitz der reiche Beute der Dänen – sein Ziel, sie zu schlagen, verfehlte er jedoch: Die vorgewarnten Wikinger vermieden die Schlacht und zerstreuten sich eiligst in den Wäldern. So gelangten sie unbehelligt zu ihrem befestigten Lager, in dem sie sich sicher fühlten.

## Die Schlacht von Löwen und ihre Folgen

Mehr Glück und Erfolg waren dem ostfränkischen Herrscher Arnulf beschieden. Er befahl seine Truppen nach Maastricht, um konzentriert mit starker Heeresmacht gegen die Nordmänner vorzugehen. Doch bevor es soweit war, setzten die Wikinger schnell maasaufwärts bei Lüttich über den Fluss. Anschließend zerstreuten sie sich in den Wäldern und Sümpfen der Nordeifel, in der Nähe Aachens. Dort sollen sie viele Menschen getötet und Wagen an sich genommen haben, die dem Frankenheer Verpflegung brachten. Dessen Anführer wurden von der Nachricht überrascht, der Feind stehe bei Aachen und mache die dortige Gegend unsicher. Was hatten die Wikinger vor? Wohin sollte man ihnen entgegenziehen? Wollten sie Richtung Rhein nach Köln, über die Eifel nach Trier oder gar zurück zur Maas, um schnellstens wieder zu den Schiffen zu kommen und die Flucht zu ergreifen?

Schließlich entschieden sich die Franken im Juni 891, die Maas abwärts zu ziehen, kampfbereit und mit flatternden Fahnen. An einem Bach machten sie Halt und beratschlagten, wie weiter vorzugehen sei. Sie marschierten ja ins Ungewisse und wussten nicht, wo die Feinde waren, ob ganz nah oder weit entfernt. Während sie sich noch berieten, erblickten sie plötzlich die Kundschafter der Wikinger. Es scheint ein Kampfrausch über die fränkischen Krieger gekommen zu sein; sie sollen gar nicht mehr auf die Befehle ihrer Anführer gehört haben, sondern den wenigen Wikingern völlig ungeordnet hinterhergerannt sein. So gab es wohl eine Weile eine stürmische Verfolgungsjagd, bis sie ein kleines Dorf erreichten. Dorthinein rannten die Späher und trafen auf ihre Krieger, die dort lagerten. Da sie dicht an dicht standen, hatten sie keine Probleme, die vereinzelt heranstürmenden Franken zurückzutreiben.

Die Wikinger rasselten mit ihren Köchern – was bei ihnen Sitte war – und ließen ihr Kampfgeschrei erklingen. Dann stürmten sie ihrerseits voran und verwickelten die Franken in eine Schlacht. Deren Lärm hörten die in der Nähe weilenden Reiter der Nordleute, die heranritten und sich mit Wucht den fränkischen Kriegern entgegenwarfen. Diese hatten dem völlig unerwarteten Gegenangriff nichts entgegenzusetzen. Der Kampf endete für sie in einer Katastrophe: Zahlreiche vornehme Männer ließen ihr Leben, ebenso ein Großteil der Krieger. Die Wikinger metzelten die Überlebenden nieder. Mit ihrer Beute kehrten sie zur Flotte zurück.

In Löwen an der Dije setzten sich die Nordleute im heutigen Belgien fest und umgaben ihr Lager mit starken Befestigungen aus Holz und Erde. Dorthin kam König Arnulf mit seinem Heer. Am liebsten hätte er sofort den Feind herausgefordert, war er doch zutiefst über das Massaker erzürnt. Die Wikinger versuchten ihn zu provozieren, indem sie mit ihrer grausamen Tat prahlten und den Franken ein neues Blutbad ankündigten. Aber das Gelände schien dem ostfränkischen Herrscher denkbar ungünstig. Auf der einen Seite erstreckte sich ein Sumpf und auf der anderen strömte ein Fluss – vor ihm lag somit ein Areal, auf dem er seine Reiterei nicht zum Einsatz bringen konnte. Lange scheute er vor dem alleinigen Angriff zu Fuß, denn die Kavallerie galt als die Stärke der Franken. Doch dann soll Arnulf seine Edlen zur Schlacht aufgerufen haben: »Jetzt auf, Krieger, da Ihr die Verbrecher selbst vor den Augen habt; folgt mir, der ich als erster vom Pferd steige und die Banner in meiner Hand voraustrage; nicht um unsere Schmach zu rächen, sondern die des Allmächtigen greifen wir unsere Feinde in Gottes Namen an.«

Alle schritten durch das sumpfige Gelände den Wikingern entgegen, wobei ein Teil der Reiterei ihren Rücken schützte, damit sie nicht von hinten angegriffen wurden. »Von den Christen wurde ein Schlachtgeschrei bis zum Himmel erhoben; nicht weniger laut schrien nach ihrer Sitte die Heiden, schreckliche Feldzeichen bewegten sich durch das Lager hin.« Mit gezückten Schwertern kam es zum Kampf Mann gegen Mann, bei dem die Franken siegreich blieben, die Dänen erschlugen oder aus deren Lager vertrieben. Die heillos Fliehenden mussten durch den Fluss, der den meisten zum Verhängnis wurde. Nach den Worten des Annalenschreibers sanken sie zu Hunderten und Tausenden in die Tiefe, sodass die Leichen das Wasser stauten.

Ein großer Triumph für die Franken – der die Wikingerplage für das Frankenreich dennoch nicht beendete. Im folgenden Jahr zog noch einmal ein Heer bis nach Bonn. Dieses Mal fühlen sich die Wikinger jedoch nicht sicher, sodass sie in Eilmärschen durch die Eifel bis zum Kloster Prüm zogen. Wie zehn Jahre zuvor plünderten sie es und töten viele Menschen – der Abt und die meisten Mönche konnten zuvor fliehen.

Gleichwohl markierte Arnulfs Sieg bei Löwen 891 eine Wende: Die große Zeit der Wikingerheere auf dem Festland war vorbei. Die fränkischen Herrscher zeigten mehr Widerstand, zudem vermeldeten die zeitgenössischen Chroniken eine Hungersnot. Für die Nordleute bedeutete dies, dass weniger Beute mit größerem Risiko verbunden war. Deshalb zogen sich die meisten Wikingertrupps nach England zurück, wo sie im Danelag abwarteten, wie sich die Dinge auf dem Kontinent entwickelten.

Auch nach 900 versuchten Skandinavier immer wieder, Beutezüge zu unternehmen – aber insgesamt blieben es einzelne Aktionen. Als um 910 ein größeres Heer unter Führung des Norwegers Rollo Nordfrankreich heimsuchte, errang der westfränkische König Karl der Einfältige einen Sieg. Zugleich hatte er die Idee, den flüchtenden Wikingern Land um Rouen an der Seinemündung anzubieten. Rollo willigte ein und schloss mit dem König einen entsprechenden Vertrag, demgemäß er das Land vor herumziehenden skandinavischen Seeräubern zu schützen versprach. Er selbst rief zahlreiche nordeuropäische Siedler ins Land, die dem Gebiet bis heute ihren Namen geben: Normandie.

## Auf den Spuren der Wikinger zwischen
## Rhein und Atlantik

So intensiv die Wikinger im 9. Jahrhundert auch in den Gebieten des heutigen Frankreichs, der Benelux-Länder und Westdeutschlands operierten, so haben sie doch kaum archäologische Spuren hinterlassen. Denn die Nordmänner siedelten sich nie an und verbarrikadierten sich den Winter über allenfalls hinter bescheidenen Befestigungsanlagen, die oftmals bereits von der einheimischen Bevölkerung angelegt worden waren. Und dort, wo sich Skandinavier wie in der Normandie niederließen, passten sie sich sehr schnell der neuen Umgebung an.

Die unzähligen Toten hinterließen nur wenige Spuren – etwa in der niederländischen Stadt Zutphen, wo man auf die erschütternden Überreste eines Überfalls stieß. Ansonsten stellen Schwerter und Helme seltene Einzelfunde dar, die von Franken wie Wikingern verwendet worden sein können. In der Seine fanden sich etliche Schwerter, Äxte und Speerspitzen, die während der Kämpfe dorthin gelangt sein mögen oder von den Wikingern als Opfergaben in den Fluss geschleudert wurden.

Allein auf der Île de Groix vor der südbretonischen Küste stieß man auf die Spuren eines mächtigen Scheiterhaufens, in dem man wahrscheinlich in der ersten Hälfte des 10. Jahrhunderts den Leichnam eines Wikingerhäuptlings verbrannte – wie es unter den heidnischen Skandinaviern Sitte war. Ein langes Wikingerschiff wurde damals mit erheblichem Aufwand auf einer Art Prozessionsweg aus aufrecht stehenden Steinen zu einem gerodeten Rasenplatz geschleppt. Dort füllte man es mit einer großen Zahl von Gegenständen: Waffen, Schmuck aus Gold und Silber, Pferdegeschirr, Schmiedewerkzeuge, Spielsteine aus dem Elfenbein des Walrosszahnes und landwirtschaftliche Geräte. Dann bahrte man die Leichen eines erwachsenen Mannes und eines Jugendlichen auf, wobei der Letztere wahrscheinlich als Opfer getötet wurde. Das Boot umgab man mit 24 Schilden. Dieses prächtige Ensemble wurde schließlich den Flammen eines Feuers übergeben, über dessen Asche man einen Erdhügel errichtete.

# 5. Von der Ostsee bis zu Bosporus und Tigris

## Die Wege der Waräger

## Schweden im Land der Slawen

Während die Züge der dänischen und norwegischen Wikinger in Westeuropa zumeist spektakulär verliefen, ergaben sich südlich der Ostsee und in Osteuropa friedlichere Kontakte. Neben den Dänen pflegten insbesondere die Schweden, Waräger genannt, Handelsbeziehungen mit den slawischen, baltischen und finnischen Stämmen. So steuerten etwa Schiffe von der Insel Gotland, einem bedeutenden Verkehrsmittelpunkt jener Zeit, südwärts nach Rügen.

Auf der größten Insel Deutschlands hatte damals das Slawenvolk der Ranen sein Zentrum, wo diese sowohl lukrativen Handel trieben als auch ihre Götter anbeteten. Die Nordleute schätzten vor allem die kleine Siedlung Ralswiek, die aus weniger als 20 Höfen bestand. Dort produzierten die Einwohner in ihren Werkstätten Handelsgüter aus Metall, Bernstein und anderem. Außerdem verfügten sie über große Speicher, in denen sie die Waren lagerten. Die Männer aus Gotland und anderen Teilen Skandinaviens wurden von den Slawen mit offenen Armen empfangen, legten diese doch am Ufer Bootseinfahrten an, die aufgeschüttete Molen voneinander trennten. Die derart eingerichteten Docks für rund 15 Schiffe waren teilweise sogar überdacht. Bei diesem Service für Drachenboote verwundert es nicht, dass sich in Ralswiek auch Skandinavier niederließen. Der Ort entwickelte sich zu einem internationalen Handelsplatz, von dessen multiethnischer Bevölkerung noch Hunderte von Grabhügeln zeugen.

In einem großen Tempel in Arkona verehrten die Ranen ihren höchsten Gott Svantevit. Dessen Holzhäuser umgaben sie mit einem mächtigen Erdwall, der nur durch einen hohen Torturm Einlass gewährte. Wegen der Skandinavier hätte es allerdings keiner Befestigung bedurft. Denn auch nach Arkona kamen sie als friedfer-

tige Kaufleute, die gute Geschäfte machen wollten. Gelegenheit dazu
bot sich immer dann, wenn die Slawen Svantevit um Fruchtbarkeit
und reiche Ernten anriefen. Während der Opferfeste fanden große
Märkte statt, auf denen Ranen, Wikinger, friesische und viele andere
Händler aus Westeuropa zusammentrafen.

Die Weiten Osteuropas jenseits der fränkischen Reichsgrenzen
bestanden also nicht nur aus menschenleerer Wildnis, sondern ähnlich wie Skandinavien aus zahlreichen Stammesgebieten, die über
Handelsplätze und -wege miteinander verbunden waren. An der
Ostseeküste gehörten dazu neben Ralswiek Orte wie Wollin an der
Odermündung und Truso an der Weichsel. Dass aber auch hier die
Handelspolitik zuweilen mit kriegerischen Mitteln vorangetrieben
wurde, zeigte sich bei der oben erwähnten Kaufmannssiedlung Reric
in Mecklenburg. Diesen Platz der slawischen Abodriten ließ der Dä-
nenkönig Godfrid bekanntlich 808 zerstören, um deren Händler zur
Ansiedlung in Haithabu zu zwingen.

Die Stämme und Völkerschaften Ost- und Nordeuropas wussten,
dass sich hinter den weiten Wäldern und Steppengebieten Russlands
und der Ukraine lohnenswerte Ziele verbargen. Bewältigte man weit
mehr als 1 000 Kilometer, gelangte man ins Schwarze Meer. An dessen Südküste lockte Konstantinopel, die prächtige Hauptstadt des
Byzantinischen Reiches. Vom Kaspischen Meer aus führten Karawanenwege in das reiche Bagdad, die Kapitale der arabischen Kalifen.
Andere Routen rückten die mittelasiatischen Muslimenreiche und sogar das sagenhafte Reich der Mitte, China, in greifbare Nähe. Überall dort winkten kostbare, im Norden heiß begehrte Luxusgüter wie
Seide und Silbermünzen. Und die Nordleute wiederum konnten im
Süden Felle und Sklaven anbieten. Darum galt es, Mittel und Wege
zu finden, die riesigen Entfernungen zu überwinden.

## Wikinger in Osteuropa: Schweden, Waräger und Rus

Seit langem kannten skandinavische Händler Wege von der Ostsee
über Oder und Weichsel ins Innere Osteuropas, auf denen sie die
Donau und das Schwarze Meer erreichen konnten. Ein wahres Meis-
terstück jedoch gelang den schwedischen Warägern, als sie sich eine
Route nach Konstantinopel erschlossen, die fast durchweg schiffbar
war. Vom Finnischen Meerbusen fuhren sie über die Newa am heu-

tigen St. Petersburg hinauf bis in den Ladogasee. Dieses große Binnengewässer verließen sie südwärts auf dem Wolchow, dessen Quellflüsse sie zu den Waldaihöhen führten, die sich wenige 100 Kilometer nordwestlich von Moskau erheben. In diesem Gebiet entspringen mehrere der großen Ströme Russlands, insbesondere der Dnjepr und die Wolga. Erreichten die Waräger diese, konnten sie bis ins Schwarze Meer und ins Kaspische Meer fahren.

Das hört sich leichter an, als es in Wirklichkeit war. Auf dieser genialen Wasserroute mussten die Waräger zuerst stromaufwärts rudern und häufig ihre Boote treideln, reißende Stromschnellen waren zu überwinden. Die größte Herausforderung: Im Waldaigebiet mussten sie mehrere Kilometer über Land bewältigen, indem sie die Schiffe auf Rollen aus Baumstämmen zum nächsten Fluss zogen. Doch selbst als diese mühseligen Wegstrecken überwunden waren, lauerten weitere Gefahren. Russland und die Ukraine waren nicht menschenleer, sondern wurden von zahlreichen Stämmen und Völkern bewohnt, die einen Überfall auf die Wikingerschiffe nicht scheuten.

Dennoch gestalteten sich die Kontakte zwischen den slawischen Stämmen und den Warägern weitaus weniger gewaltsam als im Westen Europas. Zu den gefürchteten Wikingerzügen gab es im Osten

## Die Welt des Handels

Der wissbegierige englische König Alfred der Große empfing gegen Ende des 9. Jahrhunderts einen Norweger namens Ottar, der ihm von seiner Heimat berichtete: Er wohne von allen Nordmännern am weitesten im Norden, im nordnorwegischen Halogaland, wo allenthalben Wildnis vorherrsche. In seiner Nachbarschaft lebten die Finnen – wie man damals die Samen respektive Lappen bezeichnete –, die im Winter auf die Jagd gingen und im Sommer Fischfang betrieben. Einmal habe er erkunden wollen, wie die schier endlose Ödnis weiter im Norden aussehe und sei darum viele Tage dem Küstenverlauf gefolgt. Dort oben, in der heutigen Finnmark nahe der russischen Halbinsel Kola, stieß er auf vielerlei fremdartige Volksstämme. Aber sein Hauptinteresse galt den Walrossen, deren Zähne aus edlem Elfenbein bestünden und deren Häute sich gut für Schiffsseile eigneten. Außerdem fände man dort an der Küste Wale in Hülle und Fülle.

Ottar bezeichnete sich König Alfred gegenüber als wohlhabenden Mann, dessen Reichtum in der Zahl seiner Rentierherden deutlich

wegen fehlender Ziele wie reichen Klöstern wenig Gelegenheit; so
taten sich die Nordleute in erster Linie als Händler hervor. Sie kooperierten aufs Engste mit den einheimischen Völkern und besiedelten
gemeinsam mit ihnen Handelsplätze auf der oben genannten Weg-
strecke.

Zur wahrscheinlich ältesten dieser kleinen Städte entwickelte sich
seit den Jahren um 750 Alt-Ladoga (russisch *Staraja Ladoga*), das
die Skandinavier später Aldeigjuborg nannten. Die Siedlung lag unmittelbar südlich des Ladogasees an den Ufern des Wolchow und war
der Ausgangspunkt für Reisen zu Dnjepr und Wolga. Hier siedelten
sich Schweden unter Slawen und Finnen an, mit denen sie gemeinsam
Handel trieben – insbesondere mit Pelzen – und Handwerkstätten
einrichteten. Wie gut die Geschäfte florierten, zeigt sich an reichen
Schatzfunden mit Silbermünzen aus islamischen Ländern, den so genannten Dirhams. Im Laufe der Jahrzehnte wurde aus der bescheidenen Handelssiedlung eine befestigte Stadt, in der ein Fürst residierte
und die über eine Garnison verfügte.

Offensichtlich verdingten sich schwedische Krieger mittlerweile als
Söldner oder Gefolgsleute slawischer Häuptlinge und forderten sogar
Tributzahlungen. Davon berichtet die um 1100 in slawischer Sprache

wurde, die immerhin 600 Tiere umfassten. Damit gehörte er zu den
führenden Männern in Nordnorwegen, der wahrscheinlich auf dem
großen Häuptlingshof von Borg ein gern gesehener Gast war. Er
hielt nur wenige Rinder, Schafe, Schweine oder Pferde, was sich so
weit in der Wildnis kaum lohnte. Gleichwohl verfügte Ottar über
ein weiteres wirtschaftliches Standbein, das er als erfreulich ergiebig
pries: Die Finnen hatten nämlich den norwegischen Herren Abgaben
zu leisten, die sie in Form von Tierfellen (Marder, Bär, Otter und
andere), Vogelfedern und Walrossbein erbrachten. Mit all dem trieb
der Großbauer eifrig Handel. Wenn er mit seinem Schiff der langen
norwegischen Küste südwärts folgte, gelangte er am Oslofjord zu
dem Handelsplatz Kaupang. Von dort hatte er nach eigenem Bekunden noch fünf Tage zu segeln, um Haithabu zu erreichen.

Dort fand Ottar zahlreiche Abnehmer für seine Pelze, dort flo-
rierte der frühmittelalterliche Handel. Der Norweger war insofern
ein typischer Wikinger, als er Bauer und Händler war, der zudem
vor Kriegszügen gegen die samischen Nachbarstämme nicht zurück-
schreckte. Ob er Fahrten dieser Art auch nach England oder zum

geschriebene *Nestorchronik*: Im Jahre 862 hätten sich die slawischen Stämme erhoben und die Skandinavier übers Meer zurückgejagt. Doch anschließend sei es ihnen nicht gelungen, ihre Fehden und Kriege untereinander in den Griff zu bekommen. Darum entschieden sie, einen Fürsten zu suchen, der sie regiere und Recht anordne. Diesen Herrscher erhofften sie sich jenseits des Meeres in Schweden. Dorthin schickten sie eine Gesandtschaft, um die als Rus bezeichneten Nordmänner zu sich einzuladen: Ihr Land sei groß und habe Überfluss, aber es gäbe keine Ordnung. Deshalb sollten sie mit ihnen kommen und über die zerstrittenen Stämme und Sippen herrschen.

Daraufhin wurden drei Brüder mit ihren Sippen ausgewählt, die sich die Herrschaft über Nordrussland teilten: Der älteste Bruder Rurik ließ sich in Alt-Ladoga nieder, der zweite namens Sineus in Beloozero, das einige 100 Kilometer östlich davon lag, der dritte, Truvor, im südwestlichen Izborsk. Mit ihnen nahm die Herrschaft einer aus Skandinavien stammenden Dynastie ihren Anfang. Der Name dieser ursprünglich schwedischen Rus wurde, wie wir im ersten Kapitel geschrieben haben, später auf das slawische Russland übertragen.

Die Darstellung der *Nestorchronik* muss allerdings bezweifelt werden; denn sie diente vor allem der Verherrlichung des Herrscher-

europäischen Festland unternahm, um dort zu plündern oder Tribut zu erheben, ist nicht bekannt. Ottar hätte sich gewiss davor gehütet, dies dem englischen König anzuvertrauen. Weniger verfänglich war hingegen, von seinem Jahreslauf zu erzählen, von den sommerlichen Reisen und Thingbesuchen und den großen Herbst- und Mittwinterfesten auf seinem Hof.

In den langen und harten Wintern Skandinaviens fiel das Reisen ungleich schwerer, auch wenn man sich auf dem Landweg mit großen Schlitten, Skiern und Schlittschuhen zu helfen wusste. Obwohl weiter im Süden und Osten, unter den Dänen und Schweden, kein weiträumiger Straßenbau betrieben wurde, gab es doch uralte Knüppel- und Bohlenwege. Könige und wohlhabende Privatpersonen ließen außerdem Dämme, Furten und später auch Brücken anlegen. Auf diese Weise erschlossen sich die Skandinavier die dichter besiedelten Regionen ihrer Heimat, in der ansonsten die Wildnis vorherrschte. Trotz allem aber blieb das wichtigste Verkehrsmittel stets das Schiff.

Damit knüpften Männer wie Ottar Kontakte zum weiten Handelsnetz des frühen Mittelalters, das sich trotz unsicherer Wege

geschlechts, das angeblich für Frieden und Ordnung sorgte. Die historische Wirklichkeit sah hingegen wahrscheinlich so aus, dass sich eine skandinavisch-stämmige Minderheit unter den Slawen ansiedelte und mit ihren Häuptlingen und Kriegergefolgschaften einen Machtfaktor bildete. Schließlich ergriffen Rurik und seine Brüder die Macht über große Teile des heutigen Russland. Dabei aber hatten sie stets ein weiteres, ferneres Ziel vor Augen: den Handel mit Konstantinopel und der arabischen Welt.

## Auf dem Weg nach Byzanz

Die neuen Herren drangen allmählich ins Landesinnere vor und kooperierten mit den Fürsten der slawischen Stämme; denn es galt, den Weg nach Byzanz zu erschließen und zu kontrollieren. Es entstanden allenthalben Stützpunkte und Siedlungen, deren Mittelpunkt Nowgorod am Wolchow wurde. Die »Neue Festung«, von den Wikingern als Holmgard (»Inselfestung«) bezeichnet, wurde zur ersten Hauptstadt der Rus. Diese befestigten sie mit Wall und

und vieler instabiler Reiche herausgebildet hatte. Die Mittelpunkte dieses Netzes bildeten etliche Handelsstädte und insbesondere im Nord- und Ostseeraum neu gegründete Handelsplätze, die man nach dem lateinischen Wort *vicus* »Dorf« als Wik bezeichnet. Jene Wike waren mitnichten Dörfer, sondern kleine Städte, in denen Handwerker und Händler lebten. Wie an anderer Stelle von den bedeutendsten skandinavischen Orten Haithabu und Birka geschildert, erweckten die einfachen Gebäude mit ihren bis zu 1000 Einwohnern keinen besonderen Eindruck. Erst die Vielzahl und weite Herkunft der Schiffe im Hafen und das vielsprachige Treiben auf den Märkten entpuppten die Wike als internationale Handelsplätze, in denen Waren aus aller Welt umgesetzt wurden.

Ob alte Städte oder junge Wike – im nördlichen Europa existierten etliche dieser Wirtschaftszentren: Dazu gehörten im Norden des Frankenreiches Dorestad in der Nähe des heutigen Utrecht und Quentowic an der nordfranzösischen Küste des Ärmelkanals. Von dort liefen die Handelsverbindungen nach Skandinavien, insbesondere nach Haithabu und Birka sowie nach Kaupang am Oslofjord.

Graben und machten sie zu einem Handelszentrum, das Alt-Ladoga in den Schatten stellte.

Um die Mitte des 10. Jahrhunderts schrieb in Konstantinopel der hochgebildete Kaiser Konstantin VII. Porphyrogennetos einen Bericht darüber, wie die nordrussischen Wikinger zum Bosporus gelangten. Seinen genauen Ausführungen zufolge kamen sie mit ihren Schiffen aus Nowgorod und anderen Burgen den Dnjepr herab und versammelten sich bei der Festung Kiew, der heutigen Hauptstadt der Ukraine. Dort trafen sie mit Männern aus ihnen tributpflichtigen slawischen Stämmen zusammen. Diese hatten im Winter Bäume gefällt und Schiffe gezimmert. Im Frühjahr waren sie nach der Eisschmelze damit über die Seen in den Dnjepr gefahren und hatten sich flussabwärts nach Kiew begeben. Dort zogen sie die Schiffe an Land, betakelten sie und verkauften sie den Rus.

Diese zerstörten ihre alten Boote bis auf die Ruder und andere Vorrichtungen, mit denen sie die neuen Schiffe ausrüsteten. Im Juni brachen sie schließlich zur großen Fahrt Richtung Schwarzes Meer auf. Bei einer Burg versammelten sie sich einige Tage, bis ihre Flotte vollständig war. Denn der gefährlichste Abschnitt stand den Wikingern am Unterlauf des Flusses noch bevor. Dort galt es sieben bedrohliche

Auf den Britischen Inseln stellten die Wikingerstädte Dublin und York die wichtigsten Umschlagplätze dar. Ebenso spielte die Ostsee im frühmittelalterlichen Fernverkehr eine wichtige Rolle, vor allem die schwedische Insel Gotland und die slawischen Orte Ralswiek sowie Arkona auf Rügen und Wollin an der Odermündung. Diese Jumne oder Jomsburg genannte Siedlung bezeichnete Adam von Bremen im 11. Jahrhundert als die größte europäische Stadt, wo Slawen, Griechen, Barbaren und zahlreiche andere Stämme lebten. Sie sei »angefüllt mit Waren aller Völker des Nordens«.

Von der Ostsee und über den Finnischen Meerbusen erschloss man sich bekanntlich den Weg über Dnjepr und Wolga nach Byzanz und zu den Arabern. Auf dieser Route lagen Alt-Ladoga, Nowgorod, Kiew und Bulgar im Osten. Davon abgesehen, waren Kaufleute unterschiedlicher Herkunft auf den großen Flüssen wie Rhein, Weichsel und Donau unterwegs; ihre Wagen fuhren selbst über Querverbindungen nach Prag und Krakau. Die Wikinger erweiterten dieses Handelsnetz durch ihre Entdeckungen bis nach Island, Grönland und Nordamerika – was sinnfällig seine ungeheure Ausdehnung ausdrückt.

Stromschnellen zu bewältigen. An der ersten ragten hohe Felsklippen aus dem Strom, an denen sich das Wasser staute, emporflutete und mit furchtbarem Getöse hinunterschoss. Der sicheren Gefahr des Schiffbruchs wollten sich die Rus nicht aussetzen. Sie setzten ihre Mannschaft ans Ufer und beförderten jedes einzelne Boot in aller Vorsicht durch die riskante Stelle. Barfuß wateten sie durchs Wasser und bewegten die Schiffe mit Stangen nahe dem Ufer vorwärts.

Wenn ihnen dies gelungen war, gingen sie wieder an Bord und fuhren weiter. Noch sechs Mal mussten sie ihre Fahrt unterbrechen und je nachdem die Mannschaft oder ihre Waren entladen und am Ufer entlang befördern – wie sie es übrigens auch mit den Sklaven machten. Teils brachten sie die Boote in der beschriebenen Weise durch die Wasserfälle, teils treidelten sie sie und manchmal mussten sie diese auch auf den Schultern tragen. Die Skandinavier gaben den Stromschnellen in der Ukraine Namen in ihrer Sprache, die deren gefährliche Eigenschaften ausdrückten – »Verschlinger«, »Wogenfall« und »Immerlaut«.

Aber gerade an den Stromschnellen drohte den Reisenden nicht allein von der Natur Gefahr. Nur zu oft mussten sie mit Überfällen des kriegerischen Steppenvolkes der Petschenegen rechnen, die ihnen

Die Träger dieses Netzes und die am weitesten gereisten Männer ihrer Zeit – von den Wikingern abgesehen – waren die Fernhändler. Unter ihnen fanden sich Kaufleute aus vieler Herren Länder, etwa Franken, Griechen, Araber und Slawen. Traditionellerweise dominierten die Friesen von der Nordseeküste und jüdische Händler das Geschäft. Während Erstere im Nordseeraum tätig waren und Handelsniederlassungen rheinaufwärts bis nach Worms und Straßburg hatten, verfügten die Juden über gute Kontakte in die arabische Welt von den spanischen Mauren bis nach Bagdad. Fernhändler genossen unter den Herrschern aller Länder erhebliche Privilegien und waren an deren Höfen gern gesehene Gäste. Denn nur sie verfügten über derart weitreichende Beziehungen, dass sie beispielsweise die Frankenherrscher oder die dänischen Häuptlinge mit Luxuswaren versorgen konnten. Darüber hinaus galten sie als die besten Informanten, die sogar diplomatische Missionen übernahmen. Dass man sich ihren Schiffen auch als Passagier anvertraute, belegt Ansgars Missionsreise nach Birka.

In diesen Kreis einflussreicher und wohlhabender Fernhändler stießen die Skandinavier, die als Bauern und zeitweilige Piraten auch

die wertvollen Waren entreißen wollten. Deshalb erreichte nicht jedes Schiff und nicht jeder Nordmann sein Ziel. Davon zeugte auf der Insel Berezan in der Dnjeprmündung ein Runenstein, den man über einem Grab aufgestellt hatte und dessen Inschrift die Mitteilung umfasste: »Grani machte dieses Grabmal für Karl, seinen Fahrtgenossen.«

Nach dem Bericht Kaiser Konstantins legten die Rus an einer bestimmten Insel an, wenn sie heil durch die Stromschnellen gekommen waren. Dort brächten sie unter einer riesigen Eiche lebende Vögel als Opfer dar. Ringsum steckten sie Pfeile in den Boden und legten Brot und Fleisch hinzu. Dann würden Lose darum geworfen, ob sie die Vögel schlachten und aufessen oder ob sie sie am Leben lassen sollten. Und die Hilfe ihrer Götter benötigten sie weiterhin, denn die Fahrt zum Bosporus fand noch lange kein Ende, auch wenn der gefährlichste Abschnitt nun überstanden war.

Von den ungewöhnlichen Reisen der schwedischen Wikinger erfuhr man sogar weit entfernt am Rhein: Dort empfing Kaiser Ludwig der Fromme am 18. Mai 839 in seiner Pfalz zu Ingelheim eine Gesandtschaft des byzantinischen Kaisers, die ihm in dessen Namen ein Schreiben und Geschenke überreichte. Mit ihnen hatte man einige Männer geschickt, die von einem Volk namens Rhos (Rus) stammten.

diesem Geschäft nachgingen. Dabei taten sie sich üblicherweise zu Gilden zusammen, deren Mitglieder ihr Vermögen in den Schiffsbau einbrachten und in Handelswaren investierten. Den erhofften Profit teilten sie auf; ebenso trugen sie das auf den gefährlichen Fahrten zu befürchtende Risiko gemeinsam.

Die begehrtesten Handelsgüter des Nordens entstammten dessen natürlichen Ressourcen und waren die erwähnten Pelze, das Walrosselfenbein, Speckstein, Bernstein, Leder, Wachs und Honig. Die skandinavische Häuptlings- und Großbauernschicht begehrte indes Luxusgüter aus dem Süden, als da wären Glasgefäße, Töpferwaren, Textilien, Seide, Wein, Schmuck und die vorzüglichen fränkischen Schwertklingen. Im Übrigen erfreuten sich unter den Wikingern Mühlsteine aus Eifeler Basalt besonderer Beliebtheit, mit deren Hilfe man das feinste Mehl mahlen konnte. Ihr Hauptumschlagplatz war Haithabu.

Den meisten Profit warfen jedoch Sklaven und Sklavinnen ab, an deren »Erbeutung« und Verkauf sich alle Fernhändlergruppen beteiligten. Begehrt waren vor allem Slawen, aus deren Name sich die Bezeichnung

Ihr König habe sie entsandt, um seine Freundschaft zu zeigen. Nun bat der Kaiser vom Bosporus Ludwig in seinem Brief, den Männern doch wohlwollend zu ermöglichen, in ihre Heimat zurückzukehren und ihnen in seinem Reich Hilfe zu gewähren. Denn die Wege, auf denen sie nach Konstantinopel gekommen seien, führten durch Barbarenländer mit wilden und grausamen Völkern. Er wolle deshalb nicht, dass sie auf demselben Weg zurückkehrten und in Gefahr gerieten. Als Kaiser Ludwig dem allen nachging, erfuhr er, dass diese Männer dem Stamm der Svear angehörten, also Schweden waren und wie die dänischen Wikinger aus dem Norden kamen. Er misstraute ihnen deshalb und mutmaßte, sie könnten eher Kundschafter als Friedensgesandte sein. Darum wollte er sie so lange bei sich behalten, bis man wahrheitsgetreu festgestellt hatte, ob sie mit ehrlichen Absichten gekommen seien oder nicht. Da die Chronisten nichts mehr von den Männern berichten, ist ungewiss, ob sie jemals in ihre Heimat zurückkehrten.

Der Handel zwischen Nord und Süd boomte jedenfalls außerordentlich. Und die Skandinavier hatten ein Sortiment, das in Konstantinopel und Bagdad auf große Nachfrage stieß: Pelze, Jagdfalken, Honig, das Elfenbein der Walrosszähne und nicht zuletzt Sklaven beiderlei Geschlechts. Die Hochkulturen jenseits des Schwarzen und

für die Unfreien entwickelte. Die Sklavenhaltung nahm zwar im Laufe des frühen Mittelalters unter anderem wegen des kirchlichen Einflusses ab; gleichwohl praktizierte man sie unter den Wikingern genauso wie im christlichen Abendland, wo sich in Mainz und Verdun große Sklavenmärkte befanden. Am Mittelmeer galten die Araber als die besten Abnehmer; sie wurden auch im Osten von jenen skandinavischen Sklavenhändlern beliefert, die Ibn Fadlan 922 in Bulgar beobachtete.

Durch den intensiven Handel lernten die Wikinger schließlich die Geldwirtschaft kennen, deren Münzen allerdings den herkömmlichen Tauschhandel noch lange nicht ablösten. Jedenfalls fanden zahlreiche Münzen den Weg in den Norden, so fränkische Silberdenare und insbesondere arabische Dirhams, von denen in Schweden Tausende gefunden wurden. Sie schätzte man allein wegen ihres Silbergehalts. Denn dieses Edelmetall hatte in der Wikingerzeit das noch lange in den Dichtungen besungene Gold abgelöst. Obwohl man in Haithabu und andernorts dergleichen Münzen kopierte, griff man doch am liebsten auf das so genannte Hacksilber zurück, das einfach abgewogen wurde.

Kaspischen Meeres hatten dagegen Luxuswaren zu bieten – Seide und edle Stickereien, Wein, Früchte sowie Gewürze und Schmuck. Das größte Interesse bestand im Norden jedoch an Silbermünzen vor allem aus dem Kalifat von Bagdad und anderen islamischen Reichen in Mittelasien. Tausende solcher exotischen Geldstücke wurden in skandinavischen Horten versteckt und nach mehr als 1000 Jahren wiederentdeckt.

Auf der Route nach Vorderasien trafen die Nordmänner mit zahlreichen Stämmen und Völkern zusammen. Dazu zählten nicht nur die slawischen und finnischen Stämme, sondern auch nomadisierende Steppenvölker aus Innerasien. Von ihnen stürmten die Magyaren, die Vorfahren der heutigen Ungarn, schon bald nach Mitteleuropa weiter, wo sie erst 955 in der Schlacht auf dem Lechfeld bei Augsburg durch Otto I. und seine Krieger aufgehalten wurden. Dem turksprachigen Volk der Chasaren gelang es sogar, zwischen Schwarzem Meer, Wolga und Kaspischem Meer ein Reich zu errichten, das über mehrere Jahrhunderte bestand und die Handelswege kontrollierte. Ohne die Zustimmung der Chasarenherrscher lief nichts im Handel zwischen Russland und der islamischen Welt. Die Kaufleute mussten ihnen 10 Prozent an Steuern entrichten, wofür sie relativ sichere Reise- und Transportmöglichkeiten im weiten Reich der Chasaren erhielten. In deren Hauptstadt Itil an der Wolgamündung residierte ihr Herrscher, der Kagan, auf einer Insel mitten im Fluss. Die eigentliche Stadt erstreckte sich über beide Ufer hinweg und bot einer internationalen Bevölkerung eine Heimstatt. Man rühmte sie weithin für ihre religiöse Vielfalt und Toleranz; denn während die chasarische Oberschicht zum Judentum konvertiert war, lebten unter ihrer Herrschaft Muslime, Christen, Juden und Heiden friedlich zusammen – nicht zuletzt im Interesse guter Geschäftsbeziehungen.

## Ein Araber an der Wolga

Auf ihrem langen Weg die Wolga hinab gelangten die schwedischen Wikinger zu der Stadt Bulgar, dem Herrschaftszentrum des Steppenvolkes der Wolgabulgaren. Wo der Kama-Fluss in die Wolga strömte, inmitten der endlosen Weiten zwischen Moskau und dem Ural, erstreckte sich eine bunte Siedlung aus unzähligen Gebäuden, die sowohl Holzhäuser als auch Nomadenzelte umfassten. Angeblich kamen in dieser Stadt mehrere 10 000 Menschen zusammen, aus allen Himmelsrichtungen und Völkern. Bulgar diente als bedeutendster Handelsplatz im Osten und vereinte ein wahres Völkergemisch aus Steppenvölkern, Slawen, Arabern und Nordmännern aus dem Gebiet der Rus und aus Skandinavien.

Im Mai des Jahres 922 traf eine ungewöhnliche Gruppe von Reisenden in dieser frühmittelalterlichen Weltstadt inmitten der Wildnis ein. Es war eine Delegation des Kalifen von Bagdad, die sowohl die Verbreitung des Islam als auch die Intensivierung der Handelsbeziehungen auf ihre Fahnen geschrieben hatte. Der Gesandte Ibn Fadlan hatte mit seinen Männern eine mehr als ein Jahr währende abenteuerliche Reise hinter sich. Von Bagdad zog man zuerst auf Kamelen über die Karawanenwege durch das persische Land Chorasan bis nach Buchara, der prächtigen Oasenstadt im heutigen Usbekistan. Dann fuhren die Boten des Kalifen per Schiff auf dem Amu Darya abwärts zum Aralsee, um schließlich den Karawanenrouten nach Bulgar zu folgen. Diesen Weg benutzten viele Händler aus der islamischen Welt, deren Religion bereits unter den Bulgaren an der Wolga Wurzeln gefasst hatte.

Deshalb teilte Ibn Fadlan mit den Herrschern der Bulgaren zumindest den Glauben an Allah – auch wenn er in eine für ihn ansonsten fremde barbarische Welt gelangte. Aber von allen Völkerschaften, die er in seinem Reisebericht erwähnt, schienen ihm die Wikinger doch besonders aufgefallen zu sein. Der Gesandte des Kalifen, der wie seinerzeit der Maure al-Ghazal aus Córdoba an Luxus und Hygiene einer Hochkultur gewöhnt war, beobachtete die Sitten der Nordleute interessiert, jedoch oft auch schockiert.

Jedenfalls traf er in Bulgar zum ersten Mal mit dem Volk der Rus zusammen, deren Händler am Ufer der Wolga lagerten: Niemals vorher habe er Menschen mit einem vollkommeneren Körperbau gesehen; groß wie Dattelbäume seien sie und hätten blondes Haar. Außerdem schätzten sie es, ihren Körper mit Bäumen, Figuren und anderen Motiven tätowieren zu lassen. Als Waffen trügen sie Axt, Messer und Schwert nach fränkischer Art bei sich – wovon sie sich übrigens nie trennten. Auch andere Reisende berichteten von der außerordentlichen Vorsicht, die die Wikinger walten ließen. Sie fürchteten sich so sehr vor Überfällen, dass sie sogar zur Verrichtung der Notdurft nur mit einem Leibwächter vor die Tür gingen.

Ihre Frauen trugen laut Ibn Fadlan auf beiden Brüsten eine Büchse, eine so genannte Schalenspange, die aus Eisen, Kupfer und Silber oder Gold bestand. Außerdem schmückten sie sich mit Halsringen aus Gold oder Silber und komplettierten ihre Ausstattung mit Glasperlen. Die Rus-Männer schätzten den Schmuck ihrer Frauen; denn auf diese Weise machten sie deutlich, wie reich sie waren und was sie sich leisten konnten.

Doch nichts konnte den offensichtlichen Eindruck von Unsauberkeit schmälern, den der gepflegte Araber zweifelsohne als schockierend empfand. Die Rus galten ihm als die schmutzigsten Geschöpfe Gottes: Weder schämten sie sich beim Stuhlgang noch beim Urinieren, noch wuschen sie die Hände nach dem Samenerguss oder nach dem Essen! Und nach der gemeinsamen Nachtruhe in der Halle sah die Morgenwäsche wie folgt aus: Frühmorgens brachte ein Mädchen ihnen allen ein großes mit Wasser gefülltes Becken. Als Erster wusch sich ihr Herr darin Hände, Gesicht und Haare, die er anschließend in das Becken auskämmte. Dann schnäuzte er sich und spuckte hinein. So ging das Becken reihum und jeder verfuhr ebenso damit.

Sie kämen mit Schiffen die Wolga herab und vertauten sie an deren Ufer in Bulgar. Ganz in der Nähe errichteten sie große Häuser aus Holz. In einem solchen Haus könnten durchaus zwanzig Menschen zusammenkommen. Jeder von ihnen sitze auf einer Bank und amüsiere sich mit den für die Händler bestimmten Sklavinnen. Nach den Beobachtungen des Arabers gehörten zu den allseits bekannten Wikingergelagen auch sexuelle Ausschweifungen, bei denen sich die Rus völlig ungezwungen gaben. Betrete ein Gast solch eine Halle, könne er den Hausherrn durchaus beim Verkehr mit einer Sklavin antreffen, ohne dass dieser sich stören ließe.

Der Gewährsmann aus Bagdad erfuhr auch von den Gefolgschaftshallen der Wikinger. Ein mächtiger König der Rus schare darin 400 Männer um sich – die Helden seines Gefolges und seine Vertrauten, die bedingungslos für ihn ihr Leben einsetzten. Jeder dieser Männer habe eine Sklavin, die ihn bediene, seinen Kopf wasche und ihm Essen und Trinken bringe. Dazu komme eine zweite Sklavin als seine Beischläferin. Am Thron des Königs säßen sogar vierzig Mädchen, die für dessen Bett bestimmt seien. Und nach dem arabischen Augenzeugen kannte man auch in dieser Halle keine Scheu bei der Befriedigung seiner sexuellen Bedürfnisse vor aller Augen!

Bevor sich die Nordmänner aber nach der langen Reise derartigen Vergnügungen hingaben, genügten sie ihren religiösen Verpflichtungen: Nach der Ankunft gingen sie an Land mit Brot, Fleisch, Zwiebeln, Milch und einem berauschenden Getränk; dies alles trugen sie zu einem hohen, aufgerichteten Holz, das ein menschenähnliches Gesicht zeigte. Rundherum standen kleine Figuren, hinter denen man Stangen in die Erde gesteckt hatte. Der Rus warf sich vor dem großen Idol nieder und sagte: »O Gott, ich bin aus einem fernen Land gekommen und habe Sklavinnen und Zobelfelle dabei.« Alle Handelswaren zählte er auf. Dann legte er Geschenke nieder und wünschte sich von dem Gott, er möge ihm zu einem Kunden verhelfen, der viele Münzen habe, seine Ware kaufe und nicht um den Preis feilsche. Wenn der Geschäftsabschluss entsprechend erfolgreich war, opferte er diesem Gott einige Rinder und Schafe, deren Köpfe er auf die Stangen spießte.

## Die Bestattung eines Häuptlings

Schließlich wurde Ibn Fadlan Zeuge bei den Bestattungsfeiern eines Häuptlings der Rus: Wenn solch ein bedeutender Mann sterbe, gebe es zuerst ein derart gewaltiges Gelage, dass sich mancher dort schon totgetrunken habe. Dann werde unter den Sklaven des Verstorbenen gefragt, wer sich für seinen Herrn opfern wolle – meistens sei dies eine Sklavin. So sollte auch auf dieser Bestattung eine junge Frau ihrem Herrn in den Tod folgen. Sie wurde bewacht und auf das Ereignis vorbereitet. Man habe sie besonders gepflegt und ihr ein Getränk verabreicht, das sie fröhlich stimmte.

Am Tag der Verbrennung hatte man das Schiff des Verstorbenen an Land gezogen und auf einen großen Holzstapel gesetzt. Dann brachte man eine Ruhebank, die mit edlen Decken und Kissen bedeckt wurde. Eine alte Frau, angeblich Todesengel genannt, leitete wie eine Priesterin das Bestattungsritual. Eine Hünin sei sie gewesen, so Ibn Fadlan, dick und von grimmigem Aussehen. Der Tote wurde prächtig bekleidet und in ein Zelt gebracht, das man auf dem Schiff errichtet hatte. Dort bettete man ihn sorgsam und brachte ihm ein berauschendes Getränk, Früchte und Blumen, Brot, Fleisch und Zwiebeln. Dann schnitten sie einen Hund in zwei Hälften und legten ihn aufs Schiff. Sämtliche Waffen des Toten wurden ihm zur Seite gelegt. Zwei Pferde wurden getötet, in Stücke gehackt und auch diese auf das Schiff gebracht. Ebenso erging es zwei Kühen, denen ein Hahn und ein Huhn folgten.

Schließlich brachten Männer die Sklavin, die getötet werden sollte. Die offensichtlich berauschte und willenlose junge Frau musste in die

Zelte der einzelnen Gefolgsleute des Toten eintreten und jeder verkehrte mit ihr. Und jedes Mal sollte sie ihrem Herrn mitteilen, der Zeltherr habe dies aus Liebe zu ihm getan. Später brachten sie die Sklavin zu einem Aufbau, auf den man sie hinaufhob. Dort sprach sie einige Worte, dann ließ man sie wieder herunter. Dies wiederholte sich mehrmals. Dann sprach sie, sie sehe ihre Eltern, ihre Verwandten und schließlich ihren Herrn, der in einem schönen und grünen Paradies sitze, umgeben von Männern und Dienern. Er rufe sie zu sich. Dann führte man sie zum Schiff, wo man ihr die Armbänder und Fußringe abnahm.

Schließlich wurde die Sklavin auf das Schiff gehoben, Männer mit Schilden und Stäben reichten ihr erneut einen Becher mit einem berauschenden Getränk, worauf sie sang und ihn leerte. Nach einem weiteren Becher war sie zusehends von Sinnen, während die alte Frau sie ins Zelt mit dem Verstorbenen führte. Da begannen die Männer, die Stäbe auf die Schilde zu schlagen – nach Ibn Fadlan mit der Absicht, die Todesschreie des Mädchens zu übertönen. Sechs Männer traten in das Zelt, um erneut mit der Sklavin zu verkehren, bevor sie sie an der Seite des Toten niederlegten. Zwei Männer fassten sie an den Händen, zwei an den Füßen. Die alte Frau legte der Todgeweihten einen Strick um den Hals und reichte dessen Enden den beiden übrigen Männern. Diese erwürgten das Mädchen, während ihr die Alte mehrmals mit einem Dolch zwischen die Rippen stach.

Nach dem grausigen Ritual verließen die Männer mit der Alten das Schiff, woraufhin der nächste Verwandte des Toten sich nackt mit einem brennenden Holzscheit rückwärts dem Scheiterhaufen näherte und ihn in Brand steckte. Schon bald loderten die Flammen hoch empor. Über der Asche wurde schließlich ein runder Hügel errichtet.

## Nowgorod und Kiew

Die Händler und Krieger, die Ibn Fadlan in Bulgar antraf, kamen aus dem Reich der Rus, das sich in den Jahrzehnten um 900 unter der Dynastie der Rurikiden kräftig ausgedehnt hatte. Deren aus Schweden stammende Gründer Rurik übernahm, so die *Nestorchronik*, nach wenigen Jahren die alleinige Herrschaft, als seine beiden Brüder verstarben. Ihm werden auch der Vorstoß den Wolchow aufwärts und die Gründung Nowgorods zugeschrieben, wo er sich als

Fürst niederließ. Dann vergab er an seine treuesten Gefolgsmänner Land, die schon bestehende Siedlungen mitsamt ihrer Befestigungen übernahmen respektive neu gründeten. Überall dort lebten bereits slawische Stämme wie die Slowenen, Kriwitschen und Merjanen. Einige mögen die Skandinavier unterworfen haben, mit der Mehrzahl jedoch schlossen sie sich zu beiderseitigem Nutzen zusammen. Herrscher wie Rurik und seine Nachfolger waren auf eine weitestgehende Kontrolle der Handelswege angewiesen und benötigten viele Krieger, um ihre Macht auszubauen. Das lockte für etliche Jahrzehnte nicht nur Wikinger an ihre Höfe, sondern auch slawische Kämpfer. So entstand ein multiethnisches Reich, in dem die alteingesessenen Slawen die überwiegende Bevölkerungsmehrheit stellten. Die einwandernden Nordleute bildeten vorübergehend die tonangebende Schicht, die ziemlich schnell slawisiert wurde. Besonders augenfällig zeigte sich dieser Prozess bei den Herrschernamen: Anfangs passten sich skandinavische Namen wie Helgi, Helga und Ingvar den slawischen an und wurden zu Oleg, Olga und Igor. Danach nahmen die Rurikiden rein slawische Namen an: Swjatoslaw, Wladimir und Jaroslaw.

Deshalb befehligte bereits Rurik über ein Land, das Skandinavier und Slawen gemeinsam bewohnten und das später auf Altnordisch als *Gardariki* »Reich der Burgen« bezeichnet wurde – wohl wegen seiner zahlreichen mit Holzzäunen und Erdwällen befestigten Höfe, von denen aus der slawische und schwedische Adel das nördliche Russland regierte. Der Einfluss der Rus erweiterte sich beachtlich, als zwei Gefolgsleute Ruriks mit dessen Erlaubnis über den Dnjepr südwärts fuhren. Angeblich wollten die beiden Männer namens Askold und Dir mit ihren Sippen nach Konstantinopel. Aber als sie den Dnjepr abwärts kamen, erblickten sie auf einem Berg eine kleine Stadt – das spätere Kiew. Damals war es eine jener burgartigen Befestigungen, die in Skandinavien dem Land seinen Namen gaben. Die beiden Wikinger erkannten sofort die unvergleichlich günstige Lage Kiews: Die Burg erhob sich auf einem Hügel oberhalb des Dnjepr; von ihr konnte man den Fluss kontrollieren und war zugleich vor Angriffen sicher.

Die dort lebenden Poljanen schienen angeblich geneigt, die Leute aus dem Norden bei sich aufzunehmen, da die Stadtgründer untergegangen seien und keine Nachfolger hinterlassen hätten. Zudem müssten sie den Chasaren Tribut zahlen. Möglicherweise erhofften sie sich unter der Führung Askolds und Dirs eine Stärkung ihrer Siedlung. Jedenfalls blieben diese in Kiew, versammelten zahlreiche Waräger um sich und herrschten über das Land der Poljanen. Auf diese Weise existierten zwei von einander unabhängige Reiche der Rus: Nowgorod und Kiew.

Diese Tatsache missfiel dem neuen Nordherrscher Oleg, der die Nachfolge Ruriks angetreten hatte. Als ein mit diesem verwandter Wikingerhäuptling übernahm er die Regierung für dessen Sohn Igor, der noch ein Kind war. Schon bald versuchte er im Jahre 882, Kiew zu erobern. Er zog mit Warägern und vielen slawischen Kriegern zuerst gegen Smolensk nahe der heutigen Grenze zu Weißrussland und nahm es ein. Überall setzte er seine Gefolgsleute als seine Stellvertreter ein. Schließlich kamen sie zu den Kiewer Bergen. Dort verbarg Oleg seine Krieger in Booten und gab sich als Kaufmann auf dem Weg nach Griechenland aus. Oleg und Igor hätten ihn geschickt, die Herren von Kiew möchten doch zu ihm kommen; schließlich sei man miteinander verwandt. Aber als Askold und Dir dem Wunsch entsprachen, sprangen die Krieger aus dem Boot und Oleg sagte: »Ihr seid nicht Fürsten noch von fürstlichem Geschlecht. Aber ich bin von

## Die Wikinger und der Tod

Mit den Bestattungsbräuchen der Wikingerzeit verbindet man zuerst die prächtigen Schiffsgräber, die am Oslofjord in Oseberg und Gokstad gefunden wurden. Deren zahlreiche und wertvolle Beigaben belegen, dass die heidnischen Skandinavier an ein Weiterleben im Jenseits glaubten (vgl. Kapitel 2, S. 44). Aber derartig aufwändige Begräbnisse unter einem Erdhügel waren zweifellos den Angehörigen einer reichen und mächtigen Häuptlingsschicht vorbehalten.

Insgesamt verfuhren die Wikinger mit ihren Toten recht unterschiedlich: Gemäß den Bräuchen ihrer Ahnen verbrannten sie die Leichname – gegebenenfalls mitsamt eines Bootes und weiterer Beigaben einschließlich Tieren und Menschen, was der Araber Ibn Fadlan anschaulich von der Wolga berichtete (siehe Kapitel 5, S. 121). Immer stärker setzte sich jedoch die Körperbestattung durch, die bei einfachen Bauern oder gar Sklaven ohne großen Aufwand ablief. Wenn man es sich leisten konnte, bevorzugte man vielerorts die Aufschüttung eines Grabhügels.

Geradezu sinnbildlich für die Wikinger scheint die Verwendung von Booten und Schiffen gewesen zu sein. Bekanntlich wurden diese mit eingeäschert oder dienten den Toten unverbrannt als symboli-

fürstlichem Geschlecht.« Dann brachte man Igor zu ihm: »Dieser ist Ruriks Sohn.«

Daraufhin erschlugen sie die bisherigen Fürsten Kiews und begruben beide in Grabhügeln. Oleg aber ließ sich als Fürst in Kiew nieder und sprach: »Dies sei die Mutter für die russischen Städte.« Er begründete neue Städte und setzte für die von ihm abhängigen Stämme Tributzahlungen fest; beispielsweise mussten die nordwestlich von Kiew siedelnden Derevljanen je ein schwarzes Marderfell liefern. Mit der Eroberung Kiews wurde Oleg zum eigentlichen Reichsgründer der Rus, bei dessen Konsolidierung der heranwachsende Igor auf manchen Kriegszug ging. Die slawisch-skandinavischen Herrscher von Kiew und Nowgorod standen seit je in engen Beziehungen zum Byzantinischen Reich. Die Kontrolle über die Handelswege traf einen Lebensnerv der Rus und war deshalb heiß umkämpft. Konkurrenten und Feinde gab es in den Wäldern und Steppen Osteuropas zuhauf. Das Chasarenreich schwächelte, wollte sich gegenüber Kiew aber

sches Gefährt. Außerdem kannte man den Brauch, auf Gräbern aufrecht stehende Steine in Bootsform zu errichten. Zahlreiche dieser Schiffssetzungen sind erhalten geblieben, so auf dem riesigen Gräberfeld von Lindholm Høje nahe der norddänischen Stadt Ålborg. Herausragenden Toten gewährte man anscheinend ein besonders eindringliches Ritual: Sie wurden auf einem Boot aufgebahrt, das man in Brand steckte und aufs Meer hinaustreiben ließ.

Unabhängig von der Bestattungsart versahen die vorchristlichen Skandinavier ihre Verstorbenen meistens mit Beigaben. Dazu zählten bei Männern insbesondere Waffen wie Schwert, Axt, Speer, Messer, Schild und Helm sowie Werkzeug. Frauen gab man Schmuck und Haushaltsgeräte mit ins Grab. Dazu kamen bei beiden Geschlechtern Nahrung und Getränke in teils kostbarem Geschirr. Auch Tiere wie Pferde und Hunde hatten ihrem Herrn respektive ihrer Herrin ins Grab zu folgen. Eine Ausnahme war es jedoch offenbar, anlässlich einer Bestattung Menschen – insbesondere Sklavinnen – zu opfern und sie mit beizusetzen; gleichwohl haben sich Berichte und archäologische Spuren davon in Russland, Skandinavien und auf den Britischen Inseln erhalten.

Der Umgang mit den Toten war während der Wikingerzeit einem ständigen Wandel unterworfen. Wie in anderen Bereichen

noch lange nicht geschlagen geben. Ein ständiger Unruheherd stellte das nomadische Steppenvolk der Petschenegen dar, dessen plötzliche Überfälle brandgefährlich waren. Und auch den vermeintlich unterworfenen Stämmen war letztlich nicht zu trauen; das galt insbesondere für die Derevljanen, denen Fürst Igor während eines Kriegszugs 945 zum Opfer fiel.

## Die tatkräftige Regentin von Kiew

Mit dem überraschenden Tod Igors trat seine Frau Olga in den Mittelpunkt, eine Fürstentochter, die für den gemeinsamen noch jungen Sohn Swjatoslaw die Regentschaft übernahm. Die *Nestorchronik* beschreibt die Herrscherin als eine willensstarke und tatkräftige Frau, die für die Thronbesteigung ihres Sohnes die entscheidenden Weichen stellte.

ihrer Kultur griffen die Nordleute fremde Anregungen auf – von westeuropäischen Christen, aus Byzanz, von den heidnischen Steppenvölkern und vielleicht sogar von den Anhängern des Islam.

Für fränkische Einflüsse spricht ein ungewöhnliches Grab, dass um 850 südlich des Handelsortes Haithabu angelegt wurde. Dort bestatteten die Männer eines dänischen Kleinkönigs ihren Herrn gemeinsam mit zwei Gefolgsleuten in einer holzverkleideten Grabkammer. Daneben begruben sie die Pferde der drei Männer. Darüber setzten sie ein 20 Meter langes Schiff und schütteten das Ganze zu einem Hügel auf. Den Toten legte man exquisite Beigaben überwiegend fränkischer Herkunft mit ins Grab: prächtig verzierte Schwerter und weitere Waffen, Schilde, Pferdegeschirr, einen Eimer für Bier, fränkisches Glas und anderes mehr. Der tote Fürst hatte wohl zu jenen Wikingern gehört, die des Öfteren am fränkischen Hof zu Gast weilten und reich beschenkt in ihre Heimat zurückkehrten.

Dass der Däne in Aachen oder Ingelheim nicht zum Christen geworden war, belegen die reichen Beigaben und die beiden Gefolgsmänner, die für ihren Herrn womöglich getötet worden waren. Viel größeren Eindruck schienen auf die Dänen von Haithabu der Reichtum und die Pracht gemacht zu haben, wie sie an den fränkischen

Unmittelbar nach dem Tod des Fürsten befand sie sich jedoch in einer anscheinend schwachen Position. Zumindest glaubte der Fürst der bis dahin feindlichen Derevljanen, er könne der Witwe in Kiew ein Heiratsangebot machen und damit an die Macht kommen. Alsbald begaben sich zwanzig vornehme Männer aus seinem Gefolge mit einem Boot auf den Weg in die Hauptstadt der Rus. Dort wurden sie der nichts ahnenden Fürstin gemeldet und von ihr im Palast empfangen. Die Männer überbrachten ihr die Nachricht, dass ihr Mann Igor erschlagen worden sei, weil er wie ein Wolf bei ihnen gewütet habe. Ihr eigener Fürst aber sei gut und begehre sie nun zur Frau. Nach den Worten der Chronisten nahm Olga dies alles gefasst auf und verwies die Derevljanen auf einen ehrenvollen offiziellen Empfang bei Hofe. Bis dahin sollten sie zu ihrem Boot zurückkehren und dort übernachten. Wenn sie abgeholt würden, sollten sie darauf bestehen, in ihrem Boot hinauf zur Burg getragen zu werden. Ihren eigenen Leuten befahl Olga, im Hof vor dem Palast eine große und tiefe Grube auszuheben.

Höfen herrschten. Diesen Glanz wollte man dem Verstorbenen mit ins Grab geben. Erst 100 Jahre später hatte ein Dänenherrscher mit König Harald Blauzahn das Christentum soweit verinnerlicht, dass er den Leichnam seines Vaters aus dessen heidnischem Grabhügel in die unspektakuläre Grabstätte einer kleinen Kirche überführen ließ.

So vielfältig wie ihre Bestattungsbräuche erweisen sich auch die Jenseitsvorstellungen der Wikinger. Teilweise hing man noch einem sehr altertümlichen Glauben an, der Tote lebe in seinem Grabhügel fort. Falls ihm etwas fehlte, geschah es, dass er als furchteinflößender Wiedergänger durch die Nacht zog. Dagegen halfen nur magische Mittel; manchmal holte man Tote, denen dies nachgesagt wurde, sogar aus den Gräbern und bestattete sie andernorts.

Die Mehrzahl der Verstorbenen sah man ins Reich der Hel ziehen, deren Name im deutschen Wort Hölle fortlebt. Doch die Hel der Wikinger galt nicht als Ort des Schreckens, wo die Verdammten Höllenqualen erwarteten. Man hielt sie lediglich für das triste Heim der Verstorbenen. Später unterschied man noch ein Totenreich der Ertrunken und der in der Schlacht Gefallenen, das berühmte Walhall, dem ein eigener Exkurs gewidmet ist.

Am nächsten Morgen trugen die Kiewer die Gesandten mitsamt ihrem Boot hinauf. Diese brüsteten sich stolz dieser Ehrung, erlebten dann aber eine unerwartete Überraschung. Als man sie vor Olga gebracht hatte, warf man sie kuzerhand mit ihrem Boot in die angelegte Grube. Olga beugte sich hinab und fragte, ob sie ihnen genug der Ehre erweise. Die Botschafter erwiderten, dies erscheine ihnen schlimmer als Igors Tod. Darauf wurden sie vor Olgas Augen in ihrem Boot lebendig begraben.

Doch Olga ließ es dabei nicht bewenden. Sie sandte Boten zu den Derevljanen mit der Nachricht, man möge ihr edle Männer schicken, damit sie mit einem Ehrengeleit beim Fürsten einziehen könne. Der neuerlichen Delegation erging es nicht besser als der vorherigen. Dieses Mal lud man die Männer in ein Badehaus ein, verschloss es und legte Feuer, sodass sie alle umkamen. Schließlich übermittelte Olga den Derevljanen eine weitere Botschaft, dass sie sich nun auf den Weg zu ihnen mache. Man möge viel Met zubereiten, damit sie am Grab ihres Mannes Totenklage halten könne. Olga zog mit einem kleinen Gefolge eilig dorthin und hielt die besagte Totenklage. Anschließend ließ sie einen großen Grabhügel aufschütten und ordnete eine dem Fürsten würdige Totenfeier an. Die Derevljanen setzten sich nieder, um mitzutrinken und wurden auf Geheiß Olgas von den jungen Kiewer Kriegern bedient. Als sie stark angetrunken waren, befahl die Fürstin ihren Kriegern, mit ihnen um die Wette zu trinken. Bald waren die Gäste vollends berauscht – da griffen die Rus zu ihren Waffen und schlugen angeblich 5 000 Derevljanen tot. Olga reiste nach Kiew zurück und rüstete einen Kriegszug gegen den restlichen Stamm.

So zogen die Rus gegen die Derevljanen und Olga nahm Swjatoslaw mit, der noch ein Kind war. Als die Heere aufeinander trafen, warf der junge Fürst den ersten Speer. Da riefen seine Heerführer, man möge es dem Fürsten nachtun: »Auf Gefolgschaft! Tapfer dem Fürsten nach!« Die Feinde wurden besiegt und flüchteten in ihre Städte, in denen sie sich verschanzten. Olga wollte sich vor allem an der Stadt rächen, deren Bewohner ihren Mann erschlagen hatten. Nach längerer Belagerung ließ sie Feuer an die Holzbauten legen und die daraus Fliehenden gefangen nehmen. Einen Teil befahl sie zu töten, einen anderen übergab sie ihren Männern als Sklaven und den dritten ließ sie frei, legte ihm jedoch hohe Tributzahlungen auf. Dann unterwarf sie das ganze Land der Derevljanen.

Auch wenn die Überlieferung manche Episode um diese Ereignisse sagenhaft ausgeschmückt hat, verdeutlichen sie doch die Resolutheit

Olgas. Durch ihr bedingungsloses Vorgehen gegen Widerstand leis-
tende Stämme stärkte sie das noch junge Reich der Rus. Für dessen
Zusammenhalt sorgte sie, indem sie nach Nowgorod zog und dort
Präsenz zeigte; außerdem bestimmte sie überall im Land die Tributzahlungen, die an Kiew und seine Vertreter zu leisten waren.

Olga erwies sich noch in anderer Hinsicht als Wegbereiterin zu-
künftiger Entwicklungen. Zehn Jahre nach dem Beginn ihrer Regentschaft reiste sie nach Konstantinopel. Dort mag es um die für die
Rus so wichtigen Handelsbeziehungen und andere politische Fragen
gegangen sein. Jedenfalls soll Olga mit dem Kaiser selbst verhandelt
haben, der angeblich auf sie ein Auge warf und ihr die Ehe anbot – was
die Kiewer Fürstin selbstbewusst ablehnte. Aber sie entschied sich am
Bosporus dafür, zum Christentum zu konvertieren, sich taufen zu lassen und den Taufnamen Helena anzunehmen. Diese Entscheidung traf
sie allein für sich; die Rus hielten an ihrem überlieferten heidnischen
Glauben fest – dem slawischen wie dem skandinavischen. Doch Olgas
Entscheidung öffnete ihr Reich der neuen Religion, die nach einigen
Jahrzehnten endgültig Einzug in Kiew und Nowgorod halten sollte.

## Wikinger vor Konstantinopel,
## Wikinger in Konstantinopel

Der Name Konstantinopels, der Hauptstadt des Oströmischen respektive Byzantinischen Reiches, hatte für die Wikinger einen geradezu magischen Klang. Die Metropole am Bosporus galt ihnen als die
Stadt schlechthin, dementsprechend nannte man sie in Skandinavien
Miklagard (»die große Stadt«).

Wann die ersten Nordleute die Kuppeln dieser Weltstadt des frühen Mittelalters vor sich auftauchen sahen, ist ungewiss – spätestens
waren es jene Wikinger, die mit den byzantinischen Gesandten 839
den weiten Umweg über Ingelheim und Kaiser Ludwig den Frommen
machten. Danach wurde Konstantinopel für Jahrhunderte im Norden zum Inbegriff für Reichtum und Luxus. Bis ins ferne abgelegene
Island drang dessen Ruhm; so mancher Reisende aus dem Nordatlantik, der die Stadt der Städte besuchte, ließ es sich nicht nehmen, in
prächtigsten Seidengewändern heimzukehren.

Dort wusste er dann am Hallenfeuer ganz Unglaubliches zu erzählen: Die Stadt lag auf einer Landzunge des europäischen Bospo-

rusufers, zwischen dem Marmarameer im Süden und dem Goldenen Horn im Norden. Die einzige Landverbindung im Westen schützten über acht Kilometer lange Steinmauern, selbst die Ufer wurden von beeindruckenden Befestigungswerken beschirmt. Der Isländer verlief sich im Gewirr der grandiosen Prachtstraßen, großen Plätze und überbordenden Märkte, auf denen Waren aus aller Welt feilgeboten wurden. Er streifte voll Erstaunen und Bewunderung an den glanzvollen Palästen des Kaisers und der Adligen vorbei, an Hunderten von Kirchen und an Klöstern, an den Häfen, öffentlichen Bädern und Vergnügungsstätten. Niemand nahm ihn dabei wahr, denn Konstantinopel war eine internationale, multikulturelle Stadt, deren bis zu einer halben Million Einwohner nicht nur aus der griechischen Führungsschicht, sondern auch aus Bulgaren, Juden, Armeniern, Syrern, Italienern und vielen anderen bestanden.

Die Adligen und reichen Kaufleute führten ein Leben in Reichtum und Luxus, in Palästen aus Marmor und Mosaiken, geschmückt mit Wandmalereien, voll von edlen Teppichen, kunstvollen Möbeln und erlesenem Tafelservice aus Gold und Silber. Selbst die Armen erhaschten den Glanz dieser Welt mit ihren kirchlichen Prozessionen, Empfängen und öffentlichen Spielen, die mit subventioniertem Brot ihrer Beruhigung dienten. Im Umfeld des kaiserlichen Palastes erhoben sich unvergleichliche Bauwerke, die dem geistlichen wie dem sinnlichen Wohl dienten: Unter der mächtigen Kuppel der Hagia Sophia, der Kirche der Heiligen Sophia, verstummten im Lichte der Ampeln und Kerzen selten die Gesänge. Im nahen Hippodrom, der Rennbahn, fanden vor 30000 Zuschauern Wagenrennen und Zirkusspiele statt, dort wurde offiziell der neue Kaiser vom Volk bestätigt.

Die Herrscher und Einwohner der Metropole sahen sich als die einzigen Vertreter des Römischen Reiches und waren überzeugt, dass ihnen niemand gleichgeordnet war. Mit solchem gleichbleibendem Selbstbewusstsein ertrugen sie herbe Gebietsverluste ihres Reiches und sogar Belagerungen ihrer Stadt durch feindliche Flotten und Heere. Und in der Tat sollten noch Jahrhunderte vergehen, bis Konstantinopel erstmals fiel. Zur Zeit der Wikinger befand sich die Stadt auf dem Zenit, woran die Nordleute partizipierten – etwa wenn sie für Sklaven und Pelze begehrtes Handelsgut eintauschten wie Seidenstoffe und Stickereien, Wein, Gewürze und edle Geschmeide.

Die Wikinger aus Skandinavien knüpften fast ausschließlich über die Dnjeprroute und das Reich der Rus ihre Beziehungen zu Byzanz. Die Rus selbst pflegten ein recht ambivalentes Verhältnis zu der Großmacht am Bosporus. Entweder verhandelten sie auf friedlichem Wege mit dem Kaiser Ostroms oder sie schickten eine ganze Flotte vor dessen Mauern – womit sie in ihrer Unberechenbarkeit den Wikingern in Westeuropa in nichts nachstanden.

Erstmals tauchten bereits um 860 die Gefolgsmänner Ruriks, Askold und Dir, vor Konstantinopel auf – mit immerhin 200 Schiffen, die nahezu 8000 Krieger beförderten. Nach der Überlieferung kam es jedoch zu keiner großen Schlacht, weil Kaiser und Patriarch um göttlichen Beistand baten, worauf ein Sturm die Schiffe der »gottlosen Rus« vernichtete.

Fast ein halbes Jahrhundert später zog Fürst Oleg mit Warägern, Slowenen und Kriegern anderer slawischer Stämme gegen Konstantinopel. Aber deren Verteidiger hatten allseits Vorbereitungen getroffen und nicht nur die Mauern besetzt, sondern auch noch die Meerenge mit Ketten gesperrt, sodass der Spielraum der Rus stark eingeschränkt war. Oleg ließ daraufhin die Schiffe an Land ziehen und seine Krieger verheerten das Land rings um die Stadt. Sie töteten viele Einwohner, zerstörten die Paläste und setzten Kirchen in Brand. Ihre Gefangenen machten sie nieder, manche erschlugen sie, andere wurden gefoltert, dritte erschossen und wieder andere ins Meer geworfen. Die *Nestorchronik* berichtet, dass Oleg die Schiffe auf Räder stellen und die Segel setzen ließ. Als Wind aufkam, fuhren sie auf diese Weise gegen die Stadt. Das dem Erfolg beschieden gewesen wäre, darf bezweifelt werden.

Die Griechen sollen Tributzahlungen angeboten haben. Beide Parteien schlossen im Jahre 912 einen Friedensvertrag, an dem offenkundig auch Skandinavier beteiligt waren. Den Anfang des Textes prägen wortreiche Formulierungen wie sie bis heute der Diplomatensprache eigen geblieben sind – ohne dass sie Vertragstreue garantierten: »Wir vom Rus-Volk, die Gesandten Olegs, des großen Rus-Fürsten, und aller ihm unterstehender erlauchten Fürsten an euch, die großen, in Gott herrschenden Selbstherrscher, die griechischen Zaren, zur Aufrechterhaltung und Bekanntmachung der Liebe, die nach dem Willen unserer großen Fürsten und auf den Befehl unseres erlauchten Fürsten und im Namen aller ihm unterstehenden Leute der Rus seit vielen Jahren zwischen den Christen und den Rus besteht. Unsere Erlaucht, die mehr als alles anderes wünscht, diese unsere Liebe zwischen den Christen und den Rus in Gott aufrechtzuerhalten und kundzumachen, haben es schon des Öfteren für recht erachtet, nicht nur mit Worten, sondern auch in schriftlicher Form und durch unverbrüchlichen Eid, bei unseren Waffen schwörend, diese Liebe zu bekräftigen und kundzutun, gemäß unserem Glauben und unserer Religion ... Zu allererst wollen wir Frieden schließen mit euch, den Griechen, wollen einander lieben von ganzer Seele und ganzem Gemüt und nicht zulassen, soweit es in unserer Macht steht, dass von einem der uns unterstehenden erlauchten Fürsten irgendein Ärgernis oder ein Vergehen geschehe, sondern wir wollen nach Kräften bestrebt sein, die Liebe zu euch, den Griechen, die wir durch unser Bekenntnis und durch Niederschrift mit Schwur kundgetan haben, in den kommenden Jahren und immerdar unabänderlich und unantastbar zu bewahren.«

Derartige vollmundige Bekundungen hielten bekanntermaßen nicht lange und konnten auf Dauer erneute Feldzüge nicht verhindern. Knapp drei Jahrzehnte nach Abschluss des Friedensvertrages tauchte Fürst Igor mit sage und schreibe 1 000 Schiffen vor den Mauern Konstantinopels auf. Doch wiederum hatte sich die kaiserliche Metropole bestens gerüstet und trotzte souverän den Angreifern aus dem Norden. Diese erhielten erst gar keine Möglichkeit, die starken Mauern am Bosporus ins Wanken zu bringen. Und dieses Mal setzten die byzantinischen Heerführer ihre gefürchtete Geheimwaffe ein – das so genannte griechische Feuer. Die leicht entzündbare Mischung aus Erdöl und Schwefel hatte man in Ostrom erfunden und mit ihrer verheerenden Wirkung für sich zu nutzen gewusst. Ließ man sie aufs Wasser fließen und entzündete sie dann, erzeugte man ein wahres Flammeninferno, dem kein Schiff zu entfliehen vermochte.

Dementsprechend erging es auch den Rus. Die Verteidiger von Konstantinopel hatten mehrere Schiffe mit Katapulten versehen, mit denen sie Brandfackeln auf die Feinde schleuderten. Nach den Worten eines Augenzeugen erblickten die überrumpelten Rus plötzlich die Flammenwand vor sich und sahen bereits ihre Schiffe brennen. Sie sprangen panisch über Bord; viele wurden vom Gewicht ihrer Brustpanzer und Helme hinabgezogen und ertranken, andere kamen im griechischen Feuer um. Die Überlebenden, derer man habhaft wurde, ließ der Kaiser enthaupten. Nur ein Teil der Flotte entkam, machte dann aber aus dem Debakel das Beste. Bevor die Rus die Heimfahrt antraten, plünderten sie die weniger geschützten südlichen Küsten des Schwarzen Meeres.

Im Laufe der folgenden Jahrzehnte wussten die geschickten byzantinischen Diplomaten die Rus mit Bündnissen und Geschenken friedfertiger zu stimmen. Die Annahme des Christentums festigte zudem die Beziehungen mit Konstantinopel und dessen Einfluss in Kiew. Schließlich schickte man von dort sogar skandinavische Krieger zum Kaiserhof, wo diese als Söldner zu den tapfersten Soldaten am Bosporus zählen sollten.

## Wikinger in Bagdad?

Wenn das Byzantinische Reich auch das Hauptziel der Warägerroute von der Ostsee bis ins Schwarze Meer war, so lockte daneben die arabische Welt. Dort verfügte der Kalif von Bagdad über reiche Silbervorkommen, vor allem in Afghanistan. Die daraus geprägten Münzen galten den Wikingern als ungemein erstrebenswert; über 80 000 hat man davon in Skandinavien gefunden – obwohl der größte Teil eingeschmolzen und zu Barren gegossen oder zu Schmuck verarbeitet wurde. Deshalb strebten die Nordleute intensive Handelskontakte mit arabischen respektive islamischen Händlern an. Bulgar war dafür ein wichtiger Marktplatz, doch zog es die Männer aus Skandinavien weit darüber hinaus in den Süden. In der chasarischen Residenz Itil und an den Küsten des Kaspischen Meeres ließen sich gute Geschäfte mit den edlen Pelzen aus Finnland und Nordrussland machen.

Weiter landeinwärts mag es in Karawansereien zu denkwürdigen Treffen der Wikinger mit Männern aus dem Osten gekommen sein, die über die Seidenstraße Handelsware aus China hierher brachten. Die chinesische Seide hat nachweislich ihren Weg bis ins mittelschwedische Birka gefunden. Darüber hinaus kam es angeblich vor, dass sich Rus auf Kamele setzten und bis nach Bagdad am Tigris reisten. Dort kreuzten sich die bedeutendsten Karawanenwege und machten die erst 762 gegründete Hauptstadt der Abbasidendynastie zu einem blühenden Markt, in dem ganze Industrien Seide, Baumwollstoffe, Glas, Waffen und vieles andere produzierten. Auch im Menschengetümmel dieser Metropole verloren sich die Männer vom Dnjepr oder aus Schweden. Sie hatten europäische Sklaven bei sich, die des Arabischen mächtig waren und als Dolmetscher fungierten. Wie weit diese Reisenden wirklich gelangten und ob sie in Zentralasien oder gar in chinesischen Städten Handel trieben, bleibt ungewiss. Sicher ist: Wikinger wie Araber schätzten sich gegenseitig als Geschäftspartner.

Darüber hinaus aber lernten die Anwohner des Kaspischen Meeres und sogar der Gebirgstäler des Kaukasus die Rus als Krieger kennen und fürchten. Diese unternahmen in jene Regionen keine ständigen Expeditionen, die mit den Wikingerzügen in Westeuropa vergleichbar wären. Allerdings trieben sie dort mehrmals ihr Unwesen und verbreiteten dabei soviel Angst und Schrecken, dass ihre Überfälle in der Erinnerung haften blieben.

Nach dem arabischen Schriftsteller al-Masudi plünderten die Rus im Jahre 912 an den Ufern des Kaspischen Meeres auf verheerende Weise. Er vermutet wohl zu recht, dass ihre Flotte von 500 Schiffen die Wolga herunterkam. Dann mussten sie allerdings an Itil vorbei und damit regelrecht vor den Augen des Kagans der Chasaren, der bekanntlich mitten im Fluss residierte. Folglich tolerierte er zumindest den Angriff auf die muslimischen Anrainer des Binnenmeeres – entweder erschienen ihm die Rus zu stark oder er versprach sich einen Anteil an ihrer Beute!

Jedenfalls gelangten die Invasoren unbehelligt ins Kaspische Meer. Dort verteilten sich die Schiffe mit jeweils 100 Mann an Bord an allen Küsten, wo die Krieger auf Raubzug gingen. Blut hätten sie vergossen, Frauen und Kinder geraubt, geplündert und Scharen ins Landesinnere geschickt, um weithin alles zu verheeren. Die Völker rundum erfüllte Schrecken, denn niemals vorher war ein Feind auf diesem Wege zu ihnen gekommen. Sie selbst kannten nur schwerfällige Handelsschiffe und Fischerboote, aber nichts, was den Wikingerschiffen vergleichbar war. So konnten die Rus auch unbehelligt Baku in Aserbeidschan angreifen und dort plündern und brandschatzen.

Danach zogen sie sich auf einige Inseln in Küstennähe zurück. An den Ufern rüsteten sich die Überfallenen und bestiegen ihre dafür denkbar ungeeigneten Schiffe und Boote, um die Feinde zu vernichten oder in die Flucht zu schlagen. Doch es kam anders: Die Rus griffen erneut an, al-Masudi erwähnt, Tausende von Muslimen seien erschlagen worden oder ertrunken.

Nach diesem sicheren Sieg blieben die Rus noch etliche Monate auf ihren Stützpunkten und verunsicherten die Küsten des Kaspischen Meeres. Dann fuhren sie in die Wolgamündung zurück und brachten dem Chasarenkönig angeblich seinen Anteil an der Beute. Doch die Muslime in seinem Reich wollten die Tolerierung der Plünderer und Totschläger ihrer Glaubensbrüder nicht hinnehmen. Und der Kagan konnte sie um des innenpolitischen Friedens willen nicht von militärischen Maßnahmen abhalten. Er soll aber die Rus zumindest vor dem Angriff gewarnt haben. Diese jedoch waren sich ihres Sieges gewiss: Deshalb verließen sie ihre Schiffe und stellten sich in Schlachtordnung dem muslimischen Heer entgegen. Dessen Kämpfer wurden von Christen aus Itil unterstützt, sodass sie es gemeinsam auf 15 000 Mann brachten, die mit Pferden und Ausrüstung versehen waren. Der erbitterte Kampf zog sich über drei Tage hin und endete mit einem großen Sieg des muslimisch-christlichen Heeres. Dieses Mal waren sich die Rus zu sicher gewesen und hatten zu hoch gepokert, anstatt das Weite zu suchen: Tausende fanden den Tod, 5 000 Männer entkamen auf ihren Schiffen.

Mehr als dreißig Jahre später unternahmen die gefürchteten Ruskrieger einen weiteren Zug über das Kaspische Meer, der sie bis in das Kaukasusgebiet führte. Dort zogen sie vor eine große Stadt und bereiteten deren Belagerung vor. Als ein muslimisches Heer sich ihnen entgegenstellte, ließen sich die Männer aus dem Norden auf eine Feldschlacht ein, bei der sie einen überragenden Sieg errangen. Damit waren ihnen die Bewohner der Stadt schutzlos ausgeliefert. Den Eroberern lag jedoch offenkundig daran, sich pragmatisch zu geben: Ihnen gehe es nicht um die Religion, sondern einzig und allein um militärische Macht und Beute. Daraufhin soll ein Teil der Einwohner die Rus sogar im Kampf gegen anrückende muslimische Heere unterstützt haben. Wahrscheinlich bekämpften sich die einheimischen Herrscher untereinander und versuchten sich der Rus vorübergehend als Verbündete zu bedienen – ähnlich wie im zerfallenden Frankenreich des 9. Jahrhunderts.

Den Rus schien allerdings an Bündnissen nicht gelegen zu sein, sondern nur an reicher Beute. Selbst von den zeitweiligen Mitkämpfern forderten sie Geiseln, mit denen sie sich in der Stadtfestung verschanzten. Dort erhoben sie Lösegeldforderungen, die ein Christ den muslimischen Belagerern übermittelte und die ihnen auch gezahlt wurden. Auf diese Weise gelang es ihnen nach Wikingerart, trotz der Belagerung Beute zu machen. Auch behielten sie etliche Frauen aus der Stadt »zur Befriedigung ihrer Lust« und als Sklavinnen bei sich.

In der Zwischenzeit entwickelte sich ihre Lage jedoch bedrohlich, weil die Belagerer immer mehr Zulauf erhielten und ein Heer von angeblich 30 000 Mann versammelt hatten. Trotz dieser feindlichen Übermacht trugen die Rus in mehreren Schlachten den Sieg davon, bis schließlich viele von ihnen Opfer einer Epidemie wurden. Derart geschwächt, gerieten sie in einen Hinterhalt und verloren zahlreiche Kämpfer. Die Überlebenden konnten die Stadt nicht mehr halten und unternahmen einen Fluchtversuch. Einem Teil gelang es, mit den erbeuteten Schätzen zu den Schiffen zu entkommen.

Trotz dieser schlechten Erfahrungen mit den Kriegern aus dem Norden priesen die Muslime deren Kampfmoral: Sie seien ein mächtiges Volk, deren Krieger Mut zeigten und durch großen Körperbau beeindruckten. Als Fußkämpfer stellten sie sich dem Feind mit Speer, Schwert und Schild entgegen und kämpften bis zum letzten Mann. Ein arabischer Chronist bringt dafür ein bezeichnendes Beispiel: Fünf ihrer Kämpfer, darunter ein bartloser Jüngling, ein Häuptlingssohn, seien von den muslimischen Kriegern umzingelt worden. Obwohl ihre Situation ausweglos war, ergaben sie sich nicht, sondern kämpften weiter und töteten viele Feinde. Als letzter blieb nur noch der Jüngling übrig – er kletterte auf einen Baum, wo er sich mit einem Dolch erstach.

Bei den Rus wie bei den Warägern paarten sich demnach pragmatischer Geschäftssinn mit skrupelloser Beutegier und kriegerischer Tapferkeit. Die Araber lernten sie als Händler und Krieger kennen, als Männer, die geschätzt und gefürchtet wurden – bis schließlich im Laufe des 11. Jahrhunderts die Kontakte mit der muslimischen Welt immer sporadischer wurden. Das lag vor allem daran, dass deren Silberminen erschöpft waren.

## Das Reich der Rus

Um das Zentrum des Kiewer Burghügels konsolidierte sich derweil das Reich der Rus, auch wenn ihm viele Jahrzehnte blutiger Kriege und Bruderkämpfe beschieden waren. Letztlich erstreckte sich dieser frühmittelalterliche Staat von der Ostsee und dem Ladogasee der Flussachse des Dnjepr folgend bis zum Schwarzen Meer und östlich Polens bis weit über Moskau hinaus zur Wolga. Das vorübergehend bedeutende skandinavische Element nahm dabei immer mehr ab, was insbesondere an der Dynastie der Rurikiden deutlich wurde. Ursprünglich aus Schweden stammend, slawisierten sie sich innerhalb weniger Generationen – ähnlich wie sich die Normannen in Frankreich assimilierten. Zugleich bestanden enge Verbindungen mit Skandinavien; dessen Händler benutzten eifrig die Flussrouten nach Süden und schwedische wie andere nordeuropäische Kriegersöldner genossen auch in Russland und der Ukraine einen hervorragenden Ruf. Ihre große Zeit sollte im 11. Jahrhundert erst noch kommen.

Das große und ungefestigte Reich der Rus hatte Feinde genug, die sich einerseits einer Eroberung widersetzten und andererseits selbst die Städte und Siedlungen im Dnjeprgebiet angriffen. Diese Erfahrung musste Fürst Swjatoslaw machen, der Sohn der energischen Olga. Er unternahm Kriegszüge nach allen Himmelsrichtungen und griff unter anderem die Bulgaren im Donaugebiet und Byzanz an. Erfolg war ihm vor allem im Kampf mit den Chasaren beschieden, dessen einst mächtiges Reich er entscheidend schwächte. Damit schnitt er sich unbedacht ins eigene Fleisch, denn deren Herrschaft hatte oftmals als Schutz vor den Steppenvölkern gedient. Diese griffen nun umso vehementer an.

Im Jahre 968 gelang es den Petschenegen, Kiew an den Rand der Übergabe zu bringen, während Swjatoslaw sich auf einem Kriegszug befand. Seiner betagten Mutter Olga blieb nichts anderes übrig, als sich mit ihren drei Enkeln in der Stadt einschließen zu lassen. Die Petschenegen umzingelten sie mit einem großen Heer, sodass Kiew weder verlassen noch betreten werden konnte. Deshalb erreichte den Fürsten auch keine Nachricht, die um seine sofortige Hilfe bat. Und die wurde bitter benötigt, denn die Menschen in Kiew litten Hunger und Durst. Auf der anderen Seite des Dnjepr hatten sich zwar Hilfstruppen versammelt, aber die wussten nicht, wie es um die Einwohner der Hauptstadt stand. Denen war inzwischen klar geworden, dass sie sich am nächsten Tag ergeben mussten, wenn keine Hilfe käme.

Nach der Überlieferung fasste sich ein junger Krieger ein Herz und lief mitten durch den Ring der Belagerer, indem er deren Sprache verwendete und sich somit als Petschenege ausgab. Erst als er in den Fluss sprang und zum anderen Ufer schwamm, erkannten sie seine List. Doch ihre Pfeile und Speere konnten ihm da nichts mehr anhaben. Die Rus am anderen Ufer kamen ihm mit einem Boot entgegen, nahmen ihn auf und brachten ihn zum Heer. Dessen Führer erfuhr nun von der Not der Stadt und der großen Gefahr, in der Mutter und Enkel des Fürsten schwebten.

Bei Tagesanbruch setzten sie mit den Booten über den Dnjepr und bliesen zum Angriff, woraufhin auch die Leute in der Stadt ihr Kampfgeschrei ertönen ließen. Da glaubten die Petschenegen, Fürst Swjatoslaw sei mit seinem Heer angekommen; sie lösten den Belagerungsring auf und zogen sich zurück. Olga und ihre Enkel konnten in Sicherheit gebracht werden. Als schließlich ihr Sohn von dem Einfall der Petschenegen hörte, kehrte er mit seinen Kriegern sofort zurück und vertrieb die Eindringlinge aus seinem Reich.

Bezeichnenderweise ereilte den kriegerischen Fürsten Swjatoslaw vier Jahre später das Schicksal durch die Petschenegen. Reich beladen mit den Geschenken der Byzantiner war er mit einer kleinen Gefolgschaft auf der Heimreise nach Kiew. Obwohl man ihn gewarnt hatte, die Petschenegen wollten ihn an den berüchtigten Stromschnellen des Dnjepr überfallen, entschied er sich für den gefährlichen Flussweg. Darüber berichtet die *Nestorchronik*: »Swjatoslaw zog zu den Stromschnellen und Kurja, ein Fürst der Petschenegen, überfiel ihn. Und sie erschlugen den Swjatoslaw, und sie nahmen seinen Kopf, und aus seinem Schädel machten sie einen Pokal, indem sie den Schädel umschmiedeten, und sie tranken aus ihm.«

In den darauf folgenden fast 100 Jahren erschütterten und schwächten immer wieder Bruderkriege das Reich der Rus, in denen sich die feindlichen Parteien oftmals Unterstützung von Söldnern aus Skandinavien holten. Das galt zum Beispiel für Swjatoslaws Sohn Wladimir (Volodimer), der vor den Familienfehden nach Schweden fliehen musste. Von dort kehrte er mit Warägern nach Nowgorod zurück. Sie halfen ihm zuerst, eine Fürstentochter zur Frau zu gewinnen – wofür deren Vater und ihre Brüder im Kampf umkamen. Anschließend schloss Wladimir seinen bis dahin herrschenden Bruder in Kiew ein und führte Verhandlungen mit dessen Partei. Als dieser floh, verfolgte er ihn, belagerte ihn erneut und lud ihn schließlich zu einem Friedensgespräch, das für den Bruder wie folgt endete: »Als er in die Tür eintrat, stießen ihn zwei Waräger mit ihren Schwertern von unten in die Brust.«

Auf diese Weise gewann Wladimir 980 die Alleinherrschaft über die Rus. Wenig später lernte er indes die Unberechenbarkeit der Wikingersöldner kennen. Sie traten vor den Fürsten und forderten die Herrschaft über Städte und Bezahlung für ihre Leistungen. Wladimir verfiel auf die Idee, den größten Teil von ihnen – immerhin einige 1 000 Mann – nach Konstantinopel zu schicken; dort sollten sie dem Kaiser ihre Dienste anbieten.

Nach 35 Regierungsjahren starb Wladimir, sein Sohn Jaroslaw griff erneut auf die Hilfe nordeuropäischer Söldner zurück. Die Ereignisse wiederholten sich: Wie sein Vater fuhr er nach Schweden, um Waräger anzuwerben. Mit bis zu 1 000 Mann als Unterstützung seiner slawischen Truppen schlug er mehrere blutige Schlachten gegen seine Brüder. Von einem besonders auffallenden Skandinavier weiß die *Nestorchronik* zu berichten: Dieser Mann namens Jakun habe sich 1024 mit seinen Männern anwerben lassen, um Jaroslaw im Kampf gegen einen seiner Brüder beizustehen. Er sei blind gewesen und habe einen golddurchwirkten Mantel getragen. Dieses wertvolle und auffallende Kleidungsstück hatte der Waräger sicherlich in Konstantinopel erworben. Stolz war er damit in seine skandinavische Heimat zurückgekehrt, denn prächtige Kleidung aus dem Süden galt dort sehr prestigeträchtig.

Nun tat sich der blinde Jakun mit dem Herrscher der Rus zusammen und zog mit ihm gegen den Feind. Der Abend nahte bereits, als auf beiden Seiten noch die Schlachtreihen aufgestellt wurden. Den Warägern wies man eine Schlüsselposition zu – ganz vorn, genau gegenüber der feindlichen Kämpfer des Sewerjanen-Stammes. In der Nacht kam es unter Donner, Blitz und Regen zu einer denkwürdigen Schlacht, bei der Waräger und Sewerjanen in vorderster Linie aufeinander trafen. Aber offensichtlich taten sich die Krieger aus Skandinavien schwer damit, mitten in der Nacht den Feind niederzuringen. Schließlich griff sie auch noch Jaroslaws Bruder mit seinem Gefolge an: Speere, Schwerter und Schilde prallten aufeinander und wenn es blitzte, glänzten die Waffen auf. So beleuchtete ein schweres Gewitter eine heftige, schreckliche Schlacht. Jaroslaw erkannte, dass seine Sache verloren war. Auf der Flucht folgte ihm der blinde Waräger Jakun, der dabei seinen goldenen Mantel verlor. Und während Jaroslaw nach Nowgorod zog, kehrte Jakun mit seinen überlebenden Kriegern nach Schweden zurück.

Trotz allem blieb Jaroslaw letztlich Sieger und ging unter dem Beinamen der Weise in die Geschichte des Rus-Reiches ein, das er bis 1054 regierte. Obwohl er mit den skandinavischen Königshäusern verwandtschaftliche Beziehungen knüpfte und so mancher Thronaspirant der Wikingerreiche an seinem Hof weilte, gingen die Rus doch ihren eigenen Weg. Die Weichenstellung dafür hatte schon Fürst Wladimir gestellt, als er sich entschied, dem Heidentum zu entsagen. Angeblich ließ er sich von Muslimen, deutschen Katholiken, Juden und orthodoxen Christen aus Byzanz deren Glaubensgrundsätze vortragen, um sich schließlich für das Christentum aus Konstantinopel zu entscheiden. Damit schrieb er Weltgeschichte, denn Russland ist über ein Jahrtausend bis heute dem christlich-orthodoxen Bekenntnis treu geblieben. Wladimir ließ auch als erster Herrscher Baumeister aus Byzanz kommen und beauftragte sie mit dem Bau einer Kirche.

Unter Jaroslaw breitete sich die neue Religion unaufhaltsam aus: Kirchen wurden geweiht, Priester ins Land geholt und Mönchsklöster wurden vielerorts gegründet. Nach dem Vorbild Konstantinopels

*f  u  th  a  r  k    h  n  i  a  s    t  b  m  l  R*

Die 16 Zeichen umfassende Runenreihe des jüngeren Futhark, die die Skandinavier seit dem 7. und 8. Jahrhundert entwickelten.

begann der Herrscher 1037 in Kiew mit dem Bau der Sophienkathedrale, die für viele Jahrhunderte das Vorbild aller russischen Kirchen abgab. Als die Rus zu Russen geworden waren, hatte der schon lange schwindende skandinavische Einfluss endgültig aufgehört. Aber selbst den Nordleuten im fernen Island hatte sich ein Bild eingeprägt: Bei den Rus und ihren Herrschern konnte so mancher Krieger sein Glück machen und womöglich wie der blinde Jakun mit einem golddurchwirkten Mantel heimkehren.

## Der Schwede Ingvar und die Abenteuerfahrt ohne Wiederkehr

Als man in Kiew mit dem Bau der Sophienkathedrale begann, begaben sich in Schweden noch einmal Wikinger auf eine Expedition in den Süden – einer der letzten Höhepunkte der Wikingerzeit, an

### Die Runen

Die heidnischen Skandinavier des frühen Mittelalters benutzten nicht das mit dem Christentum verbundene lateinische Alphabet; sie verfügten mit den Runen über eigene Schriftzeichen. Deren Gebrauch war seit mehr als 600 Jahren im Norden üblich und reichte in Zeiten zurück, als die Runenschrift bei den germanischen Stämmen weit verbreitet war. Ursprünglich hatten sie findige Germanen nach dem Vorbild mediterraner Alphabete erfunden.

Aber die Runen eigneten sich nicht zur Aufzeichnung längerer Texte, sondern waren für Inschriften gedacht. Um sie möglichst leicht in Holz, Knochen, Metall und Stein einritzen oder meißeln zu können, bestanden sie aus senkrechten Strichen, die man mit kleinen Schrägstrichen kombinierte. Die Wikinger verkürzten die

den man sich im Norden noch lange erinnerte. Jahrhunderte später erzählte man sich auf Island die Saga vom Helden jenes denkwürdigen Unternehmens, der unter dem bezeichnenden Namen Ingvar der Weitgereiste Berühmtheit erlangte. Im Laufe der Zeit hatte man aus dessen historischer Gestalt eine Sagenfigur gemacht, die auf ihrer Fahrt Abenteuer mit Riesen und Drachen bestehen musste. Entsprechend wenig weiß man von den tatsächlichen Ereignissen – die für die meisten Expeditionsteilnehmer zu einer Fahrt ohne Wiederkehr wurden.

Bezeugt ist, dass sich im Jahre 1036 eine Flotte von 30 Schiffen auf dem Mälarsee unweit Stockholm zusammenfand. Das Unternehmen führte Ingvar an, ein junger Mann Anfang zwanzig, der

Der Runenstein von Rök im schwedischen Östergötland enthält mit ca. 750 Zeichen die längste bekannte Runeninschrift (um 800 n. Chr.). Die teilweise rätselhaften Runen erwähnen den Ostgotenkönig Theoderich (Dietrich von Bern).

24 gebräuchlichen Zeichen auf 16 – und schufen damit die Runenreihe des so genannten jüngeren Futhark, dessen Bezeichnung sich aus den Lautbedeutungen der ersten sechs Zeichen ergibt (th entspricht dem Laut des englischen »th«). Während die Runen unter den christianisierten Germanen wie den Franken und Alamannen nicht mehr verwendet wurden, erlebten sie im Skandinavien der Wikinger ihre eigentliche Blütezeit. Dort galt der höchste Ase Odin als Gott der Runenkenntnis und der mit ihr verbundenen Magie.

Denn ein Runenzeichen repräsentierte nicht nur einen oder mehrere Laute, sondern konnte auch eine magische Bedeutung haben. So drückte die Ritzung der f-Rune, die für Reichtum und Besitz stand, den Wunsch nach Glück aus, während die th-Rune (für die Thursen genannten Riesen) Unheil aller Art bewirken sollte. Doch trotz der Runenmagie und obwohl das Wort Rune ursprünglich »Geheimnis«

Der Runenstein nahe des Schlosses Gripsholm in Schweden ist der bekannteste jener Steine, die im Gedenken an die Toten und Vermissten der Expedition Ingvars des Weitgereisten errichtet wurden.

wahrscheinlich aus der Königssippe der Svear stammte. Überall in Mittelschweden ließ er Männer ausheben, die mit ihm und seinem Bruder Harald ins Reich der Rus und womöglich darüber hinaus fahren sollten. Sie wollten – wie auch immer – Reichtum und Ruhm erwerben: indem sie sich in Kiew oder Konstantinopel als Söldner verdingten, indem sie die slawischen Stämme oder die Muslime am Kaspischen Meer überfielen und ausplünderten oder indem sie einfach Handel trieben. Wie weit Ingvars Vorstellungen gingen, ist nicht bekannt. Seine Männer lockten viel versprechende Aussichten.

Die Flotte der Drachenboote machte sich auf den Weg durch die Schären und über die Ostsee zum Ladogasee, um der altbekannten Route über die Flüsse zu folgen.

bedeutete, dienten die Schriftzeichen üblicherweise ganz profanen Zwecken, etwa als Eigentumsvermerk auf einer Schatulle.

Die große Zeit der skandinavischen Runen brach erst im 10. Jahrhundert an und erlebte ihren Höhepunkt ein Jahrhundert später in Schweden. Damals wurde es Brauch, reich geschmückte und bunt gefärbte Runensteine aufzustellen oder dergleichen Zeichen und Motive gleich auf Findlingen oder Felsplatten einzumeißen. Der an anderer Stelle beschriebene große Runenstein des dänischen Königs Harald Blauzahn gehörte dabei als politisches Reichsdokument zu den Ausnahmen. Die meisten Steine ließen Privatpersonen bearbeiten und wahrscheinlich von einem professionellen Runenmeister mit den gewünschten Inschriften versehen.

Auf vielen wurde eines oder einer Toten gedacht, bei Christen mit der Bitte, Gott möge sich ihrer Seele annehmen. Andere kündeten von einer Wikingerfahrt, von der ein Mann oder Sohn nicht

Möglich ist, dass Fürst Jaroslaw der Weise sie in Kiew erfreut begrüßte; denn eben in jener Zeit rüstete er zu einem der zahlreichen Feldzüge gegen die Petschenegen. Die Hilfe eines Verwandten des Schwedenkönigs nahm er gerne an – und entlohnte ihn natürlich angemessen. Danach fuhren die Schiffe den Dnjepr abwärts, überwanden die gefährlichen Stromschnellen und gelangten ins Schwarze Meer. Dort entschlossen sich die Anführer, nicht zum Bosporus zu steuern und dem byzantinischen Kaiser ihre Dienste anzubieten, sondern unter den Muslimen zwischen Kaukasus und Kaspischem Meer zu heeren. Vermutlich erinnerten sie sich der Erzählungen über jene abenteuerlichen Unternehmungen, mit denen Rus und Schweden dort bekanntlich schon früher ebenso reiche Beute gemacht wie Angst und Schrecken verbreitet hatten.

Damit verliert sich die Spur der sagenhaften Expedition in die arabische Welt. Man weiß lediglich, dass sie 1041 mit einem Debakel endete, dem Ingvar und sein Bruder nebst den meisten Männern zum Opfer fielen – möglicherweise auf dem Weg nach Buchara in Zentralasien oder

Gemäß seiner Inschrift errichteten vier Wikinger den Runenstein von Århus, um an einen im Kampf gefallenen Gefährten zu erinnern. Die dämonenhafte Fratze stellt wahrscheinlich eine magische Maske dar, die vor bösen Geistern schützen sollte.

heimgekehrt war. In Schweden stifteten fromme Christen den Bau eines Weges oder einer Brücke und ließen sich einen Runenstein daneben setzen, der an ihre gute Tat erinnerte. Manche Inschriften kündeten jedem, der Runen lesen konnte, von komplizierten Verwandtschaftsverhältnissen und damit verbundenen Erbschaftsangelegenheiten.

Die Runen dienten den Wikingern also zu allen möglichen Zwecken, die vom bloßen Graffito der Art »Halfdan war hier« über magische Verwünschungen bis hin zu offiziellen Dokumenten auf Steinen reichten. Unter den Skandinaviern blieben die Zeichen noch lange in Gebrauch.

vor den Toren Bagdads. Kaum einer der Wikinger kehrte in die Heimat zurück.

Dort errichtete man, wie es Brauch war, Runensteine zur Erinnerung an die Toten und Vermissten. Rund um den Mälarsee sind davon mehr als 25 erhalten geblieben. Auf einem dieser Gedenksteine gedachte die Mutter Ingvars des Todes ihres Sohnes Harald: »Tola ließ diesen Stein errichten für ihren Sohn Harald, dem Bruder Ingvars. Sie fuhren tapfer in die Ferne nach Gold, sie fütterten im Osten den Adler (das heißt, sie töteten viele Feinde, an deren Leichen sich der Raubvogel bediente), sie starben im Süden in Serkland.« Serkland – so nannte man in Skandinavien das Land der Araber, in dem viele Waräger ihr Glück suchten, aus dem viele aber auch nie wieder heimkehrten.

## Die Warägergarde

Die Wikinger kämpften für jeglichen Dienstherrn, der sie gut entlohnte, seien es fränkische und englische Herrscher oder die Fürsten der Rus. Als ruhmvollster Kriegsdienst galt der für den Kaiser des Byzantinischen Reiches, der Männer aus dem Rus-Reich und aus ganz Skandinavien anlockte.

Obwohl Nordmänner oftmals unter den üblichen Söldnertruppen Ostroms Dienst getan hatten, begann ihr eigentlicher Aufstieg erst um das Jahr 1000. Wenige Jahre vorher hatte der Kiewer Fürst Wladimir an die 6000 Krieger zum Kaiser nach Konstantinopel geschickt, weil er mit den unruhigen und Lohn wie Beute fordernden Wikingern nichts mehr anzufangen wusste. Zuvor hatte er Gesandte zum Bosporus geschickt, die dem Kaiser folgende Botschaft übermittelten: »Da kommen zu dir Waräger. Lass nicht zu, dass sie sich in der Stadt aufhalten, sonst machen sie dir Unfug, wie auch hier, sondern verstreue sie an verschiedenen Orten. Und lass keinen wieder hierher zurück.« So berichtet es die *Nestorchronik*. Das Originalschreiben dürfte um einiges höflicher formuliert worden sein, aber die Nachricht blieb sich gleich: Bei den Warägern musste man Vorsicht walten lassen – und sie beschäftigen.

Dem damals regierenden Basileios II. und seinen Nachfolgern gelang dies offensichtlich mit großem Erfolg. Mitnichten verstreuten sie die Söldner aus dem Norden im ganzen Land: Sie bildeten mit ihnen die berühmte Warägergarde. Diese Hof- und Leibwache des Kaisers war insbesondere in Konstantinopel stationiert, wo sie den Herrscher und seine diversen Paläste bewachte. Darüber hinaus kämpften Waräger überall im Machtbereich des Byzantinischen Reiches, so in Süditalien und auf Sizilien. Schon bald verknüpfte man mit dem Dienst in dieser Truppe hohes Ansehen, das sogar Söhne skandinavischer Königshäuser an den Bosporus lockte, etwa den späteren norwegischen König Harald den Harten, von dem in Kapitel 8 die Rede sein wird. Gewöhnliche Kämpfer, die in die Warägergarde eintreten wollten, mussten beim Eintritt eine Art Kaution hinterlegen. Man nahm schließlich nicht jeden!

Die Elitetruppe bestand wahrscheinlich aus wenigen 1 000 Mann. Zwar bildeten die Skandinavier ihr prägendes ethnisches Element, aber im Laufe der Zeit gehörten ebenso Slawen und Westeuropäer wie Engländer dazu. Sie sollten eine verschworene Gemeinschaft bilden, die ihren eigenen Bräuchen folgte, den kaiserlichen Gesetzen aber verpflichtet war. Welchen Ruhm die Garde sogar auf der Atlantikinsel Island genoss, belegt eine Episode der *Grettis saga*, die in den Grundzügen durchaus glaubwürdig klingt. Ihrzufolge wurde mitten in Konstantinopel eine isländische Blutrache vollzogen und entsprechend geahndet: Ein Mann namens Thorstein Dromund war der Halbbruder eines der berühmtesten Sagahelden, Grettir Asmundarson, der auf Island getötet worden war. Sein Mörder Thorbjörn Öngul hatte sich auf den Weg nach Miklagard (Konstantinopel) gemacht, um dort der Warägergarde beizutreten. Ebenso reiste Thorstein an den Bosporus, wo er in der kaiserlichen Leibwache aufgenommen wurde.

Da er Grettirs Totschläger nicht kannte, musste er ihn zuerst ausfindig machen, um die Rache zu vollziehen. Eines Tages sollten die Waräger auf einen Kriegszug gehen. Entsprechend ihrer Bräuche veranstalteten sie zuvor ein so genanntes Waffenthing, eine Waffen- und Truppenschau, wo alle zusammenkamen. Dort zeigte Thorbjörn Öngul das Schwert, mit dem er Grettir erschlagen hatte. Alle hielten dieses für eine vortreffliche Waffe, die allerdings einen großen Makel habe: eine Scharte mitten in der Schneide. Und sie fragten, wie es dazu gekommen sei. Da erzählte ihnen Thorbjörn, er habe dieses Schwert dem tapferen Helden Grettir in den Kopf geschlagen, dabei sei die Scharte herausgebrochen. An diesen Worten erkannte Thorstein Dromund den Mörder seines Halbbruders. Er bat ihn, das Schwert wie die anderen sehen zu dürfen. Thorbjörn reichte es ihm – ahnte er doch nicht, einen Verwandten Grettirs vor sich zu haben. Dieser nahm das Schwert, richtete sich blitzschnell auf und hieb nach Thorbjörn Öngul. Der Hieb traf dessen Kopf und war so stark, dass er erst in den Backenzähnen zu stehen kam. Er fiel tot zu Boden, die anderen Waräger verstummten.

Ein Beamter der Stadt ließ Thorstein gleich festnehmen und fragte ihn, aus welchem Grund er das Verbrechen auf dem heiligen Thing verübt habe. Der Skandinavier stellte sich als Grettirs Verwandter vor und meinte, die Rache hätte er nicht früher vollziehen können. Man war sich einig: Der Isländer musste sehr angesehen gewesen sein, wenn Thorstein für die Rache so weit in der Welt herumreiste. Auch dem Magistrat Konstantinopels schien dies glaubhaft, aber niemand kannte den Täter. Deshalb galten ihre Gesetze, wonach jeder, der einen Mann umbrächte, nichts anderes als sein eigenes Leben verlieren sollte. So fällten sie über Thorbjörn ein schnelles und hartes Urteil: Er wurde in einem Gefängnis in ein kaltes und stinkendes Verlies gesetzt und musste dort auf den Tod warten – wenn niemand ihn mit Geld auslöste. Aber die Geschichte endet glücklich für den Bluträcher: Eine edle Dame aus Konstantinopel nimmt sich seiner an und kauft ihn aus dem Kerker frei.

Die Warägergarde bestand bis 1204, als abendländische Kreuzritter das christlich-orthodoxe Konstantinopel eroberten und den byzantinischen Kaisern vorerst ein Ende bereiteten. Im heutigen Istanbul haben die Skandinavier kaum Spuren hinterlassen. Allein auf einer Galeriewand der Hagia Sophia – einst Kirche, dann Moschee, heute Museum – fanden sich Runen eingeritzt. Zwei Waräger namens Halfdan und Arni hatten sich dort in Miklagard, der großen Stadt am Bosporus, verewigt.

# 6. Am Rande der Welt,
## wo die Midgardschlange haust

### Die Wikingerkolonien im Nordatlantik

## Die Entdeckung Islands

Die Menschen, die an der von tiefen Fjorden zerklüfteten norwegischen Küste siedelten, richteten ihre Blicke seit jeher auf das Meer. Dort gingen sie auf Fischfang und die lange Küste nutzten sie als Verkehrsweg für ihre Schiffe. Bekanntlich drückt dies der Landesname Norwegen (»Nordweg«) aus. Der offene Atlantik diente den Drachenbooten als ungeschützte Einfallschneise für Raubzüge und größere Expeditionen zu den Britischen Inseln. Dabei lag es auf der Hand, die westlich von Norwegen gelegenen Shetland- und Orkney-Inseln als Basen zu benutzen, die schließlich von Nordleuten besiedelt wurden. Schon im frühen 9. Jahrhundert kreuzten immer wieder einzelne Boote und ganze Flotten das Meer – nahezu konkurrenzlos, weil Angelsachsen, Franken oder Friesen über keine gleichwertigen Schiffe verfügten.

Was sollten sie in den Weiten des nördlichen Atlantik finden, wo man angeblich von Ungeheuern bedroht wurde und dem Ende der Erde nahe kam! Das mochten sich auch die Wikinger sagen, nach deren Weltbild am äußersten Weltrand die gefürchtete Midgardschlange ihr Unwesen trieb. Ungewiss ist, ob die Männer auf den Drachenbooten von solchen Vorstellungen geplagt wurden. Jedenfalls verschlug es sie schon frühzeitig auf die weiter draußen gelegenen Färöer-Inseln, wo sie ausreichend Weideland für ihre Schafe fanden. Nun rechneten sie damit, hinter dem Wasserhorizont auf weiteres Land zu stoßen.

Aber sie lenkten ihre Schiffe nicht auf gut Glück in die grenzenlosen Weiten, sondern kamen auf der Fahrt von Norwegen zu den Färöer schlichtweg vom Kurs ab. Nach der isländischen Überlieferung geriet ein Mann namens Naddod mit seiner Mannschaft in einen schweren

Sturm, der sie hinaus in den Nordatlantik trieb. Als sie wahrscheinlich alle Hoffnung schon aufgegeben hatten, lag plötzlich ein großes unbekanntes Land vor ihnen – die Ostküste Islands. Sie gingen von Bord und kletterten auf einen hohen Berg, um einen Überblick zu gewinnen. Der Ausblick muss grandios gewesen sein. Die Wikinger, die vor allem nach Anzeichen menschlichen Lebens suchten, entdeckten weder Rauch noch sonstige Spuren, die auf Siedlungen schließen ließen. Sie blieben bis zum Herbst und machten sich dann auf den Rückweg zu den Färöer. Als sie aufbrachen, lag auf dem Berggipfel bereits Schnee. Deshalb nannten sie das bis dahin namenlose Land Schneeland.

Die Bezeichnung sollte sich nicht durchsetzen; Island blieb damals in der Mitte des 9. Jahrhunderts noch unberührt. Doch unter den Wikingern machten die Berichte Naddods und seiner Begleiter die Runde: Da draußen läge ein großes Land – unbesiedelt, mit genug Weideland für die Viehhaltung und viel Wald in Küstennähe, nämlich Unterholz mit kleinen Birken. Dort flössen zahlreiche Flüsse ins Meer und böten Süßwasser in Hülle und Fülle. Es gäbe Unmengen von Fischen und Vögeln, die man jagen oder deren Eier man sammeln könne. Und obwohl die Vulkane, Lavawüsten und Gletscher des Landesinneren einen unwirtlichen Eindruck erweckten, sei der fruchtbare Küstenstreifen bestes Neuland für Kolonisten.

Schon früher hatten Norweger aus den Stützpunkten in Irland davon gehört, dass es im Ozean eine große Insel gäbe, die irische Einsiedler in kleinen Fellbooten ansteuerten – Thule. Naddod schien sie gefunden zu haben. Darum machten sich mehrmals Männer auf den Weg ins neue Land, das bei einer Entfernung von 1 000 Kilometern Luftlinie von Norwegen bei günstigem Wind in sieben Tagen zu erreichen war; von Irland konnte man es sogar in drei Tagen schaffen.

Doch der Seeweg und das Land waren unberechenbar; ein Siedlungsversuch scheiterte, weil man nicht für genug Viehfutter gesorgt hatte und die Tiere im Winter alle eingingen. So erhielt die Insel einen schlechten Ruf und ihren heutigen Namen Island (»Eisland«). Nach der isländischen *Landnámabók*, dem Bericht über die Besiedlung, unternahm der Norweger Ingolf Arnason gemeinsam mit seinem Bruder einen erneuten Versuch, auf Island Fuß zu fassen. Nachdem sie einen Winter dort verbracht hatten, entschieden sie sich, einen Siedlungsversuch zu wagen, und kehrten nach Norwegen zurück. Nun galt es, die Auswanderung mit den Familien, dem Hausgesinde und dem Vieh vorzubereiten und Wertgegenstände wie Silber für die Fahrt anzule-

gen. Ingolfs Bruder bereitete sich zudem auf eine für Wikinger sehr
bezeichnende Weise vor: Er unternahm eine Piratenfahrt nach Irland,
von wo er mit reicher Beute und zehn Sklaven zurückkehrte.

Nach der Überlieferung fuhr 874 jeder der Brüder im eigenen Schiff
nach Island, wo sie sich trennten, um geeignetes Land zu suchen. Ingolf vertraute als gläubiger Heide auf die Hilfe seiner Götter: Er hatte
seine so genannten Hochsitzpfeiler mit auf die Reise genommen, die
aus der Halle seines verlassenen Hauses stammten. Sie symbolisierten wahrscheinlich die Weltsäule und standen somit für die göttliche
Ordnung. Ingolf ließ die Pfeiler über Bord werfen und übergab sie
dem Spiel der Wellen – die Götter sollten entscheiden, wo seine neue
Heimat lag. Erst nach einigen Jahren fand man die hölzernen Säulen
an der Küste Südwestislands. Dort errichtete Ingolf im darauf folgenden Frühjahr seinen Hof. Weil in dieser Gegend zahlreiche heiße
Quellen sprudelten und Wasserdampf aufsteigen ließen, gab er dem
Ort den Namen Reykjavík (»Rauchbucht«), heute die isländische
Hauptstadt. Seitdem entwickelte sich der Südwesten der Insel zum
Siedlungsschwerpunkt Islands.

Ingolfs Bruder war ein anderes Schicksal beschieden: Er errichtete
früher einen Hof, fiel aber offensichtlich einer Rebellion seiner irischen
Sklaven zum Opfer. Diese töteten ihn und alle Männer und zogen
sich mit den Frauen, dem Vieh und dem beweglichen Hab und Gut
auf eine Insel vor der Küste zurück. Dort machten die Männer Ingolfs
sie ausfindig, der an ihnen blutige Rache nahm. Sie blieben allerdings
nicht die letzten Kelten auf Island. Denn viele Wikinger brachten aus
Irland weibliche und männliche Sklaven mit, sodass deren Anteil an
der isländischen Bevölkerung schätzungsweise 10 Prozent betrug.

Was die überwiegend norwegischen Einwanderer betraf, brachte
Ingolf seit 874 eine wahre Lawine ins Rollen. Für die folgenden Jahrzehnte wurden die Namen von mehr als 400 Siedlungsanführern
überliefert, mit ihnen kamen vermutlich 20000 Menschen auf die
Insel. Danach stieg die Bevölkerungszahl auf etwa 60000 Menschen
an. Zahlreiche Norweger schienen auf ein Land gewartet zu haben,
wo sie einen Neuanfang wagen konnten. Jedenfalls entwickelte sich
die Besiedlung des fruchtbaren isländischen Landes überraschend
schnell und galt nach etwa sechzig Jahren als abgeschlossen. Die
attraktiven Gebiete waren nun von Siedlern besetzt: an der Küste
und dem Lauf der Flüsse landeinwärts folgend, wobei auch die höher
gelegenen Wiesen am Rande der Gletscher und Lavafelder als Weideland genutzt wurden.

Die Landnahme folgte stets dem gleichen Muster: Mächtige Häuptlinge und reiche Bauern betrieben in Norwegen die Auswanderung; denn nur sie verfügten über ausreichende Mittel, um Schiffe zu bauen und mit Mannschaft zu versehen. Ärmere Familien schlossen sich ihnen an und verpflichteten sich ihnen. Dafür erhielten sie auf Island Land zugewiesen. Nach der Ankunft errichtete man zuerst provisorische Hütten für Mensch und Vieh; in der warmen und hellen Jahreszeit des Sommers erkundete man das Land, versah es mit Namen und teilte es auf. Schon bald stellten die Siedler fest, dass Rinder, Schweine, Pferde und insbesondere Schafe auf den saftigen Weiden prächtig gediehen, während sich der Anbau von Getreide kaum lohnte. Als äußerst ergiebig erwiesen sich die Fisch- und Vogelbestände, von denen schon Naddod zu berichten wusste. Und in den Buchten jagten oder fanden die Wikinger gestrandete Wale und Walrosse. Auf diese Ressourcen stürzten sich in wenigen Jahrzehnten mehrere 1 000 Menschen.

## Die Landnahme eines mächtigen Häuptlings

Unter den Skandinaviern sprach es sich rasch herum, dass weit draußen im stürmischen Ozean ein neues Land entdeckt worden war. Und weil Island beileibe nicht isoliert war und von vielen Schiffen angelaufen wurde, gehörte die Insel schon bald zur weiten Welt der Wikinger. Hinzu kam, dass die Isländer selbst auf Fahrten gingen: als Siedler, Händler und Krieger. Aber im Süden, auf den Britischen Inseln und in den Reichen der Franken, nahm anscheinend kein Mensch davon Notiz. Deren Geschichtsschreiber erwähnen die Insel erst 200 Jahre nach ihrer Entdeckung, als dort bereits Zehntausende von Menschen lebten.

Die Wikinger benutzten weder die lateinische Schrift noch verfassten sie zeitgenössische Chroniken. Man wüsste darum nichts von den Geschehnissen im Nordatlantik, wenn sie sich nicht über mehrere Generationen die Geschichten ihrer Familien und des Landes mündlich erzählt hätten. Einige Jahrhunderte später schrieben kundige Leute diese Überlieferungen nieder: die *Íslendingabók* oder das *Buch von den Isländern*, die *Landnámabók* oder das *Buch der Landnahmen* und zahlreiche Sagas, deren Erzählungen die Ereignisse der Wikingerzeit wiedergeben. Natürlich hatte man diese mittlerweile kräftig ausgeschmückt und die Schreiber formulierten mehr als Dichter denn als faktentreue Chronisten. Aber die romanhaften Isländersagas vermitteln doch einen in Grundzügen glaubwürdigen Eindruck der frühen Besiedlungszeit.

Dies gilt auch für die Schilderung der *Egils saga* oder *Saga von Egil*, wie dessen Vater von Norwegen nach Island auswanderte und sich dort Land aneignete. Jener Skalla-Grim (»Glatzen-Grim«, weil er kahlköpfig war) stammte aus einer Familie, die wie viele durch Piratenfahrten zu Reichtum und Macht gelangt war. Und wie viele andere führende Sippen standen sie dem Machtstreben des norwegischen Königs Harald Schönhaar sehr kritisch gegenüber und entschlossen sich daher, ihre Heimat zu verlassen. Egils Vater gehörte zu den ersten Einwanderern und legte damit den Grund für seine bedeutende Position auf Island: Er eignete sich ausgedehnte Gebiete nördlich von Reykjavík an, vergab Land an seine Gefolgsleute und machte seine Familie zu einer der mächtigsten der Insel.

Die Saga erzählt, dass er dort landete, wo eine große Landspitze ins Meer vorsprang. An diesem Strand entluden die Neuankömmlinge ihr Schiff und nannten die Halbinsel Knarrarnes (»Schiffskap«). Dann erkundete Skalla-Grim die Umgebung: Er fand zwischen den Bergen und der See ein großes Moorgebiet und ausgedehnte Wälder – worunter man auf Island vor allem Birken und Unterholz verstand. Es gab ausreichende Möglichkeiten, um Seehunde zu jagen, viele Plätze verhießen erfolgreichen Fischfang. Als sie an der Küste entlang weiter südwärts fuhren, gelangten sie in einen großen Fjord, wo sie auf ihre Fahrtgenossen trafen, die Leute um Grim Haleyski (»Grim aus dem norwegischen Halogaland«), die Skalla-Grims Vater mitgenommen hatten. Nach der frohen Begrüßung gab es allerdings die traurige Nachricht, dass der alte Mann hier gestorben sei. Skalla-Grim besuchte das Grab seines Vater und befand, dass ein Platz in der Nähe günstig für die Errichtung seines Hofes sei.

Nach dem ersten Winter auf Island nahm Skalla-Grim das Land zwischen Berg und See in Besitz. Im folgenden Frühjahr kam er mit seinem Schiff von Knarrarnes südwärts gefahren, mit seinen Leuten und allen Habseligkeiten an Bord. Er fuhr in den Fjord hinein, ließ alles entladen und einen Hof erbauen, den er Borg (»Anhöhe«) nannte. Danach hießen die Bucht und das ganze Gebiet Borgarfjord. Grim der Halogaländer erhielt eine Wohnstätte südlich des Fjords, wo in der Nähe eine Bucht ins Land einschnitt. Weil sie dort viele Enten sahen, nannten sie sie Andakil (»Entenbucht«). Auch hier strömten genug Flüsse und Bäche ins Meer. Als Skalla-Grim sein Vieh am Strand entlang treiben ließ, kamen sie an eine kleine Landspitze, wo sie mehrere Schwäne erlegten und ihr den Namen Alptanes (»Schwänekap«) gaben. Schließlich verteilte Skalla-Grim auch an die übrigen Fahrtgenossen das versprochene Land, sodass sie alle in der Umgebung des Borgarfjords siedelten.

Aber Skalla-Grim begnügte sich nicht mit den bisherigen Erkundungen. Er unternahm mit seinen Männern regelrechte Expeditionen ins weite Umland: Zuerst zogen sie bis an das Ende des Borgarfjords; dort hinein ergossen sich die milchig-weißen Fluten eines Gletscherflusses, den sie deshalb Hvítá (»Weißfluss«) nannten. Dann folgten sie den Läufen mehrerer Ströme und Bäche voller Fische und kehrten schließlich zum Hof Borg zurück.

Nun machte sich Skalla-Grim daran, die Landwirtschaft zu organisieren. Er hieß seine Männer, Nahrungsvorräte zu beschaffen, die reichlich vorhanden waren – Fische, Vögel, Seehunde, sogar Wale. Denn anfangs hatten sie zu wenig Vieh, um alle Menschen davon zu ernähren. Und was sie an Tieren hatten, weidete den ganzen Winter hindurch in den Wäldern, ohne dass sie dafür Hirten abstellen mussten. Skalla-Grim galt als großer Schiffsbauer und war darum

## Die Sagainsel Island und der Gelehrte Snorri Sturluson

Ohne die Überlieferung der Isländer wüsste man erheblich weniger von Geschichte und Kultur der Wikinger. Denn im Gegensatz zum Abendland des Mittelalters bewahrten die Bewohner der Atlantikinsel auch das Erbe ihrer heidnischen Vorfahren und hielten es in Ehren.

Dabei blieben die Isländer mitnichten Heiden, sondern wurden durchaus gläubige Christen. Nachdem sie auf einer Versammlung des Allthings die neue Religion angenommen hatten, erhielten die dem Heidentum Treuen für einige Zeit Sonderrechte. Aber nach wenigen Jahrzehnten setzte niemand mehr Neugeborene in der Ödnis aus oder aß Pferdefleisch wegen eines Götterrituals. Deshalb entschied der Papst in Rom, dass die ferne Insel einen eigenen Bischof erhalten sollte, was im Jahre 1056 geschah. Ein halbes Jahrhundert später bekam Island sogar ein zweites Bistum und schließlich entstanden etliche Klostergemeinschaften. Gleichwohl bewahrte sich die isländische Kirche die eine oder andere Freiheit, die Rom

über das viele Treibholz an der Küste erfreut. Seitdem verwendeten die Isländer diese Baumstämme, die von der Meeresströmung bis aus Sibirien an die Küsten Islands gespült wurden, als Baumaterial für Häuser und Schiffe.

Auf Alptanes ließ Skalla-Grim einen zweiten und am Meer noch einen dritten Hof errichten, wo man noch mehr Treibholz finden und einsammeln konnte. Dort säten seine Männer auch Getreide aus; von einigen Inseln vor der Küste aus jagten sie Wale. Mit der Zeit vermehrte sich Skalla-Grims Viehbestand und die Tiere zogen während des Sommers bis ganz hinauf in die Berge. Dieses Vieh, das ins Hochland ging, wurde besser und fetter. Die Schafe musste man im Winter nicht einmal hinunter treiben, denn sie hielten sich in geschützten Bergtälern. Deshalb ließ Skalla-Grim noch einen Hof oben im Gebirge bauen, von wo die Tiere versorgt werden konnten.

Eines Tages fuhr ein Schiff in den Borgarfjord, das einem Mann namens Oleif Hjalti (»Schwertgriff«) gehörte. Er hatte seine Frau, die Kinder und weitere Verwandte an Bord und wollte sich auf Island ansiedeln. Oleif galt als wohlhabender und vornehmer Mann, dem Skalla-Grim mit dessen ganzer Familie und der Schiffsbesatzung Gastrecht während des Winters gewährte. Im Frühjahr wies

in einem näher gelegenen Land niemals akzeptiert hätte. So konnte sich das Zölibat niemals durchsetzen; selbst der letzte katholische Bischof im 16. Jahrhundert hatte noch Kinder.

Weniger resistent zeigten sich die Isländer gegenüber der christlichen Buchkultur. Bald schon lernten sie das lateinische Alphabet zu beherrschen – was im Übrigen nicht nur für Geistliche, sondern auch für gebildete Laien galt. Wissensdurstige junge Männer machten sich auf die weite Reise in den Süden und die berühmtesten von ihnen studierten sogar in Paris. Auf diese Weise fand die abendländische Gelehrsamkeit ihren Weg in den Nordatlantik und die gelehrten Nachfahren der Wikinger wussten recht genau, was die Theologen auf dem Festland Neues lehrten.

Wie jene schrieben sie in der lateinischen Sprache der Bibel, während für die isländische Muttersprache kein teures Pergament vergeudet wurde. Darum bewahrte man traditionelle Gesetze, Götter-, Helden- und Skaldengedichte sowie Erzählungen von der Geschichte der Insel durch die mündliche Überlieferung. Dann aber gelangte annähernd 200 Jahre nach der Annahme des Christentums

er ihm Land zu. Der Neuankömmling brachte sein Vieh nebst den Hausgeräten dorthin und errichtete einen Hof. Auch Skalla-Grims Schwiegervater Yngvar sah sich gezwungen, Norwegen zu verlassen, da König Harald Schönhaar der Saga nach sogar dessen entfernte Verwandte und Freunde verfolgen ließ. Yngvar tauschte sämtliche Güter möglichst in beweglichen Besitz und beschaffte sich ein seetüchtiges Schiff. Dann verpflichtete er sich eine Mannschaft, bereitete die Fahrt nach Island vor und wartete auf einen günstigen Segelwind. Schließlich kam er wohlbehalten im Borgarfjord an. Als Skalla-Grim davon hörte, suchte er Yngvar sofort auf und lud ihn mit allen Leuten zu sich ein. Daraufhin brachten sie das Schiff an Land und zogen nach Borg, wo sie den Winter über verweilten, bevor sie im Frühjahr das Land besiedelten, das Skalla-Grim ihnen anbot.

Skalla-Grim war auch als Eisenschmied bekannt und schmolz im Winter viel Raseneisenstein; dafür ließ er am Strand weit entfernt vom Hof Borg eine Schmiede bauen, wo der Wald und dessen Holz nicht weit waren. So schuf sich der Einwanderer ein kleines Reich, in dem er wie ein Häuptling herrschte. Die Geschichte Islands ist untrennbar mit Skalla-Grim verbunden. Sein Leben ist eines der seltenen und gut dokumentierten Bespiele dafür, wie die Wikinger ein menschenleeres

aus Frankreich und anderen Ländern eine neue Sicht auf die Insel, wonach nicht die gesamte vorchristliche Geschichte verdammenswert war. Demnach hatte es bereits unter den Heiden weise und gute Menschen gegeben, die nur noch nicht über die christliche Gotteserkenntnis verfügten. Zudem hielt man viele heidnische Götter für ursprünglich historische Persönlichkeiten.

Die Isländer griffen dieses Gedankengut begeistert auf und begannen nun, auch Texte in altisländischer Sprache niederzuschreiben. Den Anfang machten ihre Gesetze und theologisch-gelehrte Traktate. Es folgten die Geschichten ihrer Bischöfe, schließlich interessierte man sich für die norwegischen Könige und insbesondere für die Historie der eigenen isländischen Vorfahren. So entstanden die bis heute berühmten Isländersagas, dazu die später so genannten Eddalieder und Gedichte von Skalden, die teilweise seit der Wikingerzeit mündlich tradiert worden waren. Damals schufen die isländischen Gelehrten die Vorlagen jener oft unansehnlichen Pergament- und Papierhandschriften, die seit dem 16. Jahrhundert in den Bibliotheken Skandinaviens als kostbare Schätze aufbewahrt werden.

Land erschlossen, seinen Bergen, Flüssen und anderen natürlichen Gegebenheiten Namen gaben und sich die dortigen Ressourcen für ein neues Leben zunutze machten.

## Die Bauernrepublik Island

Nach etwa einem halben Jahrhundert endete die von den Isländern so genannte Landnahmezeit. Im Großen und Ganzen hatten die skandinavischen Einwanderer die landwirtschaftlich nutzbaren Gebiete unter sich aufgeteilt. Dabei galt auch hier der Spruch, dass der zuerst mahlte, der als Erster kam. Später konnte man sich kaum noch das Land einfach aneignen, sondern allenfalls kaufen oder als Geschenk erhalten.

In wenigen Jahrzehnten hatte sich im Nordatlantik eine eigenständige Gesellschaft etabliert, die ihre Wurzeln und weiterhin gepflegten Beziehungen zwar in Norwegen hatte, aber auch eigener Wege ging. Das Island der Wikinger erwies sich als die viel berufene Insel aus Feuer und Eis, der die Einwanderer ihren schmalen Lebensraum ab-

> Mit der Christianisierung erlebten die Isländer zusehends friedlichere Zeiten, weil jetzt auch die Sitte der Blutrache zurückging und interne Auseinandersetzungen immer seltener wurden. Ansonsten aber blieb alles beim Alten: Der isländische Freistaat war eine Bauernrepublik, in der die mächtige Häuptlingsschicht der Goden das Sagen hatte. Allerdings opferten diese nun nicht mehr Thor und anderen heidnischen Göttern, sondern begründeten Kirchen und besetzten diese nach Gutdünken mit Geistlichen. Daneben existierte nach wie vor als einziges Amt das des Gesetzessprechers, der jeweils für drei Jahre auf dem Allthing die Gesetze rezitierte.
>
> Gegen Ende des 12. Jahrhunderts entwickelten sich die innenpolitischen Verhältnisse zunehmend schlechter. Einzelne Sippen häuften mehrere Godentümer unter sich an und bekämpften sich mit immer brutaleren Methoden – bis hin zu grausamen Schlachten. Außerdem mischten sich die norwegischen Könige stärker in die isländischen Belange ein. Ihr Ziel war, die Insel unter ihre Krone zu zwingen.

gewannen. Der Reisende, der auf dem entlegenen Eiland anlandete, fand dort weder Städte noch große Dörfer, weder Handelsorte wie Haithabu noch Hafenanlagen wie in Ralswiek.

Die Bewohner siedelten auf großen und kleinen Gehöften, deren Häuser in der üblichen einstöckigen Rechteckform errichtet wurden. Und da die Birkenwälder schon bald abgeholzt waren, griffen die Menschen auf andere Materialien zurück: Auf Steinfundamenten schichteten sie Grassodenmauern auf und verwendeten Holz lediglich für die Dachkonstruktion und um die Innenwände damit auszukleiden. Ein größerer Hof verfügte über derartige Hallenhäuser hinaus über Ställe für das Vieh, insbesondere für die Kühe, über Scheunen und andere kleine Gebäude. Wenn möglich, errichtete man zudem wie Skalla-Grim in der Nähe eines Baches eine Schmiede, in der man Moorerz zu Eisen verarbeitete. Solche Bauernhöfe prägten das Land in den fruchtbaren Küstengebieten und Flusstälern. Sie bildeten autarke Wirtschaftseinheiten, auf denen man gut leben oder zumindest überleben konnte.

Denn Island entpuppte sich nicht als Schlaraffenland: Bereits auf dem Weg über den rauen Nordatlantik scheiterte so manches Wikin

In dieser Zeit lebte und wirkte mit Snorri Sturluson (1179–1241) einer der bedeutendsten Isländer. Er stammte aus dem einflussreichen Geschlecht der Sturlungen und wuchs auf dem südisländischen Hof Oddi bei einem Ziehvater auf – so wie es seit der Wikingerzeit Sitte und Brauch war. Dort erhielt der Knabe die beste Ausbildung der Insel: Er wurde nicht nur mit der lateinischen Schrift und der abendländisch-christlichen Bildung vertraut gemacht, sondern lernte ebenso die nationale isländische Überlieferung kennen. Snorri durchlief eine Bilderbuchkarriere: Die Heirat mit einer reichen Frau stärkte seine Macht als Gode, dreimal übte er das angesehene Amt des Gesetzessprechers aus. Darüber hinaus weilte er mehrere Jahre am norwegischen Königshof. Aber der Politiker Snorri wurde in die dortigen Machtquerelen verstrickt und kehrte in seine Heimat zurück.

Auf Wunsch des norwegischen Königs sollte er auf Island dessen wachsenden Einfluss unterstützen. Doch Snorri entzog sich und betrieb seine eigene Politik. Dies wurde ihm zum Verhängnis: An einem Septembertag des Jahres 1241 kamen Verwandte Snorris auf seinen Hof im Westen des Landes und erschlugen ihn. Sie folgten einem Auftrag des Königs.

gerschiff am Sturm und an den Wellen, die Menschen und Tiere in
den Tod rissen. Auch das Land selbst hatte sich von Anfang an als
tückisch erwiesen: Ein ungewöhnlich harter Winter erforderte ausreichend Viehfutter, und später sollte mancher Vulkanausbruch zu
regelrechten Katastrophen führen. Doch die Isländer lernten mit der
Natur umzugehen und, von Ausnahmen abgesehen, kam ihnen das
milde und feuchte Klima entgegen.

Auf Island entstand am Rande der Vulkane, Gletscher und Lavafelder eine bäuerliche Gesellschaft. Und obwohl alle Siedler der unmittelbaren Herrschaft der norwegischen Könige entwichen, teilweise sogar vor ihr geflohen waren, bildeten sie keine Gesellschaft
Gleicher unter Gleichen. Bereits die ersten Einwanderer schufen
eine hierarchische Ordnung, ihre Familien stellten die Créme der
isländischen Gesellschaft dar. Aus ihrem Kreis hatten wiederum die
Goden das Sagen, die eigentliche Führungsschicht, der nur wenige
Dutzend Männer angehörten. Diese Häuptlinge verfügten nicht nur
über weltliche und wirtschaftliche Macht, ihnen oblag auch der
Götterkult. Wer auf Island relativ sicher leben wollte, sollte sich in
den Schutz eines Goden begeben und sich zu seinen Gefolgsleuten
zählen.

Als Gelehrter erlangte Snorri Sturluson unsterblichen Ruhm – auf
Island und weit darüber hinaus. Er hinterließ ein umfangreiches
Werk mit wichtigen Quellen für die Wikingerzeit, darunter eine
Geschichte der norwegischen Könige, die *Heimskringla*, in der Snorri weit zurückreichende Erzählungen verarbeitete. Wahrscheinlich
verfasste er auch die Saga des legendären Skalden Egil Skallagrimsson, den Snorri zu seinen Vorfahren zählte. Und schließlich schrieb
er mit der *Edda* ein Lehrbuch für Skalden, in dem er nicht nur alte
Skaldenstrophen zusammentrug, sondern auch einen Überblick
über die Mythologie der vorchristlichen Nordgermanen verfasste.
Zusammen mit den später niedergeschriebenen *Götter- und Heldenliedern der Älteren Edda* bewahrten Snorris Schriften einen wichtigen
Teil des Wikingererbes, das sonst vergessen worden wäre.

Wenig mehr als zwanzig Jahre nach seiner Ermordung kam das
Ende für die selbstständige isländische Republik. Deren Bevölkerung versank in den folgenden Jahrhunderten zunehmend in Bevor-
mundung, Armut und Isolation. Erst 1944, nach knapp 700 Jahren,
gewann Island wieder die vollständige Unabhängigkeit.

Aber auch andere Großbauern hatten erheblichen Landbesitz und entsprechende Einflussmöglichkeiten – was durchaus zu Rivalitäten um die Godenwürde führte, deren Zahl begrenzt war. Die Mehrzahl der isländischen Männer gehörte zur Gruppe der Freien, denen formal niemand vorstand und die traditionellerweise mit Stolz ihre Waffen trugen. Gleichwohl befanden sie sich in unterschiedlichen Abhängigkeiten von den Großen des Landes. Den Bodensatz der Gesellschaft stellten die Sklaven dar, die es hier wie überall unter den Wikingern und anderswo in Europa gab. Den Frauen blieb eine öffentliche Rolle in dieser patriarchalischen Gesellschaft versagt; gleichwohl scheinen sie den Isländersagas zufolge auf den Höfen und in den Familien ein gewichtiges Wort mitgesprochen zu haben.

## Das Allthing

Die Isländer lebten also in einer Bauerngesellschaft, deren Masse verhältnismäßig egalitär war, aber wenn es darauf ankam, hatte die Oligarchie der Goden und Großbauern das Sagen. Dennoch funktionierte das Experiment dieser jungen Wikingergemeinschaft offensichtlich nicht ohne Rechtsvorstellungen, die Recht von Unrecht schieden und bei Verstößen Strafen vorsahen. Auf der Insel gab es zuhauf Konfliktpotenzial – etwa bei Streitigkeiten darum, wo die genaue Grenze zwischen dem Landeigentum liege, wo man sein Vieh weiden lassen dürfe und Ähnliches mehr. Deshalb schlug der Norweger Ulfljot vor, die Gesetze seiner Heimat anzuwenden, und stieß damit auf breite Zustimmung. Außerdem sollte Island ein gemeinsames Forum erhalten, eine Thingversammlung der freien Männer, wie man sie nach alter Tradition kannte und schätzte. Auch dafür konnte er die Isländer gewinnen, wobei selbstverständlich in erster Linie die Unterstützung der Goden und wohlhabenden Bauern den Ausschlag gab.

So rief man im Jahre 930 das Allthing ins Leben. Als Ort dafür bestimmte man eine Ebene nahe des größten Binnensees im Südwesten, die von Felsen wie eine Freiluftarena umgeben war. Die Wäldchen und Wiesen des östlich von Reykjavík gelegenen Thingvellir (»Thingebene«) galten als Gemeinschaftsbesitz, wo jeder sich bedienen und insbesondere die Reit- und Packpferde weiden lassen durfte.

Das Allthing wurde zum eigentlichen Herz Islands, zur zeitweiligen Hauptstadt ohne Straßen und Häuser. Denn ein Mal im Jahr kam man hier zur Sommersonnenwende im Juni für zwei Wochen zusammen. Die ganze Insel machte sich auf den Weg, um über die Trampelpfade oftmals Hunderte von Kilometern in den Südwesten zu reiten – auf den kleinen, zähen Islandpferden. Thingvellir entwickelte sich in diesen Sommerwochen zu einem quirligen Treffpunkt, wo sich alte Bekannte endlich wiedersahen, wo sich die Männer über ihre Erfolge und die Sorgen ums Vieh unterhielten, wo Gerüchte und Klatsch bestens gediehen. Hier schmiedete man Heiratspläne für die Kinder und versicherte sich bewährter Freundschaften. Während des Allthings entstand eine provisorische Siedlung aus Zelten und Hütten, in denen auch Händler ihre Waren anboten und wo Geschäfte abgeschlossen wurden. Und die Vergnügungen kamen gleichfalls nicht zu kurz: Man veranstaltete Ringkämpfe und so manchen anderen Wettstreit, es wurde gesungen, Skalden trugen ihre Gedichte vor, Speisen und Met war man ausgiebig zugetan.

Die offizielle Aufgabe der Thingversammlung bestand jedoch darin, über Gesetze und Streitfälle zu beraten und darüber abzustimmen. Auch dabei zeigte sich der bemerkenswerte oligarchische Charakter der isländischen Bauernrepublik: Auf Island existierte lediglich ein einziges Amt, das des Gesetzessprechers (altisländisch *lögsögumaðr*), der aus dem Kreis der Goden hervorging. Seine Amtszeit betrug drei Jahre, in denen er nur während der beiden Allthing-Wochen seinen Pflichten nachkommen musste. Diese beschränkten sich darauf, dass er sämtliche Gesetze – aus dem Gedächtnis – zitierte und als Ratgeber zur Verfügung stand. Darin erschöpften sich die Aufgaben des einzigen isländischen »Beamten«; gleichwohl genoss sein Amt hohe Anerkennung und wurde von den Vertretern der Häuptlingsschicht gern angenommen.

Außerhalb des Allthings fanden sich die Goden in Gerichtshöfen zusammen, die es sowohl in Thingvellir als auch in einzelnen Landesteilen gab. Gerade bei Streitfällen, wegen derer man die Richter anrief, offenbarte sich jedoch die Schwäche des isländischen Systems. Denn auch wenn man das Recht zugesprochen bekam, so gab es doch keine ausführende Gewalt, die das Urteil durchgesetzt und vollstreckt hätte. Fügte sich der Prozessverlierer nicht freiwillig dem Richterspruch, blieb nichts anderes übrig, als dies stillschweigend zu akzeptieren – was dem Ruf schadete – oder die Vollstreckung selbst in die Hand zu nehmen. So war es kein Wunder, dass trotz etlicher Thingversammlungen und Gerichte auf Island eine beachtliche Gewalttätigkeit herrschte.

Wenn ein Mann einen Streitfall vor das Allthing brachte, musste er sich seiner Stärke, seines Einflusses und seiner Beziehungen bewusst sein. Einem Kläger, der über all das nicht verfügte, nutzte es überhaupt nichts, Recht zu bekommen. Er benötigte mächtige Männer, bestenfalls Goden, die mit ihm in Thingvellir auftraten und ihn unterstützten. Darum reisten viele Streitparteien mit möglichst zahlreichen bewaffneten Männern an, die der eigenen Position unübersehbares Gewicht verliehen. Auseinandersetzungen und Kämpfe waren nicht selten, auch kam es zu Mord und Totschlag. In solchen Fällen nützte es nichts, dass die Isländer eine Vorliebe für Gesetzesformulierungen hatten, die alle möglichen Lebenssituationen berücksichtigten – beispielsweise die Beleidigung eines Mannes durch ein Skaldengedicht. Nichts davon garantierte den Frieden in der Gesellschaft. Andererseits gab man sich häufig kompromissbereit, indem man sich sogar bei Totschlägen auf Bußzahlungen einigte. Mancher Verurteilte entging auf diese Weise den schlimmsten Strafen: der zeitweisen Landes-

## Die Skalden – Sprachkünstler der Wikinger

Kunst und Kultur der Wikinger wirken insofern bescheiden, weil sie keine großen Städte und monumentalen Bauwerke schufen. Wirft man jedoch einen Blick auf ihre Schiffskonstruktionen und die filigranen Meisterwerke ihrer Schmiede und Holzschnitzer, ändert sich dieser Eindruck. Berücksichtigt man gar ihre Poesie und Sprachkunst, dann brauchen die Nordleute keinen Vergleich zu scheuen.

Sie verbreiteten und überlieferten ihre Dichtungen von Mund zu Mund; denn erst mit dem Christentum hielten das lateinische Alphabet und die Schriftlichkeit Einzug in Skandinavien. Die einheimische Runenschrift diente nicht zu längeren Aufzeichnungen, daher pflegte man eine mündliche Erzählkultur, die von beachtlichen Gedächtnisleistungen zeugt.

Überall in der weiten Welt der Wikinger zwischen Russland und Grönland erzählten sich Männer und Frauen Geschichten, Göttermythen und Sagen. Dazu kam allerlei Unterhaltsames wie Anekdoten, Rätsel und Sprichwörter. Häuptlinge ließen sich Genealogien aufsagen, denen zufolge ihre Vorfahren von den Göttern abstammten. Anlässlich der großen Begräbnisfeiern sang man Klagelieder. Die professionellen Dichter Skandinaviens kannten zudem kunst-

verweisung oder der schweren Ächtung, bei der man als Vogelfreier von jedermann straflos getötet werden durfte.

Doch trotz aller Schwächen und »Hintertüren« fühlten sich die Isländer ihrer Rechtsordnung verpflichtet und arbeiteten an ihr. Einmal standen sich zum Beispiel als Kontrahenten Thord und Odd gegenüber. Der Sohn des Letzteren war an einem Mordbrand beteiligt gewesen, hatte also mit Komplizen ein Haus umzingelt und mitsamt seinen Bewohnern in Brand gesteckt. Thord trat als Hauptkläger auf, weil seine Nichte mit dem Sohn des zu Schaden Gekommenen verheiratet war. Die Klage wurde auf dem Thing geführt, das dem Tatort am nächsten lag – so war es Gesetz. Aber es kam zu handgreiflichen Auseinandersetzungen, weshalb die Versammlung nicht ordnungsgemäß durchgeführt werden konnte. Ein Mann von der Partei des Klägers Thord wurde sogar getötet. Daraufhin brachte man die ganze Angelegenheit vor das Allthing, auf dem erneut Kämpfe ausbrachen. Dieses Mal fielen mehrere Männer aus der Partei Odds, des Angeklagten. Immerhin

volle Lieder von Heldengestalten wie dem Schmied Wölund (Wieland), dem heimtückisch ermordeten Drachenkämpfer Sigurd (Siegfried) und dem Gold der Niflungen (Nibelungen).

Als einmalige Dichtkunst jener so genannten Skalden gelten jedoch ihre Preislieder, die sie in den großen Hallen den Häuptlingen und Königen vortrugen. Wenn sie ihre Herren und Auftraggeber gekonnt lobten und deren Feinde hämisch verspotteten, durften sie reiche Geschenke erwarten – einen kostbaren Armring oder einen prächtigen Schild, vor allem aber die weitere Gunst des Fürsten. Als dessen herausragendste Eigenschaften besangen sie deshalb neben der Tapferkeit die Freigebigkeit.

Wer als Wikingerchef auf sich hielt, umgab sich selbst noch als christlicher König mit den besten norwegischen und isländischen Skalden. Nach späteren schriftlichen Aufzeichnungen kannte man im Norden seit dem 9. Jahrhundert Dichter dieser Art – mit Namen wie Bragi der Alte, Thjodolf von Hwin, Thorbjörn Hornklaue, Einar Schalenklang oder Gunnlaug Schlangenzunge. Als der größte Meister seiner Kunst galt der Isländer Egil Skallagrimsson, der im 10. Jahrhundert als Skalde, Bauer und Wikinger weit herumkam. Viele Skalden zählten sich zu edlen Gefolgschaften, waren aber auch durchaus auf ihre Eigenständigkeit bedacht. Ihr Selbstbewusstsein

wurden mehrere Beteiligte des Mordbrandes geächtet und damit für vogelfrei erklärt. Die meisten von ihnen wurden später erschlagen.

Während dieses Allthings bestieg Thord den so genannten Gesetzesfelsen, auf dem der Gesetzessprecher seines Amtes waltete. Dort ergriff er das Wort und unterstrich, wie problematisch es sei, auf einem fremden Thing eine Klage zu führen. Deshalb wurde ganz Island in Viertel aufgeteilt mit insgesamt 13 Thingversammlungen, auf denen die Thinggenossen unabhängig vom Allthing ihre Klagen gemeinsam verhandelten und auf größere Neutralität des Gerichts hofften.

## Mord- und Totschlag in der Sagazeit

Die isländische Wikingerzeit bezeichnet man als Sagazeit, weil die Sagas überwiegend Ereignisse aus dem Jahrhundert erzählen, das 930

unterstrichen sie in einem Mythos, wonach sie ihre künstlerischen Fähigkeiten auf den Gott Odin selbst zurückführten. Durch ihn hatten sie Anteil am sagenhaften Skaldenmet, der die Gabe der Dichtkunst verlieh.

Die Poeten der Wikinger muteten ihrem Publikum viel zu. Denn obwohl sie fast immer Preisgedichte für den Häuptling vortrugen, umschrieben sie das Gesagte derart kunstvoll, dass moderne Zuhörer selbst bei Kenntnis der altnordischen Sprache wenig verstehen könnten. Die Skalden verwendeten nicht nur verschiedene Reime wie etwa den Stabreim, der nach germanischer Tradition im Wortanlaut gleichklingende Wörter miteinander verband. Sie benutzten außerdem zahllose Synonyme und umschrieben viele Begriffe mit mehreren Wörtern; dabei galt es als besonders kunstvoll, wenn sie dies alles zu einem unüberschaubaren Wortgemisch vermengten. Deshalb erforderte es außerordentliche intellektuelle Anstrengungen, ihre zahllosen Anspielungen auf Mythen, Heldensagen, aktuelle Politik und puren Wortwitz zu verstehen.

Der norwegische Skalde Eyvind Finnsson, der im 10. Jahrhundert sowohl für den christlichen König Hakon den Guten als auch für die heidnischen Jarle von Trondheim dichtete, begann ein Gedicht folgendermaßen:

begann. Gerade in jenen Jahrzehnten wurde das Leben auf der Insel von unzähligen Gewalttätigkeiten bestimmt, aber auch von endlosen Klagen und Prozessen. Die *Egils saga* bietet ein Beispiel dafür, wie heftig man etwa um die Nutzung des Landes stritt:

Um das Jahr 975 wohnte ein Mann namens Steinar Önundarson (»Önunds Sohn«) auf dem Gehöft Anabrekka, wenige Kilometer vom Hof Borg entfernt, dem unbestrittenen Mittelpunkt der Gegend, den Skalla-Grim gegründet und seinem Sohn Egil vererbt hatte. Dieser war nun alt geworden und hatte den Hof seinem Sohn Thorstein übergeben, der auch die Godenwürde übernahm. Die Borgarfjord-Sippe zählte zu den ersten Landnehmern und den mächtigsten Familien Islands. Dies wollte besagter Steinar offensichtlich nicht hinnehmen; denn nachdem er Anabrekka von seinem Vater übernommen hatte, gab es häufig Streitigkeiten mit Thorstein Egilsson.

Einmal ging es um ein Stück Moorland, das im Winter unter Wasser stand, im Frühjahr aber gute Weide für das Vieh gab. Dieses

»Ich will Schweigen bei des Hohen Trank,
wenn ich Gillings Buße anhebe,
wenn wir sein Geschlecht in der Kesselflüssigkeit
der Last des Galgens auf die Götter zurückführen.«

Mit diesen Worten forderte er die unruhige und lärmende Kriegerschar in der Fürstenhalle zur Ruhe auf, denn nun wollte er mit seinem Preislied beginnen. Darin zählte er die Vorfahren des Jarls auf bis hin zu den Göttern. Für die Nennung der Dichtung verwendet er mehrere Umschreibungen, die sich auf den Mythos beziehen, wie Odin den Skaldenmet gewann.

Derartige komplizierte Umschreibungen sollten einem raubeinigen Wikinger schon bekannt sein; denn niemand wollte sich beim Entschlüsseln der Skaldenworte eine Blöße geben. So musste man wissen, dass der Möwenpfad das Meer bezeichnete und das Pferd der Wogen eine Metapher des Wikingerschiffes war. Die Schlacht galt als Treffen der Schwerter und Unwetter Odins, während der Krieger ein Sättiger der Wölfe sein sollte, die hinter den Überresten der Gefallenen her waren. Eine Frau umschrieb der Skalde galant als Weidenbaum der Edelsteine, das stets begehrte Gold sollte als Armfeuer leuchten.

Moorland bildete seit alters her die Grenze zwischen beiden Ländereien. Im Frühjahr ließ Steinar sein Vieh dort weiden, das allerdings oft herüber auf Thorsteins Land kam. Dessen Knechte beschwerten sich, aber Steinar kümmerte sich nicht darum. Als auch im nächsten Frühjahr das Vieh wieder auf fremdem Land weidete, sprach ihn Thorstein darauf an. Angeblich bat er Steinar höflich, er möge doch sein Vieh auf seiner Weide halten, wie es immer üblich gewesen war. Steinar reagierte darauf ziemlich schroff und meinte, das Vieh solle umherziehen, wohin es wolle. Daraufhin wechselten beide einige harte Worte.

Thorstein beabsichtigte anscheinend, Gleiches mit Gleichem zu vergelten: Auch sein Vieh könne ja weiden, wo es wolle. Darum ließ er die Tiere auf Steinars Moorland treiben. Dieser wiederum befahl seinem Sklaven Grani, ein Auge auf sein Vieh auf Thorsteins Land zu halten. Eines Tages im Spätsommer stieg Thorstein auf eine Anhöhe nahe seinem Hof und schaute sich um. Da sah er, wie sich das fremde Vieh auf seinem Land gütlich tat. Es schien ihm an diesem Abend sogar besonders weit vorgedrungen zu sein. Egils Sohn, der als ruhig und friedfertig galt, packte eine gewaltige Wut, er rannte los zu dem fremden Vieh. Als Grani das sah, trieb er sein Vieh in aller Eile zurück zum Melkplatz. Thorstein kam ihm nach, am Gattertor trafen sie aufeinander. Thorstein erschlug Steinars Sklaven.

Zweifelsohne war es unter der Würde eines Großbauernsohnes, sich mit einem unfreien Knecht herumzustreiten. Aber unproblematisch war dieser Totschlag beileibe nicht: Das Menschenleben zählte in diesem Fall wenig, aber Grani war ja Eigentum eines anderen gewesen! Thorstein bedeckte dessen Leichnam mit einem Gatter – wie es das Gesetz bei einem derartigen Totschlag vorschrieb. Dann ging er heim nach Borg.

Granis Leichnam wurde von Frauen entdeckt, die zum Melkplatz gekommen waren. Sie berichteten Steinar sofort davon, doch er tat erst einmal nicht mehr, als die Aufgabe Granis einem anderen Knecht zu übertragen. Auch Thorstein verhielt sich nun wieder ruhig und kümmerte sich nicht um die Weide. Steinar jedoch kaufte sich einen neuen Sklaven zu einem sehr hohen Preis. Dieser Thrand war groß und außergewöhnlich stark. Und er bekam nur eine einzigen Aufgabe zugewiesen: Er sollte das Vieh hüten und dafür sorgen, dass es die besten Weideplätze bekäme. Er sollte sich nur nach diesem Maßstab richten und nicht auf das hören, was andere Leute dazu sagten. Steinar gab ihm eine große und scharfe Axt und meinte, damit müsse er niemanden von Thorsteins Leuten fürchten. Offensichtlich legte es Steinar darauf an, den Chef der mächtigen Borgleute zu provozieren.

Als Thorstein bemerkte, dass auch Steinars neuer Hirte die Grenzen verletzte, schickte er einen Knecht zu ihm, der ihn auf die Landverhältnisse hinweisen sollte. Aber Thrand erklärte, er achte nur auf eine gute Weide für das Vieh, alles andere sei ihm gleichgültig. Danach ließ Thorstein vorerst die Sache ruhen. Eines Morgens stand er mit Sonnenaufgang auf und ging hinüber ins Moorland, wo Thrand auf einem Felsen schlief. Thorstein hielt eine kleine Axt in der Hand. Es kam, so heißt es in der Saga, zu einem Gespräch zwischen den beiden, in dem sich der Sklave unverschämt verhielt und Thorstein sogar drohte. Doch dieser machte nicht viel Aufhebens und gab ihm keine Chance: Als sich Thrand setzte, um seine Schuhe anzuziehen, schwang Thorstein seine Axt heftig in die Höhe und hieb sie dem Sklaven in den Nacken, sodass dessen Kopf auf die Brust fiel. Danach häufte er Steine über dessen Leichnam.

Damit trieb die ganze Angelegenheit der Eskalation entgegen. Denn als Steinars Vieh nicht heimgetrieben wurde und der Knecht unauffindbar blieb, schloss Steinar auf das Vorgefallene – das er letztlich provoziert hatte. Er sattelte sein Pferd und ritt vollbewaffnet zum Hof Borg. Dort bat er Thorstein, aus dem Haus zu kommen: Er habe etwas mit ihm zu erledigen. Als diesem die Botschaft überbracht wurde, bewaffnete auch er sich und trat hinaus. In dem anschließenden Wortwechsel bejahte Thorstein ohne Umschweife, dass er Steinars Sklaven erschlagen habe. Dieser erklärte, er halte es nicht für eine große Tat, zwei Sklaven zu töten. Von jetzt an werde er es nicht mehr seinen Knechten überlassen, das Vieh auf die Weide zu treiben. Und er werde die Tiere nun Tag und Nacht auf Thorsteins Land lassen. Thorstein gab sich noch moderat und erklärte, er toleriere diesen Sommer die Weidenutzung auf seinem Land. Aber im nächsten Jahr werde er jeden Mann erschlagen, der fremde Tiere auf sein Land treibe, und wenn es Steinar selbst sei.

## Ein Streitfall vor Gericht

Steinar dachte vorerst nicht daran, es zum Kampf kommen zu lassen. Er wollte die Sache vor Gericht bringen und suchte dafür Verbündete.

Deshalb ritt er zunächst zu dem Goden Einar, bat ihn um Unterstützung und bot ihm sogar Geld dafür. Dieser sicherte seine Hilfe zu, meinte aber zugleich, gegen Thorstein Egilsson sei der Beistand von mehreren angesehen Männern nötig. Deswegen begab sich Steinar zu einem Mann namens Odd, der ebenfalls das gebotene Geld annahm und seine Unterstützung zusicherte, wenn man nach dem Gesetz vorgehe.

Im Frühjahr ritten die drei Männer mit einer großen Schar los, Steinar lud nach dem Gesetz Thorstein zum Thing. Diese Vorladung galt als erster formaler Schritt einer Klage, deren Procedere genau eingehalten werden musste. Sie hatte auf dem Hof des Beschuldigten zu erfolgen und musste diesem gegenüber ausgesprochen werden. Denn häufig versuchten Beklagte dieser Vorladung zu entgehen, indem sie rechtzeitig verschwanden oder den Klägern einen Hinterhalt stellten. Thorstein unternahm nichts dergleichen und hörte sich an, wessen er beschuldigt wurde: Er sollte Steinars Sklaven erschlagen haben und dieser verlangte dafür, ihn des Landes zu verweisen. Das Gesetz schrieb diese Strafe für die Tötung eines Sklaven vor – es sei denn, man einigte sich auf eine Bußzahlung und übergab sie vor dem dritten Sonnenaufgang.

Thorstein nahm die Vorladung anscheinend gelassen auf. Aber er schickte Männer herum und knüpfte Kontakte. Als die Zeit des entscheidenden Frühjahrsthings kam, brach Thorstein mit einer großen Schar Männer dorthin auf. Eine Nacht vor den anderen errichteten sie ihre Hütten und Zelte und zusätzlich eine ungewöhnlich große Bude, in der jedoch keine Männer waren. Dann traf die Klägerpartei um Steinar und seine Verbündeten ein. Das Thing nahm seinen üblichen Verlauf, viele Männer trugen ihre Angelegenheiten vor. Aber dem großen Streitfall zwischen Steinar und Thorstein gehörte gewiss die Aufmarksamkeit aller. Gemunkelt wurde darüber bereits im Vorfeld. Männer traten zu den Kontrahenten und versuchten zu vermitteln, was Thorstein rigoros ablehnte. Er vertraue auf die Entscheidung des Gerichts; denn was solle man von Steinars Klage schon halten! Dessen Sklaven hätten sich doch allerhand zuschulden kommen lassen und sein Land und Eigentum dauerhaft verletzt. Steinar sah das ganz anders. Und wenn das Gericht dies wiederum anders sehe, hätte er genug bewaffnete Männer bei sich!

Dann kam der Tag, an dem die Männer auf dem Thinghügel den Fall darlegten. Am Abend sollten die Richter das Urteil fällen – wie es Brauch war. So warteten beide Parteien schwer bewaffnet ab. Da trat eine überraschende Wendung ein: Thorsteins Vater Egil, der alte mächtige Mann und berühmte Skalde, der sich bisher herausgehalten hatte, ritt mit achtzig bewaffneten Männern heran. Er selbst trug einen blauen Mantel und einen goldumwundenen Helm, hatte an der Seite einen goldverzierten Schild und war mit Speer und Schwert bewaffnet. Sie ritten zu der leerstehenden Bude Thorsteins und stiegen dort ab. Sein Sohn begrüßte ihn. Alle gingen nun mit ihren Männern hinauf zum Thinghügel und setzten sich auf ihren gewohnten Plätzen nieder.

Egil griff nach harten Worten und fragte Steinars Vater Önund, ob er seinem Sohn geraten habe, Thorstein zum Friedlosen und Ausgestoßenen machen zu wollen. Der alte Mann gab sich kleinlaut und versöhnlich, auch im Interesse ihrer alten Freundschaft. Egil schlug vor, dass sie beide die Sache in die Hand nehmen sollten, um sie nicht dubiosen Leuten zu überlassen, die durch solche Streitfälle nur ihr Vermögen zu mehren suchten. Nach langen Beratungen mit seinen Bündnispartern, die hier deutlich angegriffen worden waren, gab Steinar schließlich nach und vertraute die Angelegenheit eher zähneknirschend seinem Vater an.

Dieser beriet sich ausgiebig mit Egil und Thorstein. Dann überließ er es Egil, in dieser Sache allein zu entscheiden. Eine solche Möglichkeit sah das Gesetz durchaus vor; Önund erhoffte sich für seinen Sohn einen milden Spruch, mit dem er heil aus der Sache herauskam. Der alte Mann akzeptierte Macht und Autorität der Herren vom Borgarfjord und wollte es nicht auf einen Konflikt ankommen lassen, der auch blutig enden könnte. Also reichten sich Önund und Thorstein die Hand, benannten Zeugen und erklärten, dass auf diesem Thing Egil Skallagrimsson allein die Entscheidungsgewalt habe. Dann zogen sich die Parteien zurück, um zu rasten, zu essen und die Angelegenheit zu kommentieren.

Am nächsten Tag schritten alle Beteiligten zum Thinghügel und warteten, bis ihr Fall an der Reihe war. Dann erhob Egil das Wort und verkündete sein Urteil: Er bezog sich auf die Landnahme seines Vaters Skalla-Grim und auf die seit damals feststehenden Grenzen. Und er beschuldigte Steinar, wissentlich diese Grenzen missachtet und sich Thorsteins Eigentum angeeignet zu haben. Der habe daraufhin die beiden Sklaven erschlagen. Nun sei es doch für alle Männer offen ersichtlich, dass diese als Folge ihrer Taten getötet worden seien. Darum bräuchten ihre Totschläge nicht gebüßt zu werden – im Übrigen selbst dann nicht, wenn sie freie Männer gewesen wären. Letztlich

habe Steinar versucht, Thorstein seines Landes zu berauben. Daher
entscheide er, Egil, dass der Kläger entschädigungslos sein Land um
Anabrekka aufgeben müsse. Außerdem solle er den ganzen umlie-
genden Bezirk verlassen; halte er sich nicht daran, könnten er von
Thorsteins Verbündeten straflos erschlagen werden.

Somit entpuppte sich Egils Urteil beileibe nicht als Vergleich. Sein
Spruch erwies sich als eindeutige Verurteilung Steinars, die auch von
dessen Vater mit Enttäuschung und Zorn aufgenommen wurde. Beiden blieb jedoch nichts anderes übrig, als dies zu akzeptieren. Der
Hof Anabrekka wurde einem anderen übergeben, Steinar zog sich
auf Land jenseits der angegebenen Grenzen zurück.

Dass die Sache trotzdem noch nicht ausgestanden war, bekam
Thorstein schon wenig später zu spüren. Einem Hinterhalt, den
Steinar ihm gemeinsam mit zwölf Männern legte, entging er. Thorstein reagiert nicht darauf, alles blieb ruhig. Dann aber ritt Thorstein
mit vier Gefolgsleuten und seinem zehnjährigen Sohn im Herbst zu
einem Fest, auf das man ihn eingeladen hatte. Auf dem Weg dorthin
kamen sie an einer Stelle vorbei, wo Steinar mit seinem Vater und
einigen Knechten sowie seinem noch jungen Sohn arbeitete. Als sie
Thorstein erblickten, eskalierte die Situation. Es kam zum Kampf
und zu mehreren Toten, darunter angeblich auch die beiden Jungen.

## Die Geißel der Blutrache

Die Isländer gerieten wegen zahlreicher Anlässe in Streit: die Nutzung von Weideland war nur ein Konfliktpunkt von vielen. Wem
gehörte verlaufenes Vieh? Wer bediente sich zu Recht am Wasser
oder an den schrumpfenden Wäldern? Wer durfte sich das Treibholz
aneignen und wer hatte Anspruch auf die Fleischmassen eines ge-
strandeten Wales? Verletzte und Tote gab es daher häufig und erheblich blutiger noch verliefen die Auseinandersetzungen, wenn die Ehre
eines Mannes verletzt worden war. Auslöser dafür konnten Frauen
oder schlichtweg Beleidigungen sein. Der schlimmste Fall jedoch war
der Tod eines freien Isländers. Zwingender als die Klage vor Gericht
wirkte nämlich der traditionelle Brauch der Blutrache, der für die
isländische Gesellschaft der Sagazeit eine wahre Plage darstellte.

Ein Toter musste gerächt werden. Diese Verpflichtung galt nicht
nur für die engere Familie, sondern für alle Mitglieder der weit ver-

zweigten Sippen. So machten sich auch auf der Gegenseite die Verwandten eines Täters Gedanken darüber, mit welchen Racheabsichten
man rechnen müsse, wie dem Totschläger zu helfen sei und wie man
sich selbst schützen könne. Häufig zog ein Totschlag den nächsten
nach sich, eine Blutrache forderte eine weitere – ein blutiger Auto-
matismus, der Island mit nicht enden wollenden Fehden überdeckte.
Einen besonders grausamen Fall von Blutrache schildert die *Njáls
saga*: Njal, ein Mann aus dem Südwesten der Insel, galt als recht-
schaffen, gesetzeskundig und friedliebend, aber trotz seines guten
Willens vermochte er das Gesetz der Blutrache nicht zu durchbrechen. Seine Söhne, die von ganz anderer und streitbarer Wesensart
waren, töteten einen Mann. Njal nahm dessen minderjährigen Sohn
als Pflegekind auf, was als ganz ungewöhnlich galt. Denn dieser Junge musste im entsprechenden Alter den Tod seines Vaters rächen und
damit gegen Njals Söhne vorgehen. Dazu zwang ihn ein strenger Ehrenkodex, dessen Einhaltung man von ihm erwartete. Aber entgegen
solcher traditionellen Verhaltensweisen zeigte auch der herangewach-
sene Mann keinerlei Ambitionen, der Racheverpflichtung zu folgen
und seine Stiefbrüder zu bedrohen. Anscheinend zahlte sich der mä-
ßigende Einfluss Njals aus. Dessen Söhne wiederum vermochten dem
Frieden nicht zu trauen und begingen eine ungeheuerliche Freveltat.
Sie überfielen den friedlichen Stiefbruder während der Feldarbeit und
töteten ihn – zum Entsetzen ihres Vaters. Nun war die Rache wieder
auf Seiten der Verwandten und Verschwägerten des Erschlagenen, die
sich in großer Zahl zusammentaten.

Die Angelegenheit kam auf dem Thing vor Gericht. Auch dort
versuchte Njal zwischen den äußerst verfeindeten Parteien zu vermitteln, obwohl er natürlich zu seinen hitzköpfigen Söhnen halten
musste. Dank seiner friedlichen Intervention wurden immerhin zwölf
Schiedsmänner bestimmt, um einen Vergleich herbeizuführen. Sie entschieden sich für eine hohe Geldbuße, die von Njals Söhnen sofort zu
entrichten war. Da niemand soviel Silber unverzüglich greifbar hatte,
trugen die Schiedsmänner das Übrige von ihrer Seite zusammen. So
wichtig schien ihnen der Friede zwischen den Streitenden. Doch bei
der Übergabe fielen scharfe Worte. Schließlich verhöhnte Skarphe-
din, einer von Njals Söhnen, einen Kontrahenten als unmännlich:
Er sei doch in jeder neunten Nacht die Geliebte eines Riesen, der ihn
dann zum Weibe mache. Eine derartige herbe Anspielung auf Homo-
sexualität galt als schlimmste Beleidigung. Sie sprengte das ganze
Konstrukt der Schiedsmänner.

Der Anführer der Gegenpartei, ein einflussreicher Häuptling namens Flosi, versammelte genau 100 Männer um sich und verpflichtete sie seinem Racheplan. Der gemeinsame Tenor ging dahin, alle Njalssöhne zu töten. Darauf schworen sie einen Eid und bestätigten durch Handschlag, dass derjenige Leben und Habe verwirkt haben sollte, der diese Sache im Stich lasse. Flosi schlug vor, alle sollten zu ihren Höfen ziehen und dort den Sommer mit ihrer Arbeit verbringen. Im Herbst sollten sie zu Njals Hof reiten, um dessen Söhne mit Feuer und Schwert anzugreifen und nicht früher abzuziehen, bis die Rache vollbracht war.

Der Plan sollte geheim bleiben, dennoch sickerte das eine oder andere durch. Man munkelte von Gerüchten um eine Racheverschwörung, böse Vorzeichen machten die Runde; aber die Betroffenen nahmen dies nicht zur Kenntnis oder ergaben sich fatalistisch dem Schicksal. Die Verschwörer trafen sich vereinbarungsgemäß und rückten schwer bewaffnet auf Njals Hof vor. Der Vater stand mit seinen Söhnen und dem Schwiegersohn sowie allen männlichen Hausleuten vor den Eingängen – fast dreißig Mann. Flosi sah für die Angreifer nur dann eine Chance, wenn sich Njal und seine Leute im Haus verschanzten, sonst wären sie schlichtweg zu kampfstark. Zögen sie sich jedoch zurück, könnte man sie mit einer so genannten Brenna vernichten. Darunter verstanden die Isländer einen unehrenhaften Angriff, einen Mordbrand, bei dem man die Belagerten einschloss, Feuer an das Haus legte und sie darin elend umkommen ließ.

In dieser Situation traf der ansonsten weise Njal die größte Fehlentscheidung seines Lebens: Er empfahl, ins Haus zu gehen. Flosi umstellte darauf die Gebäude für den Fall, dass es eine Geheimtür gäbe. Dann näherten sie sich von vorn dem Haus. Dort kam es zu einzelnen Scharmützeln mit empfindlichen Verlusten auf Seiten der Angreifer. So blieb ihnen nur die Alternative, sich zurückzuziehen – worauf sie nun ihrerseits wieder Racheopfer würden – oder alle Feinde in den Flammen verbrennen zu lassen.

Bald flackerte das Gebäude lichterloh; aus dem Inneren hörte man das Weinen der Kinder und die Verzweiflungsschreie der Frauen. Njal rief hinaus, ob Flosi zu einem Vergleich bereit wäre oder zumindest Leute aus dem Haus ungeschoren hinausließe. Dieser erklärte, auf einen Vergleich mit Njals Söhnen gehe er nicht ein. Er wolle die Sache zwischen ihnen ein für alle Mal zu einem Ende bringen. Aber er lasse Frauen, Kinder und Knechte herauskommen. Anschließend bot er auch dem alten Njal und seiner Frau dieselbe Schonung an, was diese ablehnten. So fanden beide mit ihren Söhnen und einigen anderen Männern den Tod – bis auf den Schwiegersohn Kari, dem es gelungen war, unbemerkt aus den Flammen zu flüchten. Er sollte dann die Rache für den Tod der Schwiegereltern vollziehen, dafür sogar Island verlassen und den Tätern hinterher reisen.

Der Mordbrand am friedliebenden Njal und seiner Familie ging als schlimmster Mord einer Rachefehde in die isländische Geschichte ein. Sein Beispiel verdeutlichte die tragische Verstrickung selbst völlig Unschuldiger in die Bräuche einer traditionsbezogenen Sippengesellschaft. Nur wer das herkömmliche Ehrgebot durchbrach, konnte auf eine friedliche Entwicklung der isländischen Republik hoffen.

## Island zwischen Odin und Christus

Die ersten isländischen Siedler brachten die heidnische Religion ihrer Ahnen aus Norwegen mit, in deren Zentrum der Glaube an die Asengötter stand, an Odin, Thor und wie sie alle hießen. Dieser Glaube war aufs Engste mit den althergebrachten Ehrvorstellungen verbunden und deshalb auch mit den Geboten der Blutrache. Aber unter dieser Generation fanden sich gewiss auch Christen oder Männer und Frauen, die zumindest vom Glauben an den gekreuzigten Gott schon gehört hatten. Etliche Einwanderer kamen aus Irland und von anderen Teilen der Britischen Inseln, wo sie in der unmittelbaren Nachbarschaft der Christen lebten. Einzelne hatten dort die Taufe empfangen; das Gleiche galt für die irischen Sklaven, die aus einem durch und durch christlichen Land stammten. Im Laufe des 10. Jahrhunderts breitete sich die neue Religion in Skandinavien aus – so in Dänemark, dessen König Harald Blauzahn sich taufen ließ, und in Norwegen, wo König Olaf Tryggvason den neuen Glauben gewaltsam durchsetzen wollte.

Von all dem blieb Island nicht unberührt, auch wenn die überwiegende Mehrzahl der Bevölkerung dem Heidentum treu blieb – nicht zuletzt, weil die mächtigen Goden nach wie vor den Götterkult betrieben. Die Christen stellten damals im Nordatlantik höchstens eine kleine Minderheit, deren andersartigen Glauben man tolerierte. Doch mit den Kontakten der weit herumreisenden Isländer stieg auch der christliche Einfluss. So erzählen die Sagas von einem gewissen Thorvald, der im Süden einige Seeräuberfahrten unternommen hatte.

Schließlich brach er sie ab und reiste auf dem Festland umher. Dort lernte er im Land der Sachsen, dem heutigen Niedersachsen, einen Bischof Friedrich kennen, von dem er sich taufen ließ. Auf Thorvalds Bitten ging er mit ihm nach Island, um dort auch dessen Eltern und andere Verwandte zu taufen. Um 980 nahmen sie ihre Missionstätigkeit im Nordatlantik auf – hinter der zweifelsohne ein kirchlicher Auftrag stand. Bekanntlich versuchten die katholische Kirche und die fränkischen und angelsächsischen Herrscher immer wieder, die Wikinger von deren alten Glauben abzubringen.

Der Bischof aus Niedersachsen konzentrierte seine Bemühungen nun auf Island, von dem man damals nicht mehr wusste, als dass dort lauter Heiden lebten. Anfangs reisten der Geistliche und der getaufte Isländer im Norden der Insel herum und der Bischof predigte vor den Leuten. Allerdings war er des Nordischen nicht mächtig, sodass Thorvald seine Worte übersetzte. Ob es daran lag oder am festen heidnischen Glauben der Isländer – nach den Worten des Sagaerzählers machte die neue Religion kaum Eindruck, und nur wenige ließen sich daraufhin taufen.

Nicht einmal Thorvalds Vater war dazu bereit. Da galt es für Bischof Friedrich, seine Macht und die seines Gottes zu demonstrieren: In der Nähe stand nämlich ein Stein, dem Thorvalds Vater und seine Verwandten opferten, weil darin angeblich ein hilfreicher Geist wohnte. Und der Vater erklärte rundheraus, er werde sich nicht eher taufen lassen, bis er wüsste, wer mächtiger sei, der Bischof oder der Geist im Stein. Daraufhin soll der Geistliche solange über dem Stein gesungen haben, bis dieser zerbrach. Thorvalds Vater war überzeugt von der Wundertat, ließ sich und seine Familie taufen. Selbst wenn es eine sagenhafte Anekdote ist, zeigt sie doch, auf welche Weise sich die Isländer bekehren ließen: Der Missionar sollte über Zauberkraft verfügen, mit der sich sein Gott als mächtiger erwies als die Asen.

Nach diesem erfolgreichen Anfang richteten sich der Bischof aus Niedersachsen und Thorvald für einige Jahre in einem Hof ein, der ihnen als Stützpunkt diente und von wo aus sie die ganze Insel bereisten. Einmal nahmen sie im Herbst an einem großen Gastmahl teil, zu dem auch zwei Berserker kamen. Das waren unberechenbare Männer, die den Anwesenden Gewalt androhten, heulend umhergingen und durchs Feuer liefen. Sollte der Verkünder des Christengottes doch an diesen unleidlichen Gesellen seine Macht demonstrieren! Da weihte Friedrich das Feuer und als die beiden wieder einmal durch die Glut gingen, verbrannten sie sich bös. Die anderen Männer schlugen die jammernden Burschen tot – und waren für das Christentum gewonnen.

Um diese Zeit wurde auch eine Kirche auf Island errichtet, die so manchem Traditionalisten missfiel. Gespräche machten die Runde, ob man diesen Bau nicht zerstören und den Priester nebenbei noch gleich erschlagen solle. Von Letzterem riet man ab, denn dies könne ja die Rachegedanken der Christen wecken. Mehrere Männer versuchten immerhin, die Kirche in Brand zu stecken, was aber misslang: Einmal glaubten sie, das Gebäude brenne bereits, ein anderes Mal wurden sie mit Pfeilen beschossen. Was immer die Ursache dafür war – die Kirche anzugreifen, schien gefährlich zu sein.

## Ein Bischof auf dem Allthing

Bischof Friedrich und Thorvald zogen schließlich sogar aufs Allthing. Dort stieg der Isländer auf den Gesetzesfelsen und predigte im Beisein des Geistlichen das Wort Gottes. Jedoch erfolglos: Die Männer fühlten sich nicht überzeugt, auf ihre alten Götter Thor und Odin zu verzichten. Ein angesehener Wikinger drückte die Empörung der Versammlung aus: Wie könne es ein Fremder wagen, hier im Herzen Islands einem Einheimischen einzuflüstern, man möge den Göttern der Väter und dem mit ihnen verbundenen Heil abschwören. Und was sei die Alternative? Ein Gott, der seinen Sohn jämmerlich habe töten lassen? Derart dürfte von heidnischer Seite argumentiert worden sein.

Noch drohte den beiden Christen keine Gefahr; wie es für die Isländer typisch war, machten sie sich zunächst einmal über sie lustig. Wohnten sie nicht gemeinsam und ohne Frauen auf ihrem Hof? Waren die beiden Männer sich vielleicht gegenseitig mehr zugetan als den Frauen? Schnell fand sich ein Skalde, der darauf ein Spottgedicht verfasste: Neun Bastarde habe der Bischof geboren, und Thorvald sei ihr Vater. Das war zu stark, als dass es der derart verspottete Isländer hätte – seinem neuen Glauben folgend – vergeben können. Thorvald erschlug zwei Männer. Bischof Friedrich verstand davon wenig und erschrak über den Zornausbruch seines Missionshelfers. Nachdem dieser ihm die Angelegenheit erklärt hatte, versuchte der Deutsche ihn zu beruhigen, doch die Lage war bereits bedrohlich geworden: Als die beiden eine andere Thingversammlung aufsuchen wollten, wurden sie von den Männern mit Steinen beworfen und schließlich sogar geächtet.

Im nächsten Sommer taten sich einige Häuptlinge auf dem Allthing zusammen und ritten mit angeblich 200 Männern zum Hof Thorvalds und des Bischofs, um ihn in Brand zu stecken und beide zu töten. Später erzählte man sich, auffliegende Vögel hätten ihre Pferde scheuen lassen, zahlreiche Männer seien aus dem Sattel gefallen und hätten sich verletzt. Was immer an dieser wundersamen Episode wahr ist – sie brachen ihren Ritt ab und zogen wieder nach Hause. Als die beiden Bedrohten davon hörten, warteten sie noch den Winter ab und verließen danach Island.

In Norwegen angekommen, erkannte Thorvald den Mann, der auf dem Allthing gegen sie gewettert hatte. Mithilfe eines Knechts überfiel er ihn im Wald und ließ ihn dort erschlagen. Als der Bischof davon erfuhr, kündigte er die Gemeinschaft auf. Obwohl Thorvald die Taufe empfangen und den Glauben verkündet hatte, konnte er von den heidnischen Gepflogenheiten offenbar nicht lassen. Seine Rachsucht blieb unberechenbar, und Friedrich musste an der Rechtgläubigkeit des Isländers zweifeln. Darum verließ der Geistliche Skandinavien und kehrte nach Niedersachsen zurück.

## Die Gesellschaft Skandinaviens

Trotz mancher Unterschiede zwischen den einzelnen nordgermanischen Völkern und Stämmen zeichnete sie alle eine hierarchische Gesellschaftsordnung aus. An deren Spitze stand ein König, insofern er seine Position gegen die mächtigen Häuptlinge der einzelnen Landesteile zu behaupten vermochte. Ursprünglich sah man in den Herrschern Garanten für das Heil und die Fruchtbarkeit des Landes; deswegen genossen sie geradezu kultische Verehrung wie beispielsweise die Ynglinge in Alt-Uppsala. Diejenigen Könige, die sich während der Wikingerzeit den Thron Dänemarks, Schwedens und Norwegens erkämpften, orientierten sich stark am Vorbild der fränkischen Herrscher. Deren Hofhaltung versuchten sie nachzueifern; Legitimation wollten sie im Bündnis mit der katholischen Kirche gewinnen, deren Missionare sie zunehmend unterstützten.

Die Jarle (hohe Adlige) und Häuptlinge einzelner Regionen und Landstriche stellten häufig die Konkurrenten der nationalen Thron-

## Christlicher Druck aus Norwegen
## und ein streitbarer Missionar

Gegen Ende des 10. Jahrhunderts betrieb der norwegische König
Olaf Tryggvason die Bekehrung Islands. Er selbst hatte erst kürzlich
die Taufe empfangen – nach einem bewegten Krieger- und Wikinger-
leben. Stürmische Gewalttätigkeit entsprach wohl seinem Naturell,
deshalb wollte er unbedingt das Christentum auf Island durchsetzen. Obwohl die Insel unabhängig war, bestanden doch so enge
Beziehungen zu Norwegen, dass solcherart königliche Forderungen
wohl erwogen werden mussten. Zudem befanden sich stets etliche
angesehene Isländer am Hof des Königs, sodass dieser sie als Geiseln
nehmen oder ihnen sogar mit dem Tod drohen konnte.

Aber erst einmal schickte Olaf einen Missionar in den Nordatlantik, den Sohn eines norddeutschen Grafen. Dieser Thankbrand war
nach den schriftlichen Quellen eine schillernde Persönlichkeit, die
dem adligen Kriegerleben und seinen Annehmlichkeiten verbunden
blieb. So soll er sich eine schöne Irin gekauft und in Dänemark im
Streit um sie einen Mann erschlagen haben. Daraufhin wurde ihm
dort der Boden zu heiß und er wandte sich an Olaf Tryggvason. Bei

anwärter. Sie repräsentierten die tonangebende Adelsschicht, die
zum einen das Kriegerideal pflegte und zum anderen die Basis ihres
Reichtums in Grundbesitz und Abgaben suchte. Kleine und große
Herrscher versuchten darum stets, den Handel und die Handelsplätze unter ihre Kontrolle zu bringen, um auf diese Weise reichlich
Steuern zu kassieren. Diese Männer horteten oftmals die berühmten Schätze der Wikingerzeit, denn dadurch vergrößerten sie ihr
Ansehen und vermochten die besten Krieger an ihren Hof und
in ihre Gefolgschaft zu locken. Zudem galten sie in ihrem Machtbereich als religiöse Führer, auf deren Höfen unter ihrer Leitung
die großen Opferfeiern stattfanden. Diese so genannten Goden
gewannen insbesondere in der adelslosen Wikingerkolonie Island
erheblichen Einfluss.

Den offiziellen Mittelpunkt der nordgermanischen Wikingerge-
sellschaft bildete das Thing, dessen Versammlungen auf nationaler
Ebene (wie das isländische Allthing) und in den zahlreichen Regionen
stattfanden. Dort kam die überwiegende Mehrheit der männlichen
Bevölkerung zu Wort – die freien Bauern, die das Recht hatten,

ihm empfing er die Priesterweihe. Außerdem erhielt er einen Hof, der ihm angeblich zu wenig einbrachte. Deshalb verschaffte er sich ein Wikingerschiff und plünderte mit seiner Bande unter den noch heidnischen Skandinaviern. Das war selbst dem hitzköpfigen Olaf zu viel – man einigte sich darauf, Thankbrand als Missionar in den Nordatlantik zu schicken.

Auf Island verstand es der streitbare Mann offensichtlich, mit seiner Werbung einen heidnischen Nerv zu treffen: Er erzählte vom Erzengel Michael, der die Seelen der Gläubigen empfange, und von der Pracht der himmlischen Heerscharen. Den Gottesdienst hielt er in einem Zelt ab, und wie vor mehr als 150 Jahren die heidnischen Dänen am fränkischen Hof, wurden auch die Isländer von der liturgischen Pracht beeindruckt: vom Läuten der Glocken, dem Duft des Weihrauchs, dem Priester in Samt und Purpur.

Insgesamt schien Thankbrands Mission zwiespältig zu verlaufen. Zum einen gewann er durchaus Sympathien für den christlichen Glauben, zum anderen ging offenbar sein schwer zu bremsendes Temperament mit ihm durch: Als auch auf ihn Spottverse verfasst wurden und die Runde machten, ließ er dies nicht auf sich sitzen. Er suchte die betreffenden Männer auf und schlug sie tot. Damit hatte er

Waffen zu tragen. Allerdings bot die Thingversammlung beileibe kein Musterbeispiel einer direkten Demokratie. Stets wussten die Oberhäupter mit ihrer Gefolgschaft und den von ihnen abhängigen Thingmännern die Meinung der Versammelten zu ihren Gunsten zu beeinflussen. Auf Island wurde es offensichtlich, dass ein freier Bauer ohne die Unterstützung eines mächtigen Goden nichts erreichen konnte. Und auf dem skandinavischen Festland dominierten die Könige und ihre Stellvertreter immer stärker die Thingversammlungen.

Deswegen waren die Freien nicht ungebunden; sie mussten sich mit der Führungsschicht arrangieren. Dabei zeigte diese größte Gesellschaftsgruppe ein durchaus uneinheitliches Gesicht. Zu ihr zählten nicht nur kleine landbesitzende Bauern, Handwerker und Händler, sondern auch reiche Großbauern mit mehreren Gehöften, von denen sie einen Teil an andere Bauern verpachteten und sie so von sich abhängig machten.

Zuunterst in der Gesellschaftspyramide standen die Sklaven, die als Gefangene, wegen Schulden oder aus anderen Gründen

den Bogen überspannt. Die Isländer waren nicht bereit, einen Mann zu tolerieren, der ihre Götter schmähte und dann auch noch Landsleute ermordete. Der Norddeutsche musste die Insel verlassen und zu König Olaf zurückkehren.

## Pro Christentum: Eine Entscheidung des Allthings

In Norwegen berichtete Thankbrand anstelle seiner Totschläge davon, wie wenig Aussicht bestünde, das Heidenvolk der Isländer zu bekehren. Olaf erzürnte sich darüber so sehr, dass er in Norwegen weilende Isländer gefangen nehmen ließ und diese erschlagen oder zumindest verstümmeln wollte. Zwei Männer aus Island, Gizur und Hjalti, erwirkten beim König Gnade und versprachen, sich der christlichen Sache daheim anzunehmen. Olaf behielt jedoch etliche Geiseln bei sich, mit denen er entsprechende Druckmittel in der Hand zu haben glaubte.

Im Sommer des Jahres 1000 fuhren Gizur und Hjalti mit einem Priester nach Island zurück, wo sie gerade rechtzeitig zum Allthing

in diese Situation geraten waren. Im Laufe der Wikingerzeit ging diese Form rechtloser Unfreiheit immer mehr zurück – teils weil es sich immer weniger lohnte, Sklaven zu unterhalten, teils weil sich die Kirche zumindest indirekt gegen die Sklaverei aussprach.

Im Alltag hatte das Familienleben eine herausragende Bedeutung. Es spielte sich zumeist auf den kleinen und großen Gehöften Nordeuropas ab und wurde formal von der patriarchalischen Macht des Hausherrn geprägt. Allerdings scheint dessen Frau als Hausherrin durchaus eine bedeutende Schlüsselstellung eingenommen zu haben – was sich bei der Abwesenheit des Mannes und bei verwitweten Frauen zeigte. Formal gebot der Hausherr nicht nur über die engere Familie aus Frau, Kindern und Gesinde. Er hatte ein verzweigtes Netz von Sippenbeziehungen zu beachten, das sich über Blutsverwandte, adoptierte Verwandte, Freunde und Schwurbrüder erstreckte. Diese Beziehungen waren in familien- und erbrechtlichen Fällen von nicht geringer Bedeutung. So musste etwa das Land stets im Besitz der Sippe verbleiben.

ankamen. Dort hatte man offensichtlich schon von ihrer Rückkehr gehört; die Lage war gespannt, galten sie doch als Vertreter des Christentums. Deshalb schickten sie Boten zum Allthing und baten ihre Verwandten und Freunde, ihnen entgegenzukommen. Mit ihnen wollte man dann in großer Zahl nach Thingvellir reiten; denn die heidnische Partei plante angeblich, ihnen den Zutritt zu verweigern. So ritten sie aufs Thing, wo sich die Heiden voll bewaffnet zusammenscharten. Das weitere Geschick des isländischen Gemeinwesens stand auf Messers Schneide. Anscheinend hatte der christliche Glaube in wenigen Jahren doch eine beträchtliche Zahl von Anhängern gewonnen, sodass ein Bürgerkrieg drohte: In der Tat wäre es auf dem Allthing um ein Haar zum offenen Kampf gekommen.

Am anderen Tag gingen Gizur und Hjalti zum Gesetzesfelsen und verkündeten ihre Botschaft. Erneut drohte die Situation zu eskalieren: Nach Geplänkeln in Verfahrensfragen kündigten beide Parteien die Rechtsgemeinschaft auf und verließen den Felsen. Schließlich gelangte die Sache vor den Gesetzessprecher Thorgeir, der Heide war und deshalb von den Christen mit Argwohn gesehen wurde. Aber er dachte offensichtlich nicht an eine rasche Entscheidung gegen die Christen und zog sich zurück, um mit sich zu Rate zu gehen: »Als die Männer in ihre Buden gingen, legte sich Thorgeir nieder, breitete seinen Mantel über sich und lag da den ganzen Tag und die folgende Nacht, wobei er kein Wort sprach.«

Am nächsten Morgen ließ er alle zum Gesetzesfelsen rufen und begann seine Rede, die auf Island Geschichte machte: Für unhaltbar halte er die jetzige Situation, nach der das Gesetz nicht mehr für alle gelte. Bliebe es dabei, gebe es Mord und Totschlag, bis Island wieder zur Ödnis würde. Er halte es für am klügsten, nicht diejenigen bestimmen zu lassen, die sich am feindlichsten gegenüberstünden. Hingegen sei zwischen ihnen ein Ausgleich zu suchen, der beiden Parteien etwas von ihrem Willen lasse, aber gleichzeitig dafür sorge, dass es auf Island nur ein Gesetz und einen Glauben gebe. Thorgeirs Rede hatte den gewünschten, aber unerwarteten Erfolg: Beide Parteien stimmten dem Schiedsspruch zu und erklärten, sich dem Urteil des Gesetzessprechers zu fügen.

Und Thorgeir entschied zugunsten der Christen. So wurde ein Gesetz verkündet, wonach alle sich taufen lassen und an einen Gott glauben sollten. Für traditionelle Bräuche wie das Aussetzen von Kindern und das Essen von Pferdefleisch sollten jedoch noch die alten Gesetze gelten. Das heimliche heidnische Opfern gestattete man, es wurde nur dann bestraft, wenn sich dafür Zeugen fanden. Doch diese Ausnahmeregelungen erwiesen sich schon bald als überflüssig, da sich die alten Bräuche recht schnell überlebten. Wie stark man sich in den ersten Zeiten gleichwohl den christlichen Glauben zurechtbog, belegt folgende Episode: Danach ließen sich viele Isländer in einer Heißwasserquelle taufen, weil sie nicht in kaltes Wasser steigen wollten.

Jedenfalls hatten die Wikinger des Nordatlantiks das Christentum auf eine einmalige Art und Weise bei sich eingeführt: durch eine Mehrheitsentscheidung ihrer Volksversammlung, die sich dem Spruch ihres Vorsitzenden fügte. Und jener Heide Thorgeir bewies offenkundig einen bemerkenswerten Weitblick, mit dem er das Christentum als die Religion der Zukunft sah. Nach dieser Entscheidung schritt die Christianisierung rasch voran. Dazu trug bei, dass die Goden auf die heidnischen Kulte verzichteten, Kirchen auf ihren Höfen errichteten und Priester beriefen. Nach mehr als 60 Jahren gab es erstmals einen Bischof für Island, der seinen Sitz Skálholt in der Nähe Thingvellirs errichtete, dort wo das Allthing tagte. Mit der Zuwendung zum Christentum ging nach den Quellen ein starker Rückgang der Rachefehden einher, sodass die Menschen nach der Wikingerzeit endlich recht friedlich miteinander lebten.

## Erik der Rote und die Entdeckung Grönlands

Mehr als ein Jahrhundert nach der Entdeckung Islands traf dort ein Mann namens Erik der Rote ein. Er kam in Begleitung seines Vaters aus Norwegen, das er unter bedrohlichen Umständen ziemlich schnell hatte verlassen müssen. Beide genossen in ihrer alten Heimat den zweifelhaften Ruf, ausgemachte »Totschläger« zu sein – rauflustige Männer also, die einem Streit nie aus dem Weg gingen und denen ein Menschenleben wenig galt. Dabei hatten sie anscheinend die Geduld ihrer Nachbarn zu sehr strapaziert und mussten nun mit einer Ächtung auf der Thingversammlung rechnen. Dem kamen sie zuvor, indem sie ein Schiff bemannten und kurzentschlossen nach Island auswanderten. Obwohl dort bekanntlich alles fruchtbare Land verteilt war, fanden die beiden Norweger noch ein Gebiet für sich.

Aber Erik der Rote blieb seinem schlechten Ruf treu. Zwar verlief sein Leben einige Zeit in ruhigen Bahnen, sein Vater starb, Erik nahm eine Isländerin zur Frau und zeugte mit ihr mehrere Kinder. Außerdem hatte ihn die Heirat in den Besitz erheblich besseren Landes gebracht. Doch dann verursachten seine Knechte einen Erdrutsch, der auf einem benachbarten Hof erhebliche Schäden anrichtete. Ein unglücklicher Unfall, dennoch hatte man als Knecht oder Sklave bei einem solchen Missgeschick schlechte Karten. Ein Verwandter des betroffenen Hofherrn erschlug Eriks Männer.

Das wäre nach den isländischen Gesetzen und Gepflogenheiten kein Grund für eine Blutrache gewesen und hätte wahrscheinlich auf friedlichem Wege verhandelt werden können. Anders bei Erik dem Roten, der sein stürmisches Temperament nicht zügeln konnte: Er zettelte eine regelrechte Fehde an, bei der er mehrere Männer tötete. Daraufhin kam die Angelegenheit auf der regionalen Thingversammlung zur Sprache und der streitsüchtige Neusiedler musste die Gegend verlassen. Noch einmal fing er mit einem anderen Stück Land von vorne an, aber auch dort entwickelten sich Streitfälle, bei denen Eriks Gegner auf der Strecke blieben. Danach war seine Ächtung auf dem Thing unausweichlich. Erik ergriff die Flucht und hielt sich bei Freunden versteckt – er hatte sich zu viele Männer zu Feinden gemacht, die ihn jetzt suchten, um ihn totzuschlagen.

Der Flüchtling befand sich in einer prekären Lage, denn weder konnte er auf Island bleiben, noch nach Norwegen zurückkehren. Da hörte er von einem Land, zu dem einmal ein Schiff westwärts übers Meer verschlagen worden war. Dieses Land beabsichtigte Erik der Rote zu suchen und zu erkunden, ob man dort siedeln könne. Nach der *Saga Eriks des Roten* (*Eiríks saga rauða*), die davon erzählt, brach er von der isländischen Westküste auf und fuhr westwärts. Nach im günstigsten Fall vier Tagen erreichte seine Schiff die südöstliche Küste der größten Insel der Welt – Grönland. Der Wikinger ließ sich nicht vom Blick auf die gigantischen Gletschermassen abschrecken, die er auch aus Island kannte. Beharrlich fuhr er die Küste südwärts ab und hielt Ausschau nach Land zum Siedeln. Dann umrundete er die Südspitze und steuerte wieder in nördlicher Richtung, bis er tatsächlich auf viel versprechende Fjorde stieß.

Südlich der heutigen grönländischen Hauptstadt Nuuk fand er Land, das an tief einschneidenden, bis zum Inlandeis reichenden Buchten lag und ein verhältnismäßig geschütztes Klima bot. Dort gab es ausreichend Wiesen und Bäche mit frischem Wasser. Insofern sagte Erik nicht die Unwahrheit, als er seine Entdeckung als Grönland bezeichnete – als »grünes Land«. Die geschützten Fjorde zeigten sich dem Betrachter im Sommer tatsächlich in kräftigem Grün. Zudem war das Klima vor 1 000 Jahren ein wenig milder als heute. Nachdem Erik einige Jahre dort verbracht und die Küsten erkundet hatte, kehrte er nach Island zurück. Er warb mit seinem »grünen Land« und fand bei vielen Isländern Interesse, die sich jenseits des rauen Ozeans einen günstigeren Neuanfang versprachen.

Um 985 brachen 25 Schiffe mit mehreren hundert Auswanderern, deren Vieh und sonstigem Besitz von Island auf. Aber diese Fahrt stand unter keinem günstigen Stern; es erreichten nur 14 Drachenboote ihr Ziel, während der Rest umkehren musste oder von den Fluten des Nordatlantiks verschlungen wurde. Erik der Rote begründete mit denjenigen, die es geschafft hatten, ein Wikingergemeinwesen, das mehre Jahrhunderte fernab Europas bestehen sollte. Zeit seines Lebens galt der einstige Totschläger konkurrenzlos als der mächtigste Häuptling und sein Hof Brattahlid (»Steilhang«) am Ende des tiefen Eriksfjordes wurde zum Mittelpunkt der grönländischen Wikinger.

Eriks Halle lag inmitten der so genannten Ostsiedlung, die an der südwestlichen Küste die besten Lebensbedingungen bot. Dort lagen nicht nur die Schiffe geschützt von der offenen See, sondern man verfügte auch über Weideland für Schafe, Ziegen und Kühe. Das zweite große Siedlungsgebiet der Skandinavier erstreckte sich 650 Kilometer entfernt im Nordwesten und wurde als Westsiedlung bezeichnet. Im Laufe der Zeit entstanden auf Grönland mehrere hundert Höfe, auf denen wahrscheinlich bis zu 3 000 Menschen lebten. Diese wussten die reichen natürlichen Ressourcen des hohen Nordens auszubeuten: Sie fingen Fische wie den Kabeljau, machten Jagd auf Robben und Wale, stellten dem Karibu und den gefährlichen Eisbären nach. Ihre Jagdgründe erstreckten sich über 1 000 Kilometer weit nach Norden. Was sie dort erbeuteten, diente ihnen als begehrtes Exportgut: Seehund- und Eisbärfelle, Jagdfalken, das Elfenbein des Walrosses und Narwalzähne. Irgendwo in den unendlichen Weiten der Arktis stießen die Wikinger sogar auf Menschen – auf die Inuit, mit denen sie wahrscheinlich Tauschhandel trieben. Die Eskimos lieferten die Jagdbeute und erhielten dafür Handwerkszeug aus Eisen.

In der Wikingerzeit unterhielten die Grönländer zweifelsohne intensive Kontakte nach Island und zu anderen Skandinaviern. Deshalb breitete sich dort bereits um 1000 der christliche Glaube aus, wobei Eriks Frau Thjodhild und sein Sohn Leif als dessen eifrigste Verfechter auftraten. Sie regten auch den Bau einer kleinen Kirche an – wenn anfangs auch noch gegen den Widerstand Eriks, der nicht auf seinen herkömmlichen Götterglauben verzichten wollte.

Ob heidnisch oder christlich – die Wikingerrepublik auf Grönland erlebte eine längere Blütezeit, in der sich die Menschen der ungewöhnlich harten Natur in ihren erträglichen Siedlungskammern anpassten. Später entstand dort im Norden sogar ein Bischofssitz, Klöster wurden gegründet. Im Jahre 1261 mussten die bis dahin unabhängigen Nordleute die Herrschaft des norwegischen Königs anerkennen. In den folgenden Jahrhunderten verschwand dann der europäische Außenposten, der heute politisch zu Dänemark gehört, sang und klanglos aus der Geschichte. Die Gründe dafür bleiben rätselhaft. Sie reichen von einer Klimaverschlechterung bis zu Kämpfen mit den Inuit, bei denen diese schließlich gesiegt hätten. Die Wikingerkolonie Eriks des Roten geriet in Vergessenheit.

# 7. 500 Jahre vor Christoph Kolumbus

## Die Wikinger in Amerika

### Legenden und die historische Wahrheit

Indem die Skandinavier ihre Kolonien auf Grönland gründeten, siedelten sie bereits auf nordamerikanischem Land – zumindest nach modernen geografischen Gesichtspunkten, die die arktische Rieseninsel der so genannten Neuen Welt zurechnen. Die Wikinger wussten davon natürlich nichts, genauso wenig sagte ihnen etwas der Begriff des Doppelkontinents Amerika. Erst der ihnen nicht mögliche Blick auf die Weltkarte belegt, wie weit sie in die westliche Hemisphäre vorgedrungen waren: Von ihren Siedlungs- und Jagdgebieten trennten sie noch einige 100 Kilometer von den kanadischen Küsten; und hinter der lebensfeindlichen Welt von Gletschern und Tundren erstreckten sich die gleichsam unendlichen Waldgebiete Nordamerikas. Durch deren Weiten zogen zahlreiche Indianerstämme, die insgesamt aber nur wenige 10 000 Menschen umfassten. Zu den hoch entwickelten Bauernkulturen des Mississippitals und der Puebloindianer im Südwesten der heutigen USA war es indes ein langer Weg – von den Hochkulturen Mexikos ganz zu schweigen.

Die Frage, ob vor der Landung des Christoph Kolumbus 1492 Kontakte zwischen dem vermeintlich isolierten Kontinent Amerika und der Alten Welt bestanden, fesselt die Menschen seit jeher. Dabei wurden unzählige Möglichkeiten erwogen: Die alten Ägypter sollten mit Papyrusbooten den Atlantik überwunden und den Pyramidenbau im Hochland Mexikos initiiert haben. Ebenso schrieb man den Phöniziern und keltischen Iren nautische Glanzleistungen zu. Über den Pazifik hinweg ging man von regen Beziehungen zwischen amerikanischen Völkern und Polynesiern, Chinesen und Japanern aus. Doch die meisten dieser Theorien blieben unbewiesene

Hypothesen oder fantasiereiche Fabeleien, von denen gleichwohl die Faszination eines der größten Rätsel der Menschheitsgeschichte ausging.

Auch die Wikinger hielt man schon seit langem für die Entdecker der Neuen Welt – wofür die obigen geografischen Hinweise treffende Argumente boten. Darüber hinaus standen die Nordmänner zu Recht in dem Ruf, vorzügliche und wagemutige Seefahrer gewesen zu sein, die das offene Meer nicht schreckte. Der Gedanke, ob die Skandinavier von Island oder Grönland Amerika erreicht haben könnten, erwies sich daher als mehr denn eine bloße Spekulation. Immerhin erzählten sich die Isländer und andere Skandinavier von einer Insel weit draußen im Ozean. Und der deutsche Gelehrte Adam von Bremen schrieb um das Jahr 1070, der dänische König Sven habe ihm von einem Eiland namens Vinland berichtet, wo wilde Reben wüchsen, die besten Wein brächten.

Die Geschichten um das geheimnisvolle Vinland erhielten am meisten Nahrung von zwei isländischen Texten, die im späten Mittelalter niedergeschrieben wurden: Nach den Sagas von den Grönländern und Erik dem Roten entdeckten um 1000 Skandinavier jenes Land, das sie Vinland (»Weinland«) nannten. Die isländischen Erzähler lieferten zudem eine rechte genaue Wegbeschreibung dorthin und erwähnten Kämpfe der Wikinger mit einem fremden Volk, das nordamerikanischen Inuit respektive Indianern sehr ähnlich schien. Alle Indizien sprachen also dafür, dass Nordleute nach Amerika gekommen waren und dort zumindest vorübergehend gesiedelt hatten.

Doch all dies wäre letztlich ein unbewiesenes Gedankenspiel geblieben, hätte man nicht in den sechziger Jahren des 20. Jahrhunderts die Spuren einer Wikingersiedlung gefunden. Die Gebäudereste und weitere Funde von L'Anse aux Meadows, das am nördlichen Ende der kanadischen Insel Neufundland liegt, gelten mittlerweile als eindeutig skandinavisch und stammen aus den Jahrzehnten um 1000. Die von den Sagas wiedergegebene Fahrtroute erwies sich als Schlüssel für die Archäologen, wobei angesichts der reich gegliederten Küsten Nordostamerikas ein gehöriges Maß an Glück hinzukam. Deshalb gilt es als historische Tatsache, dass Wikinger zeitweilig in Nordamerika siedelten. Und die beiden erwähnten Isländersagas ermöglichen es, diese Entdeckung im Großen und Ganzen nachzuzeichnen.

## Die Grönländer sichten unbekanntes Land

Nach der *Saga von den Grönländern* (*Grœnlendinga saga*) kehrte in
jener Zeit, als Erik der Rote mit seinen Leuten nach Grönland ausgewandert war, ein Mann namens Bjarni Herjulfsson nach Island
zurück. Er galt als sehr umtriebig und hatte noch jung an Jahren so
viel Vermögen erworben, dass er sich ein eigenes Schiff mitsamt der
Mannschaft leisten konnte. Nun steuerte er den Hof seines Vaters an,
um bei ihm wie üblich den Winter zu verbringen. Dort überraschte
ihn jedoch die Neuigkeit, dieser sei mit Sack und Pack hinüber ins
neu entdeckte »grüne Land« gefahren. Und Bjarni fasste rasch einen
Entschluss: Er ließ seine Ladung gar nicht erst löschen, sondern entschied, dem Vater hinterherzureisen.

Diese Entscheidung war insofern bemerkenswert, weil weder er
selbst noch irgendeiner seiner Männer den Weg nach Grönland kannte. Gewiss holte er in der Kürze der Zeit Informationen darüber ein,
in welcher Richtung das Land überhaupt liege und wie er es bei seiner
Ankunft erkennen könne – das war aber auch alles. Dann brach Bjarni auf, wie ein echter Wikinger: flexibel und wagemutig. Er vertraute
seinem Schiff, der Besatzung, seinen nautischen Fähigkeiten und vor
allem seinem Instinkt.

Auf dieser Fahrt ins Ungewisse ließ ihn jedoch einiges davon im
Stich. Denn als sie nach drei Tagen den Blickkontakt mit der isländischen Küste verloren, hörte der für ihr Segel günstige Wind auf zu
wehen. Einsetzender Nordwind brachte das Schiff anscheinend von
seinem Kurs westwärts ab, der sie zur grönländischen Küste gebracht
hätte. Nun wurden sie südwärts getrieben, dazu verdüsterte Nebel die
Sonne. Eine fatale Situation, Bjarni und seine Männer irrten mehrere
Tage völlig orientierungslos herum, bis sie endlich wieder die Sonne
erblickten und die Himmelsrichtungen bestimmen konnten.

Bei aufkommendem Wind setzten sie Segel und fuhren einen Tag
und eine Nacht, bis am Horizont Land auftauchte. Aber Bjarni musste seine Männer enttäuschen: Nach seinen Informationen konnte dies
nie und nimmer Grönland sein. Die Küste war flach und mit Wald bestanden, während Grönland baumlos war und hohe Gletscher hatte.
So schipperte das Wikingerschiff offensichtlich an der Nordostküste
Kanadas entlang, ohne dass Bjarni ahnte, einen neuen Kontinent entdeckt zu haben. Mehrmals stieß er noch auf Küsten, aber stets lehnte
er es ab, an Land zu gehen. Seinen murrenden Männern entgegnete
Bjarni, dies alles sei nicht Grönland. Und da Brennholz und Trink-

wasser genügend vorhanden waren, gäbe es keinen Grund, die Fahrt zu unterbrechen.

Schließlich kreuzten sie wieder auf die hohe See, wo Bjarni seinen Seefahrerinstinkt zurückgewann: Als der Wind stärker wurde, ließ er das Schiff nur mäßig segeln, und nach vier Tagen trafen sie auf ein Land, das Bjarni für Grönland hielt. Die Saga erzählt, dass sie die riesige Insel nicht an einem beliebigen Punkt deren endlos langer Küste berührten. Sie landeten just an einem Vorgebirge, in dessen Nähe Bjarnis Vater seinen Hof betrieb.

Als der Winter vorüber und Bjarni nach Norwegen zurückgesegelt war, berichtete er von seiner Entdeckung: Über Grönland hinaus gebe es neues Land zu finden! Wissbegierig lauschten die Zuhörer, ob es der weiten Fahrt lohne. Doch Bjarni musste sie enttäuschen – nirgends hatte er das fremde Land erkundet. Das brachte ihm zahlreiche Vorwürfe ein. Eine solche Chance ungenutzt zu lassen, entsprach nicht der Art eines Wikingers!

## Leif Eriksson und die Neue Welt

Eriks Auswanderung nach Grönland hatte den alten unruhigen Wikingergeist geweckt, sich auf den Weg zu machen und neues Land zu besiedeln. So kreisten, wie der Sagaerzähler zu berichten weiß, gegen Ende des 10. Jahrhunderts viele Gespräche in Norwegen und Island um die abenteuerlichen Entdeckungsreisen. Auch auf Grönland gab es Männer, die wieder weiter hinaus wollten. Zu ihnen zählte Leif, der Sohn Eriks des Roten, der gebannt zuhörte, wenn Bjarni Herjulfsson über seine Entdeckungen sprach. Was er dabei in Erfahrung brachte, schien ihm den Versuch wert zu sein, nach den unbekannten Küsten zu forschen. Leif zauderte nicht lange und kaufte Bjarnis Schiff. Immerhin hatte es eine gefährliche Irrfahrt überstanden. Anschließend besorgte er sich eine Mannschaft von 35 Leuten und bestückte sein Drachenboot mit allem, was nötig war. Gern hätte Leif auch seinen Vater Erik aus Brattahlid mit auf die See gelockt. Nach langem Zögern schien dessen Abenteuerlust auch wieder zu erwachen. Doch als er dann zum Strand ritt, strauchelte sein Pferd und er stürzte. Das nahm der alte Erik als Zeichen, es bleiben zu lassen – er sollte offensichtlich kein neues Land mehr besiedeln.

Deshalb rüstete Leif allein mit seinen Männern das Schiff und fuhr los. Da er Bjarnis Irrfahrt gleichsam zurückverfolgen wollte, verließ er den Eriksfjord der Ostsiedlung, um nordwärts die grönländische Küste entlangzusegeln. Weit im Norden, wo schon lange keine Wikingersiedlungen mehr zu finden waren, ließ Leif nach Westen abdrehen und überquerte somit die heutige Davis-Straße. Selbst an der engsten Stelle beträgt ihre Breite über 300 Kilometer. Nachdem die Wikinger diese bewältigt hatten, stießen sie auf eines der vormals gesichteten Länder: Baffin Island, die Insel im arktischen Kanada, die fünf Mal größer als Island ist. Als sie geankert hatten und mit einem Boot gelandet waren, erblickten sie kein Gras und keine Wiesen, die als Weideland verlockend gewesen wären. Im Landesinnern erhoben sich große Gletscher, vor denen bis zum Strand alles mit flachem Gestein bedeckt war. Deshalb nannte Leif es Helluland (»Flachsteinland«).

Schnell brachen sie wieder auf und segelten weiter südwärts. Wie Bjarni berichtet hatte, trafen sie auf ein zweites Land, das völlig anders geartet schien. Denn es war eben und der Wald erstreckte sich dort fast bis zum Strand. Die Grönländer hatten die Nordostküste der Halbinsel Labrador erreicht, der Leif den Namen Markland (»Waldland«) gab. Die dichten Wälder würden zwar den Holzbedarf der Wikinger decken, zur Besiedlung aber war auch dieses Gebiet augenscheinlich kaum geeignet.

Leif und seine Männer stachen wieder in See. Ein Nordostwind trieb sie kräftig voran und nach zwei Tagen sahen sie erneut Land vor sich – wahrscheinlich das nördliche Ende der Insel Neufundland. Nach den Worten der *Grœnlendinga saga* waren sie nun an eine Küste gekommen, die mit ihrem Hinterland den Erwartungen der Wikinger entsprach: Auf einer kleinen Insel, die nördlich davor lag, gingen sie an Land, benetzten ihre Hände mit dem Tau des Grases und führten es zum Mund. Sein Geschmack schien ihnen unvergleichlich süß. Dann segelten sie in einen Sund hinein, der zwischen der Insel und einem Vorgebirge lag, bis sie an einen Fluss gelangten, der aus einem See strömte und zum Meer floss. Dorthinein lenkten sie das Schiff und gingen vor Anker. Bei den herrschenden Bedingungen fiel Leif die Entscheidung leicht, an dieser Stelle den Winter zu verbringen. Es lohnte sich allemal, mehrere große Hütten zu erbauen, die erheblich mehr Schutz vor den Unbilden der Natur boten als die einfachen Zelte. Im Übrigen sollte sich die dunkle, kalte Jahreszeit als überraschend mild erweisen: Die Gewässer wimmelten vor Lachsen und die Temperaturen blieben so hoch, dass weder Frost aufkam noch das Gras welkte. Für das mitgebrachte Vieh schien nicht einmal Winterfutter notwendig zu sein. Auch die langen dunklen Tage der grönländischen Mittwinterzeit gab es hier nicht.

Noch bevor der Winter hereinbrach, teilte Leif seinen Leuten die Aufgaben zu: Die eine Hälfte sollte bei den Hütten bleiben, die andere das Umland erkunden. Da niemand wusste, was die Männer erwartete, sollten sie stets zusammenbleiben und abends zur Basis zurückkehren. Eines Abends fehlte jedoch einer der Männer – ausgerechnet ein Deutscher, der lange bei Erik dem Roten gedient hatte und den Leif als seinen Ziehvater ansah. Er machte sich mit mehreren Leuten auf den Weg, um ihn zu suchen. Glücklicherweise kam ihnen der Vermisste schon bald entgegen; er schien angetrunken zu sein und erzählte begeistert, er habe Weinranken und Weintrauben gefunden. Als Leif und die anderen dies bezweifelten, bestand er darauf; er kenne den Wein aus seiner Heimat und wisse, wovon er spreche. So ließ nun Leif Trauben zuhauf sammeln und außerdem Bäume fällen, die er als wertvolle Fracht mit ins baumlose Grönland nahm.

Im Frühjahr wurde das Schiff damit beladen und man verließ das Land, dem Leif den Namen Vinland (»Weinland«) gab. Wahrscheinlich bezeichneten diese Trauben Beeren, möglicherweise sogar Johannisbeeren, die man als Weintrauben poetisch umschrieb und durch deren Genuss man einen Schwips bekommen sollte – was ziemlich unwahrscheinlich ist. Aber allein ein derartiger Beerenreichtum erwies das Land als attraktives Siedelgebiet.

Menschen hatten die Wikinger nach dem Bekunden der Saga auf Neufundland nicht angetroffen. Erst auf der Rückfahrt nach Grönland erblickten sie norwegische Schiffbrüchige, die sie an Bord nahmen. So kehrte Leif Eriksson mit reicher Fracht und bemerkenswerten Neuigkeiten in den Eriksfjord zurück. Vinland schien die Fahrt zu lohnen. Und obwohl Leif nicht derjenige war, der es zuerst gesichtet hatte, schrieb man ihm doch dessen Entdeckung zu. Noch heute genießt Leif Eriksson die Ehre, als der erste Entdecker Amerikas zu gelten – 500 Jahre vor Kolumbus.

Ob die oben erwähnte kleine Wikingersiedlung, auf deren Spuren die Archäologen in Neufundland stießen, derjenigen Leifs entspricht, ist ungewiss. Jedenfalls stammt sie von ihm oder einem seiner Nachfolger. Man legte sie in Sichtweite einer nahen Bucht an, in die ein Bach strömte. Hinter dem Strand erhoben sich niedrige

Hügel voll saftigen Grases, denen in einiger Entfernung Wald folgte. Somit waren die Siedler mit dem Notwendigsten versorgt: dem unmittelbaren Meereszugang, der jedoch aus einer geschützten Bucht bestand, dem Süßwasser des kleinen Flusslaufs, Weidemöglichkeiten für das Vieh und schließlich Holz in greifbarer Nähe. Die Häuser baute man, wie man es aus Grönland kannte: aus Steinen und übereinander geschichteten Grassoden. Unter den drei lang gestreckten Wohnhäusern betrugen die Innenmaße des größten immerhin 14 mal 21 Meter und umfassten bis zu sechs Räumen. Diese Langhäuser wurden jeweils von mehreren kleinen Gebäuden begleitet, die wahrscheinlich als Lagerhäuser und Werkstätten dienten. Auf der anderen Seite des Baches hatten die Nordleute eine Schmiede und einen Holzkohlenmeiler errichtet, wo sie anscheinend häufig Eisen schmiedeten. Dazu gehörten Eisennieten, die man dringend für Reparaturen der Schiffe benötigte.

Somit ergibt sich auch anhand der archäologischen Entdeckung das Bild einer kleinen Wikingersiedlung, in der mehrere Dutzend Menschen lebten und ihren landwirtschaftlichen Arbeiten nachgingen. Möglicherweise existierten an der amerikanischen Nordostküste mehrere solcher Gehöfte – andere eindeutige Spuren als die von L'Anse aux Meadows hat man allerdings noch nicht gefunden.

## Die erste europäische Kolonie: Eingeborene, Handel und Missverständnisse

Obwohl Leif Eriksson eine Siedlung hatte bauen lassen, war sein Interesse an dem Land im Westen offensichtlich erloschen. Als sein Bruder Thorvald ihm vorhielt, Vinland zu wenig erforscht zu haben, bot er ihm sein Schiff an. Er könne gern damit herüberfahren und seine Hütten, die »Leifsbuden«, benutzen. So startete Thorvald mit dreißig Männern zur nächsten Expedition, nicht ohne vorher genaue Instruktionen über den Weg erhalten zu haben.

Die Saga berichtet über die Fahrt nichts Erwähnenswertes. Thorvald verbrachte in Leifs Siedlung den Winter. Im Frühjahr fuhr er westwärts, anscheinend zum kanadischen Festland, wo er und seine Männer auf ausgedehnte Wälder stießen. Irgendwo an den langen Küsten Neufundlands entdeckten sie einen bewaldeten Fjord, wie sie ihn aus Norwegen kannten. Thorvald gefiel die Gegend so gut, dass er dort einen Hof bauen wollte – möglicherweise den Mittelpunkt eines zukünftigen Wikingerlandes, wie bei seinem Vater Erik auf Grönland.

Aber ausgerechnet an diesem Ort stießen die Nordmänner erstmals auf Menschen. Obwohl sie schon vorher Spuren gefunden hatten – angeblich einen hölzernen Kornschober – schien das Land weit und breit menschenleer zu sein. Dass dies ein Trugschluss war, erzählt die *Grœnlendinga saga*:

»Am Strand des Vorgebirges erblickten sie drei Höcker. Als sie dorthin kamen, sahen sie, dass es drei Fellboote waren, unter denen jeweils drei Männer lagen. Da ordneten sie ihre Schar und ergriffen sie alle außer einem, der in einem der Boote flüchtete. Die übrigen acht erschlugen sie und bestiegen dann das Vorgebirge, um sich von dort umzuschauen. Da sahen sie einige Erhöhungen im Fjord und vermuteten Wohnstätten in ihnen ... Mittlerweile kam eine Unmenge an Fellbooten aus dem inneren Teil des Fjordes auf sie zugefahren und griff sie an. Da sprach Thorvald: ›Wir wollen uns auf unserem Schiff verschanzen. Wehren wir uns, so gut wir können. Aber wir wollen nicht angreifen.‹ Das taten sie. Aber die so genannten Skrälinger beschossen sie eine Zeitlang. Dann flüchteten sie.«

Die Wikinger hatten keine Verluste erlitten, aber Thorvald war von einem Pfeil verwundet worden. Er sagte seinen Männern, dass ihm diese Wunde den Tod bringen werde und dass sie ihn hier am Fjord bestatten sollten. Danach kehrten die Männer zu den Leifsbuden zurück, wo sie ungestört den Winter verbrachten und dann wieder nach Grönland fuhren.

In Vinland lebten Menschen, das wusste man nun. Trotzdem ließ die Faszination nicht nach. Das mag daran gelegen haben, dass sich zu Beginn des 11. Jahrhunderts für Auswanderungen kaum noch Möglichkeiten boten: Auf Island und Grönland galt das Land als verteilt; in Europa verhinderten die erstarkenden Reiche willkürlichen Landnahme. Dagegen stellte Leifs Entdeckung ausreichend Land in Aussicht – und mit den »Skrälingern« würde man schon fertig werden, den so genannten »Schwächlingen«, wie die abwertende Bezeichnung der Skandinavier für Inuit und Indianer lautete.

Das dürfte sich auch Thorfinn Karlsefni gesagt haben, ein reicher Norweger, der auf Brattahlid Leifs Schwester Gudrid zur Frau gewonnen hatte. Beide waren zu einem größer angelegten Siedlungsversuch entschlossen: Mit sechzig Männern, fünf Frauen und allerhand Vieh fuhren sie zu den Hütten Leifs. Das Land gefiel auch ihnen, ihr

Vieh gedieh und sie genossen den Reichtum der Natur: Weintrauben respektive Beeren und Holz, wild wachsender Weizen und viel Jagdbeute, worunter sich sogar ein ans Land getriebener Wal befand.

Aber auch sie bekamen es mit den Skrälingern zu tun, die der Sagaschreiber wenig schmeichelhaft als kleine Kerle charakterisiert, die tückisch aussahen, borstiges Haar, große Augen und breite Wangen hatten. Eines Morgens erblickten die Wikinger neun Fellkähne, auf denen Stangen geschwungen wurden. Die Nordleute wussten nicht, was das bedeutete. Sie waren nicht auf Kampf aus und zeigten darum das bei ihnen übliche Friedenszeichen – einen weißen Schild. Die Fremden kamen ihnen entgegengerudert und gingen an Land. Eine Weile standen sie verwundert und untereinander tuschelnd da, dann ruderten sie wieder weg und verschwanden aus dem Gesichtsfeld Thorfinns und der anderen.

Besorgniserregender verlief ein erneutes Zusammentreffen: Im Sommer kam eines Tages eine große Schar von Skrälingern aus dem Wald. Ganz in der Nähe weideten die mitgebrachten Rinder, darunter ein großer Stier. Beim Anblick der Fremden wurde er unruhig und erhob ein gewaltiges Gebrüll. Nach der Saga kannten die Skrälinger ein solches furchteinflößendes Tier nicht und gerieten in Panik. Sie rannten zu Thorfinns Hof, doch dieser ließ vorsichtshalber alles versperren. Erst allmählich beruhigte sich die Lage und es kam nach der Überlieferung zum ersten Kontakt zwischen Nordamerikanern und Wikingern – mithilfe von Handzeichen, da niemand die Sprache des anderen verstand. Die Skrälinger hatten Bündel von Fellen dabei und wollten damit offensichtlich Tauschhandel betreiben. Am meisten interessierten sie die Waffen der Nordleute, deren Eisenklingen ihnen fremd waren. Wohlweislich verbot Thorfinn, Waffen gegen Pelzwerk zu tauschen. Ihm schienen die Steinäxte der fremden Krieger gefährlich genug.

Stattdessen bereiteten die Frauen Milchspeisen zu und boten sie den Gästen an. Diese waren äußerst angetan davon, und »so endete der Handel der Skrälinger derart, dass sie die eingetauschten Waren in ihren Mägen forttrugen, aber Thorfinn und seine Gefährten behielten deren Bündel mit Pelzwerk.« Auch wenn nun ein friedlicher Anfang gemacht war, gaben sich die Kolonisten vorsichtig und befestigten den Hof mit einem starken Holzzaun.

Bei Beginn des zweiten Winters in Vinland tauchten die Skrälinger in erheblich größerer Anzahl wieder auf. Wie gewohnt wollten sie ihre Felle gegen die Milchspeisen tauschen. In dem Gewimmel nahe des Gehöftes scheint es zu einem Zwischenfall mit fatalen Folgen gekommen zu sein: Angeblich versuchte ein Skrälinger, einem der Nordmänner die Waffen wegzunehmen. Dieser wehrte sich und schlug den Mann tot. Daraufhin stürmten alle anderen davon, wobei sie ihre Tauschwaren liegen ließen. Bald aber kehrten sie in großer Zahl zurück und trafen auf die kampfbereiten Wikinger. Die Angreifer schwenkten ihre Stangen gegen die Sonne und brachen in lautes Geschrei aus, was die Wikinger als Kriegszeichen interpretierten. Daraufhin erhoben sie ihre roten Schilde. Beide Parteien gingen aufeinander los; zwischen dem Waldrand und einem See kam es zu einer regelrechten Schlacht. Die Skrälinger waren nicht nur in der Überzahl, sondern verfügten auch über schreckliche Waffen: Schleudern und große schwarze Kugeln, die sie auf ihre Stangen legten und herüberschossen. Sie flogen aufs Land und fielen über die Nordleute. Da sahen sich Thorfinn und seine Leute genötigt, flussaufwärts zu fliehen und an einigen Klippen erbittert Widerstand zu leisten.

Die Schlacht kostete viele Skrälinger das Leben, wie viele Opfer die Wikinger beklagen mussten, darüber schweigt die Saga sich aus. Auf jeden Fall traf Thorfinn mit Beginn des nächsten Frühjahres eine Entscheidung: Er wollte den Siedlungsversuch aufgeben und nach Grönland zurückkehren. Die Gefahr durch das fremde Volk schien ihm zu groß.

## Die Wikingerin

Zweifelsohne herrschten im Skandinavien des frühen Mittelalters patriarchalische Verhältnisse, in denen die Männer als Herrscher, Hausherren und Krieger das Sagen hatten. So bestand die Eheschließung dort wie überall in Europa aus einer Übereinkunft zwischen zwei Familien, bei der der Wille der Braut und die Liebesgefühle keine Rolle spielten. Der zukünftige Ehemann hatte dem Vater der Braut einen Brautpreis zu zahlen. Außerdem durfte sich ein Mann formal nur eine Ehefrau nehmen, darüber hinaus konnte er jedoch Verhältnisse mit beliebig vielen Konkubinen oder Sklavinnen unterhalten. Wenn man zudem die unter den Nordeuropäern wie andernorts hohe Zahl von Schwangerschaften und Geburten berücksichtigt, schien den Wikingerinnen ein fremdbestimmtes, trostloses und kurzes Leben beschieden gewesen zu sein.

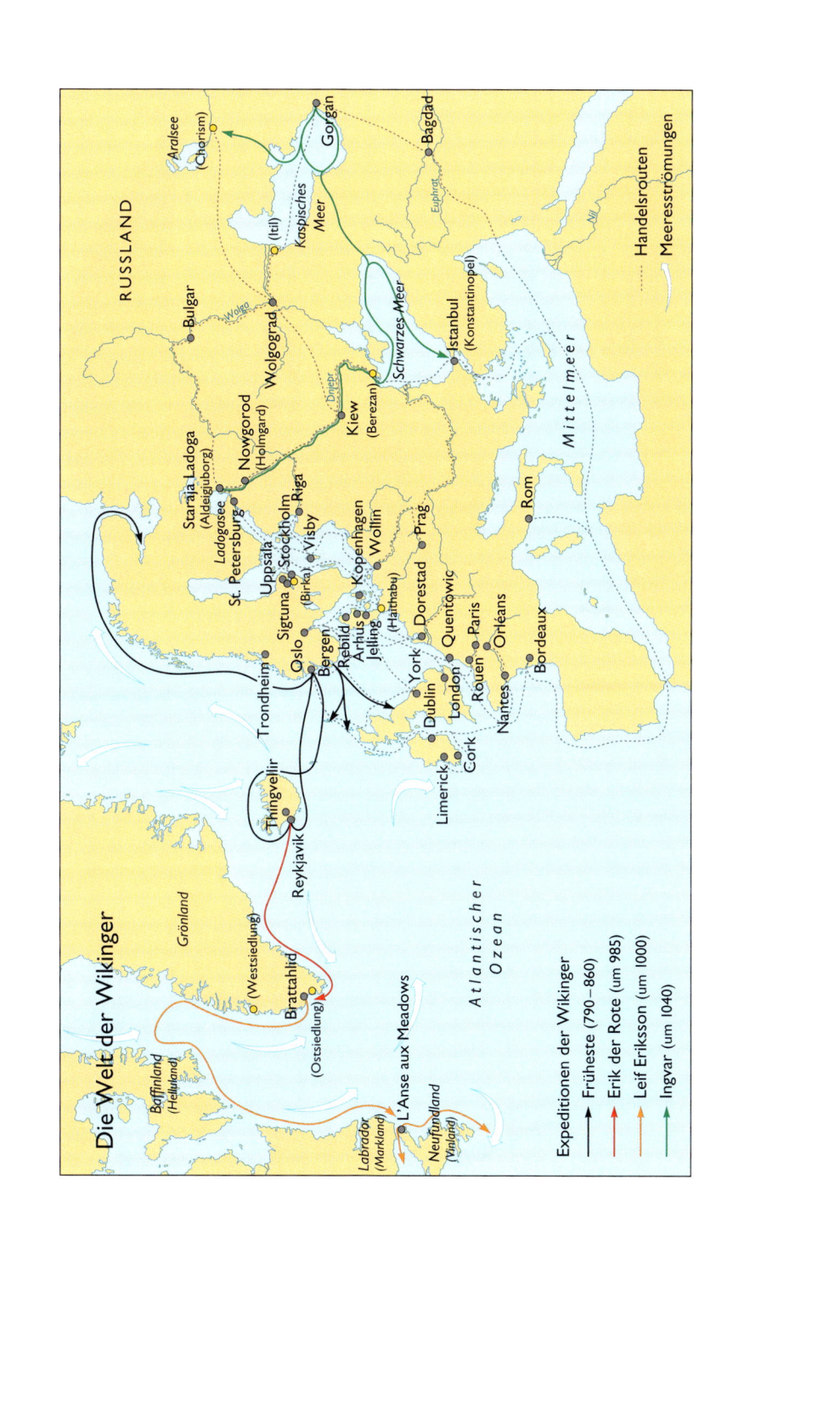

# Die Welt der Wikinger

**RUSSLAND**

Bulgar

Staraja Ladoga
(Aldeigjuborg)

Nowgorod
(Holmgard)

Wolgograd

Kiew
(Berezan)

(Itil)

Gorgan

Bagdad

Aralsee
(Chorism)

Kaspisches Meer

Schwarzes Meer

Istanbul
(Konstantinopel)

Ladogasee

St. Petersburg

Uppsala
Sigtuna
Stockholm
(Birka)

Visby

Riga

Kopenhagen

Wollin

Prag

Dorestad

Quentowic

Paris

Orléans

Rom

Mittelmeer

Oslo

Bergen

Rebild

Århus

Jelling

(Hathabu)

York

Dublin

London

Rouen

Nantes

Bordeaux

Trondheim

Thingvellir

Reykjavik

Limerick

Cork

Grönland

(Westsiedlung)

Brattahlid

(Ostsiedlung)

L'Anse aux Meadows

Baffinland
(Helluland)

Labrador
(Markland)

Neufundland
(Vinland)

*Atlantischer Ozean*

Euphrat

Nil

Wolga

Dnjepr

## Expeditionen der Wikinger

→ Früheste (790–860)

→ Erik der Rote (um 985)

→ Leif Eriksson (um 1000)

→ Ingvar (um 1040)

· · · · Handelsrouten

Meeresströmungen

Das elegante Osebergschiff symbolisiert Kultur und Geist der Wikingerzeit. Nachdem man das Grabschiff mit seinen reichen Beigaben 1904 entdeckt hatte, retteten mühevolle Ausgrabungen und Restaurierungsarbeiten den norwegischen Sensationsfund. Über ein Jahrtausend blieben die zahlreichen Grabbeigaben aus Holz erstaunlich gut erhalten – was der sie bedeckenden Tonerdeschicht zu verdanken war.

Der Holzwagen aus dem Oseberggrab wurde prächtig gearbeitet, wie es der mächtigen Toten gebührte. Seine filigranen Schnitzereien zeigen nicht nur Ornamente, sondern auch szenische Darstellungen, darunter wahrscheinlich Motive der Nibelungensage.

Das Gokstadschiff symbolisiert Schnelligkeit und Eleganz der Drachenboote und diente einem mächtigen Häuptling als Totenschiff. Als 1880 Ausgräber den Grabhügel öffneten, fanden sie ihn zum Teil geplündert. Der Tote war aller Waffen beraubt worden. Zu seiner ursprünglichen Ausstattung gehörten 64 Schilde; sie verweisen auf die maximale Besatzung des Schiffes, als es noch hinaus aufs Meer fuhr.

Diese Rekonstruktion des auf S. 126 (Die Wikinger und der Tod) beschriebenen Bootkammergrabes von Haithabu verdeutlicht den Aufwand der Bestattung. Der mit zwei Gefolgsmännern beigesetzte Tote war mutmaßlich jener Harald, der 826 in der Pfalz Ingelheim empfangen wurde (vgl. S. 90). Unter den fränkischen Schwertern, die man ihm mit ins Grab gab, war wahrscheinlich auch jenes, das ihm Kaiser Ludwig der Fromme gemäß eines Zeitzeugen höchstpersönlich übergab: »An die Seite heftete er ihm sein prächtiges Schwert fest, das er selbst trug, ein goldenes Gehänge zierte und kleidete ihn schön.«

Die norwegischen Stabkirchen bewahren das Erbe der Wikingerzeit: Sie wurden aus Holz gebaut und im Stil der Tierornamentik verziert. Die obige Stabkirche von Borgund entstand im 12. Jahrhundert und gilt als besterhaltenes Bauwerk seiner Art. Drachenköpfe schmücken die Giebelenden. Diese Erben des nordgermanischen Heidentums sollten wie später die Wasserspeier der gotischen Kathedralen die dämonischen Mächte vom Gotteshaus fernhalten.

Die Skandinavier schätzten auch nach der Wikingerzeit die alten Heldensagen: Das um 1200 gefertigte Portal der Stabkirche von Hylestad in Norwegen zeigt mehrere Szenen mit Abenteuern des jungen Sigurd (Siegfried), wie sie auch die Heldenlieder der Älteren Edda überliefern: Rechts tötet er den Drachen Fafnir, darunter schmiedet er mit Reginn ein Schwert. Links unten brät Sigurd Fafnirs Herz, darüber erschlägt er den verräterischen Reginn. Das oberste Bild zeigt Gunnar (den Burgundenkönig Gunther) in der Schlangengrube.

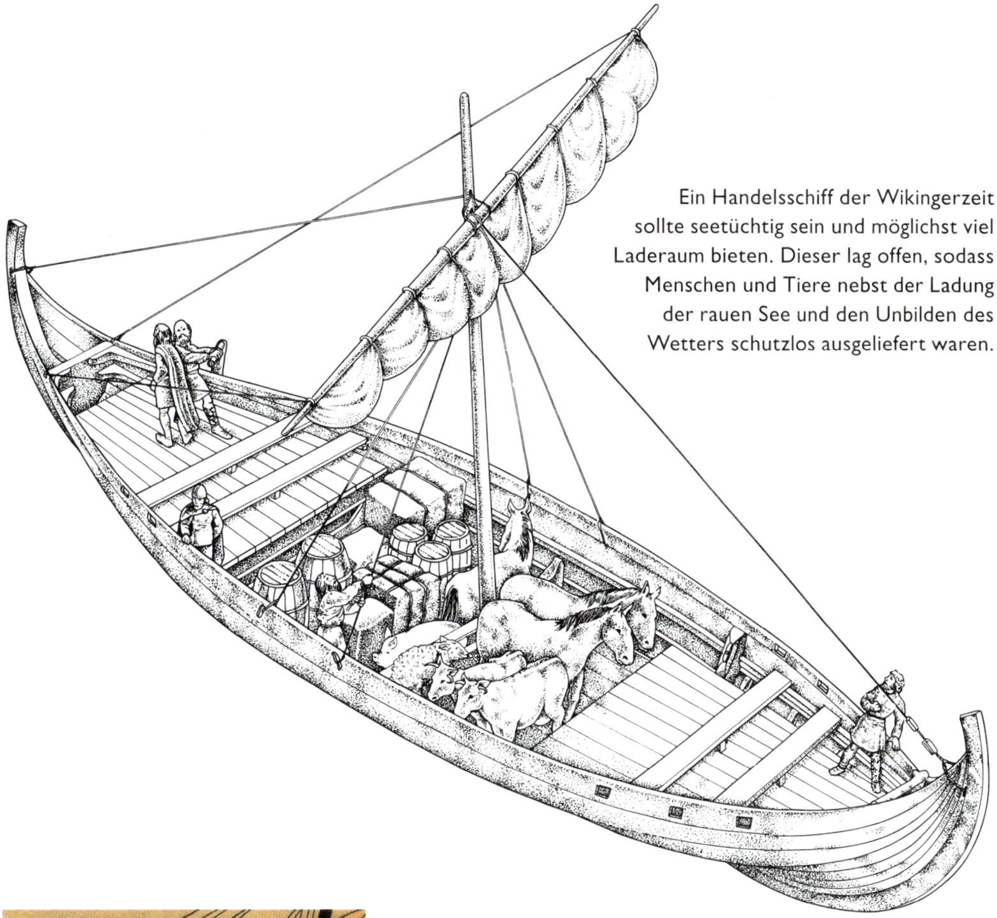

Ein Handelsschiff der Wikingerzeit sollte seetüchtig sein und möglichst viel Laderaum bieten. Dieser lag offen, sodass Menschen und Tiere nebst der Ladung der rauen See und den Unbilden des Wetters schutzlos ausgeliefert waren.

Auch Frankreich hat teil an der Geschichte der Wikinger: Mit diesem Buchmotiv gedachte man 1911 des 1000-jährigen Jubiläums der skandinavischen Landnahme in der Normandie.

Der Nordland-Mythos der Deutschen fand um 1900 in zahlreichen Publikationen einen Niederschlag. Das wesensverwandte Nordische glaubte man nicht nur im heidnischen Göttervater Odin zu erkennen, sondern auch in zeitgenössischen Autoren wie den Norwegern Henrik Ibsen und Knut Hamsun.

Esaias Tegnérs *Frithiofs Saga* von 1825 eroberte die Herzen der europäischen Leser für den romantisch-sentimentalen Wikingerhelden. In seiner Heimat galt der dichtende Bischof bis weit ins 20. Jahrhundert hinein als »Schwedens Goethe«. Der Weimarer Goethe kannte im Übrigen die *Frithiofs Saga* und war von ihr angetan. Bei der Darstellung rechts griff man auf diverse altertümliche Requisiten zurück, darunter auch Blasinstrumente und Schwerter aus der Bronzezeit

## Wikingerüberfälle in Westeuropa 793–865

→ Wikingerzüge

⋯► Wikingerzug von Björn Eisenseite
und Hastein 859–862

○ Von Wikingern überfallene
Klöster oder Siedlungen
(793–865)

NORWEGEN

SCHWEDEN

*Shetland-I.*

PIKTEN

*Nordsee*

○ Iona

Lindisfarne

*Rathlin I.*

Strath-
clyde

DÄNEMARK

Tynemouth

Bangor

Northumbria

Inishmurray

Clonmacnolse

Friesland

Sachsen

*Elbe*

Clonfert

Lorrha

Utrecht

Irland

Beggary I.

Dorestad

*Rhein*

Köln

Skelling Michael

Cork

Wales

Mercia

London

Wessex

St.-Omer

Gent

KAROLINGISCHES
REICH

Portland
Bill

Cornwall

Amiens

Bayern

Bayeux

Rouen

Paris

Evreux

Meaux

Kärnten

Bretagne

Chartres

*Seine*

Le Mans

Orléans

Fleury

Angers

Blois

Noirmoutier

Nantes

Tours

*Loire*

Bourges

*Atlantischer
Ozean*

Saintes

Clermont-Ferrand

Périgueux

Bordeaux

Valence

Lombardei

*Po*

Sta. Eulalia

Toulouse

Narbonne

Luna

Pisa

GALICIEN UND
ASTURIEN

*Rhône*

*Elba*

Korsika

*Ebro*

Sardinien

*Tajo*

EMIRAT VON
CÓRDOBA

Lissabon

Baléaren

*Mittelmeer*

Sizilien

Sevilla

Cádiz

0  50  100 150 200 250 300 km

## Skandinavische Einflüsse in Osteuropa

Schweden
Sigtuna
Birka
Helgö
Finnen
Saimaa
Onegasee
Ladogasee
Åland
Tallinn
Dagö
Esten
Peipussee
Osel
Liven
Riga
Izborsk
Pskow
Staraja Ladoga
Beloozero
Merier
Hauptstadt der Rus um 862
Nowgorod
Ilmensee
Staraja Russa
1070
Ilmenslawen
Jaroslawl
Suzdal
Visby
Gotland
Öland
Ostsee
Grobin
Kuren
Duna
Toropets
Polotsk
Witebsk
Gnezdowo
Smolensk
Kriwitschen
Wladimir
Moskau
Murom
nach Bulgar,
China, Bagdad
und Persien
Letten
Litauer
Kaunas
Løgoysk
1078
Radimitschen
Pronsk
Kolberg
Truso
Grodno
Minsk
1067
Sewer-
janen
Wjatitschen
Pomoranen
Dregowitschen
Weichsel
Dnepr
Pinsk
1097
Pripjet
Turow
Ljubetsch
1079
Starodub
Putiwl
Kursk
Polen
Oder
Drewl-
janen
Wladimir
Lutsk 1085
Chemigow
Suteska
1030
Kiew
Perejaslawl
1097
1086
Hauptstadt der Rus um 882
Gralich
Poljanen
1085
1055
Chasaren
Don
Klitschen
Magyaren
Petschenegen
Donez
Tiwerzen
Odessa
Berezan-Insel
Donau
Schwarzes
Meer
Konstantinopel
Trapezunt
BYZANTINISCHES REICH

### Legend
→ Haupthandelsrouten
○ Wichtige Gründungen
der Wikingerzeit
(z. T. mit Gründungsjahr)
· andere Siedlungen der
Wikingerzeit
Das Reich der Rus
im 9.–11. Jahrhundert
Landgewinne bis zum
12. Jahrhundert

nach Jerusalem, Nordafrika,
Griechenland und Italien

0 50 100 150 200 250 300 km

### Das Ende der Kolonie:
### Die Wikinger massakrieren sich selbst

Nach der Überlieferung endete auch der Versuch von Leifs Schwester Freydis, mit ihrem Mann und zwei Brüdern aus Island in der Neuen Welt zu siedeln, in einem Desaster. Dieses Mal waren es keine Kämpfe mit den Skrälingern, sondern gewaltsame Auseinandersetzungen unter den Wikingern, die zur Katastrophe führten. Dabei umfasste diese Expedition zu den Leifsbuden die meisten Teilnehmer, insgesamt fast 70 Männer und einige Frauen. Der Erzähler der *Grœnlendinga saga* machte ausschließlich die Erikstochter Freydis für das Misslingen dieser Fahrt verantwortlich: Sie habe von Anfang an ihre Geschäftspartner aus Island belogen und betrogen, bösartig intrigiert und sei letztlich sogar zur Totschlägerin geworden.

Ob diese Darstellung einer Wikingerfurie glaubhaft ist, mag bezweifelt werden. Am glaubwürdigsten klingt noch die Tatsache, dass man sich nach der Ankunft auf zwei Höfe verteilte. Freydis soll die Situation eines Morgens zur Eskalation getrieben haben: Sie beschuldigte die Isländer, sie misshandelt zu haben und forderte ihren Mann auf, ihr Genugtuung zu verschaffen. Daraufhin zog er mit seinen Männern zum Hof der Brüder, überfiel sie und nahm sie gefangen. Auf Freydis Befehl wurden alle erschlagen; als niemand

Aber es gibt Hinweise dafür, dass sich gerade in jener Zeit Frauen gewisse Freiheiten verschafften und durchaus angesehene Mitglieder der Gesellschaft waren. Am deutlichsten belegt das prächtige Grab von Oseberg, über wie viel Einfluss und Reichtum weibliche Angehörige von Königshäusern verfügen konnten. Außerdem spielten sie in den Künsten der Magie und als Seherinnen offensichtlich eine wichtige Rolle.

Auch die gewöhnliche Bäuerin übernahm als Hausherrin bei der Abwesenheit ihres Mannes – etwa anlässlich eines Wikingerzuges – einen bedeutenden Teil an Verantwortung und führte des Öfteren die Aufsicht über den Hof und die Landwirtschaft. Schließlich setzte sich durch, dass der Ehemann die erwähnte Brautsumme unmittelbar an seine Frau zahlte; sie erhielt vertraglich die Verfügung über ihre Mitgift und den Anteil am gemeinsamen Besitz zugesichert.

die zu ihnen gehörenden fünf Frauen anrühren wollte, ließ sich Leifs Schwester eine Axt reichen und tötete sie eigenhändig. Ihre Leute verpflichtete sie allesamt, in Grönland kein Sterbenswort über die Vorfälle preiszugeben. Dann brachen auch sie wieder von Vinland auf. Später soll Leif Eriksson von den Bluttaten erfahren haben – aber mehr als Zorn konnte er gegenüber seiner Schwester nicht hegen.

Immerhin ist es auch unter weniger dramatischen Umständen glaubwürdig, dass unter den Kolonisten fernab ihrer Heimat Streitigkeiten ausbrachen, die schließlich in einem blutigen Gemetzel eskalierten. Nach den Geschichten, die man sich auf Island von den Geschehnissen in Vinland erzählte, unternahmen die Wikinger keinen weiteren Siedlungsversuch.

## Runen im Wilden Westen oder: Wie weit kamen die Wikinger?

Warum aber haben die Wikinger die Neue Welt nicht weiter für sich erobert? Die meisten Grönländer – und womöglich auch die meisten Isländer – waren längst irgendwo heimisch geworden, weshalb sich die Mühen einer erneuten Auswanderung für sie kaum lohnten. Und

Das garantierte der Ehefrau gewisse Spielräume, die sie durch den fortbestehenden Kontakt zu ihrer eigenen Familie ausbauen konnte. So hatten Zwistigkeiten in der Ehe häufig ganze Sippenauseinandersetzungen zur Folge. Im Schweden des 11. Jahrhunderts zeugten viele Runensteine vom Selbstbewusstsein christlicher Witwen, die diese für ihre verstorbenen Männer hatten aufstellen lassen.

Manche Skandinavierinnen nahmen sogar an den weiten Wikingerfahrten teil. Dies galt weniger für die Raubzüge nach England und aufs Festland als für die Auswanderungen nach Island, Grönland oder andere Siedlungesgebiete. Bei der Erschließung der neuen Länder spielten die Frauen eine wichtige Rolle. Außerdem zeugen Waagen und Gewichte, die man ihnen ins Grab legte, von deren Tätigkeit als Händlerinnen. Diesen Beruf und verschiedene handwerkliche Tätigkeiten konnten Frauen unabhängig von ihrem Mann

dann die lange Fahrt in ein Gebiet, das fernab der bekannten Welt lag, wo man erheblichen Gefahren ausgesetzt war. Denn Vinland und damit die Küste Neufundlands war zwar keine dicht besiedelte Region, aber sie schien doch zu den immer wieder aufgesuchten Jagdgründen nomadisierender Inuit oder Indianerstämme zu gehören. Diese sahen sich einer unliebsamen Konkurrenz ausgesetzt, die ihnen die traditionellen Stammesgebiete streitig machte. Und auf Dauer wären die nordamerikanischen Eingeborenen den zahlenmäßig unvergleichlich schwächeren Nordmännern überlegen gewesen. Die Gefahr regelmäßiger Angriffe erwies sich einfach als zu groß – deswegen blieben die Wikinger in Amerika eine wenige Jahrzehnte umfassende Episode.

Der Name Vinland blieb jedoch in Erinnerung. Einige Grönländer begaben sich zudem noch für einen längeren Zeitraum dorthin, um die reichen Waldbestände zu nutzen und mit ihrem Holz Handel zu treiben. Was ihnen damit entging – zigtausend Kilometer weiter südlicher – das dürften sie nicht einmal erahnt haben. Denn die Wikinger hatten in der westlichen Hemisphäre den Rand einer Welt erreicht, von der man im damaligen Europa überhaupt nichts wusste. Die Völker des amerikanischen Doppelkontinents hatten seit mehr als zwei Jahrtausenden Hochkulturen hervorgebracht, die den Vergleich mit dem Alten Ägypten oder dem Römischen Reich nicht zu scheuen brauchten. Dabei waren die bekanntesten dieser Kulturen, die Azteken in Mexiko und die Inkas im Andengebiet, lediglich späte Nachkömmlinge,

---

ausüben. Deshalb dürften sich in Haithabu und anderen Handelsplätzen auch etliche Frauen niedergelassen haben, die dort ihre Dienste anboten.

Schließlich zeugen zahlreiche weibliche Figuren in den isländischen Sagas von den starken Frauen der Wikingerzeit – auch wenn sie bei den männlichen Erzählern eher schlecht wegkommen. Als Beispiel sei an Freydis erinnert, jene Tochter Eriks des Roten, die angeblich in Neufundland ein Massaker anzettelte. Die *Njáls saga* erzählt von der schönen Hallgerd, die ihrem Mann Gunnar eine Ohrfeige nicht vergeben wollte: Als er angegriffen wird, reißt die Sehne seines Bogens. Seiner Waffe beraubt bittet er Hallgerd um zwei Strähnen ihres langen Haares, um sie als Bogensehne zu verwenden. Doch diese erinnert ihn an jenen Backenstreich und entgegnet, es rühre sie nicht, ob er sich kürzer oder länger verteidige.

deren Reiche erst Jahrhunderte nach der Wikingerzeit entstanden. Aber schon lange davor existierten vom Mississippi bis zum Amazonas mächtige Reiche mit städtischen Zentren, in den Zehntausende lebten, wo Priester blutigen, geheimnisvollen Zeremonien nachgingen und deren Herrscher über sagenhafte Goldschätze verfügten.

Immer wieder wollte man deshalb die rauen Nordmänner mit jener fantastischen Welt konfrontiert sehen: wie sie etwa voller Staunen durch die Straßen von Teotihuacán im mexikanischen Hochland zogen, der einstmals mächtigsten Metropole Mittelamerikas. Doch zur Zeit der Wikinger war die Stadt im Schatten der riesigen Sonnenpyramide, in der bis zu 200000 Menschen gelebt hatten, bloß noch eine Geisterstadt. Im Urwald der Halbinsel Yucatán hätten Grönländer und Isländer dagegen auf diverse Stadtstaaten der Maya treffen können, zum Beispiel Chichén Itzá. Näher gelegen hätten die Bauernkulturen im Mittelwesten der USA, wo sich im Staat Illinois eine große Stadt mit pompösen Erdhügel erstreckte.

Derartige wie auch immer geartete Kontakte der Nordeuropäer mit indianischen Hochkulturen sind nicht mehr als eine reizvolle Fiktion. Und die bis nach Paraguay gefundenen vermeintlichen Runenzeichen erwiesen sich bisher als von anderer Herkunft oder schlichtweg als Fälschungen. Die Wikinger kamen im Nordosten Amerikas mit Inuit oder Indianern in Kontakt, die als Jägernomaden ihr Dasein fristeten. Dabei gelten die Beothuk, die mutmaßlich mit Leif Erikssons Nachfolgern zusammentrafen, als eines der isoliertesten Völker Amerikas, von denen man nur wenig weiß. Sie dürften kaum in der Lage gewesen sein, den Wikingerexpeditionen den Weg ins Landesinnere und südwärts zu weisen.

Gleichwohl suchte man in Kanada wie in den Vereinigten Staaten nach Spuren der Nordmänner. Von Neu-Schottland und Massachusetts bis nach Minnesota im Gebiet der Großen Seen weckten sensationelle Funde immer wieder das Interesse der amerikanischen Öffentlichkeit. Sie bestanden zumeist aus Runenritzungen, Münzen und diversen Kleinfunden, die man unbedingt den Wikingern zuschreiben wollte. Doch bisher gelang dies in keinem Fall glaubwürdig. Das gilt auch für den so genannten Kensington-Stein, der angeblich 1898 in Minnesota entdeckt wurde und dessen Runeninschrift von einer skandinavischen Expedition aus dem 14. Jahrhundert berichtete. Auch hier überwog die Begeisterung der – bezeichnenderweise – seit dem 19. Jahrhundert aus Skandinavien eingewanderten Einwohner die wissenschaftlich haltbaren Ergebnisse.

Deshalb muss das Fazit lauten, dass bisher in Nordamerika keine archäologischen Spuren gefunden wurden, die unwiderlegbar die Anwesenheit von Wikingern außerhalb Neufundlands beweisen. Da ihnen ein weiteres Vordringen durchaus zuzutrauen wäre, bleibt die Antwort offen, wie weit die Wikinger kamen – bis zu einem nächsten Fund, der möglicherweise eine richtige Sensation bietet!

# 8. Herrscher und Christen

## Die skandinavischen Könige und das Ende der Wikingerzeit

## Haithabu: Handelsmetropole des Nordens

Während zahlreiche Drachenschiffe den Atlantik durchpflügten, um neues Land zu entdecken und Siedler dorthin zu bringen, blieb in deren bisheriger Heimat mitnichten alles beim Alten. Skandinavien selbst entwickelte sich zu einer bedeutenden Drehscheibe des Handels. Hier entstanden größere Marktorte, in denen sich ständig Kaufleute und Handwerker ansiedelten und wohin Reisende aus vieler Herren Länder kamen.

Zum wichtigsten dieser Orte wurde im 10. Jahrhundert Haithabu, wenige Kilometer südlich der heutigen Stadt Schleswig. Schon 804 sprechen fränkische Quellen von dieser damals noch kleinen Siedlung, die vier Jahre später durch die erwähnte »Zwangsumsiedlung« der Händler aus dem zerstörten Reric eine beachtliche Aufwertung erfuhr. Die geografische Bedeutung Haithabus erschließt sich durch seine verkehrsgünstige Lage zwischen Norden und Süden sowie zwischen Ost- und Nordsee. Zum einen kreuzte in der Nähe der uralte Heerweg von Dänemark ins heutige Deutschland die Umgebung der Siedlung; zum anderen erstreckte sie sich am so genannten Haddebyer Noor, einer kleinen flachen Bucht, die über die tief ins Land greifende Förde der Schlei mit der Ostsee verbunden war. Den besonderen Wert dieses Kreuzungspunktes machte jedoch die Tatsache aus, dass westlich in etwa 15 Kilometern Entfernung das Flüsschen Treene floss. Über sie und die Eider erreichten die Wikingerboote mit ihrem geringen Tiefgang bequem die Nordsee. Dabei war es ein Leichtes, den kurzen Landweg auf dieser Strecke mittels Karren und Lasttieren zu bewältigen. Für die Händler lag der Vorteil auf der Hand: Sie mussten nicht länger die Halbinsel Jütland umfahren, in deren Gewässern zuhauf Wikinger lauerten. Denn als Seeräuber schreckten die Skandinavier bekanntlich auch nicht vor Überfällen auf ihre Landsleute zurück.

Auf der Haithabu-Route bewegten sich die Kaufleute dagegen in größerer Sicherheit, weil die Häuptlinge und der dänische König am florierenden Handel der Siedlung interessiert waren. Deshalb wuchs und gedieh der Ort unter ihrem Schutz. Wer sich um das Jahr 950 mit seinem Schiff von der Ostsee her näherte, war nicht allein, sondern begleitet von zahlreichen anderen Booten, die den attraktiven Handelsplatz anfuhren oder verließen. Man passierte die bogenförmige Palisade im Haddebyer Noor, deren Pfosten man zum Schutz des Hafens in den Grund der Bucht gerammt hatte. Bevor das Schiff an einer der hölzernen Molen anlegte, erblickte seine Besatzung im Hintergrund Haithabus den erst kürzlich aufgeschütteten halbkreisförmigen Erdwall. Auf einer Länge von 1,3 Kilometern schützte er die Siedlung mit seiner imposanten Höhe von 10 Metern vor Angriffen von der Landseite.

Der Ort selbst erwies sich als Ansammlung von einigen 100 überwiegend rechteckigen Gebäuden, die wie in Skandinavien üblich aus Holz und lehmverschmiertem Flechtwerk bestanden. In der Nähe des Hafens verfügte Haithabu über ein Netz gerade angelegter Straßen, die man mit Holzbohlen gepflastert hatte. An sie grenzten die Schmalseiten der länglichen Grundstücke, die voneinander durch Gräben und Holzzäune getrennt waren. Darauf erhoben sich diverse Gebäude, die als Wohnhäuser, Werkstätten und Lagerhäuser dienten. Die Neuankömmlinge durchschritten also eine geradezu ordentlich angelegte Siedlung, in der bis zu 1 500 Menschen lebten – was sie in den Augen der Nordeuropäer schon zu einer beeindruckenden Stadt machte.

In der Tat dürfte am Haddebyer Noor ein geschäftiges Treiben und Gewimmel geherrscht haben: Am Hafen wurden Waren entladen und in die Lagerschuppen gebracht; Kaufleute standen zusammen und feilschten eifrig um den Preis; in den Werkstätten wurde gehämmert, gesägt und die Töpferscheibe gedreht – von Schmieden aller Art, Zimmerleuten, Töpfern und zahlreichen anderen Handwerkern; Frauen stiegen über Holztreppen zu einem kanalisierten Bach, wo sie die Wäsche wuschen; daneben erholte man sich bei Speis und Trank von den Anstrengungen der Reise, lauschte den Musikanten oder hörte Geschichtenerzählern zu. Und was fand sich hier nicht alles an Waren: Felle und Häute, Waffen, Wein und Glas, Sklaven, Silber und Seide aus Byzanz und von den Arabern. Bei der Intensität eines solchen Warenverkehrs gehörten die Herrscher Haithabus zu den ersten in Skandinavien, die den Franken, Byzantinern und Arabern nacheiferten und eigene Münzen prägten – was ansonsten unter den Wikingern noch lange nicht üblich war.

Unter den Fremden, die man als Reisender um die Mitte des 10. Jahrhunderts in Haithabu treffen konnte, befand sich ein weiteres Mal ein Araber. Der Händler al-Tartuschi kam aus dem spanischen Emirat von Córdoba und hinterließ einen glaubwürdigen Bericht von seinen Eindrücken. Darin bezeichnet er Haithabu – von ihm Schleswig genannt – als eine große Siedlung am anderen Ende des Weltmeeres. In der Stadt selbst gebe es Brunnen mit frischem Wasser. Einige wenige Christen besäßen zwar eine eigene Kirche, aber ansonsten verehrten die Einwohner den Sirius – für den Mauren Ausdruck des Heidentums, weil er mit den Wikingergöttern wie Odin und Thor nichts anzufangen wusste. Jenem heidnischen Gott zu Ehren würden Ess- und Trinkgelage veranstaltet. Und wenn ein Mann ein Opfertier schlachte – Ochse, Widder, Ziegenbock oder Schwein – hänge er es vor seinem Haus an einem Pfahl auf. Wer immer vorübergehe, sehe, dass der Bewohner dem Gott ein Opfer gebracht habe. Al-Tartuschi behauptete zudem, in der Stadt gebe es nicht viele Güter und Reichtümer. Diese Bemerkung orientiert sich zweifelsohne an dem, was er aus den bevölkerungsreichen Städten seiner Heimat mit ihren prächtigen Palästen gewohnt war. Der Bedeutung Haithabus tat er damit allerdings Unrecht.

Darüber hinaus weiß der Gewährsmann von Sitten und Gebräuchen zu berichten, die für ihn schwer zu begreifen waren. So sei es »normal«, ein Neugeborenes im Meer auszusetzen, um sich der Mühe der Aufzucht zu entledigen – den Brauch der Kindesaussetzung kannten auch die Isländer. Frauen könnten nach ihrem Willen das Recht in Anspruch nehmen, sich von ihrem Mann scheiden zu lassen. Sowohl die Frauen wie die Männer schminkten sich die Augen, um schön zu sein – was das Bild der Wikinger um ein unerwartetes Detail bereichert. Besonders schwer tat sich der schöngeistige Maure mit der Artikulation der Nordleute. Über deren Lieder, die nicht selten in der Siedlung erklangen, schreibt er: »Der entsetzliche Gesang dieser Menschen ist unbeschreiblich – er ist schlimmer als das Bellen von Hunden.«

Doch trotz mancher für ihn unfassbaren Sitten, zeigte sich al-Tartuschi tolerant. Das war in den internationalen Handelsplätzen der Wikingerzeit mit ihren multikulturellen Bewohnern und Besuchern auch notwendig. Denn ganz ähnlich ging es beispielsweise auch in

Birka zu, dem schwedischen Gegenstück Haithabus. Diese Siedlung von vergleichbarer Größe und Art lag auf einer Insel im Mälarsee, die heute Björkö heißt und knapp achtzig Kilometer westlich Stockholms liegt. Der Ort diente den Kaufleuten als Ausgangs- und Zielpunkt für den Handel mit dem Reich der Rus, Byzanz und den Muslimen, deren Waren er an die Partner an der Schlei weitergab. Zumindest an Reichtum dürfte man diese sogar übertroffen haben; denn in Birka war der Umgang mit arabischen Silbermünzen gang und gäbe – Zehntausende davon hat man in Schweden gefunden.

## König Harald Blauzahn von Dänemark: Christ und Krieger

Seit jeher nahmen sich die Häuptlinge und Stammesadligen des Nordens die römischen Kaiser und die ihnen nachfolgenden fränkischen Herrscher zum Vorbild. Diese schienen Ruhm mit großer Macht und beneidenswertem Reichtum zu verbinden – zumindest aus der abseitigen Perspektive eines Sippenführers der dänischen Inseln oder aus den Fjorden Norwegens. Bekanntlich versuchte König Godfrid schon zu Zeiten Karls des Großen, sich ein eigenes Reich zu schaffen. Lange war solchem Machtstreben kein Erfolg beschieden und Dänemark versank in Bürgerkriegen oder wurde bestenfalls von lokalen Herrschern regiert.

Das änderte sich erst mehr als 100 Jahre nach Godfrids Tod, als ein König namens Gorm der Alte die meisten Gebiete Dänemarks kontrollierte. Zum Zentrum seines Reiches machte er Jelling im östlichen Teil der Halbinsel Jütland, unweit des Städtchens Vejle gelegen. Von diesem Herrscher ist nicht viel mehr zu berichten, als dass die Dänen ihre Könige bis auf ihn zurückführen, und dass er seiner verstorbenen Frau Tyra einen Runenstein setzen ließ und sie darauf als »Stolz Dänemarks« bezeichnete.

Sein Sohn Harald Blauzahn trat in des Vaters Fußstapfen. Wie es üblich war, ließ er ihn 958 in einem mächtigen Grabhügel in Jelling bestatten und setzte einen zweiten als bloßes Denkmal seiner Herrschaft daneben. Doch dann geschah etwas Richtungsweisendes, das die Geschichte Skandinaviens erheblich beeinflussen sollte: Der junge dänische König ließ sich taufen und nahm das Christentum an. Obwohl Missionare bereits seit 200 Jahren immer wieder versucht hatten, die nordeuropäischen Heiden eines Besseren zu belehren, und obwohl mancherorts wie etwa in Haithabu durchaus Christen lebten, kam der königliche Religionswechsel unerwartet.

Thietmar von Merseburg schrieb dies einige Jahrzehnte später dem Verdienst eines mutigen Glaubensboten zu: Damals erneuerte der Priester Poppo bei den unter Haralds Herrschaft stehenden Dänen das Christentum. Er tadelte den König und sein Volk für ihren Abfall vom Gottesdienst und ihre abermalige Hinwendung zu den Göttern und Dämonen. Auf die Frage des Königs, ob er seine Worte durch das glühende Eisen bekräftigen wolle, erklärte er sich dazu bereit. Tags darauf trug er ein schweres geweihtes Eisen vor den König. Dann hob der Furchtlose seine Hände unverletzt empor. Hoch erfreut über dieses Wunder, unterwarf sich der König mit den Seinen in Demut dem Wort Christi und gehorchte bis zu seinem Ende als gläubiger Christ den Geboten Gottes.

Dieser christlichen Perspektive hätte Harald gewiss widersprochen: Was immer der besagte Poppo an Taten oder Wundertaten vollbrachte – den stolzen Wikinger konnte man nicht einfach maßregeln. Der Missionar dürfte darum mit Takt und Geschick vorgegangen sein und Überzeugungsarbeit geleistet haben. Aber er stieß bei König Harald auf offene Ohren. Dieser kannte die Vorteile eines Bündnisses mit der Kirche. Mit der Hilfe ihrer Priester war seine Herrschaft gewissermaßen vom Christengott gesegnet und damit legitimiert. Wenn erst einmal die hierarchische Kirchenordnung mit ihren Bischöfen und Priestern landesweit galt, war sie Haralds Machtstreben eine wichtige Hilfe.

Der Religionswechsel wurde in Jelling ganz offen zum Ausdruck gebracht. Dort ordnete der König an, man möge den Leichnam seines Vater aus dem heidnischen Hügel bergen und in einer kleinen Kirche daneben beisetzen. Zudem ließ der Herrscher einen prächtigen Stein aufstellen, der außer den herkömmlichen Motiven der Wikingerkunst den gekreuzigten Christus zeigte – dessen erste monumentale Darstellung in Skandinavien. Allerdings kam man dem heidnischen Verständnis insofern entgegen, als Christus mit ausgebreiteten Armen und ohne Kreuz durchaus herrschaftlich erschien – wie die Nordgermanen einen Gott sehen wollten. Um seinen Ruhm wortwörtlich für immer zu manifestieren, wurde der Stein mit einer Runeninschrift versehen. Sie pries Harald Blauzahn als Sohn Gorms und der Tyra, der ganz Dänemark sowie Norwegen unterworfen und die Dänen zu Christen gemacht habe.

In der Tat hinterließ der König Spuren einer ganz Dänemark (ein-

Die Wikinger pflegten die Errichtung von Runensteinen, von denen in Dänemark und Schweden Hunderte erhalten blieben. Der Runenstein von Jelling verband als Denkmal der Macht des Dänenkönigs Harald Blauzahn traditionelle Wikingerkunst mit den neuen christlichen Symbolen.

schließlich des heute schwedischen Schonen) umfassenden Reichspolitik: Straßen wurden angelegt und Gewässer mit Brücken passierbar gemacht, darunter befand sich in der Nähe Jellings eine 700 Meter lange Holzbrücke. Außerdem legte man auf den Inseln Seeland und Fünen sowie in Jütland mehrere kreisförmige Befestigungsanlagen an, die ein Palisadenwall umgab. Das Innere teilten zwei schnurgerade, sich rechtwinklig kreuzende Wege in vier Viertel, in denen jeweils vier Langhäuser standen. Ihre höchst genaue und regelmäßige Konstruktion schien sich an Militärlagern zu orientieren, während die Anlagen nach archäologischen Funden eher von Handwerkern und als Warenlager genutzt wurden. Deshalb dienten sie in Haralds Regierungszeit wahrscheinlich als Herrschaftszentren, in denen man unter anderem Abgaben und Steuern erhoben. Jedenfalls existierte in Skandinavien kein Vorbild für diese Anlagen, die das neue mächtige Königtum symbolisierten.

Aber der König dachte nicht nur an die Herrschaftssicherung im Innern; er trug sich auch mit Plänen, neue Gebiete hinzuzugewinnen. So intervenierte er wiederholt in Norwegen, wo die Söhne König Harald Schönhaars zutiefst zerstritten waren. Und die Schwester des Dänenkönigs war mit Erik Blutaxt verheiratet, jenem Wikingerherrscher, der später das englische York regierte und im Kampf fiel. Dieser Einfluss beim Nachbarn nördlich des Skagerrak veranlasste Harald Blauzahn, sich auf dem Runenstein von Jelling als Herrscher über Norwegen zu bezeichnen – was stark übertrieben war.

Seine Ambitionen richteten sich ebenso nach Süden über das Danewerk hinaus, dessen Befestigungen ausgebaut und mit Haithabu verknüpft wurden. Der König beabsichtigte offenbar, seine Macht unter den Slawenstämmen des heutigen Schleswig-Holstein und Mecklenburg auszudehnen. Dabei stieß er jedoch mit den östlichen Nachfolgern des Frankenreichs zusammen: den Deutschen. Als Harald gegen sie zog, marschierten die Truppen Ottos II. 974 erfolgreich in Jütland ein und die Dänen mussten klein beigeben.

Die Pläne Harald Blauzahns fanden nach dessen 30-jähriger Herrschaft ein bitteres Ende. Ausgerechnet sein Sohn Sven Gabelbart erhob sich gegen den Vater, worauf der alte König die Flucht ergreifen musste. Er starb im Exil in der wendischen Siedlung Wollin an der Odermündung. Sven Gabelbart kehrte vom engen Bündnis mit der christlichen Kirche vorerst ab – er hatte andere Ambitionen, die im Zeichen des alten Wikingergeistes standen.

## Thorshammer und Kreuz: Die Norweger zwischen Heidentum und Christentum

Derweil war Norwegen von einem ähnlich geeinten Reich noch weit entfernt. Um 930 starb der legendäre Harald Schönhaar und das

Land der Fjorde zerfiel wieder in seine Stammesgebiete. Die zahlreichen Söhne des Reichsgründers erhoben allesamt Ansprüche auf den Thron, wobei das Anrecht des besagten Erik Blutaxt als ältestem Sohn Haralds noch am ehesten berechtigt war. Aber wegen seines despotischen Wesens lehnte man ihn allerorts ab.

Gegen Erik kam ein ungewöhnliches Bündnis zustande, das den jüngsten Bruder Hakon favorisierte. Dieser hatte seine Jugend am Hofe des englischen Königs Aethelstan verbracht und als dessen Ziehsohn eine christliche Erziehung genossen. Damals wurde er zum überzeugten und gläubigen Christen. Der englische König nahm die Chance wahr, mithilfe des jungen Mannes Einfluss in der Heimat vieler Wikinger zu nehmen. Darum unterstützte er Hakons Ansprüche auf den norwegischen Thron und ließ ihn über die Nordsee bringen. Um den Kampf gegen Erik erfolgreich bestehen zu können, brauchte der Anglo-Norweger jedoch eine breite Unterstützung. Er fand sie beim mächtigsten Landesfürsten Norwegens, dessen Vater bereits Harald Schönhaar zur Macht verholfen hatte. Der Jarl von Lade, in der Nähe des heutigen Trondheim, galt allerdings als heidnischer Traditionalist, der weder ein starkes noch ein christliches Königtum wünschte. Doch der erst 15-jährige Hakon war ihm anscheinend das kleinere Übel.

Nach Snorris Saga von den norwegischen Königen, der *Heimskringla*, schlug er ihn den Bauern auf dem Thing zu Trondheim als König vor, worauf diese ihn zum neuen Regenten erhoben. Dann zog Hakon übers Land und wurde überall als Herrscher anerkannt. Dem vermochte Erik Blutaxt nichts mehr entgegenzusetzen: Er gab den Thron auf und siedelte bekanntlich auf den Britischen Inseln. Doch als er 954 starb, entsannen sich seine Witwe Gunnhild und ihre Söhne der Thronansprüche, wobei sie von ihrem Onkel Harald Blauzahn von Dänemark unterstützt wurden. Sie kehrten nach Norwegen zurück; damit brachen unter den Verwandten erbitterte Kämpfe aus.

Obwohl König Hakon dringend der Hilfe der heidnischen Stämme und ihrer Führer bedurfte, ließ er nichts unversucht, sie zum Christentum zu bekehren. Zunächst praktizierte er seinen Glauben im Stillen, hielt aber zumindest den Sonntag und das Freitagsfasten ein. Ihm war klar, dass er noch nicht genügend Macht besaß, um das Christentum per Gesetz einzuführen. Immerhin gelang es ihm, einige Männer für seine Religion zu gewinnen. Aus Freundschaft ließen sich viele taufen und gaben das heidnische Opfern auf. Daraufhin ließ Hakon Priester aus England kommen und weihte einige Kirchen.

Sein Verbündeter Sigurd, Jarl von Lade, war wie sein Vater ein eifriger Opferer. Nach der *Heimskringla* leitete er alle Opferfeste in Trondheim. Es war üblich, dass zum so genannten Blutopfer alle Bauern zum Tempel kamen und sich Lebensmittel und Bier mitbrachten. Dort schlachtete man vielerlei Tiere, vor allem Pferde. Das Blut der Tiere fing man in Opferschalen auf; mit ihm wurden die Götteraltäre, die Wände des Tempels und schließlich auch die Teilnehmer bespritzt. In der Tempelmitte entfachten die Männer Feuer, über denen große Kessel hingen. In ihnen wurde das Fleisch der Opfertiere gesotten, um es während eines großen Mahles zu verzehren und dazu die Bierbecher kreisen zu lassen.

Dem Veranstalter dieses Opferfestes oblag es, über Bier und Speise einen heidnischen Segen zu geben. Zuerst trank man den Odinsbecher für den Sieg und die Herrschaft des Königs, ihm folgten die Becher des Njörd und des Freyr für ein fruchtbares Jahr und den Frieden. Manche Männer tranken zusätzlich den Bragibecher, und darüber hinaus galt der so genannte Gedächtnisbecher verstorbenen Verwandten. Jarl Sigurd genoss als freigebiger Mann hohes Ansehen, denn er veranstaltete in Lade ein aufwändiges Opferfest und bestritt sämtliche Kosten. Dies brachte ihm großen Ruhm. Die Nordleute hielten derartige Opferfeiern für unabdingbare Voraussetzungen, um ein friedliches Jahr mit reichen Ernten zu erlangen. Ein Häuptling, der sich dabei als großzügig erwies, genoss von den Göttern das Heil, das ihn in den Augen der Krieger und Bauern legitimierte.

Darum stellte König Hakon deren Langmut auf die Probe, als er nun doch auf den Thingversammlungen versuchte, seine Untertanen vom Übertritt zum Christentum zu überzeugen. Die Bauern hielten zwar an ihm als König fest, aber sie signalisierten ihre deutliche Ablehnung. Zunehmend drohte die Situation zu eskalieren und viele fragten sich: Konnte man einem Herrscher folgen, der den alten Göttern abgeschworen hatte? War überhaupt noch das Königsheil mit ihm? Immer wieder schlichtete Jarl Sigurd und vermittelte zwischen den Bauern und dem König. Anlässlich eines großen Opferfestes im Herbst murrte man darüber, dass dieser nicht unter ihnen auf seinem Hochsitz weile und die erforderlichen Rituale ausführe. Als Hakon alle Zurückhaltung aufgab und zum heidnischen Opfer das christliche Kreuzeszeichen machte, griff mit folgender List der Jarl ein: Des Königs Geste deutete er schlichtweg als Zeichen des Thorshammers, der im 10. Jahrhundert unter den Wikingern zunehmend als Symbol ihres alten Götterglaubens verwendet wurde. Damit interpretierte er kurzerhand die christliche Geste in eine heidnische um. Selbst wenn diese Geschichte eine Anekdote wäre, belegte sie doch sinnfällig den wachsenden Zwiespalt der Norweger zwischen der neuen und der alten Religion.

Nicht immer vermochte sich der König den heidnischen Traditionen zu entziehen. Einmal besuchte er ein Festmahl zur Julfeier, dem Mittwinterfest und Vorläufer von Weihnachten. Dort forderten die Männer ultimativ von ihm die Vollziehung der heidnischen Opferrituale und drohten ihm andernfalls mit Gewalt. Wieder vermittelte Jarl Sigurd, doch auch er konnte Hakon nicht vor dem Schlimmsten bewahren: Der König musste einige Bissen Pferdeleber essen und alle Gedächtnisbecher trinken, ohne das Kreuzzeichen darüber zu machen. Hakon war darüber so erzürnt, dass er gegen die Trondheimer Bauern mit einem Heer vorgehen wollte. Nur die Nachricht von den Kriegszügen seiner Neffen hielt ihn davon ab, da er jetzt dringend die Hilfe der Heiden unter Jarl Sigurd benötigte.

Als der König in einer späteren Schlacht tödlich verwundet wurde, erwiesen ihm die Bauern trotz aller Zwistigkeiten der Regentenjahre die Ehre, indem sie ihn Hakon den Guten nannten. Letztendlich hatte er die traditionellen Freiheiten der Norweger respektiert, deshalb verzieh man ihm seine christlichen Missionierungsversuche. Einen rigorosen Weg beschritten hingegen die Söhne von Erik Blutaxt, die ebenfalls gewillt waren, endlich das Christentum in Norwegen einzuführen. Sie brannten die heidnischen Tempel nieder, störten die Opferfeste und legten ihrem letzten verbliebenen Hauptfeind, dem Jarl von Lade, einen Hinterhalt: Während eines Gelages steckten sie seinen Hof in Brand; der Jarl kam in den Flammen um.

Unter dessen Sohn Hakon (genannt der Mächtige) sollte das Heidentum in Norwegen eine letzte Blütezeit erleben. Aber erst einmal ging er im Kampf gegen die Mörder seines Vater ein unerwartetes Bündnis ein: Er tat sich mit deren Onkel Harald Blauzahn von Dänemark zusammen, dem die Neffen anscheinend zu mächtig geworden waren. Dann erhob der Däne für sich selbst den Herrschaftsanspruch über das Nachbarland. Um dies durchzusetzen, verbündete sich der Christ mit dem heidnischen Jarl vom Trondheimfjord. Dieser wiederum unterstützte Harald Blauzahn gegen das Heer Kaiser Ottos II. am Danewerk.

Schließlich drängte König Harald seinen heidnischen Verbündeten so vehement zur Taufe, dass dieser nachgab und mit seinem Gefolge zum Christentum übertrat. Doch auf der Heimfahrt soll es zur radikalen Kehrtwendung gekommen sein: Die ihn begleitenden Priester setzte der Jarl an Land und er begann nicht nur, im Reich des Dänenkönigs zu heeren, sondern veranstaltete auch noch eine Opferfeier, bei der ihm zwei krächzende Raben als Boten Odins erschienen sein sollen – zumindest weiß dies Snorri in der Saga zu erzählen. Dann kehrte Hakon nach Trondheim zurück, beging dort die traditionellen Opferfeiern und umgab sich mit einer Schar der besten Skalden, die ihn und die Götter besangen und priesen. Ein letztes Mal hatte der Hammer des Thor den Sieg errungen. Doch den Heiden blieben nur noch wenige Jahre, bis Norwegen endgültig christlich wurde.

## Wikinger in Norddeutschland

Wer gegen Ende des 10. Jahrhunderts glaubte, die Wikinger seien in ihren skandinavischen Heimatländern nur noch mit sich selbst beschäftigt, unterlag einem Irrtum. Obwohl dort die Könige zunehmend versuchten, ihre Herrschaftsgebiete nach europäischem Muster zu kontrollieren und dem Christentum zu öffnen, blieb Nordeuropa eine bedrohliche Gegend. Noch 200 Jahre nach dem Überfall auf Lindisfarne musste man mit skandinavischen Raubzügen und Überfällen

### Magie bei den Wikingern

Die heidnischen Skandinavier des frühen Mittelalters fühlten sich nicht nur von Krankeit und Tod bedroht, sondern auch von übernatürlichen Mächten und Kräften, die ihnen übel wollten. Dazu zählten sie gewisse Verstorbene, die als Untote ihre Grabhügel verließen und die Nächte unsicher machten. Ebenso galt es, sich vor den Trollen und anderen Riesen in Acht zu nehmen.

Im Angesicht solcher Gefahren war es gut, wenn man über magische Mittel verfügte, mit deren Hilfe man die Jenseitigen und ihre Gefolge bannen konnte. Schon ein kleines Amulett vermochte den Träger oder die Trägerin vor Unheil zu bewahren und Kraft, Gesundheit und Fruchtbarkeit zu bringen. Daher trugen die Wikinger zum Beispiel Thorshämmer, die als Symbol des mächtigen Gottes Thor galten und an dessen Hammer Mjöllnir erinnerten, mit dem dieser die Riesen tötete. Ebenso schätzte man eiserne Amulettringe

rechnen. Zwar blieben die militärisch gestärkten Reiche der Franzosen und Deutschen im Großen und Ganzen verschont und weder Seine noch Rhein erlebten Wikingerinvasionen. Aber in Norddeutschland, im Land der Sachsen, stellten die Seeräuber aus Dänemark eine permanente Gefahr dar. Nicht jeder kleine Zwischenfall dürfte von den zeitgenössischen Geschichtsschreibern vermerkt worden sein. Als 994 jedoch eine Piratenflotte in der Elbmündung auftauchte, berichtete Bischof Thietmar von Merseburg in seiner Chronik ausführlich über die Ereignisse, die er nach eigenem Bekunden hautnah miterlebte: Im Juni des Jahres seien seine drei Oheime mit vielen anderen zu Schiff gegen die marodierenden Wikinger ausgezogen. Aber die Verteidigung der Verwandten stand unter einem ungünstigen Stern. Ein Oheim fiel, die anderen wurden gefangen genommen und verschleppt. Die Kunde verbreitete sich schnell unter den Christen. Man entsandte Unterhändler, die den Räubern ein Lösegeld in Aussicht stellen und einen friedlichen Ausgleich erbitten sollten. Diese gingen darauf ein, verlangten aber neben der Friedenszusicherung eine unerhört hohe Summe.

Als die Räuberbande deren größten Teil erhalten hatte, tauschte sie die meisten Gefangenen gegen Geiseln aus. Die Familienangehörigen versuchten derweil verzweifelt, die restliche Summe aufzubringen. Selbst Thietmar, damals schon Kleriker, sollte als Geisel zu den Piraten – in weltliche Tracht gekleidet, wie er betont. In der Zwischenzeit

mit Miniaturanhängern von Speeren, Sensen und Ähnlichem. Zum reichen Fundus an Amuletten gehörten Glasperlen, Tierzähne und getrocknete Kräuter genauso wie kunstvoll gearbeitete Anhänger in Form einer zusammengerollten Schlange, die aus Holz, Stein oder Metall bestand. Und die magische Wirkung der Runenzeichen, als Inschrift in ein kleines Bronzeblech geritzt, sollte dem Träger die Manneskraft erhalten.

Amulette waren das Geringste, was die Wikinger auf magischem Wege tun konnten. In Notfällen bedienten sie sich der Zauberer und Hexen, die mit geheimnisvollen Ritualen und Zaubergesängen Hilfe bringen sollten – etwa bei der Weissagung der Zukunft. Die hochmittelalterliche Saga von Erik dem Roten schildert das Wirken einer solchen Seherin, wie es sich wahrscheinlich auch zur Zeit der Wikinger abspielte:

Als auf Grönland einmal eine große Hungersnot herrschte, suchte man Rat bei einer heidnischen Seherin. Die Zauberin namens Thorbjörg

hatte sich ein weiterer gefangener Verwandter selbst befreit: Er wagte vom Schiff den Sprung in ein bereitgestelltes Boot. Da erhob sich Geschrei, man griff einen als Geisel anwesenden Priester und bezichtigte ihn, der mutmaßliche Anstifter dieser Flucht zu sein; zugleich wurden die Anker gelichtet und die Ruderer nahmen die Verfolgung des Flüchtigen auf. Nur mit Mühe konnte dieser entrinnen: Am sicheren Ufer warteten Pferde auf ihn und er ritt schnell zu seiner sicheren Burg.

Währenddessen drangen die Verfolger in die Burg Stade ein und durchsuchten alles nach ihm. Als sie ihn nicht fanden, raubten sie den Frauen gewaltsam die Ohrringe und kehrten missmutig um. In ihrer Wut warfen sie am nächsten Tag den Priester und die übrigen Geiseln mit abgeschnittenen Nasen, Ohren und Händen in den Fluss. So wurden diese schließlich aufgefischt – grausam verstümmelt, aber am Leben. Glücklicherweise blieben derartige Raubzüge in Norddeutschland einzelne Episoden.

## Die neue Invasion in England

Zur selben Zeit mussten sich jenseits der Nordsee die Engländer damit abfinden, dass auch bei ihnen die skandinavischen Überfälle noch

hatte einst neun Schwestern gehabt, die ebenfalls Seherinnen gewesen waren. Von ihnen lebte nur sie noch. In der Winterzeit war es üblich, Thorbjörg zu großen Feiern einzuladen, wo sie den Leuten die Zukunft deuten, ihnen von ihrem Schicksal und den Erträgen weissagen sollte.

Deshalb lud nun der angesehenste Bauer Thorbjörg zu sich ein, um etwas über die Zukunft aller Nordleute auf Grönland zu erfahren. Er bot ihr einen festlichen Empfang, wie es ihr gebührte. Zur Vorbereitung richtete man einen Hochsitz für sie her mit einem Polster, das mit Hühnerfedern gefüllt war. Am Abend traf sie mit dem Boten ein: Sie trug einen blauen Mantel mit Spangen, der bis zum Saum mit kostbaren Steinen besetzt war. Um den Hals trug sie Glasperlen. Auf dem Kopf hatte sie eine Haube aus schwarzem Lammfell, das innen mit weißem Katzenfell gefüttert war. In der Hand hielt Thorbjörg einen Stab mit einem Knauf. Der war in Steine gefasst, während der restliche Stab mit Kupfer eingelegt war. Um den Leib trug sie einen Gürtel mit Zündschwamm, an dem ein gro-

längst kein Ende gefunden hatten, sondern im Gegenteil in einem nach Umfang und Intensität bisher unbekannten Ausmaß wieder aufflammten.

Seit dem Tod Erik Blutaxts, des Wikingerkönigs von York, im Jahre 954 war England von militärischen Interventionen der Dänen und Norweger so gut wie verschont geblieben. Wie oben dargestellt, entwickelten sich zwischen Angelsachsen und dänischen Siedlern im Osten der Insel friedliche und fruchtbare Beziehungen. In den Heimatländern der Nordmänner schien zudem das Christentum auf dem Vormarsch zu sein und besänftigend auf deren kriegerisches Naturell einzuwirken. Deshalb beschäftigten sich die angelsächsischen Herrscher mehr mit der Einführung eines neuen Krönungszeremoniells oder damit, sich gegenseitig im Jugendalter zu meucheln. Zumindest erhob man solche Vorwürfe gegen die Mutter des jugendlichen Königs Aethelred, dessen Stiefbruder auf ihren Befehl ermordet worden sein sollte. Als er 978 dem derart brutal Beseitigten auf den Thron folgte, schien seine Regierung unter keinem guten Stern zu stehen – was sich voll und ganz bewahrheitete und Aethelred später den Beinamen des »Unvorbereiteten« oder »Ratlosen« einbrachte.

Was derweil unter den Dänen geschah, ist im Einzelnen ungewiss: König Harald Blauzahn ließ Königsfestungen anlegen, heimste südlich des Danewerk einige militärische Erfolge ein und schien sich

ßer Lederbeutel hing. Darin bewahrte sie ihre Zaubermittel, die sie für die Weissagung benötigte. An den Füßen trug sie zottige Kalbfellschuhe und die Hände steckten in Handschuhen aus Katzenfell.

Nachdem sie eingetreten war, nahm sie der Bauer an der Hand und geleitete sie ehrfürchtig zum Hochsitz. Dann bat er sie, ihre Augen über Herden und Häuser schweifen zu lassen. Die Seherin sprach so gut wie nichts. Am Abend setzte man ihr als Speise Grütze aus Geißmilch und die Herzen aller Tiere vor, die es dort gab. Danach fragte sie der Bauer um Rat, doch Thorbjörg wollte eine Nacht darüber schlafen.

Erst am Abend des nächsten Tages konnte sie den Zauber ausführen. Die Frauen schlugen einen Ring um den Zauberstuhl, auf dem Thorbjörg saß. Eine sang ein Zauberlied und zwar so schön, dass die Seherin sprach: »Manche Geister kamen hierher und dachten, wie schön dieses Lied doch zu hören gewesen wäre – solche, die sich früher von mir abgewandt hatten und mir nicht mehr gehorchen

seiner Macht sicher zu sein. Doch mag unter den Adligen und ihren Kriegern bereits die Unzufriedenheit gekeimt haben, die einige Jahre später zu seinem Sturz führte. Möglicherweise suchte man vorerst neue Betätigungsfelder und hörte von den Dänen aus England, dass man dem jungen König Aethelred nicht viel zutraue. Jedenfalls überfielen um 980 die Wikinger wieder die südenglische Küste und andere Gebiete, woran sich in Wales auch Skandinavier aus Irland beteiligten. Für die Regierung des Königs war dies ärgerlich, aber keinesfalls bedrohlich – man zählte das vermehrte Auftauchen des alten Feindes wohl zu jenen Piraterien, mit denen man ständig rechnen musste, ohne ihrer letztlich Herr werden zu können.

Die Situation veränderte sich schlagartig nach zehn Jahren, als im Gebiet der Themsemündung eine Wikingerflotte von 93 Schiffen auftauchte, die unter dem Oberbefehl des Norwegers Olaf Tryggvason stand. Krieger dieses einige tausend Mann umfassenden Heeres versuchten im August 991 etwas weiter nördlich an der Küste von Essex an Land zu gehen. In der Nähe des Ortes Maldon sammelten sie sich auf einer Insel, die durch eine Furt mit dem Festland verbunden war. Doch die schon längst entdeckte Flotte der Skandinavier konnte keinen Überraschungsangriff landen, sondern stieß auf englische Gegenwehr. Vor Maldon trat ihnen der höchste königliche Beauftragte des

wollten. Jetzt sehe ich viele Dinge deutlich vor mir, die bislang mir wie allen anderen verborgen waren.«

So war sie nun in der Lage, den Anwesenden Auskunft zu geben – über das Ende des Hungerjahres, glückliche Heiraten und vieles mehr, was jeder von ihr wissen wollte. Sie war gern bereit zur Antwort, und nur wenig von dem, was sie weissagte, traf nicht ein.

Darüber hinaus kannten die Wikinger auch die so genannte Schwarze Magie, mit der man anderen Menschen Schaden stiftete. Derartigen Schadenszauber bewirkte man, indem man entsprechende Runen ritzte und die dazugehörigen magischen Handlungen ausführte. Der isländische Dichter und Sagaheld Egil Skallagrimsson genoss den Ruf, ein Kenner solcher Zaubermittel zu sein. Seine später geschriebene Saga erzählt davon, wie er nach dem Zerwürfnis mit dem norwegischen König Erik Blutaxt nicht nur die Waffen sprechen ließ, sondern auch einen bösen Zauber bewirken wollte:

Nachdem Egil mit seinen Männern den Hof eines königlichen Ge-

Gebietes gegenüber, ein alter und bewährter Krieger namen Byrhtnoth. Sein Auftrag lautete, das Land zu verteidigen – obwohl er mit
seinen Kriegern den Angreifern zahlenmäßig hoffnungslos unterlegen
war. Nur einen Vorteil hatte er auf seiner Seite: Die Furt stand wegen
der einsetzenden Flut unter Wasser und erschwerte den Wikingern
das Vordringen.

Darum riefen sie zu den Angelsachsen herüber und machten ihnen
einen Vorschlag: Warum sollte man überhaupt zu den Waffen greifen? Wenn ihnen Byrhtnoth eine Tributzahlung gewährte, würden sie
es gut sein lassen und mit ihren Schiffen wieder in See stechen. Das
altenglische Lied *Die Schlacht von Maldon*, das die Ereignisse jenes
Augusttages besingt, schildert die Antwort des alten Angelsachsen:
Er habe den Schild gehoben, den Speer geschwungen und unmiss-
verständlich erklärt, Speere und Schwerter wollten sie den Seemän-
nern als Tribut geben. Er und seine Männer würden ihre Heimat,
das Gebiet König Aethelreds, verteidigen. Damit ließ er seine Krieger
kampfbereit an der Furt aufmarschieren. In dieser Situation appel-
lierten die Wikinger an Byrhtnoths Kriegerehre: Er könne gut reden,
sei er doch durch das Wasser geschützt. Mut und Ehre könne er beweisen, wenn er sie unbehelligt hinüberkommen lasse. Dann könnten
sie sich eine offene Schlacht liefern und entscheiden, wer der bessere

folgsmannes überfallen und geplündert hatte, vollzog er am Strand eine
magische Handlung gegen den König: Er nahm eine Haselstange und
bestieg eine Felsnase, die landeinwärts wies. Dann nahm er einen Pfer-
deschädel und steckte ihn auf die Stange. Anschließend sagte er einen
Spruch: »Hier stelle ich eine Schmähstange auf gegen König Erik und
Königin Gunnhild«. Dann drehte er den Pferdekopf gegen das Land:
»Ich richte diese Verwünschung gegen die Landgeister, die in diesem
Lande wohnen, dass sie alle wirre Wege gehen sollen, weder Haus
noch Heimstatt finden, bis sie König Erik und Gunnhild aus dem Land
vertrieben haben.« Dann stieß er die Stange in eine Felsspalte und ließ
sie dort stehen. Er richtete das Pferdehaupt gegen das Land und ritzte
Runen in die Stange ein, die seinen Schmähspruch festhielten.

Obwohl derartige heidnische Gebräuche von den christlichen
Königen und den Geistlichen bekämpft und verboten wurden, hielt
sich vieles der Schwarzen Magie während des Mittelalters noch lange als Aberglauben.

sei. Dieser verräterischen Ansprache der Nordmänner gab der Engländer nach – einen Feigling wollte er sich nicht nennen lassen.

Die bittere Schlacht nahm ihren Lauf, als die Wikinger aufs Festland kamen: Speere und Wurfspieße flogen, Pfeile wurden verschossen, Schilde wurden erhoben, viele Krieger fielen und auf beiden Seiten lagen die jungen Männer tot am Boden. Byrhtnoths Neffe wurde von Streitäxten niedergehauen. Wütend stürmte sein Oheim gegen einen Anführer der Dänen, der ihn mit einem Speerwurf verwundete. Dafür traf der Angelsachse den Feind mit seinem Speer im Hals und tötete ihn. Aber ein anderer Wikinger durchbohrte Byrhtnoth, dem ein Jüngling half, ihn von der Waffe befreite und sie wiederum gegen den Feind schleuderte. Obwohl sein Herr verwundet war, zog er gegen die anstürmenden Feinde die Streitaxt. Jedoch war er zu geschwächt, um die Waffe zu führen und richtete seine letzten Worte an Gott. Da hieben ihn die heidnischen Männer nieder und mit ihm seine Begleiter. Die Angelsachsen leisteten noch erbittert Widerstand, bis sie alle den Tod fanden. Ihr heldenhaftes Ende blieb unvergessen. Die Wikinger erwiesen sich jedoch ein weiteres Mal als ausgesprochene Pragmatiker, die mit den traditionellen Werten wie der Kriegerehre spielten, ohne sich selbst bedingungslos an sie zu halten.

## Ein Däne auf Englands Thron

Vom posthum gefeierten Heldenmut Byrhtnoths abgesehen, hatte die Niederlage von Maldon für die Engländer verhängnisvolle Konsequenzen. König Aethelred zahlte nach dem Desaster die geforderten Tribute, die alle Lösegeldforderungen der bisherigen Wikingerzeit übertrafen. An bloßen Überfällen und einträglicher Beute waren die Dänen und ihre Verbündeten kaum noch interessiert. Es ging um das ganz große Geld, das als so genanntes Danegeld (»Dänengeld«) in unglaublicher Höhe gefordert wurde – Jahr für Jahr, bis nach einem Vierteljahrhundert weit über 100 000 Pfund Silber in die Taschen der Nordleute geflossen waren.

Derartige Summen brachten Raub- und Feldzüge ein, die schon lange nicht mehr Privatsache unternehmungslustiger Skandinavier waren. Die erneute Invasion Englands machte der dänische König Sven Gabelbart zu seiner höchstpersönlichen Sache. Ab wann er bei den Wikingerüberfällen seine Hand im Spiel hatte, ist ungewiss.

Ganz offenkundig trat er drei Jahre nach der Schlacht von Maldon in Erscheinung, als er gemeinsam mit Olaf Tryggvason eine fast 100 Schiffe zählende Flotte befehligte, in die Themse fuhr und London belagerte. Erst nach den Tributzahlungen zog er sich zurück. König Sven brauchte offensichtlich viel Geld, das dem Erhalt seiner Herrschaft diente. Außerdem schienen damals die fernen arabischen Silberminen vollständig ausgebeutet zu sein, weshalb der begehrte Fluss an Silbermünzen nach Nordeuropa schon bald versiegte. Also musste man sich neue Geldquellen suchen, die der Däne Sven in England fand.

Dort ergriff der »ratlose« König Aethelred seinerseits die Initiative, erwies sich aber ein weiteres Mal als überaus unglücklicher Herrscher. Aus seiner Hilflosigkeit gegenüber den Danegeld-Forderungen erwuchsen innenpolitische Probleme. Überall im Land und am Königshof fragte man sich, was Aethelred überhaupt tue, um der Not Herr zu werden. Da verfiel dieser auf die Idee, einen Sündenbock zu suchen und ihn zur Verantwortung zu ziehen. Wer bot sich dafür besser an, als seine dänisch-stämmigen Untertanen im Danelag! Lag es nicht auf der Hand, dass sie ihren Verwandten jenseits der Nordsee Informationen lieferten und die englische Abwehr schwächten? Der verräterische Stachel im Fleische Englands musste beseitigt werden!

So gab der Monarch im Herbst 1002 seinen Soldaten entsprechende Befehle, deren Ausführung als so genanntes Massaker vom Tag des Heiligen Bricius traurige Berühmtheit erlangte. Eine Chronik vermerkt dazu: »Der König ordnete an, alle in England lebenden Dänen am St. Bricius-Tag – dem 13. November – zu töten, weil er in Erfahrung gebracht hatte, dass sie sich verschworen hatten, ihn und seine Ratgeber umzubringen und sich sein Reich anzueignen.«

Beweise für eine derartige Verschwörung lagen nicht vor; die Dänen schienen an diesem Tag völlig arglos zu sein. Ein späterer Chronist schildert dementsprechend ein schreckliches Szenario: »Jener Tag war ein Samstag, an dem es unter den Dänen üblich war, zu baden. Aber zur dafür bestimmten Zeit wurden sie erbarmungslos vernichtet, vom Niedersten bis zum Höchsten. Sie wurden weder nach Alter noch nach Geschlecht verschont, und selbst Engländerinnen tötete man, die sich mit den Dänen vermischt hatten, und ebenso die Kinder, die diesen üblen ehebrecherischen Verbindungen entsprungen waren. Einigen Frauen wurden die Brüste abgeschnitten, andere wurden lebendig in der Erde vergraben, und die Kinder wurden an Pfählen und Steinen zerschmettert.«

Unter den derart grausam Hingemetzelten – mutmaßlich Zehntausenden – soll sich auch die Schwester des dänischen Königs befunden haben. Sven hatte somit mehrere Gründe zurückzuschlagen: Neben der persönlichen Rache bot die Empörung über die massakrierten Dänen einen möglicherweise nicht unwillkommenen Anlass, die Angriffe und Tributforderungen zu intensivieren. Dies geschah in den folgenden zehn Jahren und nahm furchtbare Ausmaße an. Schließlich sah König Aethelred nur noch Hoffnung im Glauben und ordnete überall im Land Fasten, Almosen und Gebete an. Die Reliquien der Heiligen wurden allenthalben barfuß umhergetragen, um deren Beistand zu erflehen. Dennoch fanden die Gemetzel einen weiteren Höhepunkt, als angetrunkene Wikingersoldateska den Erzbischof von Canterbury ermordete.

Schließlich entwickelten sich die dänischen Feld- und Beutezüge zu einem regelrechten Krieg mit politischen Dimension und einer überraschenden Wendung: Sven Gabelbart beherrschte immer mehr Gebiete Englands, das zunehmend im Chaos versank. Irgendwann kam ihm der Gedanke, sich des englischen Throns zu bemächtigen – was belegt, wie eng trotz aller Gewalt die Beziehungen zwischen beiden Ländern waren. Die Dänen in England, die das Massaker von St. Bricius überlebt hatten, schlossen sich dem Begehren Svens an. Im Jahre 1013 holte er zum großen militärischen Schlag aus, dem König Aethelred schnellstens auswich: Er floh über den Ärmelkanal in die Normandie, deren Herzog sein Schwiegervater war. Damit standen Sven Gabelbart in England alle Tore offen und er hielt die alleinige Macht in Händen. Die neue Invasionswelle der Nordmänner hatte ihm den englischen Königsthron eingebracht.

## Das Nordseereich Knuts des Großen

Der dänische Herrscher konnte sich dieses erstaunlichen Triumphs nur kurz erfreuen, weil er bald darauf starb. Sein 18-jähriger Sohn Knut stand zwar als Nachfolger bereit und wurde von seinen Kriegern auch unverzüglich zum König ausgerufen, doch da kehrte Aethelred aus der Normandie zurück und vereinte die Angelsachsen wieder hinter sich. Der junge Däne musste vorerst in seine Heimat zurückkehren, fuhr dann aber zwei Jahre später, 1016, mit einer starken Flotte die Themse hinauf, belagerte London und bereitete den An-

gelsachsen in einer furchtbaren Schlacht eine verheerende Niederlage.
Die überlebenden englischen Adligen gaben ihren Widerstand auf;
Knut wurde als König Englands anerkannt.

Trotz vieler Befürchtungen erwies sich der Mann aus Skandinavien in den knapp zwanzig Jahren seiner Regentschaft weniger als
Wikinger denn als englischer Monarch. Im Großen und Ganzen bescherte er dem Land eine lange Friedenszeit – weil er unter anderem
die Flotte ausbaute und gegen dänische Seeräuber vorging. Außerdem
erkannte Svens Sohn die geltenden Gesetze ausdrücklich an, nach
denen Angelsachsen und Dänen nach ihren herkömmlichen Sitten leben durften. Und er verfolgte eine äußerst kirchenfreundliche Politik.
Es schien, als wolle der erst kürzlich Getaufte sein Bekenntnis zum
Christentum unter Beweis stellen. So förderte er Kirchen und Klöster
und hörte auf seine geistlichen Ratgeber wie den Erzbischof von York.
Aus diesen Gründen respektierte man Knuts Herrschaft überall.

Er trennte sich sogar von seiner ersten Frau, einer Angelsächsin,
die er als Heide geheiratet hatte. Dabei dürften allerdings weniger
religiöse als machtpolitische Aspekte den Ausschlag gegeben haben.
Denn der junge König wandte sich an das Herrscherhaus der Normandie und forderte die Hand Emmas, der bei ihrer Familie lebenden
Witwe König Aethelreds. Damit versuchte der Däne seiner Herrschaft
Legitimität zu verleihen. Jenseits des Ärmelkanals stimmte man dem
gern zu, war man dadurch doch mit dem neuen Herrscher Englands
verwandt. So wurde die Normannin ein zweites Mal Königin und
schenkte ihrem Gemahl den erwünschten Thronfolger – wie sie auch
Aethelred einen Sohn geboren hatte. Die Auswirkungen derartiger
genealogischer Verstrickungen sollten sich einige Jahrzehnte später in
diversen Ansprüchen auf den Thron Englands zeigen.

Unter dem christlichen Herrscherpaar Knut und Emma, die beide
letztlich skandinavischer Herkunft waren, genoss England auf dem
Festland beachtliches Ansehen. Dies zeigte sich 1027, als der auf einer
Pilgerreise nach Rom befindliche König am Tiber an der Kaiserkrönung Konrads II. teilnahm. Knut vergaß jedoch seine Wurzeln mitnichten und gedachte, seine Herrschaft auch im Norden auszubauen:
Dänemark fiel ihm schon bald nach dem Tod seines dort regierenden
Bruders zu. Darüber hinaus griff er in die Thronkämpfe Norwegens
ein und schickte seine Krieger in das nordische Nachbarland. Bald
beherrschte er auch dort weite Gebiete. Um das Jahr 1030 regierte
Knut der Große nicht nur über England, sondern auch über Dänemark, Südschweden und Norwegen. Und weil seine Macht sogar in

weiteren Gebieten der Britischen Inseln anerkannt war, herrschte der Däne über ein Reich rings um die Nordsee.

Gleichwohl blieb England das Herzstück dieser nordeuropäischen Großmacht. Und dennoch hinterließ Knut dort nur wenige Spuren, die an seine skandinavische Herkunft erinnern. Archäologische Funde bezeugen immerhin, dass man in seiner südenglischen Residenz Winchester die ornamentreiche Kunst der Wikinger kannte und schätzte.

Knuts Nordseereich blieb nur ein kurzlebiges Phänomen: Nach seinem Tod 1035 übernahmen nacheinander Söhne aus seinen beiden Eheverbindungen die Regierung. Beide genossen kaum Beliebtheit und verstarben nach jeweils wenigen Jahren. Da sie keinen Thronfolger hinterließen, kehrte Edward aus der Normandie nach England zurück und beanspruchte erfolgreich dessen Thron: Er war der erwähnte Sohn aus Emmas erster Ehe mit Aethelred. Mit ihm kam nur sieben Jahre nach Knuts Tod das Ende der Dänenherrschaft in England. Knuts Reich verschwand aus der Geschichte, während die Normannenherzöge der Normandie abwarteten, was ihnen die Zukunft bringen würde.

## Norwegens christliche Wikingerkönige

In den Jahrzehnten um die Jahrtausendwende schwankten die Norweger mehr denn je zwischen dem althergebrachten Heidentum und dem christlichen Glauben. Denn obgleich dessen Sendboten seit langem versuchten, die Nordleute und ihre Herrscher zu taufen, trug erst jetzt der intensive Kontakt mit dem Süden Früchte. Hakon der Gute hatte alles unternommen, um seine Landsleute zu Christen zu machen, und die unbeliebten Söhne Erik Blutaxts waren ihm mit Gewalt gefolgt.

Nun traten zwei Männer auf den Plan, die Wikingergeist, rigorose Gewalt und christlichen Glauben miteinander verbanden: Olaf Tryggvason und Olaf der Heilige verschafften dem Christentum in Norwegen den Durchbruch. Beide kamen gewaltsam zu Tode und genießen seitdem unsterblichen Ruhm, der ihr historisches Leben und Wirken mit zahlreichen Sagen und Legenden umrankt. Fast alles, was man von ihnen weiß, stammt aus späteren isländischen Sagas, in deren Heimat sich die tapferen Christenkönige großer Beliebtheit erfreuten.

Der ältere Olaf Tryggvason war angeblich der Sohn eines Häuptlings, der irgendwo im Süden Norwegens sein Herrschaftsgebiet hatte. Später machte man ihn zu einem Nachfahren des Reichseinigers Harald Schönhaar – aber möglicherweise wurde dieses Gerücht schon zu seinen Lebzeiten in die Welt gesetzt, um seinen Anspruch auf den Königsthron zu unterstreichen. Jedenfalls verbrachte er eine abenteuerliche und gefährliche Kindheit. Denn sein Vater wurde wie viele andere Edle von den Söhnen Erik Blutaxts eliminiert, die auch Olafs Mutter und ihrem Sohn nach dem Leben trachteten. Schließlich suchte sie in Schweden Schutz. Als Olaf drei Jahre alt war, reisten die beiden mit Händlern über die Ostsee. Ihr Ziel war das Reich der Rus, wo Olafs Onkel im Gefolge des Großfürsten Wladimir eine geachtete Stellung einnahm.

Aber auf See fiel ihr Schiff Wikingerpiraten aus Estland in die Hände, die sich nicht nur die Ladung aneigneten, sondern auch die Reisenden zu Sklaven machten. Wen sie nicht gebrauchen konnten, schlugen sie kurzerhand tot. Da wurde der kleine Olaf von seiner Mutter getrennt und als Handelsware mehrmals getauscht – unter anderem gegen einen Bock, bis er in Estland zu einem Bauern kam. Die Saga erzählt, dass sechs Jahre später ausgerechnet sein Onkel den Knaben entdeckte, ihn loskaufte und mit sich nach Nowgorod nahm. Seine Jugend verbrachte Olaf dann am Hofe des Großfürsten, wo er sich als Krieger großes Ansehen erwarb. Ihm wurde sogar die Ehre zuteil, mit jungen Jahren eine Kriegerschar um sich zu sammeln – was bei Hofe zu Neid und Missgunst geführt haben soll. Jedenfalls verlor Olaf wegen solcher Einflüsterungen die Gunst des Fürsten – was ihn veranlasste, sich auf den Weg nach Norwegen zu machen, um sich das Reich seines Vater zurückzuerobern.

Damit begann eine beachtliche Karriere als adliger Wikinger, vor dem kaum eine Gegend Nord- und Westeuropas verschont blieb: Er plünderte Bornholm, im Wendenland, in Schonen und auf Gotland, später in Friesland und Sachsen; von dort überquerte er die Nordsee, um viele Teile der Britischen Inseln unsicher zu machen. Wahrscheinlich kooperierte Olaf Tryggvason mit dem dänischen König Sven Gabelbart, der bekanntlich ungeheure Mengen an Silbermünzen aus England erpresste.

Da ließ sich der Norweger um 995 taufen, nachdem ihn angeblich ein Einsiedler mit seinen Weissagungen von den Wundertaten des Christengottes überzeugt hatte. Von da an soll er sich mit seinen Kriegern ganz und gar dem Christentum und seiner Verbreitung im

Norden verschrieben haben. Erst einmal kam es zum Bruch mit dem Dänenkönig, weil Olaf in England keine Kriegszüge mehr unternahm und mit dessen Herrscher Aethelred Frieden schloss: Als Christ wollte er nicht mehr gegen Glaubensbrüder Krieg führen. Dann ging er sein großes Ziel an: Die Gewinnung des norwegischen Thrones und die Christianisierung des Landes.

Zuerst sammelte er Informationen darüber, mit welcher Unterstützung er unter den Bauern rechnen könne. Schließlich machte er sich mit wenigen Schiffen auf den Weg. Mit was für einer brachialen Gewalt er vorgehen wollte, bewies er auf den Orkney-Inseln: Deren Jarl erklärte er ultimativ, er solle sich und sein ganzes Volk taufen lassen, ansonsten müsse er auf der Stelle sterben und das Land würde verwüstet werden. Der Jarl stimmte zu, Olaf hatte seinen ersten Missionierungserfolg errungen. In Norwegen kam ihm offensichtlich zu gute, dass dessen mächtigster Mann, Jarl Hakon, an Beliebtheit verloren hatte. Somit gelang es ihm recht schnell, die Bauern auf seine Seite zu ziehen und dem Ladejarl ein Ende zu bereiten – obwohl er als Christ auftrat.

Auf einem großen Thing wurde Olaf Tryggvason zum König ganz Norwegens ausgerufen und von der Menschenmenge begeistert

### *Völuspa* – Die Weissagung der Seherin

Die Wikingerzeit brachte eines der größten Gedichte der Weltliteratur hervor – *Völuspa* oder *Die Weissagung der Seherin*, die wichtigste mythologische Dichtung in den Liedern der *Edda*. Darin erzählt eine Völva, eine mit prophetischen Gaben versehene weise Frau, dem Gott Odin vom Werden und Vergehen der mythischen Welt:

> »Urzeit war es, als Ymir lebte;
> es gab weder Sand noch Meer noch kühle Wogen,
> Erde existierte nicht noch Himmel darüber,
> den Schlund der Urleere gab es, aber nirgends Gras.«

Wie aus dem Nichts kamen der Urriese Ymir und danach die Götter, die Gestirne, Erde und die Menschenwelt Midgard schufen und Zwerge und Menschen zum Leben erweckten. An der Quelle der weltumfassenden Esche Yggdrasil bestimmen die Nornen das Schicksal des Einzelnen. Der heimtückische Gott Loki verursacht den Tod des strahlenden, überall beliebten Balder. Damit verdunkeln sich die

aufgenommen. Dann zog der neue König viele Monate durch sein weites Reich und setzte überall die Anerkennung seiner Herrschaft durch – sogar am Oslofjord, wo bisher der Dänenkönig und seine Verbündeten das Sagen gehabt hatten. Olaf verkündete sein politisches Programm: Entweder werde er Norwegen für das Christentum gewinnen oder sterben! Denjenigen, die seinem Vater einst treu gewesen waren und jetzt ihm folgen wollten, versprach er Macht und Einfluss. Den widerspenstigen Traditionalisten bewies er seine Härte. Denn wer seinem Taufgebot widersprach, musste mit dem Schlimmsten rechnen: Olaf ließ so manchen töten, verstümmeln oder zumindest aus dem Land jagen. In Trondheim, dem Zentrum der heidnischen Ladejarle, ließ er die Tempel abbrechen und verbrennen. Und wer als heidnischer Zauberer oder Weissager im Verdacht stand, der war des Feuertodes sicher. Olafs Missionierungseifer reichte schließlich sogar bis Island, wo er bekanntlich die Thingabstimmung zugunsten des Christentums zumindest beeinflusst hat.

Aber der König stand mit seiner rigorosen Christianisierungspolitik zunehmend allein – zumal er sie nicht uneigennützig betrieb. Denn wie in Dänemark unter Harald Blauzahn diente sie ihm der

---

Visionen der Seherin: Schilderungen düsterer Jenseitsorte wechseln sich ab mit der Beschreibung dämonischer Mächte wie der Riesen, der Midgardschlange und des Fenriswolfes, die schließlich über die Welt hereinbrechen. Untergangsstimmung macht sich breit:

»Brüder werden gegeneinander kämpfen und sich den Tod bringen,
Schwesternsöhne werden die Verwandtschaft zerbrechen;
Schlimm ist's in der Welt, viel Ehebruch,
Axtzeit, Schwertzeit, gespaltene Schilde,
Windzeit, Wolfzeit, bis die Welt zu Grunde geht;
kein Mann wird den andern verschonen.«

In den Ragnarök, dem »Götterschicksal«, kämpfen Odin, Thor und die anderen Gottheiten gegen die Mächte der Finsternis und finden dabei den Tod. Das ist das Ende der Welt:

»Die Sonne verdunkelt sich, das Land versinkt im Meer,
vom Himmel stürzen die hellen Sterne;
es wüten Feuer und Rauch,
große Hitze steigt selbst bis zum Himmel empor.«

Festigung seiner Macht in Norwegen. Überall im Land gründete er Kirchen und richtete königliche Höfe ein, auf denen seine Gefolgs-leute residierten. Priester und Königsmänner würden den Jarlen und Häuptlingen den Einfluss nehmen. Dagegen formierte sich eine Op-position, die sich vermutlich mehr gegen Olaf Tryggvason als gegen das Christentum richtete. Die ihr zugehörigen Häuptlinge verfügten mit den Herrschern von Dänemark und Schweden über starke Bünd-nispartner, mit denen sie verschwägert und befreundet waren.

## Die große Seeschlacht und das spurlose Verschwinden eines Königs

Die feindlichen Parteien suchten eine Entscheidungsschlacht. Wo ge-nau diese im Jahre 1000 stattfand, ist in sagenhaftes Dunkel gehüllt: Die einen lokalisierten den Kampfort Svold im Öresund zwischen Dänemark und dem heutigen Schweden, die anderen vermuteten ihn nahe der Insel Rügen. Jedenfalls kam es an jenem geheimnisvollen Ort zu einer der größten, spektakulärsten und berühmtesten Schlach-ten der Wikingerzeit, in der Olafs prächtiges Drachenboot, der so

Aber es ist kein Ende für alle Zeiten. Denn eine neue Erde steigt aus dem Meer empor und der Gott Balder kehrt aus dem Totenreich zurück. Er gesellt sich zu den Kindern der alten Götter, die im gold-gedeckten Saal von Gimle für immer die Freude genießen werden.

Wahrscheinlich entwarf ein Wikingerdichter um das Jahr 1000 dieses gewaltige mythenträchtige Szenario irgendwo auf Island, den Britischen Inseln oder Norwegen. Auch wenn er dabei auf alte My-then und Göttervorstellungen zurückgriff, schuf er doch etwas Neu-es in Anbetracht christlicher Höllen- und Paradiesvorstellungen, die ihm bekannt waren. Die *Völuspa* ist darum kein Lied aus urgerma-nischer Vorzeit – als was sie gern angesehen wird. Die Visionen der Völva spiegeln die Umbruchzeit vor 1000 Jahren wider, als sich die Nordgermanen Heidentum und Christentum gleichermaßen aus-gesetzt sahen. Sie wurden gleichsam zu Suchenden nach der Wahr-heit. Einer der ihren hat seiner Zeit dieses gewaltige dichterische Denkmal geschaffen.

Statt Steinbauten errichteten die Skandinavier im 11. Jahrhundert kleine Holzkirchen wie diese dänische Rekonstruktion. Die Außenwände schmückten Schnitzereien des ornamentreichen Wikingerstils. Davor erhob sich ein Glockengerüst.

genannte Langwurm, eine herausragende Rolle spielte. Soviel wusste 200 Jahre später der Isländer Snorri Sturluson von der Schlacht zu berichten:

König Olaf ließ das Heerhorn blasen, damit sich alle seine Schiffe sammelten. Seinen »Langwurm« legte er in die Mitte, die besten anderen Schiffe daneben, wobei sie alle mit Ketten verbunden wurden. Der König soll sich dann allen sichtbar auf sein Schiff gestellt haben, geschirmt von einem goldbeschlagenen Helm und einem vergoldeten Schild. Und über seiner Brünne trug er ein auffälliges rotes Wams. Ihm gegenüber fuhren die feindlichen Schiffe in Position: König Sven von Dänemark, Olaf, der Herrscher Schwedens, und Jarl Erik, ein aus Norwegen vertriebener Adliger. Um sie herum entbrannte eine äußerst erbitterte Schlacht, in der auf beiden Seiten viele Männer ihr Leben verloren. Die Kämpfer Olaf Tryggvasons, die auf seinem und den anderen ersten Schiffen ganz vorn standen, warfen auf die Boote der Dänen Enterhaken und sprangen hinüber. Dort kämpften sie die Feinde so ungestüm nieder, dass König Sven mit seinen Kriegern auf andere Schiffe fliehen musste. Vorerst zogen sie sich aus der Schussweite der Speere und Pfeile zurück. An ihre Stelle rückten die Schweden, die aber schon bald ebenso kapitulieren mussten.

Jarl Erik, Olafs grimmigster Feind, griff dagegen von der Seite an und eroberte Schiff für Schiff des norwegischen Königs. Deshalb konnte dieser nicht frontal gegen die neuen Gegner vorgehen. Gleichzeitig kamen die Dänen und Schweden wieder näher und beschossen massiert den »Langwurm«. Auf den Schiffen müssen sich grausame Szenen abgespielt haben. Denn es war ein Kampf Mann gegen Mann, mit Speer, Schwert und in letzter Verzweiflung mit den Fäusten. Die Norweger konnten der Übermacht immer weniger entgegensetzen und so kam es, dass einzig das Schiff des Königs übrig blieb und heiß umkämpft wurde. Der Angriff auf den »Langwurm« war so heftig, dass man sich seiner kaum mit den Schilden erwehren konnte. Dicht flogen die Spieße und Pfeile heran, denn mittlerweile hatten sich die feindlichen Schiffe rings um das Schiff des Königs gelegt. Dessen Krieger versuchten kampfwütig vom Schiffsrand aus die Feinde zu verletzen; viele sprangen über Bord und versanken mit ihren Waffen im Meer.

König Olaf soll unermüdlich von seiner herausgehobenen Stellung Wurfspeere geworfen haben und auch den Bogen verschmähte er nicht. Doch wer genau hinsah, der erblickte Blut, das unter seiner Brünne hervorquoll. Noch hatten er und seine Krieger die Feinde vom Entern des Schiffs abhalten können, noch hielten sie trotz eines hohen Blutzolls stand. Schließlich bestieg Jarl Erik als Erster mit 15 Männern das Schiff; doch der Widerstand der wenigen noch Lebenden war so erbittert, dass er erneut zurückweichen musste. Erfolgreicher endete sein zweiter Versuch, als sich die letzten Krieger Olafs um ihren König auf dem Hinterdeck scharten. Ein letzter verzweifelter Kampf entbrannte – fast das ganze Schiff befand sich in der Hand der Verbündeten. Die Überlebenden sprangen über Bord. Die meisten wurden von den kleineren Booten der Feinde aus erschlagen; den König wollte man lebend in die Hände bekommen. Dieser nämlich hatte seinen Schild über sich geworfen, war gleichfalls vom Schiff gesprungen und im Wasser versunken. Schon glaubte man ihn gefangen, doch erst an Bord entpuppte sich der vermeintliche König als einer seiner Heerführer. Großmütig schenkte man ihm das Leben. Aber wo war Olaf Tryggvason?

Man fand ihn weder lebend noch tot und so rankten sich um ihn Sagen und Legenden. Eine Geschichte behauptete, er habe sich retten können und sei ins Land der Wenden gegangen. Fest stand nur, dass der umstrittene König niemals wieder norwegischen Boden betrat. Seine Flotte wurde eine Beute der Feinde und sein Reich teilten sie unter sich auf.

Einen würdigen Nachfolger fand er in Olaf dem Dicken, der sich mehr als 15 Jahre später gegen den Widerstand des Dänenkönigs und der norwegischen Opposition den Thron erkämpfte. Er betrieb dabei so forciert die Christianisierung, dass er schließlich als Olaf der Heilige Norwegens Nationalheiliger wurde.

In jungen Jahren zog er wie sein Vorgänger als Wikinger umher und heerte von Schweden bis Friesland und England. In der Normandie wurde der Haudegen für das Christentum gewonnen, als dessen vehementer Verfechter er nach Norwegen fuhr. Dort kämpfte er wie sein Vorgänger die heidnischen Häuptlinge nieder und gewann Stück um Stück des Landes für sich und den christlichen Glauben. In Nidaros (dem heutigen Trondheim), einer der ersten Stadtgründungen des Landes, errichtete Olaf eine Residenz. Dort versammelte er in einer großen Königshalle den Bischof nebst anderen Geistlichen und seine weltlichen Ratgeber. Der König hielt Hof wie ein christlicher Fürst: Früh ging er in die Kirche zur Messe und Morgenandacht; danach erließ er Gesetze gegen das Heidentum und zur Ordnung des Landes – wozu Erhebung und Einzug von Steuern gehörten.

Doch ob Christ oder Heide war dem englisch-dänischen Nordseeherrscher Knut gleichgültig: Er wollte bekanntlich auch Norwegen unterwerfen. Dessen Kriegern vermochte Olaf nichts entgegenzusetzen; er suchte sein Heil in der Flucht. Zuerst zog er durch die Wälder nach Schweden, von dort fuhr er über die Ostsee ins Land der Rus. Bald jedoch kehrte er zurück und sammelte ein Bauernheer, dem die Fremdherrschaft durch Knuts Regenten und Vasallen widerlicher war als das Christentum. Dann kam es 1030 zu einer Entscheidungsschlacht, die mit dem Tod König Olafs endete. Die Sagas haben ein eindrückliches Bild davon entworfen: »Thorstein schlug auf König Olaf mit einer Axt, und der Schlag traf dessen linkes Bein am Knie. Finn streckte Thorstein sofort nieder. Aber der König lehnte sich nach dieser Verwundung an einen Stein und warf das Schwert fort. Er bat Gott um Hilfe. Da stieß Thorir Hund mit seinem Schwert nach ihm. Dieser Stoß drang Olaf unter der Brünne durch und drang ihm in den Bauch. Dann hieb Kalf auf ihn, und der Hieb traf ihn an der linken Seite des Halses. Durch diese drei Wunden verlor der König sein Leben.«

Das Vordringen des Christentums konnte dieses grausame Morden nicht mehr aufhalten. Es war im Volk wohl schon so stark verbreitet, dass bald ein regelrechter Kult um Olafs Leichnam aufkam. Man erzählte sich, dessen Blut könne Wunden heilen. Olaf der Heilige fand im Dom von Trondheim seine Ruhestätte und galt seitdem als immerwährender König Norwegens.


## Runensteine, fromme Christen, Menschenopfer: Schweden im 11. Jahrhundert

Auch in den großen, zumeist waldreichen Gebieten Schwedens setzten sich allmählich die Zeichen der neuen Zeit durch. Gegen Ende des 10. Jahrhunderts gelang es einem König names Olof Skötkonung, weite Landesteile zu kontrollieren und – seinem Beinamen »Steuerkönig« zufolge – den Untertanen hohe Abgaben abzuverlangen. Außerdem schuf er ein sichtbares Zeugnis seiner Macht, indem er die kleine Siedlung Sigtuna am Mälarsee zu einer Art Hauptstadt machte. Sigtuna ersetzte Birka, dessen Blütezeit vorbei war, weil der Strom arabischen Silbers zu versiegen begann. Nun residierte der König hier, richtete eine Verwaltung ein und ließ Münzen prägen. Ebenso versuchte er in religiöser Hinsicht, sein Land europäischen Gepflogenheiten anzupassen. Denn Olof hing dem Christentum an und plante das neue Zentrum als christliche Stadt mit mehreren Kirchen, wo sich die Glaubensverhältnisse Birkas umkehrten: Hatte dort eine heidnische Mehrheit die Christen toleriert, ließen diese nun in der Stadt des Königs die Ungetauften ihrem alten Glauben nachgehen – wie mehrere christliche und heidnische Friedhöfe belegen.

In anderen Landesteilen schien das Christentum ebenfalls Fuß zu fassen. Ein Bischofssitz wurde gegründet. Als sichtbarste Zeichen jedoch künden noch heute Runensteine davon. Anscheinend bedienten sich schwedische Christen dieser althergebrachten germanischen Schrift. Sie versahen große Steine damit und stellten sie an Wegen, Brücken und Furten auf. Zu ihnen zählte ein wohlhabender und mächtiger Mann, der in der Nähe des heutigen Stockholm mehrere Steine errichten ließ. Sie künden unter anderem davon, dass er einen Wegdamm habe anlegen lassen, und enden mit der Bitte, Gott möge der Seele des Erbauers helfen.

Im 11. Jahrhundert war Schweden jedoch noch längst nicht ein durch und durch christliches Land. Im Gegenteil: Die nordgermanische Religion erwies sich in vielen Gegenden als äußerst zählebig; ihre Anhänger tolerierten die Christen, insofern diese die alten Götter nicht beleidigten. Ansonsten drohte christlichen Missionaren der

Märtyrertod, wie folgender Bericht verdeutlicht: »Damals soll ein Angelsachse namens Wulfrad aus Liebe zu Gott nach Schweden gekommen sein und den Heiden mit großer Kühnheit das Wort Gottes verkündigt haben. Als er durch seine Predigt viele zum Christenglauben bekehrt hatte, wagte er es, ein Götzenbild dieses Volkes namens Thor zu verfluchen, das am Versammlungsplatz der Heiden stand; zugleich nahm er eine Axt und schlug das Bild in Stücke. Dafür aber durchbohrten sie ihn sogleich mit tausend Wunden, und so ging seine des Märtyrerlorbeers würdige Seele in den Himmel ein. Seine verstümmelte Leiche versenkten die Barbaren auf sehr schimpfliche Weise im Moor.«

Der diesen Vorfall überliefernde Chronist Adam von Bremen schilderte um 1070 Uppsala als kultischen Mittelpunkt der Heiden, wo sogar noch Menschenopfer gebracht würden. Dort gebe es einen besonders angesehenen Tempel, nicht weit von Sigtuna und Birka entfernt. Nahebei stehe ein sehr großer Baum unbekannter Art, der seine Äste weit ausbreite und übers ganze Jahr grüne. Zudem befinde sich dort eine Quelle, an der die Heiden opferten und lebende Menschen versenkten. Komme solch ein Menschenopfer nicht wieder zum Vorschein, gelte die Bitte des Volkes als angenommen. Der Tempel sei ganz aus Gold gefertigt (wobei zweifelsohne die Fantasie mit dem Berichterstatter durchging). Man verehre darin die Bildnisse dreier Götter: In der Mitte sitze Thor, flankiert von Wodan (Odin) und Frikko (Freyr).

Man gebe ihnen folgende Deutung: Thor herrsche in der Luft und gebiete über Donner und Blitze, Wind und Regen, Sonnenschein und Frucht. Wodan, was Wut bedeute, führe Kriege und verleihe dem Menschen Kraft gegen seine Feinde. Frikko schließlich schenke den Menschen Frieden und Lust. Daher sei sein Bild auch mit einem ungeheuren männlichen Glied versehen. Wodan werde in Waffen dargestellt – wie Mars. Thor gleiche durch sein Szepter – in Wirklichkeit ein Hammer – dem Jupiter. Außerdem verehrten sie zu Göttern erhobene Menschen, die sie für große Taten mit der Unsterblichkeit beschenkten ...

Allen ihren Göttern hätten sie Priester zugeteilt, die des Volkes Opfer darbringen. Wenn Seuchen und Hunger drohen, werde dem Thor geopfert, vor einem Krieg Wodan, vor einer Hochzeit Frikko. Alle neun Jahre werde in Uppsala ein gemeinsames Fest aller schwedischen Stämme begangen. Christen müssten sich davon freikaufen und so laufe die Opferfeier ab: Von jeder Art männlicher Lebewesen würden neun dargebracht; mit ihrem Blute wolle man die Götter versöhnen. Ihre Körper würden in einem den Tempel umgebenden Hain aufgehängt. Dieser Hain sei ihnen so heilig, dass man glaube, jeder einzelne seiner Bäume habe durch Tod und Verwesung der Schlachtopfer göttliche Kraft gewonnen. Dort hingen Hunde, Pferde und Menschen; ein Christ habe erzählt, er hätte 72 solche Leichen ungeordnet nebeneinander hängen sehen. Im Übrigen singe man bei solchen Opferfeiern zahlreiche »unanständige Lieder«, die Adam von Bremen lieber verschweigen wolle.

Es mag unglaublich klingen, dass etwa zeitgleich mit der Erbauung eines monumentalen Gotteshauses wie des Domes zu Speyer in Europa noch Menschen von Heiden geopfert wurden. Und doch glaubt man den Ausführungen des Gelehrten Adam und hält sie im Kern für wahr. Ihnen zufolge verehrte man im schwedischen Uppland nach wie vor die alten Götter Odin, Thor und Freyr.

Wenige Jahrzehnte später war deren Stunde gekommen und die Schweden wurden als letzte Skandinavier Christen. Aber so ganz wollten sie anscheinend nicht von ihrem alten Glauben lassen. Noch im 12. Jahrhundert berichtet ein englischer Priester erbost über deren laxes religiöses Verständnis: »Die Svear und Götar scheinen indes den christlichen Glauben nur zu achten, wenn die Dinge nach ihren Wünschen laufen und das Glück auf ihrer Seite ist; aber wenn die Sturmwinde gegen sie sind, wenn der Boden während der Dürre unfruchtbar wird oder wenn er von schweren Regenfällen überflutet wird, wenn ein Feind mit Plündern und Brennen einzufallen droht, dann verfolgen sie den Glauben, den zu achten sie behaupten, und mit Drohungen und Unrecht gegen die Gläubigen suchen sie diese aus dem Land zu jagen.«

## Der letzte Wikinger: Harald der Harte

Wenn es die Personifikation eines letzten Wikingers gibt, dann ist es der norwegische König Harald Sigurdsson, genannt Harald der Harte. Von Byzanz bis nach England, in Kiew und in Norwegen kämpfte er als Anführer einer erlesenen Kriegerschar – als Söldner, Thronaspirant und Monarch. Diesem Bild entspricht es, dass er in der Schlacht den Tod fand. Sein Ende im Jahre 1066 steht sinnbildhaft für das Ende der Wikingerzeit.

Obwohl man sich sogar in Konstantinopel seiner Person erinnerte und seinen Namen überlieferte, wüsste man wiederum ohne den isländischen Gelehrten Snorri wenig über den Norweger. Auf Island erzählte man sich offensichtlich viele Geschichten von dem heldenhaften König, die ihren Ursprung bei dem Godensohn Halldor nahmen. Dieser hatte nämlich unter Harald in der berühmten Warägergarde des oströmischen Kaisers gedient und mit ihm manche Schlacht geschlagen. Gezeichnet von einer tiefen Narbe im Gesicht, kam er auf die Atlantikinsel zurück und erzählte für den Rest seiner Tage von den Abenteuern in der Welt des Mittelmeeres:

Harald Sigurdsson war ein Halbbruder Olafs des Heiligen. Mit ihm hatte er als 15-Jähriger 1030 in der Schlacht von Stiklestad gekämpft und die bittere Niederlage erlebt, die bekanntlich mit dem Tod des norwegischen Königs endete. Verwundet brachte man ihn zu einem Bauern, der tief in den Wäldern siedelte, fernab vom politischen Geschehen. Nach seiner Gesundung führte man den jungen Mann auf verborgenen Pfaden übers Gebirge hinüber nach Schweden. Dort traf Harald auf andere Überlebende der großen Schlacht, die auf der Flucht vor den Siegern waren. Sie verschafften sich Schiffe und überquerten die Ostsee – nach Nowgorod ins Land der Rus, zum Großfürsten Jaroslaw dem Weisen von Kiew.

Dieser nahm die norwegischen Emigranten gut auf und gewährte ihnen Exil, nicht zuletzt, um sich ihre Kampfestugenden zu Nutze zu machen. Der junge Harald weilte mit seinen Leuten einige Jahre in Russland, wo er sogar einer der Anführer des Heeres wurde und Feldzüge nach Osten unternahm. Schließlich zog er mit einer großen Schar von Männern nach Konstantinopel. Er trat 1034 in kaiserliche Dienste und wurde Befehlshaber der Waräger, die in zahlreichen Teilen des Mittelmeeres kämpften.

Auf Island erzählte man sich viele Geschichten des legendären Wikingers, die ihn zu einer Art nordischer Heldenfigur stilisierten, der die Welt Ostroms kräftig aufmischte. So soll er schon bald die byzantinischen Offizierskonkurrenten ausgespielt haben und der allein akzeptierte Führer der Nordmänner – und anderer Krieger – geworden sein: »Harald blieb stets siegreich und machte große Beute, während die griechischen Truppen heim nach Konstantinopel zogen – außer den jungen Kriegern, die ebenfalls auf Beute aus waren. Sie scharten sich alle um Harald und erkannten ihn als Heerführer an.« Der Norweger fuhr mit ihnen nach Nordafrika, das die Waräger das Land der Sarazenen nannten. Dort verstärkte er sein Heer und eroberte 80

Burgen. Manche ergaben sich, andere nahm er gewaltsam ein. Harald blieb einige Jahre in Afrika und erbeutete eine Menge an Gold und anderen Kostbarkeiten. Was er davon nicht unmittelbar benötigte, um seine Männer bei Laune zu halten, schickte er über Vertraute ins Land der Rus, wo Großfürst Jaroslaw es zu treuen Händen in Verwahrung nahm. Nach Auskunft der isländischen Saga muss ein außerordentlicher Reichtum zusammengekommen sein – ein Schatz, den Harald benötigte, wenn er den Thron Norwegens erobern wollte!

Vorerst aber zog er mit seinem Heer nach Sizilien, wo er ebenfalls zum einen die Herrschaft Ostroms durchsetzen sollte, zum anderen aber auch nicht vergaß, weiterhin Beute zu machen. Viele sagenhafte Elemente verbinden sich hier mit den historischen Fakten, Motive, die allesamt den Mut und die Klugheit Haralds veranschaulichen. Demnach ließ er vor einer stark befestigten Stadt heimlich einen Graben bis zu den Mauern ziehen und sie unterhöhlen. Auf diese Weise drangen seine Krieger unter den Mauern in die Stadt ein. Dann gruben sie weiter, bis sie auf Lehm und Steine stießen, die sie durchbrachen. So gelangten sie durch den Fußboden in eine großen Halle, in der ein prächtiges Festgelage abgehalten wurde. Umso größer waren Überraschung und Schreck der Feiernden, als auf einmal die Waräger mit gezogenen Schwertern auftauchten und kurzen Prozess machten. Den Fliehenden rannten die Eindringlinge hinterher, um schließlich die Stadttore zu besetzen und zu öffnen, damit das gesamte Heer hineinstürmen konnte. Wer sich ergab, soll verschont worden sein. So oder so gewann Harald eine weitere Stadt und mit ihr – wie es ausdrücklich heißt – unermesslichen Reichtum.

Harald schlug auf den Feldzügen in Nordafrika und Sizilien angeblich zahlreiche große Schlachten. Mit diesen Erfolgen fuhr er ins Heilige Land, wo er alle Städte und Festungen in seine Gewalt brachte und »Räuber und anderes kriegerisches Volk« zuhauf erschlug. Aber als braver Christ, der Harald eben war, nahm er nach Pilgerbrauch auch ein Bad im Jordan und machte reiche Stiftungen. Als er nach Konstantinopel zurückkehrte, geriet er angeblich in die Kabalen des Kaiserhofes; man erhob Anschuldigungen gegen ihn und warf ihn ins Gefängnis. Als er auf wundersame Weise wieder frei kam, nahm er furchtbare Rache, indem er mit der Warägergarde den Palast stürmte und den Kaiser blendete – zumindest nach der Saga des Snorri Sturluson.

Mit seinen Leuten bestieg Harald zwei Schiffe und machte sich auf den Weg ins Schwarze Meer, nicht ohne vorher mit List die eisernen Sperrketten am Goldenen Horn überwunden zu haben. So verließ er Konstantinopel nach zehn Jahren Dienst und weilte einige Zeit am Hofe Jaroslaws in Kiew, wo er seine Reichtümer in Besitz nahm. Dazu Snorri: »Das war ein so großer Schatz, dass niemand in den nordischen Ländern jemals wieder einen solchen in der Hand eines Mannes gesehen hat.« Harald genoss offensichtlich so hohes Ansehen, dass ihm Jaroslaw seine Tochter zur Frau gab. Im Frühjahr reiste er über Nowgorod und Alt-Ladoga nach Schweden, wo er vor Sigtuna anlegte. Dort traf Harald nicht nur auf die norwegische Opposition, sondern er schloss auch ein Bündnis mit dem schwedischen König, dem Großvater seiner Frau.

Mit Bündnispartnern, Reichtümern und Kriegern versehen, rüstete sich Harald zum Zug gegen den König Norwegens, Magnus den Guten, der zugleich auch über Dänemark regierte. Als Sohn Olafs des Heiligen war dieser Haralds Neffe und nahm den Thron nicht ungerechtfertigterweise ein. Dagegen galten die Ansprüche des Ankömmlings als umstritten, doch nach Wikingerart sollten die Argumente der Gewalt zählen. Also segelten Haralds Schiffe zuerst nach Dänemark, wo er auf Seeland und Fünen heerte und das Land weit und breit verbrannte. Und er hatte damit Erfolg: Magnus wollte einen Krieg unter Verwandten vermeiden. Zudem hatte er von Haralds Kampfesstärke und dessen sagenhaftem Schatz gehört, mit dem man leicht Krieger gewinnen und Häuptlinge bestechen konnte. Darum bot er ihm die Herrschaftsteilung über Norwegen an, die Harald akzeptierte.

Auf Island erzählte man sich Folgendes über das Zusammentreffen der beiden Könige: Harald fuhr mit seinem Heer dorthin, wo Magnus lagerte. Die Verwandten begrüßten sich und schlossen Frieden. Magnus lud seinen Onkel zur Tafel in sein Zelt, und der kam der Einladung mit sechzig Mann nach. Der König übergab den mächtigsten Männern in Haralds Gefolgschaft Geschenke: ein gutes Schwert, einen prächtigen Schild, edle Kleidung, Waffen oder auch Gold – je vornehmer der Mann, desto größer die Geschenke. Auch Harald unterbreitete Gegengeschenke, die ungleich reicher ausfielen als die des bisher allein amtierenden Herrschers.

Auf einer Thingversammlung des Heeres erhielt Olafs Halbbruder schließlich die Königswürde, davor waren sämtliche Modalitäten einer Doppelherrschaft geregelt worden. So sollte unter beiden Magnus bei der Begrüßung, dem Dienst und dem Banksitz stets den Vorrang genießen – was in Zukunft durchaus zu Rangeleien und Verstimmungen zwischen den Königen führte. Aber Harald sollte dieses

Problems bald ledig sein, denn nach nur zwei Jahren gemeinsamer Herrschaft starb sein Neffe auf einem Heerzug in Dänemark. Harald übernahm im Jahr 1047 nicht nur die Alleinherrschaft in Norwegen, sondern erhob auch Ansprüche auf den dänischen Thron. Diese unterstrich er mit Kriegszügen gegen den südlichen Nachbarn, wobei er unter anderem Haithabu überfiel und zerstörte. In seiner Heimat Norwegen erwies sich Harald als harter Regent, der keinen Widerstand duldete. Zugleich erfüllte er durchaus die Forderungen eines christlichen Königs, denn er ließ mehrere Kirchen aus Stein errichten und unterstützte die katholische Kirche im ganzen Land.

Seine machtpolitischen Ambitionen musste er dagegen einschränken: Nach etlichen Jahren erbitterter Kämpfe gegen den Dänenkönig sah sich der ehrgeizige Kriegsherrscher Harald gezwungen, klein beizugeben und einem Friedensschluss zuzustimmen. Gemeinsam mit dem schwedischen König trafen sie sich 1064 auf dem Götafluss unweit des heutigen Göteborg und regelten erstmals die internen Grenzen der drei skandinavischen Königreiche.

## 1066: Das Jahr der Entscheidung I

Nach allem, was man weiß, hatte Harald der Harte während seiner fast 20-jährigen Regierungszeit Norwegen auf den Weg zu einem christlichen Königreich gebracht. Denn er hatte nicht nur die Macht der Krone allseits durchgesetzt und Frieden mit den skandinavischen Nachbarn geschlossen, sondern auch die katholische Kirche fest etabliert. Der Herrscher hatte mittlerweile sein 50. Lebensjahr überschritten und hätte nun Herrschaft und Dynastie weiter stärken und ausbauen können. Da trat ein Ereignis ein, das seinen alten Wikingergeist zu neuem Leben erweckte.

In England verstarb König Edward, ohne einen Thronerben zu hinterlassen. Darum folgte ihm sein Schwager als Herrscher, der dänisch-stämmige Harald Godwinsson, der sich auf eine mündliche Nachfolgeregelung des Verstorbenen berief. Dessen Königswürde fochten zwei ausländische Parteien an: Harald der Harte reklamierte sie für sich und berief sich seinerseits auf eine Vereinbarung, die vor Jahrzehnten zwischen einem der Söhne Knuts des Großen und Haralds Neffen Magnus dem Guten getroffen worden war. Außerdem hatte sich der Bruder des neuen Königs zu Harald nach Norwegen geflüchtet und bat ihn um Hilfe. König Harald zeigte sich bereit. Seine Ansprüche auf Englands Thron mochten weit hergeholt sein, aber die Versuchung, das reiche Land zu beherrschen, überwogen jeden Zweifel. Ähnlich ging es Herzog Wilhelm von der Normandie, den Nachfahren jener vor 150 Jahren eingewanderten Wikinger. Wilhelm, dem die Geschichte bald darauf den Beinamen »der Eroberer« verlieh, begründete seine Ansprüche immerhin mit den verwandtschaftlichen Beziehungen zwischen den normannischen und englischen Herrscherhäusern, die er auf Königin Emma zurückführte.

Es entstand eine paradox wirkende Situation: Mehrere Skandinavier stritten um Englands Thron. Dort, wo die Zeit der Wikinger mit dem Überfall auf Lindisfarne begonnen hatte, sollte sie nun auch ihr Ende finden.

König Harald der Harte landete mit wahrscheinlich 300 Schiffen und 9 000 Männern im nördlichen England, das mit der alten Wikingerhauptstadt York über traditionelle Bindungen zu Norwegen verfügte. Der Angreifer setzte sich mit seinen Verbündeten hier in Northumberland rasch durch und kontrollierte große Gebiete. Schließlich schlug er sein Lager in der Nähe Yorks auf und erwartete die aus dem Süden heranrückenden englischen Truppen. Nach einheimischen Quellen kam es zwischen den Parteien zu Verhandlungen, bei denen Harald der Harte signalisierte, er könne sich mit dem Land um York zufrieden geben. Harald Godwinsson habe ihm daraufhin geantwortet, er werde ihm sieben Fuß englischen Bodens zugestehen oder soviel mehr, als er größer als andere Männer sei – und stellte damit dem Norweger ein Grab nebst Niederlage und Tod in Aussicht.

Der Isländer Snorri zeichnet naturgemäß ein heroischeres Bild des Norwegerkönigs. Seiner *Heimskringla* ist die folgende Schilderung der Schlacht zu verdanken: An jenem alles entscheidenden 25. September des Jahres 1066 herrschte wunderschönes Wetter mit heißem Sonnenschein. Die Norweger beobachteten in der Nähe Yorks ein mächtiges Heer auf sie zureiten. Sie erblickten den Dampf der Pferde, glänzende Schilde und helle Brünnen. König Harald der Harte ließ sein Heer halten und Jarl Tosti zu sich rufen, den Bruder des englischen Königs, der sich ihm angeschlossen hatte. Wie Harald wusste auch er nicht, was das für ein Heer war – ob Freund oder Feind. So warteten sie ab. Das Heer wirkte größer, je näher es kam. Wenn die Waffen schimmerten, sah es aus wie ein Eisberg.

Da erkannten sie, dass dies der Feind sein müsste, der König von England selbst, und Harald schickte schnelle Boten, um Verstärkung zu holen. Dann stellte er das Heer in der Schlachtordnung auf; und zwar derart, dass er die Männer sich langgezogen und nicht zu dicht aufstellen ließ. Die beiden Außenflügel bog er soweit auseinander, dass sie zusammenstießen. Somit standen die Krieger in einem weiten Kreis, Schild an Schild nach außen. Der König stand mit seiner Gefolgschaft außerhalb dieses Ringes. Dort war sein Banner, dort waren die auserlesenen Kämpfer. Jarl Tosti befand sich mit einem zweiten Banner ebenfalls außerhalb. Beide Scharen sollten nach Bedarf angreifen. Die Vordersten rammten ihre Speerenden in den Boden und sollten deren Spitzen den anstürmenden Reitern entgegenhalten. Eine Reihe davor sollte die Speere gegen die Brust der Pferde richten und sie zu Fall bringen. Die Bogenschützen erhielten den Befehl, je nach Bedarf einzugreifen.

Nun harrten die Heere bei Stamford Bridge der Dinge. Der englische König ließ seinem Bruder ein Friedensangebot übermitteln und versprach ihm einen Teil der Herrschaft. Doch Tosti lehnte ab. Die Schlacht begann und die Engländer ritten auf die Norweger ein. Nur mit Mühe konnten sie sich gegen deren Speere und die heranschießenden Pfeile behaupten. Deshalb begnügten sie sich vorerst damit, sie mit Abstand zu umrunden. Eine Weile hielten die Norweger ihre feste Schlachtordnung und gaben die dichte Speer- und Schildreihe nicht auf. Die englischen Reiter wagten immer wieder kurze Attacken, um sich schnell zurückzuziehen. Da begingen die Männer aus Skandinavien einen schwer wiegenden Fehler: Sie hielten das Verhalten der Engländer für mangelnden Kampfmut und öffneten ihre sichere Schildburg, um den Feind in die Flucht zu schlagen. Damit entblößten sie sich auf fatale Weise, was die Engländer sofort erkannten: Sie ritten nun von allen Seiten auf sie ein und schossen Pfeile und Speere.

Als König Harald Sigurdsson dies sah, stürmte er selbst in die Schlacht hinein, dorthin wo das Waffengetümmel am dichtesten und erbittertsten war. Es kam zu einem brutalen Kampf, in dem auf beiden Seiten vielen Männer fielen. In diesem Gemetzel konnte selbst der König nicht mehr von seinen Krieger geschützt werden – zumal Harald so kampfwütend wurde, dass er sämtliche Vorsicht fallen ließ und seinen Kriegern weit voranstürmte, wobei er mit beiden Händen um sich hieb. Helme und Brünnen durchschlug er in furchtbarer Wut und angeblich waren die Engländer kurz davor, vor dem königlichen Streiter die Flucht zu ergreifen. Da traf den Norwegerkönig ein Pfeil in die Kehle. Mit ihm starben zahlreiche seiner Gefolgsmänner. Aber der Rest kämpfte erbittert weiter, darunter auch Tosti, der Bruder des englischen Königs. Ihm und den anderen Männern wurde Frieden angeboten: »Die Nordmänner schrien aber alle wie aus einem Mund, sie würden eher einer über den anderen tot hinstürzen, ehe sie mit den Engländern Frieden schlössen. Und damit erhoben sie ihren Schlachtruf und der Kampf begann erneut.« Aber auch heranrückende Verstärkung der Norweger konnte nichts mehr an deren Niederlage ändern: Fast alle Großen des Norwegerheeres fielen. Erst spät am Abend nahm das furchtbare Blutbad ein Ende.

Die Knochen der Gefallenen sollen unbestattet liegen geblieben sein – als grausiges Zeichen des letzten großen skandinavischen Angriffs auf England.

## 1066: Das Jahr der Entscheidung II

Was danach geschah, gehört mehr zur englischen Geschichte als zu der der Wikinger. Aber immerhin fochten die Nachfahren skandinavischer Auswanderer um die Herrschaft eines der bedeutendsten europäischen Länder – und das mit weitreichenden Auswirkungen.

Davon ahnten die siegreichen Engländer in jenem goldenen Frühherbst des Jahres 1066 noch nichts. Gerade hatten sie eine ruhmreiche Schlacht geschlagen und den Männern von jenseits des Meeres eine vernichtende Niederlage bereitet. Ihr Land fiel keinem Wikingerkönig anheim!

Da erreichte König Harald Godwinsson die Nachricht, Wilhelm von der Normandie sei mit einem Heer in Südengland gelandet. Fremde Krieger stünden erneut im Land, um ihm den Thron streitig zu machen. Der Anführer der Invasoren berief sich auf mehr als die oben erwähnten verwandtschaftlichen Beziehungen zum verstorbenen König Edward. Zwei Jahre vorher hatte nämlich ein unglücklicher Zufall Harald Godwinssons Schiff an die normannische Küste verschlagen. Man hatte ihn vor Herzog Wilhelm geführt und dieser hatte von ihm einen Eid gefordert. Harald schwur ihm Treue und versprach, die Ansprüche des Normannen auf den englischen Thron zu unterstützen. Nun war Wilhelm nicht nur gekränkt, er konnte seinen Gegner auch eines verwerflichen Eidbruchs bezichtigen.

Dieser war mittlerweile König und dachte überhaupt nicht daran, sich an einen mehr oder weniger erzwungenen Eid gebunden zu fühlen. Gleichwohl stand er vor großen Problemen; denn Harald hatte keine beliebigen Heere zur Verfügung, die er gegen die Normannen ins Feld schicken konnte. Er selbst musste sich mit seinen abgekämpften Männern auf den Weg machen – von Stamford Bridge, dem Schlachtort bei York, waren bis zur Südküste 400 Kilometer zu marschieren. Die Engländer bewältigten diese Strecke in neun Tagen, was ein beachtlicher Kraftakt war.

Als sie schließlich am 14. Oktober bei Hastings im südenglischen Sussex auf Wilhelms Heer stießen, waren die Karten ungleich verteilt. Haralds Männer waren nicht nur zu Tode erschöpft, sein Heer bestand zudem größtenteils aus zum Waffendienst eingezogenen Bauern. Diesen etwa 7 000 Mann standen die Normannen in wahrscheinlich gleicher Stärke gegenüber. Aber in ihren Reihen kämpften große Kontingente von Bogenschützen und Reiterkriegern, die berühmt und gefürchtet waren. Trotzdem ergab sich bei Kampfbeginn ein Vorteil für Harald Godwinssons Männer. Sie hatten auf einem Hügelkamm Stellung bezogen, mit dem König und seiner Leibwache in der Mitte. Die Normannen rückten hingegen aus einem sumpfigen Tal in der Morgendämmerung vor. Unter schwierigen Bedingungen: Die Pferde fanden im rutschigen Morast keinen Halt und die Fußkrieger wurden mit einem Hagel aus Speeren und Steinen bedeckt.

## Walhall – Das Kriegerparadies

Die Vorstellung Walhalls (*valhöll*), der »Halle der Gefallenen«, gehört zu den bekanntesten Motiven der nordgermanischen Mythologie. Gemäß mehrerer Eddalieder und der ausführlichen Schilderung des Snorri Sturluson kommen alle Männer, die seit Anbeginn der Welt im Kampf gefallen sind, in Odins Halle. Unglaublich groß ist Walhall, mit Speeren und Schilden gedeckt, und über sage und schreibe 540 Tore verfügt sie. Durch jedes dieser Tore können 800 Männer zugleich gehen.

Darum hält sich dort eine riesige Menschenmenge so genannter Einherjer auf, der »allein Kämpfenden«. Für sie alle reicht das Fleisch des Ebers Sährimnir, denn es wächst immer wieder nach und geht deshalb niemals aus. Auch an Met mangelt es den Kriegern nicht, denn er fließt unaufhörlich aus dem Euter der Ziege Heidrun.

Odin selbst bedient sich allerdings nicht davon. Das Fleisch gibt er seinen Wölfen Geri und Freki. Er nimmt nur Wein zu sich. Zwei

Die bretonischen Verbündeten Wilhelms gaben als Erste auf und ergriffen die Flucht, wobei sie einen Teil der Normannen mit sich rissen. Als dies die Engländer auf dem Hügel sahen, brachen sie in Jubel aus. Alles deutete darauf, dass sie innerhalb weniger Wochen ihren zweiten großen Sieg erringen würden. Doch da begingen sie denselben Fehler, wie die Norweger bei Stamford Bridge: Sie waren sich des Sieges zu sicher und gaben ihre günstige Position auf.

Somit stürmten sie den Hügel hinab, um den ohnehin fliehenden Feinden nachzusetzen. Herzog Wilhelm erkannte die neue Situation sofort. Er sammelte seine Krieger aufs Neue und schickte vor allem die Reiter ins Feld. Denen war es nun ein Leichtes, die schutzlosen Engländer in der Talsenke zur Hälfte niederzumetzeln. Der Rest versuchte sich über den Hügel zurückzuziehen, was mit schwersten Verlusten verbunden war. In dem ausbrechenden panischen Getümmel fanden zuerst die Brüder des Königs den Tod, dann fiel Harald Godwinsson. Die Schlacht war zugunsten der Invasoren geschlagen. Der letzte dänisch-stämmige König Englands war tot.

Mit dem Sieg Herzog Wilhelms vollzog sich ein historischer Wandel außerordentlicher Dimension. Für lange Zeit ergriffen die Normannen die Macht auf den Britischen Inseln. Ihre seitdem herrschende Ober-

Raben sitzen auf seinen Schultern; die erzählen ihm alles, was sie sehen und hören. Sie heißen Huginn und Muninn. Bei Tagesanbruch schickt sie der Gott über die ganze Welt, damit sie ihm Neuigkeiten berichten.

Die Einherjer legen derweil Tag für Tag ihre Rüstung an, greifen nach ihren Waffen und gehen hinaus in den Hof. Dort kämpfen sie zur Unterhaltung und Übung gegeneinander, aber abends sitzen sie wieder versöhnt zusammen. Denn die Krieger Odins müssen gerüstet und vorbereitet sein, sie dürfen ihre Kampfeskunst nicht verlernen. Zur Götterdämmerung des Ragnarök, wenn Lokis Kinder, die Riesen und andere Unholde über die Welt hereinbrechen, durchschreiten die Einherjer ein letztes Mal die Tore Walhalls. Gemeinsam mit den Asen und Wanen kämpfen sie dann gegen die Mächte der Finsternis.

Insofern können zum Heer der Gefallenen nie genug Kämpfer gehören. Darum entsendet Odin immer wieder seine Botinnen, die Walküren, auf die Schlachtfelder, um die von ihm bestimmten Toten

schicht brachte keine skandinavischen Einflüsse mit sich, sondern französische, dessen Sprache das germanische Englisch dominieren und beeinflussen sollte. Die Zeit der Angelsachsen und Wikinger war vorbei. Im Jahre 1066 mit der letzten erfolgreichen Invasion Englands fand sich gegen die Sieger vorerst kaum Gegenwehr. Und so wurde der Normanne Wilhelm am folgenden ersten Weihnachtstag in Westminster Abbey zum König von England gekrönt.


## Das Ende der Wikingerzeit

Aber das Jahr 1066 erwies sich nicht nur für die Geschichte Englands als außerordentlich bedeutend. Mit ihm lassen die Historiker auch die Zeit der Wikinger enden, was eine ähnliche Vereinfachung darstellt, wie deren Beginn auf 793 zu setzen. Gleichwohl symbolisiert dieses Jahr den Ausklang einer Epoche, in der die Skandinavier über mehr als 250 Jahre ihre Heimatländer verließen und in fremde Gebiete vorstießen: als Piraten und Krieger, als Siedler und Händler, als Könige und Fürsten. Die Zeit der großen Expansion Nordeuropas war vorüber!

nach Walhall zu geleiten. Die »Wählerinnen der Gefallenen« galten den Nordgermanen ursprünglich als grauenerregende Totendämoninnen. Später nahmen sie die Gestalt gewappneter Jungfrauen an, die als hehre Schildmaide die Gefallenen mit einem Metbecher begrüßen. Und aus dem ursprünglichen düsteren Jenseitsort der blutverschmierten Schlachttoten wurde das prächtige und monumentale Kriegerparadies, wie man es bis heute kennt.

Derart besang um die Mitte des 10. Jahrhunderts ein Skalde den bekannten Wikingerkönig Erik Blutaxt, als er vom norwegischen Thron vertrieben auf den Britischen Inseln fiel. Obwohl der Herrscher zum Christentum übergetreten war, ließ ihn der Dichter nach Walhall einziehen und von Odin willkommen heißen. Nun sollte der König das Heer der Einherjer verstärken und mit ihm zum Ragnarök ausziehen. In der heidnisch-christlichen Übergangswelt der Wikinger glaubte man, dem Toten mit dem Einzug ins Kriegerparadies größte Wertschätzung zukommen zu lassen.

In ihrer letzten Phase wollten die skandinavischen Könige vor allem in England ihre Thronansprüche durchsetzen. Harald der Harte scheiterte damit auf dramatische Weise. In den folgenden Jahrzehnten versuchte zwar durchaus der eine oder andere dänische König daran anzuknüpfen. Doch letztendlich erwiesen sich die äußeren und inneren Widerstände als zu groß. England erstarkte unter den normannischen Herrschern zusehends und wusste sich seiner Haut zu wehren. Die Zeit der zerstrittenen angelsächsischen Königreiche lag weit zurück. Aber auch in Dänemark wuchs zunehmend der Unmut gegenüber gewagten Invasionsplänen, die machtgierige Könige gegen andere Christenvölker ausführen wollten. Das musste knapp 20 Jahre nach den Schlachten von Stamford Bridge und Hastings König Knut erfahren, der von seinen aufgebrachten Untertanen schlichtweg erschlagen wurde.

Die Wikinger zeigten stets in jenen Zeiten ihre Stärke, in denen die europäischen Nachbarn uneins, zerstritten und dementsprechend schwach waren. In der Zwischenzeit jedoch hatten sich insbesondere mit Frankreich und Deutschland Reiche herausgebildet, die starke militärische Kräfte aufbieten konnten. Sie waren nicht mehr über Jahre oder Jahrzehnte mit Drachenbooten zu terrorisieren.

Warum die Zeit der Wikinger zu Ende gehen musste, verdeutlicht auch die isländische *Saga von Olaf dem Heiligen* (Óláfs saga hins helga): »Lange Zeit war es in Norwegen Brauch gewesen, dass die Söhne der Hersen und mächtigen Bauern auf Kriegsschiffen ausfuhren und sich Reichtum verschafften, indem sie im Ausland wie im Inland heerten. Aber seit der Zeit, als Olaf König war, befriedete er das Land so sehr, dass er alle Raubzüge unterband. Und musste er mit harten Strafen dagegen vorgehen, drohte er mit dem Verlust von Leib und Leben.« Obwohl König Olaf der Heilige frühzeitig den Tod fand, repräsentierte er den Herrschertyp, der sich nach langen Auseinandersetzungen in den skandinavischen Ländern durchsetzte. Der christliche König ließ derartige Raubfahrten aus religiösen und politischen Gründen nicht länger zu. Ihm konnte nicht daran liegen, unkontrollierte Krieger und Räuberbanden auf See zu wissen, die selbst in ihren Heimatländern auf Beutezüge gingen.

Am meisten hielt sich die alte Wikingermentalität in der Welt des Handels. Aber auch sie war dem Wandel unterworfen, insofern komplettiert es die Bedeutung des Jahres 1066, dass damals die slawischen Abodriten Haithabu überfielen und endgültig zerstörten. Damit ging die Epoche der alten Handelsplätze ihrem Ende entgegen und neue traten an ihre Stelle – wie Sigtuna in Schweden oder Schleswig im damaligen Dänemark. Aber dennoch: Insbesondere die Kaufleute von der Ostseeinsel Gotland mischten weiterhin kräftig mit, wenn die Menschen des Mittelalters Handel trieben.

# 9. Die Normannen

Französische Nachfahren der Wikinger

## 911: Die Wikinger und die Geburt der Normandie

Als Krieger, Siedler und Händler hinterließen die Wikinger mancherorts außerhalb Skandinaviens ihre Spuren – von den archäologischen Relikten Neufundlands bis zum Landesnamen Russlands. Am offensichtlichsten erinnert an sie jedoch die Bezeichnung der nordwestfranzösischen Normandie: »Land der Normannen«, »Land der Nordmänner«. Wie im ersten Kapitel dargelegt, hat man sich angewöhnt, zwischen den Wikingern und den französischen Normannen zu unterscheiden. Letztere wurden im Jahre 911 gewissermaßen aus der Taufe gehoben und glichen sich in wenigen Jahrzehnten derart ihrem romanischem Umfeld an, dass sie mit ihren skandinavischen Vorfahren nur noch wenig gemein hatten. Deshalb reicht die Geschichte der Normannen weit über die Wikingerzeit hinaus bis in die Zeit der Kreuzzüge und der hochmittelalterlichen Dynastie der Staufer. Doch obwohl die Menschen vom Ärmelkanal und seinem Binnenland vorbildliche Christen und Ritter waren, glaubt man in ihnen noch die Mentalität der Wikinger zu erkennen. Mobilität, Unternehmungsgeist und notfalls Skrupellosigkeit gehörten zu ihren hervorstechendsten Eigenschaften. Darüber hinaus waren die normannischen Krieger vielen Feinden waffentechnisch überlegen und hatten sich das Wissen um den Schiffbau bewahrt. Ihre Historie ist deswegen nicht nur ein Nachklang der Wikinger, sondern pflegt deren Geist in neuem Gewand weiter fort.

Den Anfang des erstaunlichen Wikingerstaates in der Normandie bestritt um das Jahr 900 ein Anführer namens Rollo. Von ihm erzählt der Isländer Snorri in einer seiner Sagas. Rollo stammte von einem norwegischen Jarl ab und sei ein weit und breit gefürchteter Wikinger gewesen. König Harald Schönhaar sei über sein Treiben derart in Zorn geraten, dass er ihn des Landes verwiesen habe. Daraufhin habe sich Rollo den Britischen Inseln und anschließend dem Reich der Westfranken zugewandt, in dessen Norden er Plünderungszüge unternahm.

Dort stieß er auf den Karolingerherrscher Karl den Einfältigen, der tatkräftiger und ideenreicher war als sein Beiname vermuten lässt. Immerhin gelang es seinen Heerführern, den zumeist dänischen Kriegern des Norwegers mehrere empfindliche Niederlagen beizubringen. Rollo befand sich anscheinend in einer derart misslichen Situation, aus der ihn nur noch ein möglichst schneller Rückzug aus Frankreich retten konnte. Da unterbreiteten ihm die Gesandten des Königs einen unerwarteteten Vorschlag: Wenn er sich bereit erkläre, ihrem Herrn Treue zu schwören, Christ zu werden und die Küste vor anderen Wikingern zu schützen, erhalte er für sich und seine Leute ein Gebiet an der Seinemündung. Das Angebot klang für beide Seiten interessant und es gab etliche Präzedenzfälle. Schon Ludwig der Fromme hatte Dänenprinzen mit Land an der Weser belehnt; ebenso war in England Alfred der Große verfahren. Auf dem Festland hielt sich zwar keine dieser Wikingerkolonien auf Dauer, aber einen weiteren Versuch schien es beiden Parteien wert zu sein.

Also trafen sich der westfränkische König Karl und der norwegische Wikingerführer Rollo im Jahre 911 an dem Flüsschen Epte unweit der Seine. Zwischen ihnen und ihren Unterhändlern wurden zähe Verhandlungen geführt, bei denen Rollo fruchtbares Siedelland forderte – was natürlich auch im Interesse des Königs lag. Denn die dort siedelnden Dänen und Norweger sollten damit ihr Auskommen haben und keine Raubzüge mehr unternehmen. Schließlich einigte man sich auf das Mündungsgebiet der Seine einschließlich der Stadt Rouen. Dort sollte Rollo als Graf nach eigenem Gutdünken schalten und walten. Seine Verpflichtung bestand allerdings darin, das Land und die Küste vor Überfällen zu schützen, die insbesondere von anderen Wikingern ausgingen. Rollo ließ sich taufen und nahm den Namen Robert an.

Schon bald hörte man in Skandinavien und wahrscheinlich ebenso in England von dem neuen Siedlungsgebiet jenseits des Meeres. Wie viele Menschen dorthin kamen ist ungewiss; jedenfalls bildeten ihre Anführer die Oberschicht, während sich die Bauern mit den fränkischen Siedlern arrangierten. Die Landnahme lief sicherlich nicht immer problemlos ab und mancher Alteingesessene dürfte von seinem Grund und Boden vertrieben worden sein. Insgesamt integrierten sich die Neuankömmlinge recht gut und viele verheirateten sich mit frän-

kischen Frauen. Dazu zählten in
erster Linie die Anführer, welchen
der einheimische Adel gern seine
Töchter als Frauen gab. Denn enge
verwandtschaftliche Beziehungen
garantierten am ehesten eine gute
Nachbarschaft und trieben eine
schnelle Integration voran.

Die auf 911 folgenden Jahrzehnte waren aber sicherlich keine
Friedenszeit. Denn einmal gaben
sich Rollo und seine Nachfolger
mit dem erhaltenen Land noch
lange nicht zufrieden. Sie erweiterten ihren Herrschaftsbereich
außerordentlich, indem sie sich
von der Seine aus westwärts Gebiete eroberten. So gelangten sie
in den Besitz der Städte Caen und
Bayeux sowie der gesamten Halb-

Unter der normannischen Herrschaft fand die
romanische Kunst in England einen charakteristischen
Ausdruck, was obiges Taufbecken aus Herefordshire
veranschaulicht. Um 1135 geschaffen, zeigt es zwei
Krieger im Kampf.

insel Cotentin – bis ein Gebiet zusammenkam, das im Großen und
Ganzen der heutigen Normandie entsprach. Aber nicht nur deswegen
erwiesen sich die skandinavisch-stämmigen Fürsten als unruhige
französische Landesherren. Der König konnte sich beileibe nicht
hundertprozentig darauf verlassen, dass sie ihren Aufgaben nach-
kamen. Noch längere Zeit gehörte es zur Tagesordnung, dass man
mit plündernden Landsleuten aus Skandinavien gemeinsame Sache
machte oder ihnen zumindest sichere Häfen anbot. Überhaupt wurden bis ins 11. Jahrhundert enge Beziehungen zu den nordischen Königreichen gepflegt.

Während sich die Normannen in all den Jahren gegen äußere Feinde wie französische Heere und Krieger der benachbarten keltischen
Bretonen erfolgreich zur Wehr setzten, bereiteten innere Fehden dem
jungen Fürstentum größere Probleme. Die Herrscher sahen sich wie
die Könige Skandinaviens dem energischen Widerstand einzelner
Adliger gegenüber, die traditionell über beträchtliche Freiräume verfügten. Da diese aber auch die führenden Männer in der Normandie für sich beanspruchten, kam es zu Konflikten, schließlich sogar
zur Ermordung von Wilhelm Langschwert, des Sohnes und Nach-
folgers des »Staatsgründers« Rollo. Erst danach, um die Mitte des

10. Jahrhunderts, beruhigten sich die Verhältnisse und führten zur eigentlichen Herausbildung der Normandie.

## Die Kinder der Wikinger schaffen einen europäischen Musterstaat

Obwohl noch über 100 Jahre nach der Gründung des Fürstentums skandinavische Siedler ins Land kamen, verlor die Normandie zusehends ihren nordeuropäischen Charakter. Schon nach wenigen Jahrzehnten soll die nordische Sprache der Wikinger ausgestorben sein und allenfalls in gewissen ländlichen Dialekten fortbestanden haben. So schickte Wilhelm Langschwert seinen Sohn zum Unterricht nach Bayeux, weil man in Rouen kein Skandinavisch mehr sprach. Den Sprachwechsel begleitete ein Religionswechsel, bei dem die Normannen offensichtlich ohne größere Widerstände ihren heidnischen Göttern wie Odin und Thor abschworen. All diese Schritte förderten die Integration in das fränkische Umfeld, dessen Menschen Altfranzösisch sprachen. Und wie deren Idiom nahm man deren Sitten und Gebräuche an; auf diese Weise wurden die Normannen zu Westfranken respektive Franzosen, die allenfalls noch gewisse regionale Eigenarten pflegten.

Derweil schufen die zu Herzögen avancierten Nachfolger Rollos, die alle Richard und Robert hießen, einen europäischen Musterstaat des frühen Mittelalters. Endlich war es ihnen gelungen, die adligen Widerstände zu beseitigen und eine Ordnung nach feudalen Prinzipien einzurichten: Der Landesherr stand unumstritten an der Spitze der so genannten Lehnspyramide – abgesehen vom französischen König, dessen Vasall er selbst war. Den Adligen vergab er Land und Privilegien, für die er wiederum Gefolgschaft und Treue empfing. In diesen Kreis stiegen im Übrigen immer mehr Männer auf, die ursprünglich aus Flandern und anderen Gebieten als Söldner in die Normandie gekommen waren, um für deren Fürsten zu kämpfen.

Wie keine anderen Herrscher vorher taten sich die Herzöge als Erbauer von Burgen hervor. Diese dienten ihnen als Residenzen, von denen sie das umliegende Land kontrollierten. Wieviel Wert sie darauf legten, beweist deren große Anzahl. Die Normannen überzogen nicht nur die Normandie mit Befestigungen, sondern auch eroberte Gebiete – England, Süditalien oder das Heilige Land.

Der Burgenbau kam der wachsenden Vorherrschaft der Ritter entgegen. Die Herzöge und ihre Gefolgsleute setzten auf diese Reiterkrieger, deren teure Ausrüstung sprichwörtlich normannisch wurde: Sie bestand neben dem Pferd insbesondere aus einem langen Kettenhemd und einem Helm mit Nasenschutz, dazu kämpfte man mit Speer sowie Schwert und schützte sich mit einem länglichen Schild. Mit der vergleichsweise einfachen Ausstattung eines Wikingers hatten diese ersten Ritter nichts mehr gemein. Außerdem erhielten sie in der Schlacht von Fußsoldaten Unterstützung, die mit weit reichenden Langbögen bewaffnet waren. Mithilfe der Ritter und Bogenschützen erwiesen sich die kampferprobten normannischen Krieger in zahlreichen Auseinandersetzungen erfolgreich – unter anderem in der berühmten Schlacht von Hastings 1066, mit der ein Herzog der Normandie Englands Krone ergriff.

Aber die normannischen Herren engagierten sich noch in einem ganz anderen Bereich – dem der Religion und Kirche. Seit sie dem Heidentum abgeschworen hatten, unterstützten sie die katholische Kirche mit ihren Bischöfen, Priestern und Klosterbrüdern über alle Maßen. Zweifelsohne sahen sie diese als Unterstützung ihrer Herrschaft an. Zugleich dürften sie als neu Bekehrte von eifrigem Glauben erfüllt gewesen sein, dem sie nun ihren Tribut zollten. Das drückte sich in der Normandie und anderen normannischen Gebieten in der Förderung und Errichtung von Kirchen und Klöstern aus. Deren so genannte normannische Architektur fand sogar einen eigenständigen Ausdruck innerhalb der romanischen Baukunst – wofür in England zum Beispiel die Kathedralen in Winchester und Canterbury stehen. In der Normandie selbst haben die Normannen unter anderem mit der Kirche des viel bewunderten Klosterberges von Mont-Saint-Michel vor der Atlantikküste ein beeindruckendes Denkmal hinterlassen.

## Wilhelm der Eroberer und sein Erbe

Mit dem normannischen Herzog Wilhelm trat ein Mann auf den Plan, der machtbewusst genug war, um seiner Herrschaft ein ganzes Königreich hinzuzugewinnen. Dabei schien seine Position im Herzogtum selbst lange nicht gefestigt zu sein. Wilhelms Ausgangssituation war nämlich recht ungünstig, weil er nur ein unehelicher Sohn des Herzogs war – was ihm den Beinamen »der Bastard« einbrachte.

Nach dem Tod seines Vaters im Kindesalter mit der Herzogswürde versehen, musste sich der junge Herrscher gegen allerlei Widerstände behaupten. Schließlich gelang es ihm, die aufständischen Barone in mehreren Feldzügen niederzukämpfen. Zugleich machte er sich daran, der Reiterei größere Schlagkraft zu verleihen und somit militärisch gut gerüstet zu sein.

Diese Krieger verhalfen ihm bekanntlich im Jahre 1066, seine Ansprüche auf den englischen Thron durchzusetzen. Sie resultierten aus der 64 Jahre zurückliegenden Eheschließung zwischen der normannischen Herzogstochter Emma und dem englischen König Aethelred. Deren Sohn Edward musste vor dem Dänenherrscher Knut die Flucht ergreifen und verbrachte mehrere Jahrzehnte im Exil in der Normandie. Er und seine Mutter brachten jeweils etliche Normannen an den englischen Königshof, sodass man dort unter Angelsachsen und Dänen schon von französischen Günstlingen sprach.

Wilhelm stellte seine Ansprüche also nicht völlig unbegründet. Immerhin berief er sich nach dem Tode des kinderlosen Edward auf diese alten verwandtschaftlichen Beziehungen und folgerte daraus sein Erbrecht. Dabei erwies sich der Normanne zunächst einmal als geschickter Diplomat. Denn es gelang ihm, sogar den Papst von der Rechtmäßigkeit seines Unterfangens zu überzeugen. Damit stand der Nachfolger Petri genauso hinter dem Nachfahren des Wikingers Rollo wie andere europäische Herrscher.

Die Invasionsvorbereitungen verdeutlichten Unterschiede und Ähnlichkeiten zwischen den Wikingern und deren französischsprachigen Nachkommen. Denn die Normannen verfügten offensichtlich über keine Flotte, mit der sie ihre Soldaten nach England hätten übersetzen können. Das kriegerische Betätigungsfeld des Herzogs lag bis dahin überwiegend zu Land. Deshalb ordnete Wilhelm den Bau von Schiffen an, die dem wenige Jahre später entstandenen Bildteppich von Bayeux zufolge den Drachenbooten der Wikinger erstaunlich ähnelten. Deren erhalten gebliebenes Wissen des Schiffbaus nutzten die Normannen dazu, um in den letzten Septembertagen des Jahres 1066 Tausende von Kriegern nach England zu bringen.

Das weitere Geschehen der folgenden Herbsttage ist bekannt und knapp geschildert worden. Hier bleibt festzuhalten, dass das Glück den Engländern beileibe nicht hold war und die Normannen beim südenglischen Hastings auf einen erschöpften Gegner stießen. Aber letztendlich waren sie den Kriegern Harald Godwinssons an Bewaffnung und Taktik überlegen. Denn Wilhelms gut ausgerüstete

Reiterkrieger kämpften mit der Unterstützung der Bogenschützen allen Widerstand nieder. Insofern schrieb ein normannischer Geschichtsschreiber und Zeitzeuge nichts grundlegend Falsches, als er den Ruhm der Eroberer besang: »Als der Tag seinem Ende entgegenging, erkannte das englische Heer über jeden Zweifel, dass man den Normannen nicht länger standhalten konnte. Sie wussten, dass sie schwere Verluste erlitten hatten, dass ihr König mit seinen Brüdern und zahllosen Großen des Reiches gefallen war und dass die noch Widerstand Leistenden geschwächt waren und auf keinerlei Hilfe rechnen konnten. Aber sie sahen, dass die Normannen kaum tödliche Verluste erlitten hatten und dass sie heftiger angriffen als zu Schlachtbeginn, so als hätten sie im Kampf neue Kraft gewonnen. Die Engländer sahen das Ungestüm des Herzogs, welcher keinen verschonte, der sich ihm in den Weg stellte. Sie sahen eine Tapferkeit, die nur mit dem Sieg zu beruhigen war. Deshalb ergriffen sie die Flucht ...«

Mit dem Sieg von Hastings trug sich Herzog Wilhelm in die Annalen der Geschichte ein; aus dem »Bastard« wurde »der Eroberer«. Der damals knapp 40-Jährige sollte noch 21 Jahre über sein Reich herrschen, das von nun an aus dem Königreich England und dem Herzogtum der Normandie bestand. Er kämpfte alle Rebellionen nieder, bis sich schließlich das ganze Land in seiner Hand befand, das er seinem Herrschaftssystem unterwarf. Das bedeutete, dass er als König Anspruch auf sämtliches Land erhob, das nur ihm gehörte und allenfalls an treue Gefolgsleute als Lehen vergeben wurde. Außerdem richtete Wilhelm eine Zentralregierung und eine königliche Verwaltung ein – was England und seine Geschichte nachhaltig prägte. Der normannische König begann überall in England mit dem Bau von Burgen; deren bis heute bedeutendste ist der Londoner Tower, dessen Grundstein Wilhelm legte.

Mit seiner Machtergreifung wuchs der Einfluss der Normannen auf den Britischen Inseln, auch wenn deren Anteil an einer Gesamtbevölkerung von schätzungsweise zwei Millionen Menschen höchstens 3 Prozent betrug. Diese bildeten zumeist Adlige aus der Normandie und anderen Teilen Frankreichs, die die oberste Führungsschicht der so genannten Kronvasallen stellten. Landesweit geriet der meiste Grundbesitz in die Hand solcher Einwanderer, während den einheimischen Angelsachsen nur ein geringer Anteil verblieb – allenfalls genossen die Dänen im alten Danelag noch größere Freiheiten. Mit dem normannischen Einfluss wuchs zugleich die Bedeutung der französischen Sprache, die seither ihre Spuren im Englischen hinterlassen hat.

Die Normannen selbst fühlten sich der französischen Kultur und dem christlichen Glauben zutiefst verpflichtet und pflegten nach der Invasion Englands keine spezielle Beziehung zu den Skandinaviern. Von ihren Geschichtsschreibern ließen sie sich jedoch gern als Nachfahren der wagemutigen Wikinger bezeichnen, deren mutmaßliche Verwegenheit zu ihrem eigenen Ruhm beitrug.

Obwohl der letzte Normanne auf dem englischen Thron 1154 ohne direkten Erben verstarb, prägte deren Herrschaft die Geschichte Englands weiterhin. Denn ihnen folgte das verwandte Haus Plantagenet aus dem französischen Anjou, das berühmte Könige wie Richard Löwenherz stellen sollte. Ihretwegen blieb England während des ganzen Mittelalters in die politischen Verhältnisse Frankreichs verstrickt. Davon war die Normandie jedoch nur noch indirekt betroffen. Sie büßte 1204 ihre Selbstständigkeit ein und fiel an die französische Krone.

## Der alte Wikingergeist lebt – bei den Normannen

Den Wikingern des 9. Jahrhunderts scheinen jene Normannen am ähnlichsten, die im 11. Jahrhundert ganz Süditalien einschließlich Siziliens unter ihre Herrschaft brachten. Denn während die von Wilhelm dem Eroberer betriebene Invasion Englands eine staatliche Angelegenheit war, erwiesen sich die Unternehmungen im Mittelmeer als Privatinitiativen adliger Familien aus der Normandie. Und wie England und das Frankenreich deren heidnischen Vorfahren wegen ihrer Zerstrittenheit lohnende Angriffsziele boten, so existierten damals im südlichen Italien zahlreiche sich bekämpfende Staaten: Da herrschten die Nachkommen der germanischen Langobarden über kleine Fürstentümer wie Capua, Salerno und Benevent. Das Byzantinische Reich erhob Ansprüche auf Apulien und Kalabrien und weckte damit das Misstrauen des Papstes in Rom und des fernen deutschen Kaisers. Außerdem befand sich Sizilien seit 100 Jahren in der Hand muslimischer Herrscher, die dort ein selbstständiges Reich errichtet hatten. Sämtliche Parteien bekriegten sich gegenseitig, schlossen Bündnisse und hintergingen sie. Die christlichen Herren der italienischen Halbinsel sahen sich nicht in der Lage, gemeinsam gegen die

Araber jenseits der Straße von Messina vorzugehen, im Gegenteil: Sie mussten sich sogar deren Angriffe erwehren.

Diese Gegend war ein Schnittpunkt der damaligen Welt, in deren Häfen sich unter anderem Pilger nach Palästina einschifften, um dort Jerusalem und die heiligen Stätten aufzusuchen. Später notierte ein Geschichtsschreiber, dass unter ihnen auch Normannen gewesen seien. Gegen das Jahr 1000 hätten 40 fromme Reisende aus Nordwestfrankreich auf dem Rückweg von Jerusalem Station in Salerno gemacht, etwas südlich von Neapel. Genau zu diesem Zeitpunkt hätten die Sarazenen die Stadt angegriffen – worauf sich die Bürger angeblich recht gleichgültig zeigten und kaum Widerstand zu leisten bereit waren. Erzürnt darüber verschafften sich die wenigen Normannen vom Fürsten der Stadt Pferde und Waffen. Dann stürmten sie durch das Stadttor und schlugen die Muslime in die Flucht. Die Einwohner Salernos staunten über eine derartige Entschlossenheit und Kampfgewandtheit der Pilger. Der Fürst war davon so beeindruckt, dass er den Männern aus dem Norden anbot, in seine Dienste zu treten. Aber trotz der vermutlich großzügigen Konditionen lehnten die Normannen ab und setzten ihre Reise fort. Immerhin begleiteten sie Gesandte aus Süditalien in die Normandie, um dort Krieger als Söldner anzuwerben.

Die Geschichte von den kampfentschlossenen Pilgern ist eine Variante von mehreren Erklärungen, die man sich später über das erste Auftreten der Normannen in Süditalien zurechtlegte. Welche davon zutrifft, sei dahingestellt – jedenfalls machte schon bald in der Normandie die Nachricht die Runde, an den fernen Ufern des Mittelmeeres könne sich ein tapferer Ritter viel Geld verdienen und Beute machen. Dies war insbesondere für junge Adlige interessant, die beim väterlichen Erbe leer ausgegangen waren. Dort unten im Süden konnten sie sich beweisen, reich werden und Ruhm ernten. Solche Motive der christlichen Ritter glichen frappierend den Anreizen, denen die heidnischen Wikinger folgten.

Und so machten sich immer mehr Normannen auf den Weg, um im politisch-militärischen Getümmel Süditaliens mitzumischen, zuerst als Söldner und später auf eigene Rechnung mit dem Ziel, Land zu erobern. Dabei kamen ihnen die oben geschilderte Ritterausrüstung und die neue Kampftaktik zugute, nämlich den Feind zu Pferd mit eingelegter Lanze anzugreifen. Die gegnerischen Heere und Kriegerscharen fanden dagegen kein Mittel, sodass sich ganz Süditalien nach knapp 100 Jahren fest in normannischer Hand befand.

## Normannische Ritter erobern Süditalien

Nach drei Jahrzehnten entstand ein erster noch kleiner Normannen-
staat und 1042 wird ein gewisser Wilhelm Eisenarm als Anführer
aller normannischen Söldner genannt. Seinen Beinamen verdankte
er angeblich der Tatsache, dass er im Kampf den arabischen Emir
von Syrakus mit brachialer Gewalt aus dem Sattel geworfen und anschließend erschlagen hatte. Aus solchem Stoff waren die Legenden,
die sich um die Normannen und ihre Abenteuer rankten. Darin ging
es um todesmutige Ritter und schöne Frauen, aber auch um Verrat,
Mord und Totschlag.

Einen gehörigen Anteil daran hatten die Brüder Hauteville aus einem Dorf auf der normannischen Halbinsel Cotentin. Ihr Vater, ein
kleiner Adliger, hatte mit zwei Frauen sage und schreibe zwölf Söhne
gezeugt, von denen etliche nach Süditalien kamen und hier ganze
Sippen und Reiche gründeten. Als Star der Hautevilles galt Robert
Guiscard (»das Wiesel«), den eine byzantinische Kaisertochter folgendermaßen beschrieb: Von dunkler Herkunft sei er gewesen, mit
einem herrischen Charakter und von gänzlich schurkischer Sinnesart.
Tapfer habe er gekämpft und listenreich habe er das Vermögen und
die Macht der Großen angegriffen. Seine Ziele habe er mit unerbitt-
licher Konsequenz verfolgt. Seine Körpergröße sei gewaltig gewesen,
er habe eine rötliche Gesichtsfarbe gehabt, schöne Haare und breite
Schultern, dazu Augen, die gleichsam Feuerfunken versprühten.

Gerade die Hautevilles erschienen ihren Gegnern als derartige Feu-
erköpfe, die jeden Widerstand niederwalzten. Die langobardischen
Fürsten hatten ihnen ohnehin wenig entgegenzusetzen, letztendlich
musste sogar der mächtige Kaiser von Konstantinopel kleinbeigeben
und seine Stützpunkte in Italien räumen. Davor schlugen die Byzantiner und Normannen etliche Schlachten, an denen wahrscheinlich auf
Seiten der Ersteren Harald der Harte beteiligt war – jener norwegische
Waräger, der gemeinhin als letzter Wikinger gilt. Im Süden Italiens
traf er auf die Nachfahren der Männer, die unter seinem Landsmann
Rollo in die Normandie ausgewandert waren. Hier schloss sich der
Kreis der Wikingerzeit, ohne dass es den Beteiligten bewusst gewesen
wäre!

Die Eroberer aus Nordfrankreich unterschieden sich unter anderem darin von ihren Vorfahren, dass sie nicht gleichsam im luftleeren
Raum herrschten. Sie bemühten sich stets, die gewonnene Macht
legitimieren zu lassen; das heißt, eroberte Gebiete von einem höher

stehenden Herrscher als Lehen zu empfangen. Dies erwies sich insofern als bloße Formalie, als sie nach Gutdünken ihre Lehnsherren einfach wechselten. Anfangs taten sie sich in dieser Hinsicht mit den deutschen Kaisern zusammen, später traten die Päpste an deren Stelle. Bis dahin sollte es jedoch ein langer, blutiger Weg werden; denn manches Oberhaupt der Kirche hatte erhebliche Bedenken gegen die Ritterscharen südlich Roms und des Kirchenstaates, der sich damals über große Teile Mittelitaliens erstreckte.

Papst Leo IX. schmiedete darum um die Mitte des 11. Jahrhunderts ein umfassendes Bündnis gegen die Normannen, in dem er sich sogar mit Byzanz zusammentat. Und unter der alteingesessenen Bevölkerung waren die gewalttätigen Krieger aus dem Norden geradezu verhasst. Angesichts so vieler Feinde schlossen sich die einzelnen normannischen Adligen zusammen und versuchten sich ihrer Haut zu wehren.

Im Jahre 1053 trafen die Heere vor den Mauern der Stadt Civitate in einer blutigen Schlacht aufeinander. Der Dichter Wilhelm von Apulien verfasste einige Jahrzehnte später ein Epos darüber, in dem er das Geschehen anschaulich schilderte: Noch während Verhandlungen geführt wurden, eröffneten die Normannen auf einer kleinen Ebene die Schlacht. Der Papst hätte noch gern auf die verbündeten Byzantiner gewartet und wollte darum mutmaßlich den Feind mit Gesprächen hinhalten. Aber darauf ließen sich die Normannen nicht ein und ergriffen erfolgreich die Initiative. Bereits beim ersten Angriff gerieten die zusammengewürfelten italienischen Truppen des Papstes ins Wanken. Seine deutschen Soldaten leisteten hingegen energischen Widerstand und brachten die Normannen in Bedrängnis. Da griff Robert Guiscard mit seinen Männern ein.

Nach den Worten Wilhelms von Apulien sah er seinen Bruder aufs bedrohlichste von den Deutschen umzingelt. Er rief seine Kämpfer zusammen, darunter kalabrische Räuberscharen, die nur ihm gehorchten. Mit Mut und Kraft stürzte sich Robert auf die Feinde, von denen er einige mit der Lanze durchbohrte. Anderen schlug er mit einem Schwertstreich den Kopf ab. Dreimal sprang er vom Pferd und stieg schnell wieder in den Sattel, in der linken Faust hielt er die Lanze, in der rechten das Schwert, mit beiden Armen parierte er die feindlichen Hiebe und sorgte für Verwirrung. Wie der rasende Löwe, der gereizt in fürchterlichem Zorn schonungslos jedes Tier zerreißt oder in die Flucht schlägt, sandte Robert die Deutschen in den Tod. Der Kampf war ein blutiges Gemetzel: Manchem wurden die Füße abgehackt, anderen wurden die Hände verstümmelt, manche verloren ihren Kopf, sodass er über den Boden rollte. Da lag aufgeschlitzt vom Kopf bis zum Bauch ein Körper, dort stak einem ein Spieß in der Brust, ein kopfloser Leichnam.

Der Papst musste dem Geschehen auf dem Festungswall von Civitate hilflos zusehen und beobachten, wie sich ein Teil seines Heeres in Flucht auflöste und der andere dahingemetzelt wurde. Die sehnsüchtig erwarteten Truppen Ostroms scheinen sich angesichts des normannischen Sieges überhaupt nicht mehr am Kampf beteiligt und wieder den Rückzug angetreten zu haben. Die Bewohner Civitates öffneten daraufhin ihre Tore und ergaben sich den Normannen. Wer nun ein weiteres Gemetzel mit Plünderungen befürchtet hatte, sollte eines Besseren belehrt werden. Angeblich traten die Hautevilles und ihre Verbündeten vor den Papst, gingen auf die Knie und küssten ihm die Füße. Dabei baten sie den Heiligen Vater um Verzeihung und versicherten, dass sie weder ihm noch seinem Gefolge auch nur ein Haar krümen wollten. Was wie Hohn wirkt, war vielmehr politisches Geschick, das den Papst offiziell anerkannte und zukünftig ihn als Lehnsherrn sah. Wohl deswegen behandelte man ihn wie einen Ehrengast, obwohl er tatsächlich ein Gefangener war. Im folgenden Jahr kehrte Leo nach Rom zurück, wahrscheinlich nicht ohne zuvor alle normannischen Eroberungen anerkannt zu haben.

## Tapfere Diener der Kirche und Kreuzritter

Sein Nachfolger ging mit den Normannen ein regelrechtes Bündnis ein, worauf sie schon einmal 300 Ritter nach Rom schickten, um den Papst bei innenpolitischen Querelen am Tiber zu unterstützen. In Zukunft konnten sie sich seines Segens gewiss sein. Genauso bemühte sich mittlerweile der Abt des altehrwürdigen Benediktinerklosters Montecassino um die Freundschaft der Wikingernachfahren. Einer der ihren stattete der Abtei einen Besuch ab, um dem Heiligen Benedikt zu danken: »Da bereitete man ihm einen Empfang mit geradezu königlichem Prunk. Die Kirche hatte man wie zu Ostern geschmückt, die Lampen angezündet, der Hof hallte wider von Gesang und Lobpreisungen auf den Fürsten ... Der Abt wusch dem Fürsten eigenhändig die Füße und vertraute ihm die Sorge für das Kloster und seine Verteidigung an.«

Aus den normannischen Herren waren treue Diener der Kirche geworden – wobei sich Vorteile für beide Seiten ergaben. Darum lag es auf der Hand, dass man sich nun dem benachbarten Sizilien widmete, wo die Heiden noch immer unbehelligt herrschten. Auch wenn man den Angriff auf die dortigen Muslime als religiöses Anliegen sah, dürfte die Normannen nicht weniger die Aussicht auf reiche Beute gelockt haben. Zwei Jahre nachdem Robert Guiscard Sizilien vom Papst als Lehen erhalten hatte, überquerte er 1061 mit ungefähr 2000 Kriegern die Straße von Messina.

Die Kämpfe um die reiche Mittelmeerinsel zogen sich über dreißig Jahre hin, in denen unter anderem Messina und die Hauptstadt Palermo erobert wurden. Obwohl sich die Sarazenen zum Teil jahrelang in Bergfestungen verschanzten und Unterstützung von Glaubensbrüdern aus Nordafrika erhielten, blieben die Normannen schließlich erfolgreich. Auch hier erwiesen sich oftmals einige hundert berittene Krieger über mehrere 1000 muslimische Kämpfer als siegreich. Und nicht selten dürften sich nach solchen Kämpfen Szenen wie die folgende abgespielt haben: »Mit Beute schwer beladen, ließen sich die Normannen in den Zelten der Muslime nieder und eigneten sich deren Kamele an und alles, was sie vorfanden. Am nächsten Morgen suchten sie die 20000 Mann des Fußvolks, die sich in die Berge geflüchtet hatten. Viele wurden getötet, die Übrigen gefangen genommen und als Sklaven verkauft, wobei sie einen guten Preis erzielten.«

1091 befand sich Sizilien in normannischer Hand; damit wurde ganz Süditalien von Herrschern aus der Normandie regiert. Fortan zeigten die neuen Herren eine andere überraschende Seite. Sie erklärten den muslimischen Einwohnern Palermos, diese hätten nichts zu befürchten, wenn sie ihre Regierung anerkannten und die jährliche Tributzahlung entrichteten. Ihnen wurde ausdrücklich zugestanden, ihrem Glauben nachgehen zu dürfen. Mit Palermo gelangten die Normannen in den Besitz einer reichen und prächtigen Stadt, die bis zu 250000 Einwohner gezählt haben soll. Wenige Jahre vorher galt sie als ein Zentrum der muslimischen Welt, als kulturelle Metropole, in die Kaufleute aus aller Welt strömten. Den Gläubigen standen dort 300 Moscheen zur Verfügung; in den unzähligen Märkten und Basaren florierten die Geschäfte, in blühenden Parks und Gärten konnte man unter dem Wasserrauschen kunstvoller Brunnen Zerstreuung suchen.

Teile dieser Pracht blieben unter den Normannen erhalten, die religiöse Toleranz zeigten und die Vorteile der arabischen Kultur akzeptierten und weiter pflegten. Folglich entstand im Süden Italiens ein außerordentlicher Staat, der Einflüsse vieler Kulturen aufnahm. Ihren Höhepunkt erklomm die Herrschaft der Normannen, als Roger II. als Graf von Sizilien alle anderen normannischen Fürstentümer in Apulien und Kalabrien vereinte. Im Jahre 1130 verlieh ihm der Papst darüber die Königswürde. Das so genannte Königreich beider Sizilien sollte letztendlich bis ins 19. Jahrhundert bestehen, wenn auch die normannische Dynastie nach einigen Jahrzehnten ausstarb.

Bei ihrem militärischen Ruhm, ihrem Unternehmungsgeist und der mittlerweile engen Verbundenheit mit den Päpsten verwundert es nicht, dass die Normannen auch viele Ritter für den Ersten Kreuzzug stellten. Sie folgten dem Aufruf Papst Urbans II., die heilige Stadt Jerusalem von der muslimischen Herrschaft zu befreien. Und es war immerhin ein Sohn Robert Guiscards, Bohemund von Tarent, der 1099 nach der Eroberung Jerusalems mit dem Fürstentum Antiochien einen selbstständigen Kreuzfahrerstaat gründete.

Obwohl die Normannen ihrem kriegerischen Charakter nie entsagten, erwiesen sie sich in der Mittelmeerwelt allerorts als tolerant und weltoffen – wobei sie mit diesen Eigenarten ihren Wikingervorfahren nicht unähnlich waren. Das mittlerweile hoch entwickelte und multikulturelle Königreich beider Sizilien fiel 1194 an den deutschen Stauferherrscher Heinrich VI., den Ehemann der Normannenprinzessin Konstanze. Deren Sohn, der spätere Kaiser Friedrich II., sollte dieses Erbe pflegen und als einer der gebildetsten Herrscher des Mittelalters Süditalien zum Zentrum seines Reiches machen. Das syrische Fürstentum Antiochia widerstand lange Zeit den Angriffen der muslimischen Heere und wurde erst 1268 erobert. Mit ihm endet die Historie der Normannen und damit der fernen Nachfahren der Wikinger.

# 10. Die Verklärung zum edlen Wikinger

## Das Nachleben der skandinavischen Kultur
## des frühen Mittelalters

### Die Wikinger im Mittelalter: Helden und Trolle

Nachdem im 11. Jahrhundert die Zeit der Wikingerfahrten ausgeklungen war, erinnerten sich die Geschichtsschreiber der ihnen zum Opfer gefallenen Länder mit Schrecken an jene heidnischen Seeräuber aus Dänemark und Norwegen. In Skandinavien selbst verdrängte man mehr oder weniger die eigene blutige Vergangenheit. Denn die Nachfahren der einst gefürchteten Nordmänner sahen sich mittlerweile als brave Christen und suchten den Anschluss an das Abendland. Sie eiferten Ländern wie Frankreich und Deutschland nach, indem sie monumentale Kathedralen aus Stein errichteten und an ihren Königshöfen das höfische Zeremoniell der Ritterzeit einführten.

Die Gelehrten Nordeuropas interpretierten ihre Vergangenheit um und verbanden sie nach mittelalterlichen Gepflogenheiten mit den Völkern der Antike. Der dänische Gelehrte Saxo schrieb um 1200 auf Lateinisch eine Geschichte der Könige seines Landes. Auf diese Weise wollte er seine Heimat den großen Reichen im Süden ebenbürtig machen. Ebenso verfuhr im fernen Island Snorri Sturluson, der eine Historie der norwegischen Herrscher verfasste – allerdings in seiner isländischen Muttersprache. In beiden Darstellungen spielten die Fahrten der mordenden und plündernden Wikinger keine Rolle, denn sie beschäftigten sich vor allem mit den Taten ihrer Könige.

Die schreib- und lesefreudigen Isländer des Mittelalters kannten gleichwohl Geschichten, in denen ihre übel beleumdeten Vorfahren in Erscheinung traten. In den Sagas boten sie ein zwiespältiges Bild: Darin terrorisierten die Wikinger einerseits als brutale Räuber ganze Landstriche und machten wie tobende Berserker jeden nieder, der sich ihnen in den Weg stellte. Andererseits erzählten die Sagas von berühmten Helden wie Egil Skallagrimsson oder König Olaf

Tryggvason, die sich zwar in ihrer Jugend auf Wikingfahrt begeben, also ganze Landstriche geplündert und verwüstet, sich dann aber zu Siedlern, Christen und Königen gewandelt hätten.

Am liebsten las und hörte man auf Island Geschichten aus der so genannten Vorzeit, bevor die Wikinger auf die Insel ausgewandert waren. Diese Sagas lesen sich wie moderne Fantasyromane, deren Autoren übrigens gern darauf zurückgreifen. Darin geht es um Reisen in ferne Länder, um Kriegszüge, auf denen gekämpft und geplündert wird. Dort bekriegen sich Wikinger untereinander und müssen sich darüber hinaus mit fantastischen Wesen wie Riesen und Drachen herumschlagen. Zu ihren bevorzugten Requisiten gehören geheimnisvolle Grabhügel, fluchbeladene Zauberschwerter, prächtige Drachenboote, Unglück verheißende Zauberinnen und anderes mehr, das aus der Märchenwelt entsprungen scheint. Unter ihnen tummeln sich Heldenfiguren wie Sigurd, so der Name Siegfrieds im Norden, und der Wikingerführer Ragnar Lodenhose, aus dessen historischem Vorbild man eine Sagengestalt gemacht hatte. Der eine oder andere Wikinger tritt als blutrünstiger Räuber auf, dem unterstellt wird, er trinke tatsächlich Blut und gleiche eher einem bösartigen Troll als einem Menschen. So machten die Isländer aus den historischen Nordmännern Fantasiegestalten, die sowohl heldenhafte als auch dunkle Seiten hatten.

## Runen, alte Handschriften und die Wiege der Menschheit

Im Laufe des Mittelalters ging vieles an Wissen über die eigene Vergangenheit verloren; an dessen Stelle traten die Bibel und die Gelehrsamkeit der Kirchenväter und der antiken Autoren. Erst die Humanisten im Zeitalter der Renaissance versuchten zu den fernen Quellen zurückzukehren und beschäftigten sich intensiv mit den alten Handschriften und archäologischen Überresten. Man begann damit in Italien, später folgten Frankreich und Deutschland. Schließlich fand die neue Epoche den Weg in die nordischen Länder.

Im Jahre 1514 wurde in Paris auf Veranlassung skandinavischer Gelehrter die erwähnte Dänengeschichte Saxos in Lettern gesetzt und gedruckt. So kam das Werk als Buch in seine Heimat zurück, wo es kaum jemand noch kannte. Als man es schließlich aus dem schwer verständlichen Latein ins Dänische übersetzt hatte, begann sein regelrechter Siegeszug. Nun erst nahmen die Dänen zur Kenntnis, auf welche große Geschichte sie zurückblicken konnten. Allenthalben machten sich seitdem die skandinavischen Humanisten auf die Suche nach der glorreichen Vergangenheit. Dabei wurden sie von ihren Königen kräftig unterstützt, die ihre Machtansprüche historisch zu untermauern trachteten. So entdeckten die Gelehrten auch die alte Runenschrift, die sich auf Steinen überall im Norden fand. Diese wurden gesammelt, ihre Inschriften wurden enträtselt und in dickleibigen Folianten veröffentlicht. Bald füllten sich die königlichen Schatzkammern in Kopenhagen, Stockholm und Uppsala sowie in zahlreichen Adelsschlössern mit nationalen Altertümern.

Auf den größten Schatz stieß man im 16. und 17. Jahrhundert auf Island, das damals eine abgelegene und arme Provinz Dänemarks war. Dort fanden sich auf unscheinbaren Bauernhöfen alte Pergamenthandschriften – häufig schwer beschädigt, schmutzig oder sogar als Schnittmuster verwendet. Darauf hatten Gelehrte im Laufe des Mittelalters altisländische Meisterwerke der Weltliteratur niedergeschrieben: die Sagas von den Isländern, Snorris *Heimskringla*, Erzählungen über Wikinger, Bischöfe und Ritter, gelehrte Abhandlungen und die *Lieder der Edda* sowie die *Prosa-Edda*, also die wichtigsten Quellen der nordgermanischen Mythologie. Die selbst in Notzeiten traditions- und bildungsbewussten Isländer hatten Abertausende von Handschriften aufbewahrt, erneut abgeschrieben und deren Texte letztlich vor dem Vergessen bewahrt. Mehr als die Runensteine Schwedens oder Dänemarks vermittelten die oftmals mühsam entzifferbaren Pergamentblätter das Erbe der nordeuropäischen Länder.

Etliche Altertumsforscher machten sich auf die beschwerliche Reise in den Nordatlantik, um die häufig unansehnlichen Schätze zu bergen und mitzunehmen. Auf diese Weise füllte sich insbesondere die Königliche Bibliothek in Kopenhagen mit mehreren tausend isländischen Handschriften. Die skandinavischen Könige und Gelehrten begeisterten sich derart an den Funden der Vergangenheit, dass man von einer Nordischen Renaissance sprach – von einer Wiedergeburt der altnordischen Kultur.

In Schweden ging man allerdings weit über das Mittelalter und die Wikingerzeit hinaus. Hier pflegte man das Andenken an das Volk der Goten, dessen Wurzeln in Schweden liegen sollten. Deren Nachkommen waren während der Völkerwanderung im 5. und 6. Jahrhundert bis nach Italien und Spanien gelangt, wo sie eigene Reiche gründeten. Auf derartige Vorfahren griffen die schwedischen Herrscher im

17. Jahrhundert gern zurück, weil sie sich als Repräsentanten einer europäischen Großmacht verstanden. Immerhin trat König Gustav II. Adolf im Dreißigjährigen Krieg als Schutzherr der deutschen Protestanten auf, während sich Karl XII. mit Zar Peter von Russland um die Vorherrschaft über die Ostsee stritt.

Solche militärischen Expansionen bewerteten viele Schweden als Fortsetzung eines vermeintlich heldenhaften Volkscharakters, wie ihn bereits die Goten und die Wikinger offenbart hatten. Im Hochgefühl dieser so genannten Großmachtszeit veröffentlichte der Universalgelehrte Olof Rudbeck ein Buch, in dem er seine Heimat schlichtweg zum Mittelpunkt der Welt erklärte. Denn dem um 1700 erschienenen *Atlantis oder Menschenheim* (*Atland eller Manhem*) zufolge war Schweden das sagenhafte Atlantis und damit die Wiege der menschlichen Kultur. Diese abstruse Theorie fand letztlich keinen Anklang, hob aber das nationale Selbstbewusstsein. Dort und in den Nachbarländern erinnerte man sich wieder der Wikinger und pflegte ihr Gedächtnis zusehends ohne Scheu. Der Blick richtete sich weniger auf ihre brutalen Piraterien; immer mehr galten sie als abenteuerlustige Entdecker und Eroberer.

## Wikingerromantik

Das Zeitalter der Aufklärung lehnte eine solche Idealisierung der Vergangenheit strikt ab, gleichwohl entwickelte sich seit der Mitte des 18. Jahrhunderts ein erneutes Interesse dafür. In England begeisterte man sich für das Mittelalter mit seinen Burgen und gotischen Kathedralen. Der Schotte James Macpherson veröffentlichte die uralten Lieder eines keltischen Barden *Ossian*, die das Publikum begeistert aufnahm – obwohl sie sich später als zeitgenössische Dichtungen des Herausgebers herausstellten. Jedenfalls schienen sie einen barbarischen Geist auszudrücken, der einst unter den Völkern des nördlichen Europa geherrscht hatte.

Diese Eigenschaft galt nicht länger als ehrenrührig, als Jean-Jacques Rousseau in Frankreich die Ideologie des edlen Wilden kreierte. Ihr zufolge war das Wilde und Ursprüngliche, das Archaische und Barbarische der verbildeten Zivilisation vorzuziehen. Der Deutsche Johann Gottfried Herder griff diese Vorstellung auf und entwickelte sie weiter. Auf den Spuren des Ursprünglichen, das dem Naturzustand des Menschen am nächsten kam, fand er die »Volksseele« unter dem, was sich das einfache Volk erzählte: in Liedern, Sagen und Märchen. Dazu zählte er auch die erhalten gebliebenen Dichtungen des Mittelalters, insbesondere die skandinavischen Lieder der *Edda*.

Im Norden war mittlerweile der aus Genf stammende und in Kopenhagen lehrende Professor Paul-Henri Mallet auf jene Texte aufmerksam geworden, die die Isländer jahrhundertelang überliefert hatten: Zeigten jene Sagas und Götter- und Heldenlieder nicht jene »in die Lüfte schwingende Fantasie«, die »vielleicht eher einem primitiven und unkultivierten als einem zivilisierten Volk eigentümlich« ist? Damit wurde das Interesse für die altnordische Literatur geweckt, deren Texte man schon bald in die modernen skandinavischen Sprachen, ins Englische und Deutsche übersetzte. So nahm auch Herder etliche dieser Lieder in seine Sammlung auf, zum Beispiel *Das Grab der Prophetin*. Auf diesem Weg lernten die Deutschen Zeugnisse kennen und schätzen, die bis in die Wikingerzeit zurückreichten.

Gegen 1800 begeisterten sich die Romantiker für die Ideen Rousseaus und Herders; folglich brachten sie der Dichtung des Mittelalters große Wertschätzung entgegen. Dank des deutschen Einflusses hielt die Romantik auch in Skandinavien Einzug. Dort führte sie zu einer Neuentdeckung der nationalen Vergangenheit, insbesondere der Epoche der Wikinger. Diese sollten nun endgültig zu edlen Wilden und archaischen Helden verklärt werden, auf die man stolz sein konnte!

Den Anfang machte der junge Däne Adam Oehlenschläger, dessen Gedicht von den *Goldhörnern* (*Guldhornene*) 1802 zwar noch nicht die Wikinger besang, aber die ferne Vergangenheit des Nordens verherrlichte. Den Anlass dazu boten zwei prächtige goldene Hörner aus der Völkerwanderungszeit, die in Kopenhagen gestohlen und eingeschmolzen worden waren. Der Dichter interpretierte sie als Geschenk der nordischen Götter, das nun für immer dahingeschwunden sei. Ohnehin habe man ihr mystisches Geheimnis nicht mit dem Verstand verstehen, sondern nur mit dem Gefühl erahnen können. Oehlenschläger hatte mit der Geschichte und Kultur des alten Nordens sein Thema gefunden, dem er fast ein halbes Jahrhundert treu blieb. Seine Tragödien und Romane, die seinerzeit auch in Deutschland bekannt waren, handelten von Göttermythen, Sagahelden und der Wikingergestalt des Ragnar Lodenhose.

Wie dramatisch es dabei zuging, zeigt die Tragödie *Hakon Jarl der Mächtige* (1807), dessen historisch verbürgte Person bis zuletzt dem Heidentum anhing. In der Dichtung verwahrt sich der alte norwegische Jarl gegen den Bekehrungsversuch des jungen christlichen Königs Olaf Tryggvason und hält an seinen Göttern fest: »Ha, spar dir dein Mitleid! Wie du mich hier siehst, siehst du den letzten Rest, den letzten Funken von alter nordischer Kraft und Heldenleben ... Bei Odin und Thor! Du sollst nicht löschen Norwegens Heldenfeuer mit deinen frommen, feuchten Traumwolken ... Ha, Thor soll das Kreuz mit seinem Hammer zerschlagen.«

Die Skandinavier begeisterten sich damals umso mehr an der vermeintlich glorreichen Epoche der Wikinger, als sie selbst Gebietsverluste und Staatskrisen hinnehmen mussten. Island und Norwegen waren verarmte Provinzen ihrer skandinavischen Nachbarn, während Dänemark und Schweden ihren Großmachtszeiten hinterhertrauerten.

## Die Wikinger der Romantik: heroisch und sentimental

Als Schweden, das größte Land Nordeuropas, Finnland dem russischen Zaren überlassen musste, kompensierten tonangebende Kreise diesen Verlust mit einem regelrechten Wikingerkult. Bald darauf fanden sich 1811 in Stockholm junge Akademiker und Offiziere zusammen, die einen »Gotischen Bund« (*Götiska förbundet*) gründeten. Sie beriefen sich auf das erwähnte Wandervolk der Goten, die sie als ihre Urahnen ansahen: Daran müsse man wieder anknüpfen und den Schweden ihren ursprünglichen Nationalcharakter wiedergeben. Der fände sich unter anderem in der Verehrung der Götter und Helden der Vorzeit sowie der großen Männer der nachfolgenden Epochen.

Die romantischen Patrioten beließen es nicht bei theoretischen Erklärungen, sondern zelebrierten ihr Bild der Vergangenheit. So bevorzugten sie es, aus Methörnern zu trinken, sich aus den Sagas entlehnte Namen zu geben und Strophen der *Edda* zu zitieren. Einer von ihnen, der Värmländer Erik Gustaf Geijer, verfasste mehrere Gedichte über die Helden der Vorzeit, so den *Letzten Kämpen* und den *Letzten Skalden*, vor allem aber über den *Freien Bauern* und den *Wikinger*.

Dem Letztgenannten wurde das bäuerliche Heim bei seiner Mutter mit 15 Jahren zu eng. Er träumte nur noch vor sich hin und war von einer namenlosen Sehnsucht erfüllt. Als er am Strand über die Felsen sprang und hinaus aufs weite Meer sah, erkannte er, dass er sich nach der Freiheit des Meeres sehnte. Und als er schließlich ein Schiff erblickte, wusste er, was ihm fehlte. Deshalb lief er von zu Hause fort und ging zum Schiff, wo ihn ein Wikinger an Bord zog. Dort nahm er das rostige Schwert seines toten Vaters in die Hand und schwor, sich ein Reich zu erobern.

Seine nächsten Jahre lieferten die Impressionen eines Wikingerlebens: Mit 16 erschlug er einen anderen, der ihn bartlos und weich geschimpft hatte. Bald wurde er ein Seekönig, der übers Meer fuhr und Burgen und Schlösser eroberte. Sieg und Beute feierten er und seine Männer, indem sie aus den Hörnern den Met leerten. In Frankreich raubte er ein Mädchen, das drei Tage weinte und sich dann darin fügte, des Wikingers Frau zu werden. Schließlich hörte er die Nornen seine Schicksalsfäden spinnen: Mit 20 kam das Unheil und die See wollte sein Blut. Alles, was er gewonnen hatte, verlor er wieder, schließlich saß er schiffbrüchig auf einer Klippe. So würde er denn den Weg zum Saal der Götter gehen, und sein Todessang erklang über die Wellen. Dort draußen auf dem Meer würde er sein Grab finden. Eines aber wüsste er – was bliebe, sei die Erinnerung an den Tapferen.

Derart entwarf der schwedische Romantiker das verklärende Bild eines Wikingers, der von der Sehnsucht nach Freiheit und Abenteuern getrieben wird. Darüber hinaus erklärte Geijer zwei Eigenschaften zu nationalen schwedischen Grundzügen – die des freien Bauern, der sein Land bearbeitet und dem König ergeben ist, und die des Wikingers, der ab und zu seiner Abenteuerlust folgt und hinaus aufs Meer fährt. Damit rehabilitierte er den Wikinger von seinem schlechten Image und machte ihn populär – ohne dass damit nach heutiger Sicht ein historisch richtiger Anspruch verbunden gewesen wäre. Geijers Zeitgenossen griffen dessen Wikingerbild jedenfalls begeistert auf: Das Gedicht kam schließlich sogar an Schwedens Schulen und wurde dort von vielen Schülergenerationen auswendig gelernt.

Die berühmteste Wikingergeschichte des 19. Jahrhunderts verfasste jedoch sein Landsmann Esaias Tegnér, ein Professor für Griechisch und Bischof der Protestantischen Kirche Schwedens. Er griff auf eine alte isländische Saga zurück und gestaltete sie zur *Frithiofs Saga* um, die 1825 erschien. Mit der wirklichen Wikingerzeit und den altnordischen Sagas hatte diese sentimentale Romanze nicht mehr viel gemein, aber sie machte den Wikinger für den bildungsbeflissenen Bürger gewissermaßen salonfähig: Der Großbauernsohn Frithiof wird mehr oder weniger von unglücklichen Umständen und ihm übel gesinnten Feinden hinaus aufs Meer getrieben. Er liebt die Königstochter Ingeborg und freit um sie. Ihre Brüder verweigern ihm jedoch ihre Hand, weil er ihnen nicht standesgemäß dünkt. So finden die einander Liebenden nicht zusammen und Ingeborg wird schließlich sogar von einem benachbarten König zur Priesterin eines Tempels des Gottes Balder geweiht. Als Frithiof ihr dorthin folgt, gerät durch seine Unachtsamkeit der Tempel in Brand. Deshalb wird er zum landflüchtigen Wikinger, verfolgt vom Zorn des Gottes und von Ingeborgs Brüdern.

Auf dem Meer singt der unglückliche Flüchtling das hohe Lied des Seekönigs, der heimatlos seinen Feinden trotzt:

»Überzelte kein Schiff, schlaf nicht unter Dach,
Denn das Haus ist von Feinden umstellt:
Auf dem Schild schlaf, Wiking, das Schwert in der Hand,
Und den blauenden Himmel zum Zelt.

Kurzen Schaft hat der Hammer des siegenden Thor;
Frej schwang nur ein ellenlang Schwert.
Das genügt: hast du Mut, geh dem Feind auf den Leib,
Und du bist nicht zu kurz mehr bewehrt.

Wenn der Sturm dich umtobt, hiss die Segel empor,
Es ist lustig auf stürmischem Sund.
Lass es gehen, wie es geht: wer da refft, ist des Tods:
Eh du reffst, gehe lieber zugrund.«

Nach zahlreichen blutigen Kämpfen endet das Epos mit einem Happy End: Die Liebenden finden zusammen, die Bösen werden getötet und die Geschichte schließt mit einem großen Versöhnungsfest im christlichen Sinne.

Mit einem derart zivilisierten Wikinger, dem manchmal sogar die Tränen kommen, konnten sich die gebildeten Leser des 19. Jahrhunderts anfreunden und identifizieren. Verbarg sich dahinter nicht gar eine Bildungsgeschichte, in der ein junger Mann nach Jahren der Reifung sich selber findet? Statt Wildem und Barbarischem offenbarte die *Frithiofs Saga* zudem eher Züge, die an die Antike erinnern. Mit ihr kannte sich der Verfasser bestens aus!

Jedenfalls gelang Esaias Tegnér mit seiner »modernen« Wikingergeschichte ein Riesenerfolg, der zum ersten internationalen Bestseller Schwedens wurde und den man bis ins 20. Jahrhundert hinein gern las. Bereits ein Jahr nach seiner Veröffentlichung lagen zwei deutsche Übersetzungen vor, die selbst der alte Geheimrat Goethe in Weimar wohlwollend zur Kenntnis nahm. Damit erwies sich der sentimentale Held Frithiof europaweit als der erste populäre Wikinger der Neuzeit.

In den skandinavischen Ländern beherrschte über viele Jahrzehnte eine Nationalromantik die Künste, die sich insbesondere der Wikinger und ihres Götterglaubens bediente. Deren Epoche galt schließlich als eine herausragende Zeit des Nordens, dessen Bewohner damals in alle Himmelsrichtungen auszogen. Mittlerweile wollte man darin einen uralten Unternehmungsgeist erkennen, mit dem sich auch nordeuropäische Fabrikanten und Politiker schmückten – immerhin

Den Grabstein von St. Paul in London hat wahrscheinlich ein skandinavischer Steinmetz während der Regierungszeit Knuts des Großen geschaffen. Die Platte, Teil eines Sarkophages, zierten bemalte Motive der Wikingerkunst: das »große Tier«, Ornamente und eine Runeninschrift.

hatte man bereits 1846 der ersten dänischen Lokomotive den Namen des nordgermanischen Gottes Odin gegeben.

## Die Kunst der Wikinger

Besonders charakteristisch für die Nordleute ist ihre Kunst. Dabei diente sie keinem Selbstzweck im Sinne eines modernen Kunstverständnisses. Die Künstler waren Kunsthandwerker, die als Holzschnitzer, Kunstschmiede und Bildhauer Gegenstände verzierten: Teile von Booten und Wagen, Pfosten, Türen, Möbel, Gewandspangen aus Gold, Silber und Bronze, Gefäße, Teile des Pferdegeschirrs, Schwerter und Äxte und schließlich reich behauene Runensteine. Legendär sind die Drachenköpfe der danach benannten Wikingerschiffe.

Die skandinavischen Kunsthandwerker genossen den Ruf, Meister ihres Faches zu sein; und in der Tat müssen sie den Vergleich mit fränkischen oder englischen Künstlern nicht scheuen. An vielen Fürstenhöfen und Handelsplätzen Nordeuropas und der Britischen Inseln scheinen regelrechte Schulen mit eigenen Stilrichtungen gewirkt zu haben. Alle zeichneten sich durch das Wissen der traditionellen Künste aus, die sie experimentierfreudig weiterentwickel-

Die Stabkirche von Urnes in Norwegen enthielt Fragmente eines Vorgängerbaus aus dem 11. Jahrhundert. Sie waren mit den schönsten Schnitzereien der Wikingerkunst verziert, die elegante Vierbeiner und bandförmige Schlangen darstellen. Nach ihnen bezeichnet man die letzte Phase der skandinavischen Tierornamentik als Urnes-Stil.

Mit Vorliebe bedienten sich alle Bevölkerungsschichten vermeintlich altertümlicher Requisiten und Attribute jener Zeit. Kinder tauften die Skandinavier gern auf Namen wie Frithiof, Ingeborg, Axel oder Torsten – was teilweise auch in Deutschland üblich wurde. Gegen Ende des 19. Jahrhunderts breitete sich allenthalben der so genannte Drachenstil aus, der Elemente der Wikingerkunst übernahm. Deren modernisierte reiche Ornamentik fand sich unter anderem in der Architektur und im Möbeldesign bis hin zu Geschirr, Kleidung und Buchillustrationen. Altnordische Motive flossen in den Jugendstil ein. In Norwegen sorgten schließlich die sensationellen Funde der Wikingerschiffe von Gokstad und Oseberg in den Jahren 1880 und 1904 für eine Welle der nationalen Begeisterung – zumal man gerade um die Unabhängigkeit von Schweden stritt (die 1905 erreicht wurde).

ten – indem sie beispielsweise fränkische Motive übernahmen und dem eigenen Stil anpassten.

Obwohl die Wikinger in der Lage waren, Menschenfiguren und -köpfe erstaunlich realistisch zu gestalten, bevorzugten sie Motive, die fantastisch und irreal wirkten. Wie ihre Vorgänger griffen sie mit der Tierornamentik auf einen Stil zurück, der Fabelwesen mit pflanzlichen und geometrischen Formen kombinierte. Aus den üblichen mit Ranken verschlungenen stilisierten Tiergestalten wuchs gleichsam ein Wesen hervor, das anscheinend mit der Zeit der Wikingerfahrten aufkam: das Greiftier. Dessen skurrile Vertreter grinsen den Betrachter häufig katzenhaft an, während sie mit absonderlich verdrehten Gliedmaßen ihre Tatzen ausstrecken. Da-

Obwohl schon bald in Skandinavien Kritik an manchen Zügen anachronistischer Wikingerromantik laut wurde, gehört die frühmittelalterliche Geschichte bis heute zum Selbstverständnis der nordeuropäischen Nationen. Ohne ideologischen Ballast verwendet man ihre Motive von den Drachenbooten und ihrem Kunststil bis hin zu den altnordischen Götternamen und der literarischen Überlieferung Islands. Einen Skandinavier als Wikinger zu bezeichnen, ist darum beileibe nichts Ehrenrühriges, sondern fast selbstverständlich.

## Vom *Helden des Nordens* zum *Ring des Nibelungen*

Auch außerhalb Skandinaviens entdeckte man zunehmend die Wikinger mit ihren Mythen, Kunstwerken und Schiffen, so in England und in Frankreich, wo man sich insbesondere in der Normandie der Normannen erinnerte. Allerdings war die Begeisterung nirgends so groß wie in Deutschland. Seit Herders Übertragung

Fünf derartige Tierkopfpfosten wurden der Fürstin von Oseberg um 850 mit ins Grab gegeben – jeder von einem anderen Künstler geschnitzt. Wozu die Darstellungen fantastischer Tiere dienten, ist ungewiss. Wahrscheinlich benutzte man sie als Kultgegenstände.

mit greifen und umklammern sie sich selbst, andere Tiere oder die Pflanzenornamente. Beeindruckende Beispiele bieten unter anderem die gegen 850 entstandenen filigranen Tierkopffosten aus dem Oseberggrab.

Fast 100 Jahre später gestalteten die Wikinger an der königlichen Residenz von Jelling schlangenartige Tiere, die sich mit Ranken und Blattmustern mischten, welche sie aus Deutschland übernommen hatten. Und der monumentale Runenstein König Harald Blauzahns beeindruckte die Skandinavier offensichtlich so stark, dass mehr oder weniger prächtig gestaltete Steine dieser Art in Mode kamen.

altnordischer Gedichte lernte man hier zunehmend die literarischen Schätze des alten Island kennen und entdeckte, dass fernab im hohen Norden jene Sagen kursiert waren, die auch im mittelhochdeutschen *Nibelungenlied* ihren poetischen Niederschlag gefunden hatten. Sie stellten offensichtlich eine verwandtschaftliche Beziehung zwischen Deutschen und Skandinaviern dar.

Die deutschen Romantiker widmeten sich der altnordischen Literatur, was jedoch keiner so ausgiebig betrieb wie Friedrich de la Motte Fouqué, der Verfasser des bis heute bekannten Kunstmärchens *Undine*. Der Adlige stammte von französischen Hugenotten ab, die einst in die Mark Brandenburg emigriert waren. Er führte seinen Stammbaum auf Normannen zurück und war stolz auf jene skandinavisch-stämmigen Ahnen. Entsprechend ambitioniert beschäftigte er sich mit den Nordgermanen und der Wikingerzeit. Um 1810 fand die Dramentrilogie *Der Held des Nordens* beim deutschen Publikum eine beachtliche Aufnahme; in deren Mittelpunkt stand der Nibelungenheld Sigurd (Siegfried), der zunehmend zum deutschen Heros avancierte. Später sollte dieses Werk Richard Wagner wichtige Anregungen für den *Ring des Nibelungen* geben.

Fouqué entwarf in seinen Dramen und Erzählungen ein Bild der skandinavischen Frühzeit, dass jeglicher historischer Authentizität entbehrte. Häufig vermischte er unbekümmert Züge der Wikingerzeit mit denen des deutschen Mittelalters und stellte den Wikingern Ritter zur Seite. Gleichwohl übten seine Klischees auf die Vorstellungen in Deutschland einigen Einfluss aus. Ein Beispiel für dieses

Das galt ebenso für sein Motiv eines löwenähnlichen großen Tieres, das von einer Schlange umschlungen wird.

Derartige Darstellungen galten nicht als typisch heidnisch, denn in Schweden ließen insbesondere viele Christen prächtig verzierte Runensteine aufstellen. Folglich fand der Wikingerstil auch noch beim Bau der ersten Holzkirchen Verwendung. Die Reste der westnorwegischen Kirche von Urnes zeigen ein elegantes hochbeiniges Tier, das sich in ein anderes Wesen verbissen hat. Ausdrucksstark stilisieren die letzten Wikingerkünstler vierbeinige Tiere und bandförmige Schlangen. Mit dem Ende der Wikingerzeit klang auch deren Kunst aus, wenngleich sie in Skandinavien und auf den Britischen Inseln nachwirkte.

romantische Bild des Nordens liefert die Erzählung *Die eifernden Göttinnen* (1818), die Fouqué nach einer isländischen Geschichte verfasste. Darin erzählt er, wie neun walkürenhafte Göttinnen als finstere Botinnen des Heidentums dem jungen Thidrandi das Leben rauben. Das furchtbare Geschehen kündigt sich beim abendlichen Gelage in der Halle bereits an, wo angeblich etwas Böses in der Luft schwebt. Doch werden derart dunkle Gedanken verdrängt und die Krieger geben sich dem Schlafe hin: »Die Mitternacht war noch nicht herauf, da lagen sie schon alle in der großen, gewölbten Halle nebeneinander auf weichen Bärenhäuten hingestreckt und schliefen festen Schlaf. Zu eines jeden Häupten waren seine Waffen aufgehängt: Schild und Helm und Brustharnisch, auch Streitaxt, langes Schwert oder Lanze, wie es nun grade ein jeglicher führte.« Da träumte der bis dahin fröhliche und sorglose Thidrandi einen beunruhigenden Traum: »Es kam ihm vor, als säßen rings auf dem hölzernen Wall, der um die Burg hergeführt war, die alten Götter hoch, hoch auf den Zinnen, einer neben dem andern. Zunächst am Tor saß Odin, groß wie ein Turm, aber ganz grau; dann kam Frigga, die saß sehr gerade und hatte ihre Schleier so vielfach und wunderlich um sich geschlagen ... dann Thor, der sah sehr wild aus und wollte immer mit seinem Hammer donnern ...«

Den erwachten jungen Mann treibt es mitten in der Nacht hinaus auf den Wall, wo er eine gespenstische Szene beobachtet: »Da ritt was vom Gebirge nordwärts herunter über das Feld: Trab auf Trab, von vieles Rosseshufen, und wie der Zug näher heranrasselte, waren es neun schwarze Jungfrauen auf schwarzen Rossen. Die kamen dem Thidrandi sehr schauerlich vor ... kaum, dass er seinen Tritt wandte, schnob und stampfte es auch schon von Rossen um ihn her und fassten schwarzgepanzerte Arme nach ihm. Er rang sich los, und Schwert und Schild ließ er rings im leuchtenden Kreis drehen. Da sah er neun finstre, aber wunderschöne Gesichter von den neun Jungfrauen aus dunkeln Locken herwinken und herdrohen nach sich.« Als seine Brüder und die anderen Männer ihn vermissen und suchen, finden sie ihn sterbend auf dem Wall. Mit letztem Wort erzählt er, wer ihm das Leben nahm. Der kluge Thorhall weiß das als letztes Aufbegehren der Heidengötter gegen den christlichen Gott zu deuten.

Mehr als ein halbes Jahrhundert später knüpfte Richard Wagner mit seinem »Bühnenfestspiel« *Der Ring des Nibelungen* daran an. Er schuf einen eigenen Kunstmythos, indem er überwiegend Anleihen bei den altnordischen Götter- und Heldenliedern der *Edda* machte.

Mit der wachsenden Popularität seines Werkes verbreitete sich Wagners bevorzugter Requisiten- und Kostümfundus in Deutschland. Alles, was angeblich mit Germanen oder Wikingern zusammenhing, erfreute sich zunehmender Beliebtheit: Hörner und Flügelhelme, felloder rüstungsbewehrte Krieger mit langen Bärten, speertragende Walküren, Runen, Drachenstilmotive und dergleichen mehr. Durch die so ausgestatteten regelmäßigen Aufführungen im Festspielhaus zu Bayreuth wurde *Der Ring des Nibelungen* gleichsam ein nationales Ritual. Die – historisch zumeist falschen – Attribute galten fortan als selbstverständliche Bestandteile deutscher Geschichte und Identität.

## Die deutsche Begeisterung für den »nordischen Mythos«

Bestärkt wurde dies durch die germanistische Forschung des 19. Jahrhunderts, deren berühmte Gründerväter Jacob und Wilhelm Grimm nicht nur Märchen gesammelt und ein deutsches Wörterbuch angeregt hatten. Sie galten als hervorragende Kenner der altnordischen Sprache und der alten überlieferten Dichtungen Islands. Sie und andere Sprachforscher kamen zu folgendem Ergebnis: Da Deutsche und Skandinavier germanische Brudervölker seien, bildeten sie eine große einheitliche Familie. Die Vorfahren der Deutschen hätten recht früh den christlichen Glauben angenommen und das heidnische Erbe abgelegt. Dagegen hätten die Skandinavier der Wikingerzeit erheblich länger dem Heidentum angehangen und dessen Traditionen gepflegt. Aber schließlich seien sie ja miteinander verwandt und letztlich alle Germanen aus einer gemeinsamen »nordischen Vorzeit«. Daher könne man in Deutschland die Lieder der *Edda*, die Isländersagas und überhaupt die ganze skandinavische Überlieferung auch für sich als Erbe beanspruchen.

Mit derartigen Argumenten schufen die Deutschen ihr »nordisches Erbe« und vereinnahmten selbst die Geschichte und Kultur der Wikinger für sich. Die Skandinavier standen dieser Konstruktion stets skeptisch gegenüber. Die nordeuropäischen Nationen seien zwar mit den Deutschen sprachlich und kulturhistorisch verwandt, hätten aber doch ganz eigene Züge entwickelt.

Trotzdem sahen sich die Deutschen lange Zeit als legitime Erben des alten Nordens und fühlten sich besonders den Norwegern und Isländern zutiefst verbunden. Diese Sympathie fand um 1900 ihren

Ausdruck in einer regelrechten Skandinavienschwärmerei, mit der man beispielsweise den oben erwähnten Drachenstil der Wikingerzeit importierte. Dessen Motive waren im Kunstgewerbe und in der Architektur höchst modern, wobei man insbesondere die norwegischen Stabkirchen schätzte. Wer es sich leisten konnte, fuhr nicht nach Italien, sondern in die Fjorde Norwegens, deren grandiose Natur einem seelisch vertraut schien – kehrte man doch ins »Nordland« zurück, in die vermeintliche Heimat der Vorväter. Der berühmteste Nordlandfahrer war der letzte deutsche Kaiser Wilhelm II., der bis zum Ausbruch des Ersten Weltkrieges 1914 Jahr für Jahr auf seiner Yacht »Hohenzollern« mitsamt eines ganzen Hofstaates die Fjorde befuhr. Seine Begeisterung ging soweit, dass er selbst als Dichter die nordischen Göttermythen besang und eine norwegische Stabkirche erwarb, die er in Deutschland wieder aufbauen ließ. Schließlich schenkte er den Norwegern eine monumentale Statue des Sagahelden Frithiof, die am Sognefjord enthüllt wurde. Sie sollte ein bleibender Ausdruck der vermeintlichen Stammverwandtschaft zwischen den Deutschen und den skandinavischen Völkern sein.

In jener Zeit riefen islandbegeisterte Verleger und Wissenschaftler das Projekt der *Sammlung Thule* ins Leben, die das Ende des Kaiserreichs überdauerte und 1930 zu einem krönenden Abschluss gebrachte wurde. In 24 Bänden präsentierte man dem Publikum die isländischen Sagas und *Eddas* in deutscher Übersetzung – was in anderen Sprachen seinesgleichen suchte.

Neben einem solcherart enthusiastischen und wissenschaftlichen Interesse beschäftigten sich seit Ende des 19. Jahrhunderts so genannte völkische Kreise mit dem vermeintlichen Erbe der Wikinger. Sie knüpften an die Ideen der Romantik an und formten daraus eine fatale pseudowissenschaftliche Lehre. Das sagenhafte Thule – also Island und der gesamte Norden – galt auch ihnen als Ursprung der Germanen respektive der Deutschen. Diese Vorstellung verbanden sie mit dem damals vielerorts präsenten Begriff der arischen Rasse; auf diese Weise wurde Thule sogar zur jahrtausendealten Heimat der Arier. Die deutsche Niederlage im Ersten Weltkrieg und der Zusammenbruch des Kaiserreichs förderten derart rechtsextremistisches Gedankengut. Der »nordische Mythos« machte aus den Germanen samt den Wikingern die »rassischen« Ahnen der Deutschen. Sie repräsentierten auf einmal eine vermeintlich uralte Hochkultur – angeblich Atlantis –, die Antike und Christentum weit in den Schatten stellte.

Diese germanentümelnde Ideologie fand einen eher komischen

Ausdruck auf Freilichtbühnen, wo hörnerhelmtragende Nordmänner und Walküren mit Pathos agierten. Nach der Machtergreifung der Nationalsozialisten 1933 wurde sie jedoch Teil der mörderischen Politik des »Dritten Reiches«. Dessen Machthaber vereinnahmten neben den Germanen auch die skandinavischen Wikinger für sich und machten sie zu ihren rassisch-nordischen Ahnen, gewissermaßen zu blondgelockten Vorbildern ihrer Angriffe auf die Nachbarländer. Besonders deutlich drückte dies ein Plakat aus, das während des Zweiten Weltkrieges für eine Ausstellung der Kriegsmarine warb: Es zeigte neben einem »großdeutschen« Kriegsschiff ein Drachenboot der Wikinger. Derartiges Gedankengut fand sich auch noch in rechtsradikalen Kreisen gegen Ende des 20. Jahrhunderts, die auf Begriffe wie »Wiking« zurückgriffen.

In den während des Zweiten Weltkrieges von deutschen Truppen besetzten Ländern Dänemark und Norwegen stieß die Propaganda der Besatzer als angebliche Blut- und Stammverwandte auf überwiegend taube Ohren. Die Skandinavier bewahrten sich in ihrer großen Mehrheit die Zeit der Wikinger als Teil ihrer eigenen Geschichte.

## *Hägar der Schreckliche* und *Der Herr der Ringe*: Die Wikinger als Massenphänomen

Mittlerweile genießen die Wikinger in vielen Ländern eine Beliebtheit, die weder mit dem edlen *Frithiof* der Romantik noch mit dem Rassenwahn des »Dritten Reiches« etwas zu tun hat. Sie begründet sich darauf, die frühmittelalterlichen Skandinavier als originelle Abenteurer zu sehen und sich von ihren Fahrten schlichtweg unterhalten zu lassen.

Den Anfang machte der Schwede Frans G. Bengtsson mit einem noch während des Zweiten Weltkrieges geschriebenen Wikingerroman, der sich in seiner Heimat und weltweit bis heute großer Beliebtheit erfreut. In den *Abenteuern des Röde Orm* erleben der Titelheld Röde Orm (»Rote Schlange«) und sein Kumpan Toke um das Jahr 1000 zahllose Abenteuer: in Spanien, auf den Britischen Inseln, in Dänemark und schließlich sogar in Russland und Byzanz. Dabei erweisen sie sich zwar als tapfere Kämpfer, entpuppen sich aber auch als sympathische Freunde eines guten Gelages, denen eine Vorliebe für Abenteuergeschichten und Humor nicht fremd ist. Sie sind alles andere als sture Heiden und gegebenenfalls sogar bereit, den Glauben an Allah oder an den Gott der Christen anzunehmen. Der schwedische Autor nahm sich den nüchternen Ton der Isländersagas als Vorbild und würzte ihn mit einer kräftigen Prise Humor. Deshalb wirken seine Helden unheroisch und menschlich, wodurch Röde Orm geradezu authentisch erscheint.

Einer der beliebtesten Wikingerhelden des 20. Jahrhunderts erlebte derart spannende Abenteuer, dass sich sogar die Filmproduzenten Hollywoods daran bedienten. Mehr oder weniger gut gemachte Filme über die wagemutigen Nordmänner sollen seitdem immer wieder das Publikum begeistern. Auch die Liebhaber des Comics und des Zeichentricks kommen auf ihre Kosten: So entlockt den Erwachsenen der gemütliche Wikingerhäuptling mit dem bezeichnenden Namen *Hägar der Schreckliche* ein Schmunzeln, während der aufgeweckte Wikingerjunge *Wicki* die Herzen der Kinder für sich gewann.

Aber die Wikingergestalten der modernen Kultur bringen die Menschen nicht nur zum Lachen; die heidnische und vom Kriegertum geprägte Kultur ihrer historischen Vorbilder bietet zudem eine Quelle archaischer und exotischer Stoffe. Darum greift man in historischen Romanen und in der Fantasyliteratur auf die isländischen Sagas und Eddalieder genauso gern zurück wie auf archäologische Wikingerfunde.

Das berühmteste Beispiel dafür bietet die Trilogie *Der Herr der Ringe (The Lord of the Rings)* aus den Jahren 1954/55. Der Verfasser J. R. R. Tolkien lehrte zuletzt als Hochschulprofessor in Oxford die mittelalterliche Sprache und Literatur Englands und beschäftigte sich zudem mit den keltischen Traditionen der Britischen Inseln. Außerdem verfügte er über exzellente Kenntnisse des Altnordischen, der Sprache des alten Islands, und der isländischen Literatur des Mittelalters. Es lag darum fast auf der Hand, dass der Gelehrte in den zwanziger Jahren des 20. Jahrhunderts unter seinen Studenten die Gründung eines Wikinger-Clubs anregte. Dort soll man im Geiste der Namengeber kräftig getrunken und sich Sagas vorgelesen haben, während Tolkien selbstgedichtete Lieder zum Besten gab.

Seine Kenntnisse der Wikingerkultur und ihrer Dichtungen schlugen sich schließlich im *Herrn der Ringe* nieder. Zahlreiche Eigennamen entnahm der Autor dem berühmtesten Eddalied der *Völuspa*, darunter inbesondere die von Zwergen. Ebenso lehnt sich die Figur des Zauberers Gandalf (altnordisch »Zauberelbe«) eng an Vorstellungen des Gottes Odin an; auch dieser zog als grauer Reisender mit einem großen Hut umher. Derart floss eine Fülle von Wikingerüberlieferungen in Tolkiens Werk ein und ist weltweit als Teil der Fantasywelt von Mittelerde bekannt.

Spätestens seit der Verfilmung des *Herrn der Ringe* im Hollywoodformat sind die Wikinger aus der populären Kultur nicht mehr wegzudenken. Ihre Namen finden sich zur Bezeichnung von Firmen und Marken, ihre Runenzeichen und Göttermythen dienen Esoterikfans und Neuheiden als Quelle magischer und religiöser Empfindungen. Wikingerhelme und -schiffe sind ein beliebtes Kinderspielzeug, während sich erwachsene Wikingerenthusiasten an vielen Orten der Nord- und Ostsee und weit darüber hinaus zu Festivals zusammenfinden, um sich der alten Kultur der frühen Skandinavier zu widmen. Wie weit sie sich dabei der historischen Realität nähern, sei dahingestellt. Sicher ist nur eins: Auch wenn die Wikinger in Wirklichkeit Pragmatiker und Abenteurer waren, die die Zeichen ihrer Zeit erkannten und sich in allen Professionen als Piraten, Krieger, Siedler und Kaufleute durch ganz Europa und bis in die Neue Welt durchschlugen – ein Teil ihres Mythos wird uns erhalten bleiben.

Anhang

# Zeittafel

| | |
|---|---|
| Um 400–600 nach Chr. | Blütezeit des dänischen Zentrums Gudme auf Fünen |
| Um 520 | Skandinavier heeren in Friesland |
| 6. Jahrhundert | In Schweden Kämpfe zwischen den Svear und den Gauten, die einen Niederschlag im *Beowulf* gefunden haben. Beisetzungen dreier Herrscher der Ynglinge in den Grabhügeln von Alt-Uppsala. |
| 7. Jahrhundert | Reich ausgestattete Häuptlingsgräber von Vendel und Valsgärde in Schweden |
| Um 700 | Gründung des Handelsplatzes Ribe an der jütländischen Nordseeküste. Der Missionar Willibrord wirkt erfolglos in Dänemark. |
| 737 | Die Dänen legen das Danewerk an. |
| Um 750 | Gründung von Alt-Ladoga in Nordrussland |
| Um 780 | Der Sachse Widukind flieht vor den Franken wiederholt an den dänischen Königshof. |
| 793 | Am 8. Juni überfallen Wikinger das nordenglische Kloster Lindisfarne. Beginn der Wikingerzeit. |
| Seit 795 | Überfälle auf die schottische und irische Küste, darunter das Kloster Iona |
| 799 | Wikinger überfallen das Kloster auf der französischen Atlantikinsel Noirmoutier. |
| Gegen 800 | Gründung von Birka in Schweden |
| 808 | Der Dänenkönig Godfrid zerstört den slawischen Handelsplatz Reric und siedelt die Händler nach Haithabu um. Erweiterung des Danewerks |
| 810 | Eine dänische Flotte greift Friesland an. Ermordung König Godfrids. Seitdem mischen sich die Franken verstärkt in die Thronwirren Dänemarks ein. |
| 813 | Ein dänisches Heer greift Südnorwegen an. |
| 826 | Der dänische Adlige Harald erhält in Mainz die christliche Taufe. Empfang in der Pfalz Ingelheim durch Kaiser Ludwig den Frommen. Der Missionar Ansgar begleitet Harald nach Dänemark. |

| | |
|---|---|
| 829–831 | Ansgars Missionsreise nach Birka |
| Seit 834 | Wikinger überfallen und plündern den friesischen Handelsort Dorestad. |
| Seit 835 | Mit dem Überfall auf die Insel Sheppey in der Themsemündung beginnt die Zeit der wiederkehrenden Plünderungen in England. |
| 839 | Wikinger greifen verstärkt Irland an. Rus-Gesandte am Hof Ludwigs des Frommen in Ingelheim. |
| Nach 840 | Die Wikingerüberfälle im Frankenreich häufen sich. |
| 841 | Wikinger bauen in Dublin einen Hafen und überwintern dort. |
| 843 | Wikinger überfallen Nantes an der Loire. |
| 844 | Wikinger plündern in Spanien und greifen unter anderem Sevilla an. |
| 845 | Belagerung von Paris. Dänen plündern und brandschatzen Hamburg. Heiden verjagen die Christen aus Birka. Der Maure al-Ghazal hält sich am Hof des dänischen Königs Horik auf. |
| Um 850 | Errichtung des Bootsgrabes von Oseberg am Oslofjord |
| 851 | Erstmals überwintern Wikinger auf den Inseln Thanet und Sheppey in der Themsemündung. |
| 852 | Ansgar reist erneut nach Birka, um die Missionierung voranzutreiben. Wikinger überwintern an der Seine. |
| 854 | Bürgerkrieg in Dänemark |
| 858 | Hohe Lösegeldzahlung für den entführten Abt von St. Denis bei Paris |
| 859–62 | Eine Wikingerflotte heert und plündert an den Küsten des westlichen Mittelmeers. |
| 860 | Eine Flotte der Rus unternimmt einen Feldzug gegen Konstantinopel. |
| 862 | Gemäß der Überlieferung kommen der Schwede Rurik und seine Brüder nach Nordrussland und ergreifen die Macht. |
| 862/63 | Überfälle auf Köln und Xanten |
| 865 | Wikinger im Loire-Gebiet. Das dänische »große Heer« landet in Ostanglien. |
| 866 | Das große Heer nimmt die northumbrische Hauptstadt York ein. Vordringen der Dänen in England |
| 871 | Die Westsachsen von Wessex besiegen ein Wikingerheer. |
| 873/74 | Wikinger überwintern bei Repton. |
| 874 | Nach der Überlieferung beginnen Norweger mit der Besiedlung Islands. |
| 876 | Beginn der dänischen Landnahme und Besiedlung in Ostengland |
| 878 | Schlacht von Edington: Sieg Alfreds über die Dänen. Deren Anführer Guthrum lässt sich taufen. |
| Seit 879 | Das große Heer setzt ins Frankenreich über und plündert an Maas und Rhein. |
| 881 | Sieg des westfränkischen Königs Ludwigs III. bei Saucourt über die Wikinger |

| | |
|---|---|
| 881/82 | Plünderungen im Rheinland durch das große Wikingerheer, das unter anderem Köln, Bonn, Aachen, Trier und das Kloster Prüm angreift. |
| 882 | Der Rus-Herrscher Oleg erobert Kiew und vereinigt es mit Nowgorod zum Reich der Rus. |
| 885/86 | Belagerung von Paris durch ein Wikingerheer |
| 891 | Sieg Arnulfs von Kärnten bei Löwen über die Wikinger |
| 892 | Wikinger ziehen erneut durch das Rheinland und greifen unter anderem Bonn und Prüm an. |
| Gegen 900 | König Harald Schönhaar von Norwegen besiegt in der Schlacht im Hafrsfjord seine Feinde. |
| Um 900 | Errichtung des Bootsgrabes von Gokstad am Oslofjord |
| 902 | Die Wikinger werden vorübergehend aus Dublin vertrieben. Die Könige von Wessex beginnen mit der angelsächsischen Rückeroberung Englands. |
| 907 | Fürst Oleg von Kiew unternimmt einen Feldzug gegen Konstantinopel. |
| 911 | Der Wikingerhäuptling Rollo erhält das nach den Nordmännern benannte nordfranzösische Gebiet der Normandie. In Konstantinopel Abschluss eines Friedens- und Handelsvertrages zwischen Byzanz und den Rus |
| 912 | Wikinger unternehmen Raubfahrten im Kaspischen Meer. |
| 919 | Dubliner Wikinger ergreifen vorübergehend in York die Macht. |
| 922 | Ibn Fadlan kommt als Gesandter des Kalifen von Bagdad nach Bulgar an der Wolga und trifft mit Rus respektive Warägern zusammen. |
| 930 | Einrichtung des isländischen Allthings |
| Um 930 | Tod des norwegischen Königs Harald Schönhaar |
| 937 | Schlacht von Brunanburh in England |
| 941 | Fürst Igor von Kiew unternimmt einen erfolglosen Kriegszug gegen Konstantinopel. |
| 944/45 | Erneuter Angriff der Kiewer auf Konstantinopel, der mit einem Friedensvertrag endet. |
| 954 | Erik Blutaxt wird aus York vertrieben und fällt im Kampf. |
| Um 954 | König Hakon der Gute versucht erfolglos Norwegen zu christianisieren. |
| Um 955 | Die Rus-Fürstin Olga lässt sich taufen. |
| 958 | Tod des dänischen Königs Gorm des Alten und Beisetzung in Jelling |
| 962 | Hakon der Gute von Norwegen findet im Kampf gegen seine Neffen den Tod. |
| Um 965 | Der dänische König Harald Blauzahn lässt sich taufen und betreibt die Christianisierung Dänemarks. Später festigt er den dänischen Einfluss in Norwegen. |
| Um 970 | Gründung der Stadt Sigtuna am Mälarsee, die Birka ablöst. |
| 974 | Ein Heer Kaiser Ottos II. bereitet den Dänen in Jütland eine Niederlage. |

| | |
|---|---|
| 980 | Wladimir geht aus Bruderkämpfen im Reich von Kiew als Sieger hervor und herrscht fortan allein über das Reich der Rus. Skandinavische Hilfstruppen schickt er nach Konstantinopel, wo sie die ersten Soldaten der Warägergarde gebildet haben sollen. Wiederaufflackern der Wikingerüberfälle auf England. Errichtung mehrerer großer Ringburgen in Dänemark |
| Um 985 | Isländer besiedeln Teile der grönländischen Küste. |
| 987 | Harald Blauzahn erliegt den Verletzungen im Kampf gegen seinen Sohn Sven Gabelbart. Dieser wendet sich vom Christentum ab. |
| 991 | Eine Wikingerflotte landet an der Küste von Ostanglien. Nach der englischen Niederlage bei Maldon empfangen die Dänen hohe Tributzahlungen. |
| 994 | Wikinger plündern an der Elbe. Eine Flotte unter Führung des dänischen Königs Sven Gabelbart belagert London und erhält Tribut. |
| 995 | Olaf Tryggvason lässt sich taufen, kündet das Bündnis mit Sven Gabelbart auf und kehrt nach Norwegen zurück, wo er eine rigorose Christianisierungspolitik betreibt. Tod des heidnischen Jarls Hakon von Trondheim |
| 1000 | Olaf Tryggvason fällt in der Schlacht von Svold. Das isländische Allthing entscheidet sich mehrheitlich für die Annahme des Christentums. |
| Um 1000 | Die Wikinger in Amerika, Entdeckung Vinlands. Erstmals nordfranzösische Normannen in Süditalien. |
| 1002 | Der englische König Aethelred befiehlt das Massaker an allen in seinem Reich lebenden Dänen. Daraufhin alljährliche dänische Angriffe |
| 1013 | Sven Gabelbart fällt mit einem Heer in England ein, worauf König Aethelred in die Normandie flieht. Sven wird als englischer König anerkannt. |
| 1014 | Tod Sven Gabelbarts. In der Schlacht bei Clontarf fällt der irische König Brian Boru. |
| 1015 | Nach dem Tod des Großfürsten Wladimir von Kiew brechen lange Kämpfe unter seinen Söhnen aus. |
| 1016–1035 | Sven Gabelbarts Sohn Knut herrscht über England, später auch über Dänemark und Norwegen. |
| 1027 | König Knut wohnt in Rom der Kaiserkrönung Konrads II. bei. |
| 1029 | Mit der Grafschaft Aversa entsteht der erste Normannenstaat in Süditalien. |
| 1030 | Der norwegische König Olaf Haraldsson fällt in der Schlacht von Stiklestad. Das Christentum setzt sich endgültig in Norwegen durch und macht Olaf zum Nationalheiligen. |
| 1034 | Der spätere norwegische König Harald der Harte dient in Konstantinopel als Waräger. |
| 1036–1054 | Jaroslaw der Weise als Alleinherrscher über Kiew |
| 1036–1041 | Die Fahrt Ingvars von Mittelschweden in den Osten |

| 1037 | Baubeginn der Sophienkathedrale in Kiew |
|------|------|
| 1042 | Mit dem Tod von Knuts letztem Sohn endet die Herrschaft dänischer Könige in England. |
| 1047–1066 | König Harald der Harte von Norwegen |
| 1053 | Bei Civitate unterliegen die päpstlichen Truppen den Normannen. |
| 1056 | Gründung des ersten isländischen Bischofssitzes |
| 1064 | Skandinavisches Drei-Königs-Treffen auf dem Götafluss beim heutigen Göteborg |
| 1066 | Der norwegische König Harald der Harte fällt in Nordengland. Wilhelm der Eroberer aus der Normandie siegt bei Hastings und wird englischer König. Haithabu wird endgültig zerstört. Ende der Wikingerzeit |
| Um 1070 | Der Chronist Adam von Bremen berichtet über eine heidnische Opferfeier in Uppsala. Einsetzende Christianisierung der Schweden. |
| 1091 | Ganz Süditalien und Sizilien stehen unter normannischer Herrschaft. |
| 1096–1099 | Normannen aus der Normandie und aus Süditalien beteiligen sich am Ersten Kreuzzug ins Heilige Land. Sie gründen das Fürstentum Antiochien. |
| 1130 | Normannisches Königreich in Süditalien und Sizilien |

# Auf den Spuren der Wikinger

Die folgende Auflistung von Museen und Archäologieparks vor allem aus dem nördlichen Europa bietet lediglich eine Auswahl zum Thema Wikinger. Insbesondere in den skandinavischen Ländern und auf den Britischen Inseln gibt es darüber hinaus eine Fülle an Ausstellungen und Aktivitäten wie der vielerorts beliebten Wikingermärkte. Die im Folgenden angeführten Adressen und Websites bieten insofern lediglich einen Einstieg zur Geschichte und Kultur der Wikingerzeit. (Internetadressen unter Vorbehalt)

## Dänemark

### Højbjerg

Moesgård Museum, Moesgård Allé 20, 8270 Højbjerg (unmittelbar südlich von Århus), www.moesmus.dk
Ein jütländischer Herrenhof ist der Mittelpunkt der Sammlungen, inmitten eines großen Parks. Dort finden sich unter anderem rekonstruierte Gebäude der Wikingerzeit.

### Jelling

Kongernes Jelling, Gormsgade 23, 7300 Jelling (in Ostjütland bei Vejle), www.kongernesjelling.dk
Das Zentrum »Jelling der Könige« befindet sich an jener historischen Stätte, wo vor mehr als einem Jahrtausend die beiden mächtigen Grabhügel entstanden und König Harald Blauzahn den großen Runenstein setzen ließ. Diese königliche Anlage der Wikingerzeit wurde von der UNESCO als Weltkulturerbe gewürdigt.

### Kopenhagen

Nationalmuseet, Ny Vestergade 10, København, www.natmus.dk
Schatzfunde, prächtige Äxte und vieles mehr: Das dänische Nationalmu-

seum präsentiert in seinen Sammlungen etliche Highlights der Wikingerzeit, die Dänemark ein reiches archäologisches Erbe hinterlassen hat.

## Lejre

Lejre Forsøgscenter, Slangealleen 2, 4320 Lejre (bei Roskilde auf Seeland), www.lejrecenter.dk/

Das Freilichtmuseum versteht sich als Forschungszentrum für experimentelle Archäologie, das Besuchern unter anderem einen lebendigen Wikingermarkt bietet.

## Nørresundby

Lindholm Høje Museet, Vendilavej 11, 9400 Nørresundby (am Limfjord bei Ålborg), www.nordjyllandshistoriskemuseum.dk

Das Museum widmet sich dem großen Gräberfeld gleichen Namens, unter dessen Hunderten von Steinsetzungen sich auch zahlreiche in Schiffsform finden.

## Ribe

Ribe Vikinge Center. Lustrupholm. Lustrupvey 4. 6760 Ribe (Westjütland), www.ribevikingecenter.dk

Jeweils am ersten Maiwochenende findet hier der größte Wikingermarkt Skandinaviens statt. Außerdem bietet das Center eine Rekonstruktion des historischen Marktes von Ribe.

Museet Ribes Vikinger. Odins Plads. 6760 Ribe, www.ribesvikinger.dk

Die Ausstellungen des Museums widmen sich neben dem Mittelalter insbesondere den Funden des Handelsplatzes der Wikingerzeit.

## Roskilde

Vikingeskibsmuseet, Vindeboder 12, 4000 Roskilde (auf Seeland), www.vikingeskibsmuseet.dk

Den Mittelpunkt des Wikingerschiffsmuseums bildet die Halle mit fünf Schiffen, die im 11. Jahrhundert im Roskilde-Fjord bei Skuldelev versenkt wurden.

## Slagelse

Museet ved Trelleborg, Trelleborg Allé 4, 4200 Slagelse (auf Seeland), www.vikingeborg.dk

Hier erhob sich um 980 eine der großen so genannten Rundburgen der dänischen Könige, wovon eines der außergewöhnlichen Häuser rekonstruiert wurde.

## Århus

Vikingemuseet Århus, Under Nordea, Skt. Clemens Torv 6, 8000 Århus C, www.vikingemuseet.dk

Im Herzen der Stadt präsentiert sich im Keller einer Bank eine Sammlung von Fundstücken. Sie stammen aus einer großen befestigten Siedlung, die sich unter dem Areal des heutigen Århus erstreckte.

# Deutschland

## Schleswig

Wikinger Museum Haithabu. Haddeby bei Schleswig, www.schlossgottorf.de/haithabu

(Schloss Gottorf, 24837 Schleswig)

Das Wikingermuseum gehört zum Archäologischen Landesmuseum, das im nahen Schloss Gottorf beheimatet ist. Die Ausstellungshallen erstrecken sich in unmittelbarer Nähe des Handelsortes Haithabu, von dessen einstiger Bedeutung noch immer ein mächtiger Halbkreiswall kündet. Das Museum selbst bietet eine Fülle an wikingerzeitlichen Funden, darunter die Rekonstruktion eines Langschiffes.

# Frankreich

## Bayeux

Musée de la Tapisserie, Centre Guillaume le Conquérant, Rue Nesmond, 14400 Bayeux

Das Museum stellt den einmaligen Teppich aus dem 11. Jahrhundert aus, der in erhaltenen 70 Metern (bei einer Höhe von 50 cm) die normannische Eroberung Englands darstellt.

# Grönland

## Nuuk

Nunatta Katersugaasivia Allagaategarfialu / Grønlands Nationalmuseum & Arkiv, Hans Eggedevej 8, 3900 Nuuk, www.natmus.gl.

Das Grönländische Nationalmuseum in der Hauptstadt Nuuk präsentiert unter anderem Funde aus den mittelalterlichen Siedlungen der skandinavischen Einwanderer.

Während die Überreste der Westsiedlung im Gebiet Nuuks liegen, findet sich die so genannte Ostsiedlung im südgrönländischen Gebiet von Narsaq. An Brattahlid, den Hof Eriks des Roten, erinnern nahe des heutigen Qassiarsuk mittelalterliche Gebäudereste.

# England

## *London*

British Museum, Great Russell Street, London, WC1B 3DG, www.thebritishmuseum.ac.uk/

Eines der weltweit größten Museen zählt neben dem Schiffsgrab von Sutton Hoo auch zahlreiche Funde der Wikinger zu seinen Schätzen.

## *York*

Jorvik Viking Centre, Coppergate, York Y019WT, www.jorvikvikingcentre.co.uk

Inmitten der Fußgängerzone von York, im Basement eines Einkaufszentrums, lädt das Wikingercenter zu einem Bummel durch die rekonstruierte Straße der Wikingerstadt Jorvik ein. Auf deren zahlreiche Überreste waren englische Archäologen gestoßen.

# Irland

## *Dublin*

National Museum of Ireland, Kildare Street, Dublin 2, www.museum.ie

Das zentrale Museum der Republik Irland präsentiert zahlreiche Funde aus der Wikingerzeit, insbesondere aus skandinavischen Handelsplätzen wie Dublin.

## *Ferrycarrig*

The Irish National Heritage Park, Ferrycarrig, Wexford, www.inhp.com

Die Anlage bietet mittels anschaulicher Rekonstruktionen einen Gang durch die irische Geschichte. Dabei widmet sie sich auch den Wikingern in Irland.

# Island

## *Reykjavík*

Þjóþminjasafn Íslands (Isländisches Nationalmuseum), Suðurgötu 41, 101 Reykjavík, www.natmus.is

Unter den Sammlungen des zentralen isländischen Museums finden sich auch Funde der Wikingerzeit.

Sagamuseum, Öskjuhlíð, 105 Reykjavík, www.sagamuseum.de

Ein Museum ungewöhnlicher Art, das einen virtuellen Einblick in die mittelalterliche Geschichte Islands bietet. Nach den Schilderungen der Sagas präsentiert die Sammlung zahlreiche Szenen und Figuren, die ein möglichst authentisches Bild der Wikingerzeit im Nordatlantik entwerfen – den ersten Siedler Ingolf Arnason, den berühmten Skalden Egil, die Fahrt Leif Erikssons nach Nordamerika und vieles mehr.

Das bis in die Wikingerzeit zurückreichende Erbe der Sagaliteratur wird auf Island eifrig gepflegt. Überall im Land kennt man die Geschichten, die sich in der jeweiligen Gegend abgespielt haben sollen. Greifbar wird Islands frühe Historie insbesondere in Þingvellir, das etwa vierzig Kilometer nordöstlich Reykjavíks liegt. Dort fand zu Mittsommer die Versammlung des Allthings statt und vom Lögberg (dem Gesetzesberg) rezitierte der Gesetzessprecher das Recht. In Südisland liefert die Rekonstruktion des 1104 durch einen Vulkanausbruch zerstörten Bauernhofs Stöng ein authentisches Bild frühmittelalterlicher Wohnverhältnisse.

## Kanada

### L'Anse aux Meadows

L'Anse aux Meadows National Historic Site, P.O. Box 70, St.-Lunaire-Griquet, NL Canada,
www.pc.gc.ca/lhnnhs/nl/meadows

Der als Weltkulturerbe gewürdigte Nationalpark befindet sich in der Provinz Newfoundland und Labrador und liegt an der nördlichen Spitze der Insel Neufundland, unweit des Ortes St. Anthony. Mehrere rekonstruierte Gebäude vermitteln den Eindruck einer kleinen Wikingersiedlung um das Jahr 1000.

## Niederlande

### Leiden

Rijksmuseum van Oudheden, Rapenburg 28, 2311 EW, Leiden, www.rmo.nl

Das zentrale niederländische Museum für Archäologie präsentiert einen Wikingerschatz und Funde aus dem Handelsplatz Dorestad (heute Wijk bij Duurstede).

## Norwegen

### Borg

Lofotr. Vikingsmuseet på Borg. Auf den Lofoten zwischen Bodø und Tromsø. www.lofotr.no

Auch in Nordnorwegen hinterließen die Wikinger ihre Spuren, so auf der Lofoteninsel Borg den Hof eines reichen und mächtigen Häuptlings. Besonderen Eindruck erweckt das rekonstruierte langgestreckte Hallenhaus.

## Oslo

Kulturhistorisk Museum, Universitetet i Oslo, 6762 St. Olavs plass, 0130 Oslo, www.khm.uio.no

Die archäologische Sammlung des Kulturhistorischen Museums beinhaltet zahlreiche berühmte Funde, darunter den Schatz von Hon, den größten bisher in Norwegen gefundenen Wikingerschatz, und das Portal der Stabkirche von Hylestad mit Szenen der germanischen Heldensage.

Vikingskipshuset, Huk Aveny 35, 0287 Oslo (auf der Insel Bygdøy), www.khm.uio.no/info/vskip_huset

Das Wikingerschiffsmuseum vereint die berühmten Grabfunde vom Oslofjord, nämlich die von Oseberg, Gokstad, Tune und Borre. Neben den außergewöhnlichen Beigaben stehen die Rekonstruktionen der Wikingerschiffe von Oseberg und Gokstad im Mittelpunkt.

Außerdem finden sich Museen mit Wikingerfunden unter anderem in den Städten Bergen, Stavanger und Trondheim.

# Russland

## St. Petersburg

Staatliche Eremitage, 190000 St. Petersburg, Dworzowaja Ploschschad 2, www.hermitagemuseum.org

Die umfangreichen Sammlungen der Eremitage enthalten auch Funde aus der Frühzeit des russischen Staates, so aus Alt-Ladoga und Kiew. Diese belegen die intensiven Beziehungen zwischen den slawischen Stämmen und den Skandinaviern der Wikingerzeit.

# Schweden

## Björkö

Museet Birka. Die Insel Björkö liegt im Mälarsee bei Stockholm. www.raa.se/birka

Das Museum widmet sich den Funden und Relikten eines der bedeutendsten Handelsplätze der Wikinger.

## Gotland

Die schwedische Ostseeinsel war in der Wikingerzeit eine Drehscheibe des Handels, wovon reiche Schatzfunde zeugen. Diesen nebst den außergewöhnlichen Bildsteinen und zahlreichen anderen Orten der Wikingergeschichte widmet sich die Website www.vikinggotland.com (»Die Wikingerinsel Gotland«).

## Visby

Länsmuseet på Gotland, Mellangatan 19, 62156 Visby (Gotland), www.lansmuseetgotland.se

Das Landesmuseum zeigt in seinen umfangreichen Ausstellungen zahlreiche wikingerzeitliche Funde. In der Filiale Fornsalen inmitten Visbys (Strandgatan 14) sind insbesondere die Bildsteine zu sehen, aber auch mit dem Schatz von Spillings der größte Silberschatz der Wikingerzeit. Sein Gewicht betrug 67 Kilogramm.

## Höllviken

Fotevikens Museum, Höllviken (Schonen, südlich von Malmö), www.foteviken.se

Das südschwedische Museum widmet sich unter anderem als Freilichtmuseum der Wikingerzeit und ihrer Kultur.

## Sigtuna

Sigtuna Museer, Stora gatan 55, 19330 Sigtuna (am Mälarsee).

Die Museen der Kleinstadt erinnern an deren Bedeutung um das Jahr 1000, als sie als Handels- und Machtzentrum Birka ablöste.

## Stockholm

Historiska Museet, Narvavägn 1317, 11484 Stockholm, www.historiska.se

Schwedens großes historisches Museum bietet eine umfangreiche Sammlung zu den Wikingern, von Kleinfunden wie Götterstatuetten über Waffen und Schatzfunde bis hin zu Runensteinen.

## Uppsala

Gamla Uppsala Museum, Disavägn, 75440 Uppsala, www.raa.se/gamlauppsala

Alt-Uppsala in der Nähe der Universitätsstadt nördlich Stockholms stellt mit den drei Königshügeln aus dem 6. Jahrhundert ein Zentrum der schwedischen Geschichte dar. Dort sollen die letzten wikingerzeitlichen Menschenopfer vollzogen worden sein.

# Literaturverzeichnis

## Quellen

Adam von Bremen. »Bischofsgeschichte der Hamburger Kirche. Übertragen von Werner Trillmich.« In: *Quellen des 9. und 11. Jahrhunderts zur Geschichte der Hamburgischen Kirche und des Reiches*. Darmstadt 1978. Seite 135ff.

*The Anglo-Saxon Chronicle*. Translated with an Introduction by G. N. Garmonsway. London 1965.

*Beowulf. Ein altenglisches Heldenepos*. Übersetzt und herausgegeben von Martin Lehnert. Stuttgart 2004.

*Byzantinische Quellen zur Länder und Völkerkunde (5.–15. Jhd.)*. Von Karl Dieterich. Leipzig 1912. (Nachdruck 1973).

*Die Edda des Snorri Sturluson*. Ausgewählt, übersetzt und kommentiert von Arnulf Krause. Stuttgart 1997.

Einhard. *Vita Caroli Magni. Das Leben Karls des Großen*. Übersetzung von Evelyn Scherabon Firchow. Stuttgart 1973.

*Die Götter- und Heldenlieder der Älteren Edda*. Übersetzt, kommentiert und herausgegeben von Arnulf Krause. Stuttgart 2004.

*Ibn Fadlans Reisebericht*. Von A. Zeki Validi Togan. Leipzig 1939. (Nachdruck 1966).

*Die Nestorchronik*. Ins Deutsche übersetzt von Ludolf Müller. München 2001.

*The Normans in Europe*. Edited and translated by Elisabeth van Houts. Manchester 2000.

*Quellen zur karolingischen Reichsgeschichte*. Band 13. Darmstadt 1955 und 2002.

Thietmar von Merseburg. *Chronik*. Neu übertragen und erläutert von Werner Trillmich. Darmstadt 1957.

*Die Saga von Egil*. Herausgegeben und übersetzt von Kurt Schier. Düsseldorf, Köln 1978.

*Sammlung Thule – Altnordische Dichtung und Prosa*. Band 1–24. Neuausgabe Düsseldorf/Köln 1963–1967.

## Sekundärliteratur

Birkeland, Harris. *Nordens Historie i Middelalderen etter Arabiske Kilder.* Oslo 1954.

Boyer, Régis. *Die Wikinger.* Stuttgart 1994.

Brown, R. Allen. *Die Normannen.* München 1991 (2. Auflage).

Capelle, Torsten. *Kultur- und Kunstgeschichte der Wikinger.* Darmstadt 1986.

Derolez, R.L.M. *Götter und Mythen der Germanen.* Wiesbaden 1976.

Düwel, Klaus. *Runenkunde.* Stuttgart, Weimar 2001 (3. Auflage).

Freeden, Uta von; Schnurbein, Siegmar von (Hg.). *Spuren der Jahrtausende. Archäologie und Geschichte in Deutschland.* Stuttgart 2002. S. 368–387.

Graham-Campbell, James. *Das Leben der Wikinger. Händler, Krieger und Entdecker.* München 1980.

Graham-Campbell, James. (Hg.). *Die Wikinger.* München 1994 (Weltatlas der alten Kulturen).

Ingstad, Helge. *Die erste Entdeckung Amerikas. Auf den Spuren der Wikinger.* Frankfurt am Main 1983.

Jankuhn, Herbert. *Haithabu. Ein Handelsplatz der Wikingerzeit.* Neumünster 1986 (8. Auflage).

Kuhn, Hans. *Das Alte Island.* Düsseldorf, Köln 1978.

*Kulturhistorisk leksikon for nordisk middelalder fra vikingetid til reformationstid.* Bd. 1–22. København 1956–1978.

Löber, Ulrich (Hg.). *Die Wikinger.* Begleitpublikation zur Sonderausstellung. Koblenz 1998.

Logan, F. Donald. *Die Wikinger in der Geschichte.* Stuttgart 1987.

Magnusson, Magnus. *Die Wikinger. Geschichte und Legende.* Düsseldorf 2003.

Müller-Wille, Michael. *Opferkulte der Germanen und Slawen.* Stuttgart 1999.

*I Normanni. Popolo d'Europa 1030–1200.* Venedig 1994.

Norwich, John Julius. *Die Wikinger im Mittelmeer. Das Südreich der Normannen 1016–1130.* Wiesbaden 1968.

*Reallexikon der Germanischen Altertumskunde.* Bd. 1ff. Berlin, New York 1973ff.

Rowley, Trevor. *Die Normannen.* Essen 2003.

Sawyer, Birgit und Peter. *Die Welt der Wikinger.* Berlin 2002 (Die Deutschen und das europäische Mittelalter).

Sawyer, Peter (Hg.). *Die Wikinger. Geschichte und Kultur eines Seefahrervolkes.* Stuttgart 2001 (2. Auflage).

Simek, Rudolf. *Lexikon der germanischen Mythologie.* Stuttgart 1995 (2. Auflage).

Simek, Rudolf. *Religion und Mythologie der Germanen.* Darmstadt 2003.

Simek, Rudolf; Pálsson, Hermann. *Lexikon der altnordischen Literatur.* Stuttgart 1987.

Simek, Rudolf. *Die Wikinger.* München 2002 (3. Auflage).

*Sveagold und Wikingerschmuck.* Mainz 1968.

Uecker, Heiko. *Germanische Heldensage.* Stuttgart 1972.

Uecker, Heiko. *Geschichte der altnordischen Literatur.* Stuttgart 2004.

Vries, Jan de. *Altgermanische Religionsgeschichte.* 2 Bde. Berlin 1970 (3. Auflage).

Vries, Jan de. *Altnordische Literaturgeschichte.* 2 Bde. Berlin 1964–1967 (2. Auflage).

*Wahlverwandtschaft. Skandinavien und Deutschland 1800 bis 1914.* Hg. von Bernd Henningsen u.a. Berlin 1997.

Wamers, Egon; Brandt, Michael (Hg.). *Die Macht des Silbers. Karolingische Schätze im Norden.* Regensburg 2005.

*Wikinger – Waräger – Normannen. Die Skandinavier und Europa 800–1200.* Ausstellungskatalog. Berlin 1992.

Willemsen, Annemarie. *Wikinger am Rhein. 800–1000.* Stuttgart 2004.

Wilson, David M. (Hg.). *Kulturen im Norden. Die Welt der Germanen, Kelten und Slawen 400–1100 n. Chr.* München 1980.

## Verzeichnis der Abbildungen und Karten*

### *Schwarzweiß-Abbildungen*

Die genannten Ziffern beziehen sich auf die Seitenpaginierung.

dpa: 141, 142, 203, 263, 264
Kulturhistorisk Museum, Universitetet i Oslo, Norwegen: 265
Moesgård Museum, Højbjerg, Dänemark: 27, 81, 143, 223
Ullsteinbild: 140, 243
Willemsen, Annemarieke, Leiden: 80

### *Farbtafeln*

In der Reihenfolge ihres Erscheinens.

Bildstein von Tjängvide: Historiska Museet, Stockholm, Schweden
Waffenfunde der Wikingerzeit: Kulturhistorisk Museum, Universitet i Oslo, Norwegen
Prägestempel aus Torslunda: dpa
Rekonstruktion der Thronhalle der Pfalz Ingelheim: Archimedix, www.archimedix.de
Schatzfund aus Südschweden: dpa
Silberner Thorshammer, Schatz von Fölhagen: Historiska Museet, Stockholm, Schweden
Kleidung einer Wikingerin: Vikingeskibsmuseet, Roskilde, Dänemark
Kleidung eines Wikingers: Agge Schlag, Köln

---

\* Trotz aller Bemühungen ist es nicht in allen Fällen gelungen, die Rechteinhaber zu ermitteln. Es wird darum gebeten, sich gegebenenfalls beim Campus Verlag, Kurfürstenstraße 49, 60486 Frankfurt zu melden.

Silberschatz aus Bote Alskog: Historiska Museet, Stockholm, Schweden

Rekonstruktion des Hofes Stöng: Iceland.de, www.iceland.de

Rekonstruktion von Birka: Maltings Partnership, Derby, England

Die Welt der Wikinger: Peter Palm, Berlin

Osebergschiff, Holzwagen aus dem Oseberggrab, Gokstadschiff: Kulturhistorisk Museum, Universitet i Oslo, Norwegen

Rekonstruktion des Bootkammergrabes: Flemming Bau, Århus, Dänemark

Stabkirche von Borgund: dpa

Portal der Stabkirche von Hylestad: Kulturhistorisk Museum, Universitet i Oslo, Norwegen

Rekonstruktion eines Handelsschiffes: Graham Campbell, James (Hg.): *Das Leben der Wikinger.* München 1980, S. 48

Buchmotiv 1000 Jahre Normandie: D'Onofrio, Mario (Hg.): *I Normanni: popolo d'Europa 1030–1200*, S. 90

Nordland Titelblatt: National Museum of Decorative Arts, Trondheim, Norwegen

Titelbild Fritjofs Saga: Lysator Academic Computer Society, www.lysator.liu.se

Wikingerüberfälle in Westeuropa 793–865, Skandinavische Einflüsse in Osteuropa: Peter Palm, Berlin

# Orts-, Personen- und Sachregister

Arnulf Krause
**DIE WELT DER KELTEN**
Geschichte und Mythos
eines rätselhaften Volkes
2004 · 272 Seiten · Gebunden
ISBN 978-3-593-37311-9

# Artus, Gandalf, Asterix

Sie gelten als antikes Kernvolk Europas, sie siedelten von Spanien bis Anatolien und von Italien bis Irland: die Kelten. Die keltische Kultur und ihre Mythen faszinieren uns noch heute, sensationelle Funde fördern immer neue Überraschungen zutage. Von den Römern als Barbaren gefürchtet, waren keltische Stämme jahrhundertelang die bedeutendsten Bewohner Europas. Sie waren kampflustig und tapfer, aber auch begabte Kunsthandwerker und Händler. Für das moderne Keltenbild gilt es, Mythos und Wahrheit zu trennen. Wie lebten die Kelten wirklich? Woran glaubten und wohin wanderten sie? Das reich illustrierte Buch zeichnet spannend und kenntnisreich die Spuren eines großen Volkes nach.

Gerne schicken wir Ihnen unsere aktuellen Prospekte:
vertrieb@campus.de · www.campus.de